"그를 오랫동안 존경해왔다. 이 책을 읽으면 이유를 알 것이다."

_**워런 버핏**

"저자는 위험을 감수하면서도 우아함을 잃지 않고 겸손한 태도로 균형을 유지하며 투자 세계를 매혹적으로 그려냈다. 회사 '찰스슈왑'뿐만 아니라 인간 '찰스 슈왑'에 관한 매력적이고 소중한 이야기를 공들여 완성했다. 월스트리트에서 메인스트리트에 이르기까지, 전문 투자자와 일반 대중을 아우르는 인생의 교훈을 담은 책이다."

_**콘돌리자 라이스** 전 미국 국무부장관, 스탠퍼드 경영대학원 글로벌 비즈니스 및 경제학과 교수

"찰스 슈왑을 기업가로만 정의하기는 아쉽다. 그는 대단한 혁명가다. 미국의 투자 세계를 완전히 바꿔놓았고 그 과정에서 위대한 기업을 일구었다. 그러나 이 진솔한 이야기를 더욱 흥미롭고 감동적으로 만드는 요소는 그가 무수히 많은 역경을 극복했다는 데 있다."

_**필 나이트** 나이키 공동 창업자

"그는 일찌감치 위임의 힘을 배웠다. 사업에서 중요한 게 비전과 가치관을 공유하면서도 열정과 강점을 그 일에 쏟을 '사람'임을 알았다. 세상에는 자신보다 다양한 방면에서 능력 있는 사람이 많다는 사실을 그는 일찍부터 깨달았다. 많은 지도자와 기업가들이 배우지 못하는 단순한 교훈이다. 사업을 하거나 기업가가

되려는 사람이라면 반드시 이 책을 읽어야 한다. 특별한 책과 인생을 만나보길
바란다."

"이 매력적인 이야기는 기업가 정신으로 운영되는 회사의 끝나지 않는 진화를
소개한다. 또한 그 과정을 경험하며 개인적인 교훈을 얻는 과정에 대한 이야기
이기도 하다. 그러니 읽고, 경험에서 교훈을 얻는 방법을 배우고, 즐겨라."

"찰스 슈왑은 수백만 미국 국민들을 위해 재무와 투자의 고정관념을 완전히 바
꿔놓은 거인이다. 그의 이야기는 기업가 정신과 원칙에 입각한 리더십의 교과
서다."

"척(찰스의 애칭)의 독창적인 사고로 역경을 이겨낸 찰스슈왑의 역사를 자세히 보
여주는 동시에 커다란 지혜와 격려를 담은 책이다. 척을 오랫동안 존경해왔다.
우리 둘 다 골프에 남다른 애정이 있는데, 골프를 할 때 맞닥뜨리는 도전은 사
업을 할 때의 도전과 유사하다."

"소수의 사람들만이 이야기할 수 있는 창의성, 열정 그리고 역경을 이기는 용기
를 찰스 역시 이 책에서 이야기한다. 그는 할인증권업을 탄생시켰을 뿐만 아니
라 빠르게 변화하는 경쟁 구도 속에서 회사를 성장시켰고 개인투자자들을 위해

시장의 민주화를 이끌었다. 초창기에 그와 동업자로 일했다는 사실이 자랑스럽다. 지난 50년간 그의 친구였다는 사실은 더욱 자랑스럽다."

_**조지 로버츠** 콜버그 크래비스 로버츠KKR 공동회장 겸 CEO

"다른 사람들의 이야기를 통해 배우는 것은 쉽다. 하지만 이 책만큼 흥미롭고 영감을 주며 교훈을 주는 이야기는 찾기 힘들다. 원칙에 충실한 위대한 한 남자가 전하는, 삶을 풍요롭게 만드는 이야기다."

_**스티브 포브스** 〈포브스〉 회장 겸 편집장

"찰스 슈왑은 개인적, 사업적으로 맞닥뜨린 도전들을 극복하고 수백만 미국인의 재무적 안녕을 향상시킨 혁신을 이뤄냈다. 이 책은 그의 성공적인 사업과 개인 투자에 관한 유용한 통찰을 가득 담고 있다. 경영과 금융에 관심이 있다면 꼭 읽어야 할 책이다."

_**마이클 보스킨** 스탠퍼드대학교 경제학 교수

"기존 질서를 파괴하는 면에서는 마치 교본과도 같은 멋진 해설서다. 찰스 슈왑이 그의 기업에서 구축한 것들은 인류에 진정한 축복이 되고 있다."

_**故 클레이튼 크리스텐슨** 하버드 경영대학원 석좌교수, 《혁신기업의 딜레마》 저자

"척은 오랫동안 가장 큰 경쟁자였지만 이제는 친구라고 생각한다. 대담하고 성실한 기업가가 큰 꿈을 품었을 때 어떤 일이 가능한지 궁금하다면 찰스슈왑이라는 기업을 혁신적 투자의 강자로 키워낸 과정을 담은 이 책을 보라."

_**조 리케츠** TD아메리트레이드 창립자, 전 회장 겸 CEO

"국민 누구라도 투자자가 될 수 있다는 사실은 번영을 이끌고 경제적 자유 개념을 대중에게 각인시켰다. 투자라는 형태로 자본주의와 자유기업을 대상으로 한 국민의 경제적 참여를 확대하는 데 내 친구 척만큼 많은 일은 한 사람은 드물다. 이 책은 그 일을 어떻게 해냈는지에 관한 이야기다. 지난 50년간 투자의 진화 과정에 관심이 있는 사람이라면 책장에 반드시 꽂아 두어야 하는 책이다."

_**폴 싱어** 엘리엇 매니지먼트 코퍼레이션 창업자

"처음 등장한 새로운 기술에 의지해 꿈의 사업을 구축했다는 사실이 척의 위대한 통찰력을 입증한다. 그는 데이터에 크게 베팅했고 뒤돌아보지 않았다. 그는 투자의 방식을 영원히 바꿨다."

_**토머스 시벨** C3.ai 창업자 겸 CEO

"실용성과 개인적인 통찰력이 함께 빛나는 책이다. 찰스 슈왑의 불굴의 정신, 현명한 판단력, 기업가로서의 경험이 모두 담겨 있다. 그는 어린 시절뿐 아니라 사회에 나와 경력을 쌓으면서도 계속해서 어려움을 맞닥뜨렸고 이를 극복했다. 그리고 수십 년에 걸쳐 미국의 경제 시스템을 변화시키며 리더십과 혁신의 표준을 세웠다."

_**제이미 다이먼** JP모건체이스 회장 겸 CEO

찰스 슈왑
투자 불변의 법칙

Charles Schwab

찰스 슈왑
투자 불변의 법칙

| 주식투자의 대중화를 이끈 찰스 슈왑의 투자 원칙과 철학 |

찰스 슈왑 지음 | 김인정 옮김 | 송선재 감수

비즈니스북스

옮긴이 **김인정**

전북대학교 영어영문학과를 졸업하고 성균관대학교 번역대학원에서 문학(번역학) 석사학위를 받았다. 증권투자권유자문인력, 펀드투자권유자문인력 자격을 보유하고 있으며 씨티은행, 삼성증권, 대우증권을 거쳐 현재 국내 증권사에서 전문 번역가로 일하고 있다. 옮긴 책으로는 《타이밍의 마법사들》, 《아빠와 딸의 주식 투자 레슨》, 《나는 어떻게 시장을 이겼나》, 《투자 대가들의 위대한 오답 노트》, 《투자를 어떻게 할 것인가》, 《주식시장의 마법사들》 등이 있다.

감수 **송선재**

고려대학교 경영학과를 졸업하고 텍사스 주립대학교에서 MBA 과정을 밟았다. 워런 버핏의 강의를 직접 듣고 가치투자에 눈을 떴다. CJ투자증권에 입사 후 미국 티톤 캐피털 파트너스Teton Capital Partners에서 근무하다가 한국에 돌아와 하나금융투자에 입사해 현재 리서치센터 기업분석팀 4차산업 파트장을 맡고 있다. 자동차 담당 애널리스트로 한국 베스트 애널리스트에 다수 선정되었다. 또한 투자자들 사이에서 입소문 난 블로그 '와이민, 투자자로서의 삶'을 통해 투자 원리, 철학, 방법 등을 소개하고 있다. 옮긴 책으로 《100배 주식》, 지은 책으로 《스스로 좋은 투자에 이르는 주식 공부》가 있다.

찰스 슈왑 투자 불변의 법칙

1판 1쇄 인쇄 2021년 1월 19일
1판 1쇄 발행 2021년 2월 2일

지은이 | 찰스 슈왑
옮긴이 | 김인정
감 수 | 송선재
발행인 | 홍영태
발행처 | (주)비즈니스북스
등 록 | 제2000-000225호(2000년 2월 28일)
주 소 | 03991 서울시 마포구 월드컵북로6길 3 이노베이스빌딩 7층
전 화 | (02)338-9449
팩 스 | (02)338-6543
대표메일 | bb@businessbooks.co.kr
홈페이지 | http://www.businessbooks.co.kr
블로그 | http://blog.naver.com/biz_books
페이스북 | thebizbooks
ISBN 979-11-6254-190-6 03320

내 생애 최고의 축복인 아내 헬렌과

다섯 명의 아이들,

그리고 13명의 손주들에게

일러두기 ───────────────────────────────

본문 중 각주는 독자의 이해를 돕기 위한 옮긴이의 주석이다.

책에서 '찰스 슈왑'은 저자를, '찰스슈왑' 혹은 '슈왑'은 저자의 회사를 말한다.

찰스 슈왑, 보통 사람들을 위한 주식투자의 세계를 열다

13년 전 미국에서 학업과 인턴을 병행할 때, 주식 계좌를 열 수 있는 기회가 생겼다. 당시 나의 선택은 '찰스슈왑'이었다. 리테일(개인) 투자자를 대상으로 한 증권사들은 몇 군데 있었으나, 계좌 개설하기에도 가장 편리했고 주식거래 시스템, 특히 저렴한 수수료를 고려할 때 다른 대안을 생각할 것도 없었다. 그렇게 나와 슈왑의 인연은 시작되었다. 그리고 시간이 지나 창업자인 찰스 슈왑의 책에 대한 감수를 맡게 되어 이 글을 쓰게 됐다. 증권업이라는 같은 세계에 몸담고 있는 사람으로서 그의 면면을 알리는 역할을 하게 되니 실로 감회가 새롭다.

찰스 슈왑은 1963년 《인베스트먼트 인디케이터》라는 투자 주간지를 발간하면서 증권업 경력을 시작했다. 그의 회사는 1971년 '퍼스트커맨

더'와 합쳐 전통적인 소매금융 서비스를 시작했고, 이듬해 다른 합작선의 지분을 전량 인수하면서 명실상부한 독립 증권회사의 대표가 되었다. 그리고 약 50년이 지난 현재 '찰스슈왑 코퍼레이션'으로 이름을 바꾼 이 회사는 총 자산 320조 원, 연간 매출액 12조 원, 종업원수 2만 명, 시가총액 100조 원을 상회하는 거대 증권회사로 성장했다. 개인 찰스 슈왑은 2008년까지 CEO로 재직하다가 은퇴했지만 여전히 회사의 대주주로 그의 재산은 10조 원에 육박한다.

여기까지만 보면 그는 전형적인 성공한 기업가 혹은 부유한 금융인으로 연상된다. 하지만 지금의 '찰스슈왑'을 만들기까지 일과 인생에서 견뎌야 했던 굴곡들을 알게 된다면 찰스 슈왑이 가장 중요하게 여긴 것은 '부를 쌓게 하는 주식의 힘'을 대중에게 알리는 것이었음을 알게 될 것이다.

업계에선 룰을 깬 이단아, 개인투자자에겐 시대의 영웅

찰스 슈왑은 대주주이자 대표가 된 후 전형적인 위탁매매 증권회사를 미국 내 최대의 저비용 할인증권회사로 탈바꿈시켰다. 그는 기존 증권사들이 고객의 목소리에 귀를 기울이지 않는다는 데 항상 불만을 가졌는데, 예를 들면 높은 수수료율을 부과하는 것과 고객들에게 위험할 수도 있는 주식을 팔아 수익을 내는 것 등이었다.

"투자자들이 시장에 접근하려면 엄청난 비용이 들었는데, 평균 수수료와 스프레드 비용만으로도 투자자들의 자금이 무려 10퍼센트 가까이 잠식됐다. (중략) 높은 수수료의 상당 부분은 투자자들에게 제공되는 자문의 대가라고 하지만 정말 쓸모 있는 자문에 대한 대가였을까, 아니면 단순한 진입 비용이었을까?"

그리고 그는 업에 대한 뛰어난 혜안을 기반으로 기존 증권계가 시도하지 못했거나 시도하지 않았던 것들을 과감하게 시작했다. 이 책에서 눈여겨볼 부분이 바로 여기다. 그는 사업적 기회를 포착하는 데 탁월했고, 그 기회는 소비자들의 불만과 제도 변경을 연결시키는 데 있었다. 이를 해결한 '할인증권회사'라는 방식은 기존 경쟁자들에게는 파괴적이었지만 소비자들(개인투자자)에게는 엄청난 환영을 받았다. 찰스 슈왑은 보수적인 미국 증권계의 이단아인 동시에 개인투자자들에겐 시기적절하게 등장해준 '영웅'hero이었던 것이다.

과감하지만 무모하지는 않은 창업가

하지만 고객들의 불만이 아무리 높다 하더라도 새로운 사업을 당장 시도할 만큼 충분한 여건이 형성되지 않는다면 이 또한 위험을 높이는 선택일 수 있다. 찰스 슈왑은 두 가지 부분에서 시장 여건이 성숙되었다고 판단했다. 첫 번째는 직접 주식투자를 할 수 있는 고객들의 비중이 커지고 있다는 것이다. 직접 조사하고 주식을 선택하기 때문에 브로커의 조언이 필요하지 않는 사람들은 기존 증권회사들의 고비용 거래수수료에 반감을 가지고 있을 것이 자명하기 때문이다. 찰스 슈왑이 그렇게 생각한 배경은 아래와 같이 표현되어 있다.

> "우선 완전히 새로운 고객 기반을 계획했다. 개인투자자들이 그 대상으로, 즉 시장에 열정이 있는 사람, 자신의 재정적 운명을 스스로 개척하려는 사람, 투자할 주식을 직접 조사하고 선택하는 사람, 브로커의 조언이 필요하지 않거나 원하지 않는 사람이었다. (중략) 어째서냐고? 나 역시 그랬기 때문이다. 그리고 나 같은 사람이 많다는 걸 알고 있었다. 그런 사람들 중 일부는 내 소식지를 오랫동안 구독했다."

찰스 슈왑이 급진적으로 보일 수 있는 차별화 정책을 적극적으로 펼칠 수 있었던 두 번째 배경은 규제의 변화였다. 시작은 1974년 증권거래위원회가 증권업에 대한 수수료 규제를 시범적으로 완화한 때였다. 중개수수료가 자율화되면서 각 증권사는 고객들의 거래수수료를 원하는 수준으로 책정할 수 있게 되었다. 경쟁자들이 수수료 이익이 줄어들 것을 걱정하며 주저하는 사이 찰스 슈왑은 때를 놓치지 않고 거래수수료를 절반으로 인하했다. 물론 기존 경쟁자들로부터 시장 점유율을 가져와야 하는 도전자의 입장이었기 가능한 정책이었지만, 고객들의 불만과 이를 해결하는 혁신적인 방법에 대한 고민했던 결과이기도 하다. 그렇다고 찰스 슈왑이 무모하기만 한 것은 아니었다. 혁신적인 정책을 펼치더라도 충분히 수익이 난다는 계산 또한 미리 돼 있었기 때문이다.

"하지만 나는 두렵지 않았다. 기존 시스템에 아무런 이해관계가 없었기 때문이다. (중략) 과거 월스트리트의 비싼 수수료를 정당화한 모든 수단을 배제하고 단순히 주식거래 서비스만 제공해 간접비를 줄이고 효율성에 초점을 맞추면 가격을 최대 75퍼센트 내려도 이익을 내는 것이 가능했다."

생각을 행동으로 옮기는 능동적인 경영자

찰스 슈왑은 사업적 기회를 포착해내는 능력뿐만 아니라 기회를 살려 사업으로서 만드는 행동력도 뛰어났다. 1975년 5월 1일 증권거래위원회는 주식거래도 여느 판매 행위와 다를 것이 없고 오로지 시장에 의해서만 가격이 결정된다고 발표했다. 그는 어지러운 시장 환경 속에서도 조금도 걱정하지 않고, 다가오는 변화에 대한 기대로 흥분했다고 밝혔다. 그리고 그 변화의 의미를 생각하면서 찰스슈왑 앤드 컴퍼니를 새로운 형태의 위탁매매 증권회사로 재출발시키는 구조개편을 단행했다. 이와 관련된 내용을 읽으면서 이러한 급진적인 변화를 행동으로 옮길 수 있는 강력한 의지의 경영자가 또 있을까 하는 생각이 들 정도였다.

> "리서치 업무도 그만두었고 뮤추얼펀드와 헤지펀드도 접었다. 소식지 발행도 중단했다. (중략) 규제 완화가 이룬 중대한 진전과 시장의 의미 있는 변화, 실질적인 기회로부터 조금이라도 벗어난 것은 남김없이 없애 고 싶었다. 커다란 기회가 눈앞에 있었고 절대로 놓칠 수 없었다."

아이디어가 많은 사람들 중에 기업가로 성공하는 경우가 종종 있다. 하지만 아이디어보다 더 중요한 건 생각을 행동으로 옮기는 것이다. 행동 하지 않으면 생각에 그칠 뿐이니까 말이다.

현대적인 경영 시스템을 도입, 투자의 대중화를 이끈 선구자

찰스 슈왑의 혁신 정책은 여기서 그치지 않는다. 그는 영업직원들의 연봉 체계를 기존 수수료 기준에서 근무시간 기준으로 바꾸고 고객들이 시간 과 장소에 구애받지 않고 주문을 할 수 있는 맞춤형 상담 시스템도 마련 했다. 이러한 일련의 정책들은 고객들의 이익을 최우선할 수 있는 영업환 경을 만드는 데 일조했고, 결과적으로 고객들로부터 큰 환영을 받았다. 이를 통해 찰스 슈왑은 고객들이 단순히 급여소득자에 머무르지 않고 투 자자 그리고 돈의 주인으로서 살 수 있는 터전을 마련해 주었다.

그의 혁신 정책과 추진력은 새로운 기술을 도입하는 사례에서도 잘 보여진다. 찰스슈왑은 문서 작업을 컴퓨터로 대체하는 것에 늘 적극적이었다. 1990년대 중후반부터 주요 증권사들 중에서 처음으로 온라인으로 상장·비상장 주식, 뮤추얼펀드·채권 등을 판매하기 시작했다. 거래수수료도 기존 증권사 브로커리지 수수료의 1/4 수준에 불과했다. 2000년대 들어 슈왑은 모바일 앱을 통한 거래시스템을 도입했는데 이렇게 신기술을 발 빠르게 도입함으로써 주식 대중화 시기에 큰 성공을 이뤘다.

낙관적인 태도로 성장의 힘을 믿는 투자자

찰스 슈왑의 평생에 걸친 도전과 성취는 이 책을 읽는 독자에게 대의명분을 가진 기업가가 어떻게 기회를 발견하고, 이를 끝까지 추진하는지에 대해 잘 알려준다. 찰스 슈왑과 그의 회사는 시작부터 끊임없는 장애물들을 경험했지만, 원칙을 지키고 인내하며 낙관주의를 기반으로 금융산업 전반을 변화시키며 이상을 현실로 바꾸었다. 그 과정에서 그는 우리에게 완벽해질 때까지 기다리는 것보다는 실패를 두려워 말고 실험을 계속하라고 격려한다.

찰스 슈왑의 이야기는 기업가 관점에서 접근하지 않더라도 배울 점이 많다. 그가 쓴 아래의 내용만을 봐도 우리는 투자자로서 기업을 평가할 때 어떤 관점에서 접근해야 하는지에 대한 통찰을 얻을 수 있다.

"성장과 기회는 상호보완적이다. 성장할 때는 새로운 기회를 잡을 가능성이 있다. (중략) 기회는 공유된다. 성장은 고객을 위해 새로운 아이디어와 새로운 제품 및 서비스를 구상할 기회를 직원들에게 제공한다. 직원들은 성취감을 얻고 이는 개인의 성장으로 이어진다."

투자자들이 장기투자를 해야 하는 이유는 단연 성장이다. 기업이 기회를 발견하고 관련 투자를 단행한 후 가능성이 실제 실적으로 현실화되는 사이클을 거치고, 또 이러한 성장 사이클이 몇 번 반복되려면 충분한 시간을 필요로 하기 때문이다. 장기투자의 기본원리는 결과적으로 기업 성장의 결실을 투자자가 공유받는 것이다. 이를 성장 기업을 직접 경영해본 사람보다 잘 설명할 수는 없을 것이다. 찰스 슈왑은 기업의 존재 이유가 성장이라고 단언하면서 성장할 때 새로운 기회가 생기고, 내부 직원들에게도 성취감과 개인적 성장을 안겨준다고 말한다. 개인적으로 이 문장을 통해 큰 깨달음을 얻었기에 이 문장만으로도 이 책을 읽을 가치는 충분하다고 생각한다.

워런 버핏은 이 책의 추천사로 "그를 오랫동안 존경해왔다. 이 책을 읽으면 이유를 알 것이다"라고 했다. 책을 읽고 나니 나 역시 찰스 슈왑에 대해 버핏이 극찬한 이유를 명확히 알 것 같다. 그는 시대의 혁신가인 동시에 뛰어난 투자자였기 때문이다. 이 책이 한국어로 번역되어 나온 것에 큰 감사를 드린다.

1970년대 초 찰스슈왑을 설립할 당시 미국에는 주식 위탁매매 전문 증권회사가 수백 곳 있었지만 그중에 내가 원하는 회사는 없었다. 중간 브로커를 거치지 않고 시장에 접근하려는 투자자, 종종 이해관계가 충돌할 때도 있는 값비싼 '조언'이 필요 없는 독립적인 성향의 투자자들에게 특화된 증권회사를 만들고 싶었다. 이런 생각 하나로 출발해서 뜻을 같이하는 사람들과 함께 40년간 특별한 회사를 키웠다. 그사이 꿈은 상상할 수 없었던 방식으로 확장됐고 마침내 사람들의 투자 방식을 영원히 바꿔놓았다.

이것은 우리 모두의 이야기다.

찰스 슈왑 타임라인

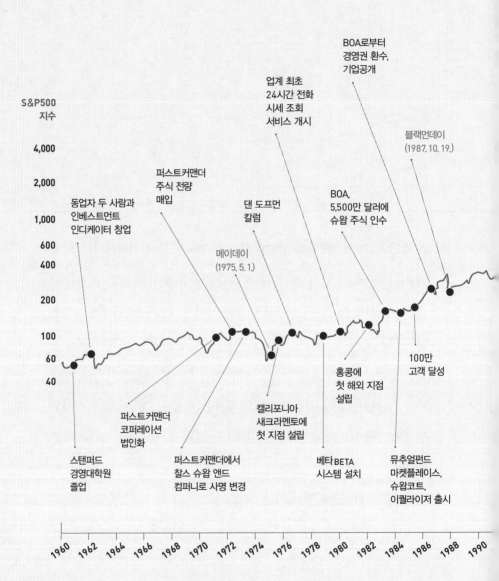

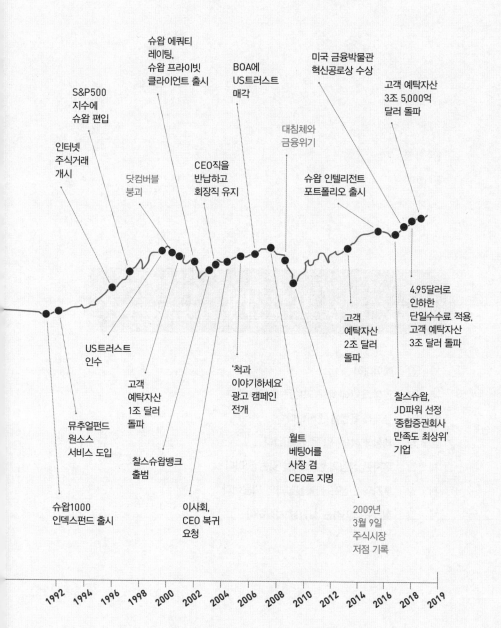

슈왑 에쿼티
레이팅,
슈왑 프라이빗
클라이언트 출시

BOA에
US트러스트
매각

미국 금융박물관
혁신공로상 수상

고객 예탁자산
3조 5,000억
달러 돌파

S&P500
지수에
슈왑 편입

대침체와
금융위기

인터넷
주식거래
개시

닷컴버블
붕괴

CEO직을
반납하고
회장직 유지

슈왑 인텔리전트
포트폴리오 출시

US트러스트
인수

4.95달러로
인하한
단일수수료 적용,
고객 예탁자산
3조 달러 돌파

고객
예탁자산
1조 달러
돌파

'척과
이야기하세요'
광고 캠페인
전개

고객
예탁자산
2조 달러
돌파

뮤추얼펀드
원소스
서비스 도입

찰스슈왑,
JD파워 선정
'종합증권회사
만족도 최상위'
기업

찰스슈왑뱅크
출범

월트
베팅어를
사장 겸
CEO로 지명

슈왑1000
인덱스펀드 출시

이사회,
CEO 복귀
요청

2009년
3월 9일
주식시장
저점 기록

1992 1994 1996 1998 2000 2002 2004 2006 2008 2010 2012 2014 2016 2018 2019

CONTENTS

감수의 글 ·· 7

들어가며 ·· 15

제1부 | 시작

제 1 장 메이데이 ·· 25

제 2 장 인생 초반에 배운 교훈은 평생을 간다 ·············· 34

제 3 장 경제적 독립을 준비하다 ···································· 47

제 4 장 세상에 '쉬운 일'은 원래 없다 ···························· 53

제 5 장 투자란 성장의 한 조각을 갖는 것이다 ·············· 61

제 6 장 투자와 인생은 불확실성과의 싸움이다 ·············· 74

제 7 장 찰스슈왑이라는 실험을 시작하다 ···················· 83

제2부 | 급상승

제 8 장   금융계의 아웃사이더 ································· 95

제 9 장   우리는 상품을 권유하지 않습니다 ·············· 110

제10장   첫 지점을 열다 ····································· 123

제11장   혁신을 위한 무기를 준비하라 ··················· 129

제12장   실패는 결과가 아니라 과정이다 ················· 148

제13장   자본과 신뢰는 성장의 필수 요소다 ·············· 160

제14장   행동하라 그리고 설득하라 ······················ 172

제15장   위기의 조짐 ··· 184

제16장   반란을 꾀하다 ······································ 194

제17장   새로운 찰스슈왑의 탄생 ························· 215

제18장   행운을 과신하지 마라 ··························· 231

제19장   쓰나미의 한가운데에서 ·························· 243

CONTENTS

제3부 | **호황과 붕괴**

제20장 지속적인 혁신만이 해결책이다 ·················· 277
제21장 변화와 도약의 길 ·································· 303
제22장 온라인 트레이딩의 시대를 열다 ············· 314
제23장 숫자 너머 미래를 보라 ·························· 336

제4부 | **반등**

제24장 재기하려면 대담하게 도전하라 ··············· 369
제25장 우리는 해낸다 ···································· 382
제26장 할 수 있는 일은 모두 다 하라 ················ 397
제27장 척과 이야기하세요 ······························· 406
제28장 전략적 인수로 규모를 키워라 ················ 412

제5부 | **결국 시간이 증명한다**

제29장   장기투자에는 낙관적 태도가 필요하다 ·················· 425

제30장   준비는 되어 있다 ·· 442

제31장   재도약 ··· 450

제32장   척의 성공 비결 ··· 461

마치며 ·· 468

감사의 말 ·· 478

투자 불변의 법칙 1 ▶▶▶

투자를 할 때는 오늘 투자한 돈이
불어날 것이라는 확신이 있어야 한다.
그렇지 않으면 이불 밑에
돈을 묻어두는 편이 낫다.

제1부

시작

CHUCK's NOTE

경력이나 창업에 관한 조언을 구하는 젊은이들에게 "성공의 열쇠는 무엇입니까?"라는 질문을 자주 받는다. 그러면 나는 되묻는다. "당신이 잘하는 일은 무엇이고 좋아하는 일은 무엇입니까?" "특별히 생각하지 않더라도 지치지 않고 이야기를 풀어낼 수 있는 분야는 무엇입니까?" 바로 그 분야에 열정을 쏟아야 한다. 인생에는 많은 기복이 있는데 좋을 때든 나쁠 때든 우리를 앞으로 나아가게 하는 엄청난 힘이 바로 여기서 나온다. 열정과 지식은 자신이 야망과 전문성, 삶의 방향성이 있는 사람이라는 신호이기도 하다. 사람들은 그 신호에 이끌리고 우리는 그들의 도움이 필요하다.

인생과 마찬가지로 사업의 세계는 멋진 유혹으로 가득하다. 대부분의 선택이 그렇듯 열정을 쏟을 분야를 택할 때 다른 것은 모두 떨쳐버려야 한다. 단 하나의 목적의식이 있을 때 집중할 수 있고 모든 것이 명료해진다. 그리고 방향을 결정했다고 해서 그것이 끝이 아님을 알아야 한다. 시간이 흐르면서 꽃이 피고 여러 방향으로 가지가 갈라질 수 있다. 그중에는 전혀 생각하지 못했던 방향으로 뻗는 가지도 있다.

나는 투자를 사랑했다. 투자에 관한 모든 것이 좋았다. 기업의 존재 이유는 성장이라는 발상, 누구든 그 성장에 참여할 수 있고 시간이 흘러 재정적 독립을 이룰 수 있다는 발상이 좋았다. 나는 투자에서 열정을 찾았지만 대다수 사람들은 투자에서 소외됐다는 사실도 알게 됐다. 시스템 자체가 일반 투자자들을 위해 고안된 것이 아니었기 때문이다. 바로 여기서 무한한 기회를 엿봤고 이는 모두가 공감하는 강력한 대의명분이 됐다.

제1장

메이데이

누구에게나 운명의 날이 있다

1975년 4월 30일 수요일이었다. 금융서비스 업계 사람들에게 메이데이 May Day로 기억될 그날의 하루 전이었다. 날씨가 화창했는지 아니면 샌프란시스코 특유의 안개가 자욱한 날이었는지는 분명하지 않다. 머릿속이 복잡했다. 봄철 내내 투자자들이 들떠 있었던 것은 확실히 기억한다. 닉슨 탄핵의 악몽은 지나갔고 시장은 베트남 전쟁을 뒤로하고 다시 움직였다. 다우존스산업평균지수(이하 다우지수)는 12월 말 이후 50퍼센트 가까이 상승했고 나 역시 다른 사람들처럼 희망에 차 있었다. 하지만 최악의 상황이 끝났다고 믿기에는 이제껏 본 것이 너무 많았다.

서른여덟 살 생일을 석 달 앞둔 시점이었다. 10년 동안 1,000포인트 문턱에서 맴돌던 다우지수가 최초로 역사적인 1,000포인트를 돌파한 것은 1972년 11월 14일이었다. 하지만 그날은 800선을 약간 웃돌았다. 다우지수가 상승세를 지속할지 여부에 대해 나는 다소 회의적이었다. 1982년 12월 21일이 돼서야 1,000포인트를 완전히 넘어선다는 사실을 그때 알았더라면 일찌감치 포기하고 다른 일을 찾았을지도 모른다. 한동안은 정말로 그런 결정을 내릴 뻔했다. 주식시장이 20년간 침체를 이어간다면 누가 증권회사를 설립하겠는가? 스탠퍼드 경영대학원을 졸업하고 바로 독립해서 세 번째 도전하는 창업이었다. 한편으로는 궁금하기도 했다. 한 사람의 인생에 기회는 몇 번이나 있을까?

더구나 나는 수십만 달러의 빚을 지고 깊은 수렁에 빠져 있었다. 동업자 한 명이 내놓은 지분을 인수하기 위해 크로커뱅크Crocker Bank에서 자금을 빌렸고, 이혼 후 상당한 신용대출도 떠안았다. 재혼을 했지만 이렇다 할 자산은 없었다. 소살리토의 작은 아파트에서 헬렌과 함께 딸 케이티를 키우고 있었다. 헬렌은 부동산을 판매하는 일을 했고 나는 증권거래위원회가 수수료 관련 규제를 시범적으로 완화하면서* 가능해진 주식거래 수수료를 할인하는 실험을 1년째 하고 있었다. 나는 미지의 영역에 있던 셈이었다.

바로 그 수요일, 정말로 중요한 질문 하나가 머릿속을 내내 맴돌았

---

* 1974년 4월부터 적용되었다.

다. '메릴린치는 어떻게 할 것인가?' 1년간의 시범 운영이 끝나면 완화된 규제의 법제화가 추진될 것이므로 그 질문에 대한 답이 내 계획의 성패를 좌우할 것이었다. 1914년 전설적인 찰스 메릴이 '월스트리트를 대중 곁으로'라는 기치 아래 설립한 메릴린치는 리테일 브로커리지retail brokerage(소매 위탁매매) 부문에서 이론의 여지가 없는 최고였으며 유가증권 언더라이팅underwriting(인수 및 주선) 규모만도 10억 달러를 넘어섰다. 전국 곳곳에 지점을 운영했고 의욕 넘치는 브로커 수천 명을 보유하고 있었다. 텔레비전이나 신문을 접하는 사람이라면 누구나 '메릴린치는 미국을 낙관합니다'라는 구호를 알 정도였다.

찰스 메릴은 중산층에게 투자 세계를 개방하겠다며 회사를 설립했다. 나는 그 목표를 높이 샀다. 그는 1940년대에 이미 수수료가 아닌 급여 형태로 브로커에게 보상을 지급하는 실험에 최초로 나서며 기존 시스템이 안고 있는 심각한 이해 충돌 문제를 해결해보려고 했다. 나 역시 오랫동안 반감을 가졌던 문제였다. 그러다 1970년대 초반 도널드 리건* 체제가 되면서 과거 방식으로 회귀했다. 수많은 브로커들에게 동기를 부여한다는 이유였다. 메릴린치는 엄청나게 성공한 기업이었다. 모두들 이렇게 말했다.

"메릴린치가 네가 하는 사업에 뛰어들겠다고 나서면 그땐 뼈도 못 추릴 거야."

●　1971~1980년 동안 메릴린치 이사회 의장 겸 CEO로 재임했다.

걱정은 됐지만 메릴린치는 월스트리트 기득권층의 확고한 일원이었다. 메릴린치의 사업은 수많은 수수료 기반 브로커와 고수익 투자은행 부문, 리서치 부문에 크게 의존하고 있었다. 그 모든 것을 단번에 포기할 수는 없을 것이었다. 하지만 메릴린치도 규제 완화에 대응해 조금이라도 수수료를 낮춰야 했고 그렇게 된다면 내 사업은 시작하자마자 이미 실패한 것이라고 봐야 했다. 우리처럼 작은 회사가 메릴린치 같은 업계 거물을 상대로 경쟁하는 것은 불가능했다.

수요일 아침, 이런 고민을 하며 여느 때처럼 일찌감치 몽고메리 스트리트 120번지에 도착했다. 몇 안 되는 직원들이 근무하는 작은 사무실이 있는 24층까지 엘리베이터를 타고 올라갔다. 〈월스트리트저널〉을 집어들자 1면에 "메릴린치가 5,000달러 미만의 거래 대부분에 대해 위탁매매 수수료를 인상하기로 했다."라는 기사가 눈에 들어왔다. 정말일까? 수수료를 인상하기로 했다고?

나는 메릴린치가 보수를 낮추고 수수료를 우리 수준으로 낮춰 우리의 기회를 가로챌까 봐 두려워하고 있었다. 그런데 메릴린치는 일반 대중을 상대로 가격을 올리고 대형 기관에 가격을 할인해주는 방식으로 규제 완화를 활용했다. 일단 충격이 가라앉자 절로 웃음이 났다. 나는 기회를 발견했고 제대로 활용하기로 작정했다. 이제껏 험난하고 먼 길을 걸어왔지만 그날 찰스슈왑의 진정한 시장 기회를 찾은 듯했다. '끝내주는 사업이 되겠군.' 나는 속으로 혼잣말을 했다.

불만에서 시작된 혁신의 씨앗

어린 시절, 아버지 덕분에 지역 신문에 실린 주식시세표를 처음 접했을 때부터 투자라는 개념이 좋았다. 주식은 우리 경제에 일어나는 마법을 일부나마 담아내며 우리도 노력하면 그 마법에 동참할 수 있다는 생각이 상상력을 자극했다. 가슴이 뛰었다.

나는 투자야말로 재정적 독립에 이르는 수단이라고 확신한다. 투자는 단순히 노동으로 소득을 얻는 것을 넘어 성장하는 경제에 참여하는 수단이다. 나는 낙관주의자이며, 이 낙관주의를 바탕으로 한 궁극적인 행위가 투자라고 생각한다. 투자를 할 때는 오늘 투자한 돈이 불어날 것이라는 확신이 있어야 한다. 그렇지 않으면 이불 밑에 돈을 묻어두는 편이 낫다. 내일은 오늘보다 낫다는 믿음이 있어야 한다.

하지만 1970년대에 찰스슈왑을 설립하면서 투자 시스템에 심각한 결함이 있다는 사실을 알았다. 투자자들은 더 나은 대우를 받아야 했다. 투자자들이 시장에 접근하려면 엄청난 비용이 들었는데, 평균 수수료와 스프레드spread • 비용만으로도 투자자들의 자금이 무려 10퍼센트 가까이 잠식됐다. 펀드매니저가 투자자들에게서 자금을 모아 뮤추얼펀드에 투자할 때는 대개 9퍼센트의 판매수수료가 부과됐다. 투자금 대비 9퍼센트 수익을 올려야 비로소 손익평형을 이룬다는 뜻이다.

• 동일한 주식을 매수할 때와 매도할 때의 가격 차이.

높은 수수료의 상당 부분은 투자자들에게 제공되는 자문의 대가라고 하지만 정말 쓸모 있는 자문에 대한 대가였을까, 아니면 단순한 진입 비용이었을까? 월스트리트는 1792년 버튼우드(무화과나무) 아래서 출범한 첫날부터 수수료를 관리했다. 그곳에 모인 회원들이 뉴욕증권거래소를 설립해 회원끼리만 주식을 사고팔 수 있으며 수수료는 개별적으로 협상이 불가능하다는 데 합의한 것이다.*

찰스슈왑은 사실 이런 불만에서 출발했다. 나는 원래 개인투자자였다. 자신의 재정적 운명은 스스로 책임지는 것이 옳다고 믿었기에 주식에 대한 조사도 직접 했다. 사실은 주식을 추적하며 느끼는 전율이 좋았다. 무엇을 언제 사고팔아야 하는지 결정하는 데 브로커의 미심쩍은 조언은 필요하지 않았고 이용하지도 않은 서비스에 비용을 지불하고 싶지 않았다. 그리고 브로커리지 사업의 이해 충돌 문제는 아주 고질적인 것이었다. 월스트리트의 대형 증권회사들은 동시에 투자은행이기도 해서 차이니즈 월Chinese wall** 이라는 장치를 마련하고도 개인투자자의 이익을 우선순위에 둘 수 없었다. 수수료 기반으로 일하는 영업직원들도 마찬가지였다. 고객을 위한 포트폴리오를 구축하는 것이 아니라 주식거래를 일으키

---

* 1792년 5월 17일 24명의 주식중개인이 버튼우드 협약Button Wood Agreement을 맺고 연합을 형성했는데 이것이 뉴욕증권거래소의 기원이 됐다. 협약에는 연합에 참여한 회원 사이에서만 주식을 사고팔 수 있으며 거래 시 수수료율은 최소 0.25퍼센트 이상이어야 한다는 두 가지 조항을 규정했다.

** 금융투자회사가 다양한 업무를 수행하면서 발생할 수 있는 이해 충돌 문제를 방지하기 위해 부서 간 정보 교류를 차단하는 장치.

는 것이 그들의 주요 생계 수단이었다. 그들의 잘못은 아니었다. 그저 제도가 그렇게 만들어졌던 것이다.

하지만 새날이 밝아오고 있었다. 개혁에 대한 요구가 오랫동안 제기된 끝에 증권거래위원회는 100여 년을 이어온 월스트리트의 카르텔을 해체하기 위해 과감한 실험에 나섰다. 옛 제도 아래서는 법률과 동등한 효력을 갖는 촘촘한 규제로 위탁매매 수수료가 고정돼 있어 주식을 거래하려면 높은 비용을 치러야 했고 그 비용은 정해져 있었다. 물론 그렇지 않은 경우도 있었다. 월스트리트는 그런 식으로 돌아갔다. 소규모로 거래하는 사람들에게는 활용할 지렛대가 전혀 없었던 반면 대형 트레이더는 갈수록 비대해졌고 다양한 지렛대를 확보해 활용했다. 그들은 특별 혜택, 비공개 할인, 이면거래, 편법적인 상부상조 등 거래 비용을 낮출 수 있는 정교한 장치들을 마련했다.

수수료 4자 분배four-way ticket도 그중 하나다. 어이없게도 주문을 넣은 대형 기관에 일부 혜택이 돌아가도록 수수료 수익을 나눠 갖는 방법이다. 예를 들어 연금이나 뮤추얼펀드 같은 기관투자자가 주식 1만 주를 매수하면서 주당 1달러를 수수료로 지급하면 수수료 1만 달러 중 4분의 1은 해당 기관투자자에게 리서치 자료를 제공한 회사에 돌아간다. 다음 4분의 1은 여행 경비를 보조하는 방식으로 해당 기관투자자에게 되돌려 준다. 교육비를 지원한다는 명분이다. 그다음 4분의 1은 모두가 하룻밤 어울리며 운동경기를 관전하거나 클럽에서 시간을 보내고 근사한 곳에서 저녁 식사를 하는 유흥비로 쓰인다. 나머지 4분의 1이 위탁매매 주문을 처리한 증권회사의 몫이다. 더 큰 규모인 10만 주를 거래할 때도 마찬가지이며 분배할 전체 수수료가 10만 달러라는 점이 다를 뿐이다.

1970년대 초반에 이르자 이런 방식은 더 이상 통제되지 않았고 뭔가 조치가 필요했다. 기관투자자들은 이런 방식이 내키지 않았고 증권거래위원회도 달가워하지 않았으며 여기에 의회도 관여했다. 쉽게 말해 대형 트레이더의 영향력은 커지고 뉴욕증권거래소는 거센 압박에 직면했다. 변화는 불가피했다.

대형 기관투자자들은 그럭저럭 괜찮았다. 어느 정도 가격 협상력을 갖췄고 주문을 받으려는 브로커들 사이에 경쟁을 유발할 수 있었다. 하지만 개인투자자들은 어떤가? 거래량이 100주 미만인 사람들은? 나는 증권업계의 규제 완화가 가져올 중대한 변화를 유리하게 활용하기 위해 찰스 슈왑을 설립했고 그 초점은 개인투자자에게 있었다. 내가 처음 쓴 책 《직접 하는 주식거래》How to Be Your Own Stockbroker는 그 배경을 설명하고 있다.

"이제 모든 투자자는 진정으로 독립할 수 있다. 불공정, 부풀려진 수수료, 잘못된 조언을 하는 브로커로부터 독립하는 것이다. 추악한 사실은 브로커가 조언한 투자 대상의 위험성이 클수록 브로커의 몫은 더욱 커진다는 점이다."

수많은 전통적 증권회사는 규제 완화가 가져올 결과를 두려워했다. 규제 완화 이후 1975년에 30곳이 넘는 뉴욕증권거래소 회원사가 문을 닫았고 100개 이상의 증권회사가 사업을 접거나 합병됐으니 충분히 그럴 만했다. 하지만 나는 두렵지 않았다. 기존 시스템에 아무런 이해관계가 없었기 때문이다. 오히려 개혁의 명분을 진전시키고 개인투자자들을 공정하게 대우하며, 주식에 대한 소유권을 더 많은 대중의 몫으로 돌리는 과정에서 사업을 키울 기회였다. 나는 이것이 민주주의를 지키는 길이라 믿었고 '스킨 인 더 게임'skin in the game*을 할 본격적인 시도였다. 주식을 사고파는 과정에 수반되는 온갖 잡다한 것들, 즉 오염된 리서치 결과, 빗나간 분석, 엉터리 추천 등 과거 월스트리트의 비싼 수수료를 정당화한 모든 수단을 배제하고 단순히 주식거래 서비스만 제공해 간접비를 줄이고 효율성에 초점을 맞추면 가격을 최대 75퍼센트 내려도 이익을 내는 것이 가능했다.

내 고객은 분명했다. 바로 나와 같은 성향의 사람들이었다. 설령 할인증권회사discount brokerage를 설립하지 않았더라도 나는 다른 할인증권회사를 만족스럽게 이용했을 것이다. 이런 서비스를 오랫동안 기다렸고 그런 사람이 나 혼자만은 아니었다. 1975년 5월 1일 증권거래위원회는 규제 완화 시범 운영의 종료를 선언하면서 주식거래도 미국에서 이뤄지는 여느 판매 행위와 다를 것이 없다고, 즉 오로지 시장에 의해서만 가격이 결정된다고 발표했다. 물론 나는 이 기회를 맞이할 만반의 준비가 돼 있었다.

---

* 어떤 조직이나 과업에 개인적으로 투자함으로써 그 성공 여부에 이해관계를 갖는다는 뜻.

제2장
인생 초반에 배운 교훈은 평생을 간다

돈에 대한 태도는 어릴 때 형성된다

나는 여러모로 운이 좋았는데 샌프란시스코 베이 에어리어에 자리를 잡은 것이 특히 그랬다. 이곳에서는 위험을 감수하는 것이 문화의 일부였고 '여기서 만들어진 게 아니다'Not Invented Here*라는 식의 배타적인 분위기도 없었다. 훌륭한 발상과 창의성은 출신과 관계없이 환영받았고 인맥과 배경보다는 능력이 중요했다. 게다가 사업을 시작한 바로 그 시점에 이곳에서 놀라운 신기술이 꽃을 피우고 있었다. 꿈을 현실로 만들려면 큰 꿈

● 제3자가 개발한 기술을 인정하지 않는 태도, NIH 증후군이라고도 한다.

을 품는 게 오랜 전통인 곳이 필요했다. 이곳은 찰스슈왑을 설립하기에 최적의 장소였다.

베이 에어리어와 우리 가족의 인연은 1800년대로 거슬러 올라간다. 할아버지 로버트 헨리 슈왑은 1905년 롱아일랜드에서 샌프란시스코로 이주해 변호사로 일하다 1906년 메리 거트루드 브레이와 결혼했다. 메리 할머니는 1885년 샌프란시스코에서 태어났다. 외가 쪽도 캘리포니아와 인연이 깊은데, 외할아버지 옥슬리 무어와 외할머니 엘리자베스 리오나 해먼드는 1800년대 후반에 캘리포니아에서 태어났다. 외할아버지는 스톡턴 출신이고 외할머니는 양계농장이 많은 것으로 유명해 '세계의 달걀 바구니'라고 불리는 페탈루마에서 나고 자랐다.

1917년 조부모님은 샌프란시스코에서 새크라멘토로 이사했다. 할아버지는 개인 법률사무소에 들어갔다. 새크라멘토는 뉴욕이나 샌프란시스코 같은 금융 중심지만큼은 아니었지만 캘리포니아주 농업 공동체의 심장부로서 성장과 번영을 구가하고 있었다.

할아버지는 게르만인 특유의 엄격한 성격이었다. 하지만 심술궂은 것이 아니라 절도가 있고 다소 사무적이었을 뿐이다. 매주 월요일 밤 친구들과 독일 클럽에 모여 마음껏 독일어를 하며 맥주를 마시고 피너클 카드게임을 즐길 때는 예외였다. 클럽 안에서는 종종 웃음소리가 울려 퍼지곤 했다. 분명 유쾌한 농담이 오고갔을 것이다. 너무 어려서 독일어가 아니라도 어른들이 하는 농담은 이해하지 못했지만 크고 털털한 웃음소리가 좋았다. 좋은 친구들이 모였을 때 나오는 진솔한 웃음이었다.

아버지 로버트 슈왑도 변호사가 됐다. 캘리포니아대학교와 샌프란시스코의 헤이스팅스 법과대학교를 졸업하고 그해 주에서 3위 성적으로 변호사 시험에 합격했다. 아버지와 어머니 베티 애너벨 무어는 1936년 8월 29일 결혼해 새크라멘토로 이사했다. 아버지는 할아버지가 차린 법률사무소에 들어갔는데 두 사람은 오래 잘 지내기는 어려운 사이였다. 둘은 종일 붙어 지내야 하는 상황에 적응하지 못했다. 기회를 봐서 독립하기를 원했던 아버지는 1937년 새크라멘토에서 북서쪽으로 약 30킬로미터 떨어진 캘리포니아 우드랜드에 있는 욜로 카운티 지방검찰청 자리를 수락했다. 우드랜드는 주정부 청사가 있는 주민 5,000여 명 규모의 작은 농촌 마을이었다.

어린 시절의 기억 중 하나는 아버지가 욜로 카운티 지방검사 선거에 출마한 일이다. 아버지는 사진이 담긴 전단지를 온 마을에 돌렸다. '밥 슈왑을 지방검사로'라고 적힌 전단지 몇 장을 나는 아직도 보관하고 있다. 아버지는 1942년 지방검사로 선출돼 8년간 근무하면서 개인적으로 수임받은 일도 계속했다.

나는 1937년 7월 29일 캘리포니아 새크라멘토에서 태어났고 몇 달 지나지 않아 우리 가족 모두 우드랜드로 이사했다. 대공황의 끄트머리였지만 경제 전반에 대공황 시대의 사고방식이 여전히 남아 있었다. 제2차 세계대전이 끝나고 1940년대가 한창일 때까지도 사람들은 대공황이 실제로 끝났고 이미 지나간 과거라는 사실을 믿지 않았다. 돈이 남긴 상처를 완전히 치유하기란 불가능했다.

그래도 나쁘지만은 않았다. 멋진 곳에서 멋진 어린 시절을 보냈다. 우드랜드의 여름은 화창하고 따뜻했으며 아이들은 마을 구석구석을 몰려 다녔다. 공터에서 길거리 야구하기, 농지를 가로질러 흐르는 용수로에서 수영하기, 자전거 타기, 서양호두나무 열매를 자루에 담기, 토마토 따기 등 놀거나 잡다한 일로 바빠서 말썽을 저지를 겨를도 없었다.

돈은 늘 빠듯했기에 물건을 소중히 사용했다. 첫 자전거를 사러 아버지가 데려간 곳은 동네 자전거 가게가 아니었다. 아버지는 지역 신문 〈우드랜드 데모크랫〉Woodland Democrat의 '매매/교환'란을 살펴보다 중고 자전거를 파는 사람을 찾았다. 슈빈 브랜드였던 것으로 기억한다. 아버지가 얼마를 지불했는지는 모르지만 소중한 자전거였다. 자전거를 분해했다가 조립하기를 반복하면서 최고 상태로 관리했다. 마을 어디든 자전거를 타고 다녔으며 거리 곳곳, 모든 지름길, 가로지를 수 있는 모든 부지를 훤히 꿰었다.

전쟁 중에는 모두가 쪼들렸다. 나라의 물자 상당 부분이 전쟁에 징발되면서 배급은 일상이 됐다. 아버지는 용역을 재화와 교환했는데 한번은 고객이 양 한 마리를 돈 대신 줘서 일부만 일요일 저녁에 먹고 나머지는 얼려두었다. 그해 봄 냉동실은 양고기로 꽉 찼다.

대공황 이후 삶을 재건하기 위해 애쓴 그 시절은 돈, 저축 그리고 위험에 대한 부모님의 태도에 엄청난 영향을 미쳤고 그 영향은 평생을 갔다. 부모님은 나중에 여유가 생겼을 때도 힘들었던 젊은 시절을 늘 이야기했다. 사람들이 집을 잃고 거리에 나앉는 것을 직접 봤던 부모님은 결코 그런 일을 겪지 않겠다고 이를 악물었다. 부모님의 삶에는 언제나 가난의 그림자가 드리워져 있었다. 돈에 대한 태도와 습관의 상당 부분은 젊을 때 형성된다. 찰스슈왑의 고객들을 봐도 그렇다.

돈과 저축, 소비 습관 그리고 위험에 대한 태도는

오랜 세월 몸에 밴 것이라

이성보다는 감정에 좌우되기 쉽다.

사실 내 경우는 대공황 시대의 사고방식에 대한 반발이 더 크다. 할 수 없다는 제약에 부딪힐 때마다 진저리가 났고 그렇게 살고 싶지 않다고, 다시는 그렇게 살지 않겠다고 다짐했다. 경제적 근심에서 자유롭고 싶었고 진정한 자립을 이루고 싶었다. 어떻게 돈을 벌어 어떻게 모을지 고민했고 나중에는 모은 돈을 어떻게 투자할지 고민했다.

타인을 대할 때는 열린 태도로 경청하라

인생의 초기에 형성되는 것은 돈에 대한 태도만이 아니다. 자신이 어떤 사람이고 훗날 어떻게 행동할지는 부모와 교사, 생활 방식을 통해 상당

부분 결정된다. 나는 아버지를 보며 관용을 배웠다. 교회에서 헌금 바구니가 돌 때 제일 먼저 1달러 지폐를 넣는 사람은 언제나 아버지였다. 아버지는 경제 원리와 법률에 관해 늘 많은 이야기를 들려주었고 윤리적인 면에서 상당히 엄격했다. 좋은 사람과 나쁜 사람은 어떻게 다르고 무엇이 그 차이를 만드는지 생각이 확고했다. 지방검사이자 변호사였던 아버지는 법과 질서에 대한 굳은 신념을 갖고 있었다.

아버지는 종종 조사 중인 사건을 얘기해주기도 했는데 그중에는 이웃과 싸운 주민, 난동을 피운 술주정꾼, 마리화나로 체포된 사람도 있었다. 욜로 카운티 같은 시골 마을에서 있을 법한 일이었다. 나는 아버지의 눈 밖에 나고 싶지 않았지만 여느 아이들처럼 수많은 실수를 저지르며 성장했다. 한번은 친구들과 피운 모닥불이 걷잡을 수 없이 번져 울타리 일부와 닭장을 태우고 나서야 겨우 꺼졌다. 물론 부모님은 어렵지 않게 범인을 찾아냈고 아버지는 불같이 화를 냈다. 확실히 주의를 시켜야겠다고 생각했는지 아버지는 성냥에 불을 붙여 내 손에 갖다 대기까지 했다.

반면 어머니는 장난기 많은 외향적인 성격이었고 모두가 어머니를 좋아했다. 인간관계에서는 자신을 내보이고 열린 태도로 상대방의 말을 경청하는 것이 중요하다는 것을 어머니로부터 배웠다. 나는 수줍음이 많았지만 자신감과 호기심으로 수줍음을 극복했다. 지금의 성공을 거둘 수 있었던 건 사람들의 호감을 얻는 성격도 한몫했다고 생각한다. 무엇보다 인간의 본성을 존중하는 것이 중요하다. 나는 상대방의 이야기에 귀를 기울이고 집중하며 진심으로 관심을 갖는다. 이것이 삶을 풍요롭게 하는 비결이다. 사람들에게는 무한한 매력이 있고 그들의 이야기는 동기를 부여한다.

사람들의 이야기를 듣는 것은 새로운 걸 흡수하는 훌륭한 방법이었다. 수줍음을 극복하고 대인 관계의 기술을 익힌 것이 성공의 열쇠였고 어머니 덕분에 그 능력을 키울 수 있었다. 아버지가 늘 강조한 내면의 수양과 완벽하게 보완을 이루는 능력이었다.

나는 우드랜드 마켓 스트리트 164번지에 있는 홀리 로사리 아카데미 초등학교를 다녔다. 수녀님들은 엄격했지만 노력과 타인에 대한 존중, 신념을 발전시키는 법을 가르쳐주었다. 평생의 지침이 된 교훈이었다.

그때는 내가 난독증이 있다는 사실을 몰랐다. 읽기와 공부가 말도 못하게 어려웠던 것도 그 때문이었다. 수녀님들은 예습을 해오게 했고 나는 읽기와 씨름했다. 외우지 않으면 새로운 단어는 이리저리 뒤섞인 글자들로만 보여 해독하는 데 시간이 필요했다. 결국 방과 후에도 칠판 앞에서 작문과 수학 숙제를 해야 했다. 기억 속에 가두려고 단어와 계산식을 몇 번씩 반복해서 쓰는 동안 손가락에 쌓이던 분필 가루의 느낌을 아직도 기억한다.

아마 수녀님들은 내가 일종의 학습 장애를 겪고 있다는 사실을 알았을 것이다. 그런데 정작 나는 학교를 다니는 게 힘들다고만 생각했을 뿐 몇 년이 지나도록 그 이유를 몰랐다. 하지만 수녀님들의 헌신적인 지도로 필수적인 기능을 익혔고 수업이 끝나도 학교에 남아 열심히 공부했다. 만화책도 즐겨 읽었다. 만화책을 보면 학교에서 배우는 내용을 더 빠르고 수월하게 파악할 수 있었다. 비록 과정은 어려워도 일단 내용을 파악한 뒤에는 분명히 이해했고 시험도 잘 치렀다. 다만 요점을 파악하는 것이 늘 만만치 않았다.

세월이 흘러 슈왑이 어느 정도 성공을 거둔 후 어느 날 편지 한 통을 받았다. 편지에는 6년간의 학교 성적표 사본이 들어 있었다. 성적은 그저 그랬으며 학교 기금 모금에 참여해달라는 안내장이 있었다. '모금에 참여하지 않으면 성적표를 공개하겠다, 뭐 그런 건가?' 은근한 협박인가도 싶었지만 어쨌든 수표 한 장을 보냈다.

주식과 인생에는 등락이 있다

할아버지는 경마를 굉장히 즐겼는데 버클리 근처 골든게이트필드 경마장에 이따금 나를 데려갔다. 나는 할아버지가 준 돈으로 2달러짜리 마권을 샀다. 이따금 돈을 땄지만 베팅을 잘못하면 한꺼번에 잃을 수도 있다는 사실을 배웠다.

나를 주식시장으로 처음 이끈 사람은 아버지였다. 열세 살 때 아버지가 손가락으로 가리킨 주가표에는 주가의 오르내림이 표시되어 있었다. 강한 호기심이 일었다.

'싸게 사서 비싸게 팔면 돈을 벌 수 있지 않을까?'

시장의 등락을 설명하는 논리가 어느 정도 있다는 점에서 경마와는 달랐다. 제대로 된 쪽에 베팅을 하는 것도 짜릿했지만 어떤 주식의 가격은 오르고 또 어떤 것은 내리는 이유를 알아내는 것도 흥미로웠다.

더불어 누구는 인생에서 성공을 거두고 누구는 허덕이는 이유도 궁금했다. 존 록펠러, 존 피어폰트 모건, 개인적으로 관계는 없지만 철강왕 찰스 슈왑 등 위대한 업적을 이룬 사람들의 전기를 읽었다. 단호한 결단, 열정, 신념을 위한 투쟁, 낙관적인 태도, 좋은 일이 가능하다는 믿음이 왜 중요한지 배웠다. 그들은 하나같이 성장에 광적으로 집착했다. 아이디어를 내고 확장하고 재투자해서 더 좋게, 더 크게 키웠다. 나는 강한 끌림을 느꼈고 경영과 금융에 호기심이 생겼다.

때론 빠른 포기가 다른 길을 열어준다

1950년 우리 가족은 샌타바버라로 이사했다. 아버지는 개인 사무실을 차리고 부동산 거래와 소액 청구, 각종 계약을 맡아 했으며 세월이 흘러 고객들이 나이가 들자 신탁과 상속 전문으로 바꾸었다. 나는 라 쿰브레 중학교를 다녔고 1955년에 샌타바버라 고등학교를 졸업했다.

샌타바버라에서 나는 '척'으로 통했다. 어린 시절을 보낸 우드랜드에서는 '버디'로 불렸는데 너무 어린애 같은 느낌이어서 이사하면서는 그 호칭을 떨쳐내고 싶었다. 그리고 척 루돌프라는 좋은 친구를 만났다. 몇 살 위인 그는 내게 동경의 대상이었기에 나는 내 애칭을 '척'으로 정했다.

인구 5,000명 남짓의 작은 농촌 마을에서 10배나 큰 도시인 샌타바버라로 이사한 것은 꽤 커다란 변화였다. 더 큰 무대에서 새로운 것을 시도하고, 영역을 확장하고, 자신감을 키울 기회였다. 특히 학업에 어려움을 겪었던 내게는 정말로 필요한 기회였다. 운동을 좋아해서 할 수 있는 모든 종목에 참여했는데 그중 농구가 가장 좋았다. 나는 움직임이 빨랐고 실력도 좋았지만 결국 키가 발목을 잡을 것이라는 사실도 직시해야 했다. 내 키로는 대학 농구 팀에 들어갈 방법이 없었고 그래서 농구를 포기했다.

살다 보면 포기함으로써 배우는 교훈이 있다.
현명한 선택을 할 것, 선택했으면 후회하지 말 것.

결국 정착한 종목은 테니스와 골프였다. 실력이 꽤 좋았고 이로써 자신감이 생겼다. 스포츠는 이런 방식으로 강력한 힘을 발휘한다. 타고난 장점에 노력을 더하면 탁월한 실력을 갖출 수 있고 성취감을 얻는다. 특히 골프는 '인생 운동'이 됐다. 지금도 나는 골프와 투자가 상당히 비슷하다고 생각한다. 준비와 인내와 연습이 필요하고 오랫동안 전념해야 한다. 둘 다 전략이 필요하며 몇 걸음 앞서 생각해야 한다. 지형은 어떤가? 감정은 어떻게 다스릴 것인가? 골프와 투자에는 모두 커다란 기복이 존재하기에 감정을 다스리는 일이 중요하다.

2학년에서 3학년으로 올라갈 무렵 고등학교 축구 코치인 클래런스 슈트가 골프부를 만들었다. 몇몇 학생들에게서 가능성을 봤던 것 같은데, 내 친구 앨런 가이버거는 당시 캘리포니아주 주니어 선수권 대회에서 두 번이나 우승을 거뒀다. 그는 훗날 프로 선수가 됐고 공식 대회에서 사상 최초로 59타를 친 선수로 기록되면서 'Mr. 59'라고 불렸다. 가이버거는 새크라멘토에서 우리 학교로 전학을 왔고 시골 출신인 우리는 금세 가까워졌다. 우리는 골프라는 연인을 공유하며 함께 시간을 보냈다.

슈트는 몬테시토에 있는 밸리클럽이라는 멋진 코스로 골프 부원들을 데려갔다. 오전 9시 전에 티오프tee-off, 즉 경기를 시작한다는 조건이었다. 어려운 코스에서 시합을 하려면 실력이 꽤 좋아야 했다. 우리는 캘리포니아주 공립학교 스포츠 연맹California Interscholastic Federation, CIF이 주관하는 대회에 참가해 주 전역에서 출전한 12개 팀과 겨뤄 우승을 거뒀다. 나는 1라운드에서 72타를 기록했는데 가이버거를 이긴 유일한 경기였다. 골프는 내게 꼭 맞는 운동이었다.

앞에 나서는 경험이 쌓일수록
자신감도 커진다

나는 늘 자신감에 차 있는 편이다. 오랫동안 나도 모르게 키워온 자질인 것 같다. 자신감이 있다는 건 자신을 밖으로 끌어내 뭔가를 시도하려는 의지가 있다는 것이다. 처음부터 리더로 타고난 사람들도 있지만 앞에 나서서 이끄는 능력은 대부분 경험에서 비롯된다. 어떤 일에 앞장선 경험이 많을수록 그 일은 자신만의 장점으로 발전한다. 나는 내가 채워야 할 자리가 보이면 망설이지 않고 들어갔고 목소리를 내야 하는 상황에 두려움 없이 뛰어들었다.

시민으로서의 의무와 지역사회 봉사를 강조하는 키와니스Kiwanis가 후원하는 청소년 단체 키클럽Key Club에 가입해 열일곱 살에 키클럽 학교 대표로 선출됐다. 필라델피아에서 열리는 연례회의에 참석하기 위해 캘리포니아주 키클럽 대표들과 함께 빡빡한 일정으로 기차 여행을 하게 됐다. 의자에서 쪼그려 잠을 자고 나처럼 키가 작은 학생들은 짐을 올리는 선반에 올라가 휴식을 취하는 알뜰한 여행이었다.

그 2주 동안 나는 이 나라의 다양한 단면을 목격했다. 화장실과 급수대에 붙은 '유색인 전용' 표지판이 말해주는 남부의 인종 분리 정책, 여전히 펄럭이는 남부연합기Confederate flag, 기차가 정차하는 가난한 작은 마을, 처음 방문한 대도시 뉴욕, 시카고, 워싱턴. 그 여행이 아니었다면 결코 경험하지 못했을 것들이었다.

국토의 크기나 지역별 차이, 캘리포니아에 사는 내 귀에는 낯설게 들리던 억양 등은 매체를 통해서도 얼마든지 접할 수 있었지만 여행 덕분에 실제로 보고 들었다. 내가 목표로 삼은 일이 아니라 키클럽 활동에 노

● 백인우월주의자들이 사용하면서 인종차별의 상징으로 여겨지는 깃발.

력을 기울인 덕분에 얻은 기회였다. 밖으로 나가 세상에 관여하자 운 좋게 기회가 따라온 것이다.

물론 난관에 부딪힐 때도 있었다. 고등학교 때 학생의회에서 연설문을 읽으려고 안간힘을 쓰던 때도 그랬다. 나는 학생회에 출마해 반 친구들에게 한 표를 부탁하고 있었지만 하려던 말을 까맣게 잊은 채 그대로 얼어붙었다. 모두가 나를 쳐다보며 내가 말을 시작하기를 기다렸지만 심장이 쿵쾅거렸고 꼼짝도 할 수 없었다. 영원히 끝나지 않을 것 같은 순간이었다. 하지만 결국 그 순간을 넘겼고 그 후 많은 일을 성공적으로 해냈다. 키클럽 회의에서 거리낌 없이 내 주장을 밝혔고 회계 담당자로서 클럽의 예산안을 제안하고 기획했다. 교내 봉사 활동을 인정받아 여성 단체인 미국 혁명의 딸들Daughters of the American Revolution이 수여하는 상도 받았다.

그 경험들 하나하나가 나를 가르쳤고 강하게 만들었다. 지금도 나는 젊은 임원들에게 대중 앞에서 말하는 것을 연습하라고 권한다. 아무리 능력이 뛰어난 인재라 하더라도 사람들을 이끌기 위해서는 앞에 나서는 상황에 익숙해져야 한다. 결코 저절로 되는 일이 아니다.

제3장

경제적 독립을 준비하다

모든 일은 좋든 나쁘든 배울 점이 있다

어릴 때부터 많은 일을 했고 그때마다 뭔가를 배웠다. 호두와 토마토를 땄고 아버지가 사냥해온 새의 깃털을 뽑은 적도 있었다. 아버지는 사냥을 나가면 열 마리에서 스무 마리 남짓 되는 오리를 잡아왔는데 나는 오리의 깃털을 뽑고 마리당 50센트를 받았다. 한동안은 암탉을 키우고 달걀과 비료를 파는 일을 했다. 말하자면 첫 수직계열화였다!

초등학교 때는 잔디를 깎고 아이스크림 수레를 밀며 우드랜드 거리를 돌았다. 고등학교 때는 축구 경기를 보러 가서 관람석 밑을 뒤져 콜라병을 주웠다. 공병 하나당 5센트를 받았는데 경기가 끝날 때쯤이면 몇 달러가 될 만큼 병이 모였다. 더운 날에는 10달러도 벌었다.

기본적으로 내가 쓸 돈은 내가 벌어야 했다. 열세 살 때는 만화책 뒷면에 실린 광고를 보고 젊어 보이게 해준다는 로션 같은 것을 몇 상자나 주문한 적도 있었다. 동네 아주머니들에게 팔 생각이었지만 아버지가 화를 내서 모두 반품했다. 좀 더 자라서는 캐디 일을 시작했다. 평생 열정을 바칠 골프를 이때 처음 접했으며 어른들의 세계를 엿볼 수 있었던 값진 경험을 했다. 나는 성공한 사람들 가까이에서 그들이 어떤 이야기를 하고 어떤 방식으로 교류하는지 들었고 깊은 인상을 받았다. 그들은 내게 골프 영웅 벤 호건과 샘 스니드에 맞먹는 롤 모델이었다.

열일곱 살이 되어 대학을 다니고 이후 경영대학원을 다니는 동안에는 여름마다 빼놓지 않고 일했다. 봄 학기가 끝나자마자 일손을 필요로 하는 곳을 찾았는데 한번은 유전에서 잡역부로 일하며 석유를 퍼 올릴 수 있도록 파이프를 나르기도 했고 마을 축제와 지역 골프장에서 접시를 닦기도 했다.

일을 통해 다시 하고 싶지 않은 일도 있음을 알게 됐다. 처음 가진 진짜 직업은 사탕무 농장에서 트랙터를 운전하는 것이었다. 농장 주인은 할아버지의 고객이었는데 인도 출신으로 큰 성공을 거둔 농부였다. 일주일에 6일, 아침 6시부터 저녁 6시까지 시간당 1달러로 밭을 가는 일이었고 숙식비로 하루에 2달러가 지급됐다. 나는 손으로 크랭크를 강하게 돌려 트랙터에 시동을 건 뒤 줄에 맞춰 트랙터 바퀴를 정렬했다. 방향이 어긋나면 사탕무 한 무더기가 망가졌고 그만큼이 일당에서 깎였다. 트랙터를 운전하며 전진할 때는 디젤 매연을 들이마셔야 했고 반대쪽으로 돌아올 때는 흙먼지가 얼굴을 뒤덮었다. 일요일이면 새크라멘토 근처 조부모님 댁에 가서 그을음과 먼지를 씻곤 했다.

사탕무 농장 일꾼들 중에 히스패닉 성을 쓰지 않는 사람은 나 혼자였다. 나는 스페인어를 못했고 다른 사람들은 영어를 못해서 우리는 별다른 대화 없이 여러 날을 보냈다. 그래도 용돈을 벌 수 있어 좋았다. 무엇보다 그 일을 계기로 농부와 농장 노동자의 힘든 삶에 대해 눈을 뜨게 됐다는 것이 중요했다.

19달러 95센트가 깨닫게 해준 현실

스탠퍼드에서 대학 생활을 시작하고 처음 맞이한 여름에는 생명보험 판매원으로 취직했다. 단 한 건의 계약도 체결하지 못했지만 내가 보기엔 오히려 그게 명예로운 일일 정도로 최악의 상품이었다. 저축 성격을 띠는 비싼 종신보험이었다. 보험과 수익을 동시에 보장한다고 고객을 세뇌시켜야 했다. 보험을 팔려면 가족과 친구들에게 부탁해야 했는데 자료를 읽으면 읽을수록, 내가 팔려는 것이 무엇인지 더 깊이 이해할수록 끔찍한 상품이라는 확신이 들었다. 지금까지도 나는 보험에 대해 회의적이다. 물론 필요한 상품도 있지만 내가 팔아야 했던 상품 대부분을 통해 진실을 알 수 있었다. 그런 상품을 판매할 수는 없었다.

나쁜 상품을 파는 일은

좋아하지도, 잘하려고 하지도 마라.

얼마 안 가 보험 일을 그만두었다. 그러고 나니 일자리가 없었다. 개강 전까지 여름은 두 달밖에 남지 않았고 돈은 한 푼도 벌지 못한 상황이었다. 그래서 가정용 단열재 외판원으로 나섰다. 바짝 일해서 한몫 잡고 그만둘 생각이었다. 교육을 받은 뒤 새 주택 건설이 한창이었던 새너제이를 돌며 집집마다 방문했다.

오전 11시쯤 한 집의 문을 두드려 안주인을 만나 남편이 있는 저녁에 다시 들러도 좋다는 약속을 받아냈다. 부부가 함께 있는 자리에서 주택 단열재를 좋은 가격에 판매한다는 이야기를 하기 위해서였다. 일단 문을 열게 하려면 "맞아요."라고밖에는 대답할 수 없는 질문으로 첫마디를 시작해야 했다. 말하자면 "전기요금이 너무 많이 나오죠?", "아이들의 안전이 걱정되시죠?" 같은 질문이다.

사실 단열재는 신문지를 구겨 화학물질로 처리해 난연 성질을 갖게 한 것에 불과했다. 나는 작은 여행 가방을 들고 다녔는데 그것이 유일한 장비였다. 거실에서 가방을 열고 분젠 버너Bunsen Burner*를 꺼내 제품이 불에

---

* 독일 출신 화학자 로베르트 분젠이 개발한 가스를 이용한 연소 기구.

타지 않는다는 것을 증명하는 작은 실험을 해 보였다. 하지만 그다지 성능이 좋은 제품이 아니어서 종종 불이 붙었다. 3~4주 동안을 그렇게 다녔지만 단 하나도 팔지 못했고 결국 해고됐다. 판매 수수료 수입이 급여의 전부였기 때문에 그해 여름에는 단 한 푼도 벌지 못했다.

어느 해 여름에는 시카고에서 전철수로 일했는데 이 일을 계기로 반드시 학업을 마치겠다는 다짐을 하게 됐다. 미국 경제가 불황에 시달리던 1958년 여름이었다. 나는 스탠퍼드대학교 친구 세 명과 함께 보트를 장만했다. 각자 매달 10달러씩 모아 보트를 샀고 주말마다 학교 근처 바다로 가서 수상스키를 탔다. 하지만 그해 여름에는 각자 흩어져야 했기에 가을까지 보트를 보관할 사람을 제비뽑기로 정했다. 긴 제비를 뽑은 친구가 보트를 시카고로 가져가기로 했고 아무런 계획이 없던 나도 따라 나섰다. '까짓것, 나도 가지 뭐.'

그러나 아버지가 여름 동안 쓰라고 준 100달러는 네브래스카주 오마하에 도착했을 땐 이미 바닥이 났다. 자동차가 계속 말썽을 일으켰다. 라디에이터와 연료 펌프를 비롯해 여러 가지가 고장이 났다. 내 차는 1단 기어가 들어가지 않았고 클러치가 타버렸으며 제이의 차는 시동 모터가 작동하지 않아서 함께 차를 밀어 시동을 걸었다. 우리는 되도록 멈추지 않고 오마하를 지나 늦은 봄비로 강이 범람한 아이오와 시내를 기어가다시피 통과했다. 마침내 시카고에 도착해서 제이의 아버지에게 돈을 빌렸다. 일자리가 간절히 필요했다. 첫 번째로 지원한 일은 택시 운전사였지만 떨어졌다. 나중에 생각해보니 이때 채용되지 않은 게 다행이었다.

제철소에서 일하려고도 했지만 그해 여름은 불경기 탓에 지원자가 많았다. 나는 철도회사에 지원했다. 일리노이 센트럴과 산타페에서 사람을 뽑고 있었는데 안정적인 일은 아니었고 비상대기 당번이었다. 나는 아직 어리고 신참이라 아무도 원하지 않는 금요일, 토요일, 일요일 그리고 모든 야간 교대 근무를 맡았다. 그러나 바로 이 때문에 일이 싫어졌다. 일이 힘들어서가 아니었다. 이곳에서 나는 '과잉고용'featherbedding을 제대로 배웠다. 필요한 인원보다 많은 사람이 투입됐고 열차를 해체한 뒤 다양한 목적지에 따라 재조립하는 전철수의 작업은 두세 시간이면 끝났다. 열차 안에는 장거리 운행 중 탑승한 기술자들이 휴식을 취하도록 긴 의자가 놓인 승무원실이 있었다. 우리는 작업을 마친 후 그곳에서 여섯 시간씩 잠을 잤다. 그것이 사람을 우울하게 했다.

물론 훌륭한 사람들도 만났다. 그들은 불경기로 직장을 잃고 매일 철로에서 일했다. 서른다섯 살 정도 된 음악 교사 출신으로 아이가 서넛인가 있었던 남자는 나와 똑같이 하루에 19달러 95센트를 급여로 받았다. 그의 상황은 깊은 인상을 남겼지만 내가 그의 나이가 됐을 때는 철로에서 일하고 싶지 않았다. 이것이 중요한 깨달음이었다.

제4장
세상에 '쉬운 일'은 원래 없다

단점을 극복하면 없던 장점이 생긴다

탈출할 희망도 없이 일에 갇혀버린 바깥세상을 목격한 것은 학교를 졸업하는 데 도움이 됐다. 난독증이 있었기에 학업은 결코 쉽지 않았다. 당시에는 왜 친구들보다 배우는 게 어려운지 이해할 수 없었다. 수학과 과학은 꽤 잘했지만 어느 것도 쉽지는 않았다. 국어는 단연코 가장 어려운 과목이었다. 읽는 속도가 더뎠고 작문은 아예 할 수조차 없었다. 빈 종이를 보고 있노라면 머리가 정신없이 내달렸다. 어떻게 글을 시작해야 할지 도무지 감이 오지 않았다. 머리가 나쁜 탓이라고 40년 가까이 믿었는데 1983년, 아들 마이클이 학교에서 똑같은 문제를 겪기 시작했다.

교사들은 처음에 가정교사를 추천했다. 그래도 나아지는 것이 없자 검사를 받아보라고 했다. 검사 결과 아이는 놀랍게도 난독증이라는 진단을 받았다. 난독증은 신경학적 문제가 근본 원인으로 작용하는 학습 장애다. 주로 읽고 쓰는 능력에 영향을 미치기에 난독증 환자들은 문자언어를 해독하는 데 어려움을 겪는다. 다른 사람들이 힘들이지 않고 글자를 조합해 뜻을 지닌 단어를 만들 때 난독증 환자는 글자 자체가 혼란스러운 기호로 보일 뿐이다. 비유하자면 텔레비전 화면을 볼 때 이미지가 아니라 수천 개의 픽셀이 개별적으로 보이는 것과 같다. 기호를 해독하는 데 너무 많은 시간을 들이다 보니 글 전체의 의미를 놓치는 것이다.

나는 먼저 글자를 하나하나를 소리로 전환한 다음 각각의 소리를 모아 단어를 만들어 머릿속에서 그 소리를 들었다. 예를 들어 '고양이를 쓰다듬는다'라는 문장을 즉시 인식하는 것은 불가능하다. 그래서 앞에 보이는 기호를 소리로 바꾼 다음 그 의미를 생각했다. 'ㄱ…ㅗ…ㅇ…ㅑ…ㅇ… ㅇ…ㅣ…ㄹ…ㅡ…ㄹ…ㅆ…ㅡ…ㄷ…ㅏ…ㄷ…ㅡ…ㅁ…ㄴ…ㅡ…ㄴ…ㄷ…ㅏ.' 모르는 단어가 나오면 뜻을 알려고 소리 내어 말했다. 당연히 속도가 더뎠고 이해하는 데도 방해가 됐다. 단락의 절반쯤 읽다 보면 의미를 놓치기 때문에 이해력이 떨어질 수밖에 없었다. 단어의 의미를 이해하는 것이 아니라 단어를 기억에서 끄집어내느라 씨름했다.

소리와 생각을 문자언어로 바꾸는 것을 전문 용어로 '음운 정보 처리 과정'phonological processing 이라고 하는데 이 과정은 훨씬 어렵다. 학교에 다니고 수업을 받는 데 불리한 조건일 수밖에 없다. 아들에게 내려진 진단은 결코 가볍지 않았지만 한편으로는 다행이었다. 정확히 무엇이 문제이고 어떻게 해야 하는지 알게 됐기 때문이다. 아이가 학업을 어려워하는 건 머리가 나쁜 탓이 아니었다. 난독증을 겪는 아이들의 가장 큰 문제는 정확한 진단을 받지 못하고 자존감을 잃어 학교에서 겉돌다가 약물이나 알코올 중독 등에 빠지는 것이다.

아이들 다섯 명 중 한 명꼴로 난독증을 앓는다는 추정도 있다. 대부분은 자신이 난독증이라는 사실을 알지 못한다. 미국 교도소 수감자의 약 절반이 난독증 환자라는 연구 결과도 있다. 어릴 때 적절한 지원을 받지 못한 난독증 환자들은 읽고 쓰는 법을 배우는 데 어려움을 겪는다. 그러다 다른 길을 찾고 정상적인 궤도에서 이탈해 곤란한 상황에 처한다. 위험한 순환이다.

일단 아들의 상황을 이해하자 나의 상황도 재평가하게 됐다. 내가 아는 바로는 난독증에는 유전적 요인이 있다. 나 역시 난독증 환자였고 평생 난독증으로 고생했다. 불행히도 내가 어렸던 1940년대와 1950년대에는 난독증에 대해 아는 사람이 없었다. 난독증이 있더라도 단순히 '늦되다'고 여겨졌다. 내가 살아남은 건 교사들과 친밀한 관계를 쌓고 좀 더 쉽게 공부하는 몇 가지 요령을 터득한 덕분이었다.

나는 열심히 노력한 보상으로 가산점을 받았고 그 덕분에 성적을 유지했다. 하지만 작문은 전적으로 불가능했고 학업적성시험Scholastic Aptitude Test, SAT 점수가 좋지 않았다. 꽤 괜찮았던 골프 실력이 아니었다면 스탠퍼드에 진학하지 못했을 것이다. 1955년 샌타바버라 고등학교 3학년 때 코치였던 클래런스 슈트는 골프부를 이끌고 스탠퍼드대학교 신입생 팀을 상대로 팰로앨토 코스에서 시합을 벌였다. 우리가 거의 이길 뻔했다. 정규 코스는 처음이었지만 나는 전반 9홀까지 36타를 기록했다. 후반 9홀은 그만큼 잘하지는 못해서 라운드를 77 혹은 78타로 마무리했다. 그래도 스탠퍼드대학교의 코치였던 버드 핑거는 내게 가능성이 있다고 판단했는지 얼마 지나지 않아 합격 통지서를 받았다.

스탠퍼드에서 나는 새로운 세계에 눈떴다. 이 학교에는 전국 각지에서 온 똑똑한 학생들로 가득했다. 나는 최고 사립학교 출신의 수재들과 경쟁해야 했고 난독증이라는 난제와 힘겨운 싸움을 계속했다.

1학년 때는 가까스로 낙제를 면했다. 골프부 소속이었던 나는 커다란 자유를 누리며 1948년형 플리머스 자동차를 몰고 가짜 신분증으로 포톨라 밸리에 있는 로사티라는 곳에 가서 많은 시간을 보냈다. 시험은 별로 어렵지 않게, 고등학교 때처럼 전날 밤 벼락치기 공부와 임기응변으로 그럭저럭 해낼 수 있을 것 같았다. 하지만 하마터면 낙제해서 퇴학을 당할 뻔했다. 단 1점만 모자랐어도 집으로 돌아갔어야 했고, 만일 그렇게 되면 1년 동안은 재입학이 불가능했다. 말뿐인 협박이 아니었다. 실제로 그런 처분을 당한 친구들이 있었다.

정신이 번쩍 든 나는 재빨리 원래 자리로 돌아왔다.

"골프를 치러 간 게 아니라 공부를 하러 간 거다."

내 성적을 본 아버지는 이렇게 말하며 성적을 올리지 못하면 등록금을 내줄 수 없다고 못 박았다. 공부할 시간을 내기 위해 골프에서 손을 뗐다.

그러나 공부는 여전히 고된 싸움이었다. 수업 내용을 잘 정리한 같은 방 친구의 노트를 빌려 시험을 준비했지만 내 점수가 더 좋게 나오자 친구의 기분이 상해서 더 이상 그럴 수가 없었다. 내가 쓴 글씨는 사실상 알아볼 수가 없었다. 강의를 따라가며 필기를 하는 것만큼 어려운 일은 없었다. 필기에 신경을 쓰다 보면 강의를 놓쳤고, 주의 깊게 강의를 들으면 필기가 엉망이었다. 들은 내용을 단어로 전환하는 것조차 어려운데 그 단어를 쓰기까지 하려니 엄청나게 시간이 걸렸다. 녹음기가 있었다면 좋았겠지만 그때는 보편화되지 않았다. 게다가 내 문제가 무엇인지 나도, 누구도 몰랐다.

한편으로는 열등감이 너무 커서 부족한 부분을 보완하려고 지나치게 애썼는지도 모른다. 지금의 위치를 유지하기 위해, 내겐 너무 어렵지만 다른 사람들에겐 수월해 보이는 일들을 해내기 위해 늘 특별한 노력을 해야 했다. 평생 몸에 배는 습관은 그렇게 형성된다. 난독증이라는 단점은 여러 가지 면에서 장점으로 바뀌었다. 다른 사람들에 비해 좀 더 개념 중심적인 사고를 하게 된 것도 그중 하나다.

단계적으로 생각하기보다는 개념 위주로 생각하라.

결론에 빠르게 도달하라.

세세한 부분보다 본질을, 큰 그림을 먼저 보라.

다행히 시간이 흐르며 읽기도 나아졌다. 예전에는 소리로 바꾼 다음 의미로 바꿔야 했던 단어들을 자동으로 식별할 수 있게 됐고 읽는 속도도 빨라졌다. 시간이 걸렸지만 결국 해냈다.

난독증의 긍정적인 측면은 또 있다. 남들과 다르게 생각하고 개념 중심으로 사고하는 것은 슈왑의 발전에 큰 도움이 됐다. 슈왑에서 우리는 투자자 중심의 더 나은 최종 목표를 설정하기 위해 많은 생각을 했다. 그런 다음에 그 목표를 실현할 방법을 찾았다.

어린 시절 난독증으로 학업에 어려움을 겪었지만 훗날 성공을 거둔 사람은 나 말고도 많다. 시스코의 존 챔버스John Chambers, 무선통신 서비스 시장을 개척한 크레이그 맥코Craig McCaw, 시티뱅크의 존 리드John Reed, 버진그룹의 리처드 브랜슨은 모두 학습 장애를 겪었다. 이런 사업가들이 수두룩하다. 단순한 우연 이상의 뭔가가 있는 게 분명하다.

스탠퍼드 신입생 시절 나는 소토 기숙사 2인실에서 지냈다. 침대도 두 개, 책상도 두 개, 옷장도 두 개였다. 2학년 때는 시그마 누라는 남학생 기숙사로 옮겼다. 4학년이었던 1958년 12월에는 수전과 결혼했다. 수전 역시 스탠퍼드를 다녔고 나보다 두 살 어렸다. 그녀는 우등생 클럽인 파이 베타 카파Phi Beta Kappa 회원일 정도로 영리했다. 반면 나는 겨우겨우 학업을 이어가고 있었다. 혼자 힘으로 수전만큼 해내려면 갈 길이 멀었지만 마침내 해냈다.

2년 동안 경제학 과목에서 좋은 성적을 받았다. 수전의 아버지 랄프 코터가 동창이자 같은 동호회에서 활동했던 스탠퍼드 경영대학원 학장

어니 아버클에게 나를 소개했다. 다행히 대학원 입학시험은 잘 치렀다. 나는 열심히 공부하려는 의지가 있었고 전반적인 성적, 특히 경제학 성적이 제대로 나왔다고 확신했다. 면접에서 아버클에게 이렇게 말했다.

"성공에 필요한 자질을 갖추고 싶습니다."

아버클은 나를 믿고 기회를 주었다. 훗날 경영대학원에 그의 이름을 딴 식당을 기증하는 것으로 그 호의에 보답할 수 있었다.

사업에 성공하려면 내가 무엇에 소질이 있는지부터 분명히 파악하라

경영대학원에서 첫해는 말할 수 없이 힘들었지만 나도 나 자신에게 놀랐다. 첫 수업에서 사례 연구를 작성하는 과제가 있었고 모두에게 같은 과제가 주어졌다. 10~12장 분량의 보고서를 제출한 학생들도 있었다. 내보고서는 두 장이 전부였다. 단 두 장이었다. 일주일쯤 지나 교수님은 교실 앞 탁자 위에 보고서를 너덧 개 올려놓았다. 주제를 완전히 이해하고 제대로 분석한 것은 그 보고서들뿐이라고 말했다. 배울 만한 것이 있는지 보려고 교실 앞으로 향했다.

총 200명이 수강하는 수업이었는데 탁자 위 보고서 중에는 내 것도 있었다. 신이 났다. 그 과제를 하느라 진땀을 흘렸지만 연구 대상에 대해 자세히 알게 됐고 인정을 받았다는 커다란 성취감을 느꼈다. 학문과 관련해서는 한 번도 경험하지 못했던 일이었다. 불가능하다고 생각했던 일이 사실은 내 능력으로 가능하다는 걸 불현듯 깨달았다. 내게 사업의 성공에 필요한 요소를 찾아내는 소질이 있음을 알게 됐다.

경영대학원에 다니는 2년 동안 퍼스트웨스턴뱅크First Western Bank의 관리자 훈련 프로그램에 등록했다. 그렇게 처음으로 은행업을 접했다. 몇 년 후 슈왑에서 우리는 은행의 사업 모델을 '3-6-3 접근법'이라고 장난스럽게 불렀다. 은행원들은 3퍼센트 이자를 지불하고 고객의 예금을 유치한 뒤 이를 6퍼센트 이율로 빌려주고 오후 3시가 되면 벌써 골프 코스에 나가 있다는 뜻이었다.

스탠퍼드에서 보내는 마지막 해인 1960년 1월, 첫아이 캐리가 태어났다. 병원에서 수전의 곁을 지키며 밤을 새웠지만 아내와 갓 태어난 딸의 상태를 확인하자마자 학교로 돌아가야 했다. 그날은 세 과목의 중간고사가 있었다. 통계학과 수학에서는 A를 받았지만 인적자원관리human resources, 즉 고용 관계 과목에서 F를 받았다. 사업에 필요한 다양한 업무 분야에 재능이 없다는 사실은 그때부터 분명했다. 내 사업을 하려면 확실히 많은 도움이 필요했다.

제5장

투자란 성장의 한 조각을 갖는 것이다

성과에 대한 열망이 클수록 위험도 커진다

경영대학원 2학년 때 생활비를 벌 일자리가 필요했다. 우연히 학교 게시판에 있는 광고를 보고 스탠퍼드대학교에서 멀지 않은 멘로 파크에 위치한 포스터 인베스트먼트 서비스Foster Investment Services 라는 금융자문회사에서 시간제 일자리를 구했다. 학교에 다니며 저녁 시간과 주말에 근무했고 학교를 졸업한 6월부터는 정규직으로 합류했다.

래번 포스터Laverne Foster 는 특정 금융회사에 소속되지 않고 독립적으로 투자 자문 서비스를 판매했다. 우리는 소식지를 발간했고 자금 운용도 했다. 내 기본급은 월 625달러였는데 최소 2만 5,000달러 이상 투자할 의향이 있는 고객을 새로 유치하는 데 기여할 경우 8퍼센트 수수료를 받았다. 그러나 주된 업무는 기업을 분석해서 소식지에 실릴 보고서를 작성하는 것이었다.

포스터는 여러 면에서 능력이 뛰어났는데 금융업에 막 발을 들인 나는 그에게 강한 흥미를 느꼈다. 암펙스Ampex의 엔지니어 출신인 그는 성장하는 기업을 훌륭히 분석했다. 그에게서 성장 기업과 그들의 잠재력을 분석하는 방법에 관해 많은 것을 배웠다. 포스터는 개인적으로도 흥미로운 인물이었다. 한번은 업무상 점심 약속이 있어 그의 1960년대식 재규어 쿠페를 타고 샌프란시스코로 갔다가 멘로 파크로 돌아와 일과를 마쳤다. 그날의 그 자동차, 점심 식사 그리고 그날 겪은 모든 일이 스물네 살의 내게 꽤 깊은 인상을 남겼다. 특히 자동차가 그랬다.

포스터 인베스트먼트에서 글을 쓰는 일은 쉽지 않았다. 첫 문장을 작성하는 게 거의 불가능했고 빈 종이를 보고 있노라면 가슴이 쿵쾅거렸다. 글을 마무리할 방법에 대해서는 좋은 생각이 있었지만 어떻게 시작해야 할지는 아무런 생각도 나지 않았다. 하지만 곧 요령이 생겼다. 말을 하는 데는 문제가 없었으니 생각한 것을 소리 내어 말하면 됐다. 그것을 받아 적을 비서도 있었다. 비서가 내 생각을 종이에 받아 적으면 그것을 다듬어 제출했다.

우리는 서비스의 대가로 높은 비용을 청구했다. 먼저 8퍼센트 선취 수수료를 제한 뒤 매년 2퍼센트 수수료를 제하고 고객의 계좌에서 거래가 발생할 때마다 일반적인 위탁매매 수수료를 부과했다. 고객이 우리에게 바라는 것은 수수료가 아깝지 않을 만큼 훌륭한 보석을 찾아내는 것이었다. 우리는 성장 기업에 투자했다. 연평균 성장률이 최소 30퍼센트인 회사가 목표였는데, 복리 기준으로 10년간 30퍼센트 이상의 연평균 성장률을 기록하는 회사라면 투자 원금의 10배 이상을 회수할 수 있다는 게 우리의 기본 전제였다. 나는 그 전제가 마음에 들었고 내 회사도 그렇게 키우고 싶었다.

그리고 그 바람대로 훗날 찰스슈왑 코퍼레이션은 최초 투자자들에게 훌륭한 성장주 역할을 했다. 1987년 상장 이후 배당금을 재투자한 찰스슈왑의 주가는 S&P500 상승폭 두 배에 이르는 연평균 19퍼센트 성장률을 기록했다. 만일 최초 투자자들이 주식을 계속 보유하고 배당금을 꾸준히 재투자했다면 그들의 최초 투자 원금은 상장 이후 31년간 수백 배 증가해서 약 2만 1,000퍼센트 수익률을 기록했을 것이다. 나는 투자자들에게 계란을 한 바구니에 담으라고 권하지 않는다. 실제로 찰스슈왑 주가가 부진한 적도 있었다. 하지만 찰스슈왑 주식 덕분에 계란을 품을 둥지, 즉 투자 밑천을 만들 수 있었다는 투자자들의 감사 편지를 자주 받곤 한다.

다시 포스터 인베스트먼트로 돌아와, 우리는 주로 소형 성장 기업에 투자했기 때문에 1962년 주식시장 폭락은 고객들에게 큰 타격을 입혔다. 하나같이 30퍼센트, 40퍼센트에 이르는 포트폴리오 가치 하락을 경험했고 내 개인 계좌도 마찬가지였다. 많은 고객들이 불행에 빠졌고 그중에는 내 아버지도 있었다. 아버지는 2만 5,000달러를 투자했고 다른 사람들처럼 30퍼센트 가까이 손실을 입었다. 언젠가는 손실을 회복할 수 있겠지만 아버지는 계좌를 폐쇄했다. 이 일에 관해 직접 이야기를 나눈 적은 한 번도 없지만 끔찍한 기분이었다. 나는 이미 안다고 생각했지만 실제로는 전혀 몰랐던 귀한 투자 교훈을 이때 얻었다.

주식시장은 다른 시장들처럼 서비스, 비용, 품질,

심지어 성실성까지도 보장한다.

그러나 투자 성과는 보장하지 않는다.

위험도 거래의 일부임을 명심하라.

투자 결과는 보장받지 못하며 성과에 대한 열망이 클수록 위험도 더 크다. 이런 현실은 한 번은 경험해봐야만 알 수 있는 것이다. 포스터에게 해고를 당하면서 나는 그 교훈을 이해했다. 시장이 침체되고 우리 자문에 대한 대가로 돈을 지불한 고객들이 손실을 입고 있다는 사실에 마음이 편하지 않았다.

"고객들에게 수수료를 돌려줘야 합니다."

"뭘 어째야 한다고?"

그가 물었다. 설명을 시작하자 그는 내가 진지하다는 것을 알고 소리를 질렀다.

"나가! 넌 해고야."

다행히 그는 나를 다시 받아줬지만 이미 교훈을 얻은 뒤였다.

투자에서 거품이 꺼지는 것을 그때 처음으로 경험했다. 그 후로도 닷컴버블, 컬러텔레비전 버블, 복사기 버블까지 몇 차례 더 거품이 있었다. 1962년 주가 폭락 때는 볼링 버블을 경험했다. 1961년 월스트리트에는 모든 미국인이 일주일에 평균 두 시간씩 볼링을 즐길 것이라는 예측이 돌았다. 그 결과 볼링복, 볼링화, 맥주, 초크 가루 회사 등 볼링과 관련된 회사들의 주식에 투자 광풍이 불었다. 그러다 한꺼번에 폭락했다. 돌이켜 생각해보면 모두가 볼링을 친다는 건 터무니없는 예측이었다. 하지만 애널리스트들은 그렇게 주장했고 브로커들이 소문을 퍼뜨렸다. 그 주장에 미국 인구를 곱하면 사람을 취하게 할 만한 숫자가 나온다. 바로 이것이 월스트리트가 쏟아내는 헛된 꿈이자 비현실적인 기대다.

월스트리트의 민낯을 보다

업무 특성상 나는 월스트리트에서 일하는 브로커와 애널리스트들을 접할 기회가 많았다. 그들은 그날 미는 주식에 관해 전화로 한참 이야기를 늘어놓았다. 이야기의 흐름은 기본적으로 늘 같았다. 매출이 증가하고 이익이 성장한다고 설명한 다음 예외 없이 목소리를 낮추고 오늘 그 주식을 사지 않으면 안 되는 어떤 일이 곧 벌어질 것이라고 강조했다. 원래 꿈

꼼한 성격인 나는 전부 따라잡기가 어려워서 통화 일지를 작성했다. 주의 깊게 듣고 가능한 한 자세히 기록했다. 그리고 그들이 보내온 자료를 살펴보며 그들의 주장을 재검토하고 얼마나 근거 있는 것인지 확인했다. 실제로 그들의 주장은 생각보다 자주 거짓이거나 심하게 과장되곤 했다.

금융서비스 분야에서 밥벌이를 한다는 것이 내가 생각해도 신기할 때가 있었다. 나는 투자에 열정을 품은 야심 가득한 청년이었다. 리서치를 통해 상승할 만한 종목을 남들보다 앞서 발견하는 것이 좋았고 부를 쌓는 주식의 힘을 믿었다. 그러나 형편없는 이야기꾼이었고 영업에도 소질이 없었다. 거짓말을 설득력 있게 하지 못했는데, 천주교 가정에서 자랐기 때문일 수도 있고 홀리 로사리 아카데미에서 수녀님들로부터 받은 교육 또는 옳고 그름에 엄격했던 아버지 밑에서 자란 영향 때문일 수도 있었다. 혹은 난독증 때문이었는지도 모른다. 어쨌든 단순하지 않고 진실하지 않은 이야기는 잘 전달하지 못했다. 진심에서 우러난 말을 하는 것밖에는 방법이 없었다. 이야기를 능수능란하게 풀어나가는 게 중요한 업계에서 성공할 수 있는 방법은 결코 아니었다.

투자업계에서 일한 덕분에 몰랐던 사실에 눈을 떴다. 위험, 변동성, 시장에 대해 배웠고 그것들이 어떤 식으로 영향을 받고 조작될 수 있는지 배웠다. 투기, 탐욕, 두려움을 알게 됐고 월스트리트에서 나누는 '이야기'가 무엇인지도 알았다. 이야기가 그럴듯할수록 월스트리트는 더 많은 주식을 팔 수 있다. 위험한 상품일수록 더 많은 돈을 받는다. 브로커와 고객의 관계에서 더 자주 승자가 되는 쪽은 고객이 아니라는 사실을 알게 됐다. 나는 얼마나 뜨거운지 확인하려고 불길 여기저기 손을 집어넣었고 손가락 전부 화상을 입었다. 하지만 끝내 설득당하지 않았다. 나는 성장하는 기업에서 얻을 수 있는 것들이 좋았다. 투자를 통해 그 성장의 한 조각을 소유할 수 있기 때문이다. 금융업계에서 정확한 내 자리를 찾지는 못했지만 해야 할 일이 무엇인지는 알았다.

'경제적 독립'을 보장하는 부를 쌓는 법

포스터 밑에서 일하면서 많은 것을 배웠고 열정적으로 성장주를 찾았다. 그러나 진정한 성공은 일을 하고 급여를 받는 것이 아니라 자기 사업을 하는 것임을 본능적으로 깨달았다. 포스터의 재규어 자동차가 매일 그것을 상기시켰다. 회사를 나가 혼자 힘으로, 내 것이라고 부를 만한 것을 이루고 싶었다. 아직 1960년대 초반이었다. 직업 전선에 뛰어든 내 또래 젊은이들 대부분은 그때만 해도 이름 있는 회사에 붙어 있다가 높은 자리로 승진하는 것이 성공에 이르는 가장 확실한 길이라고 믿었다. 많은 젊은이들이 한 회사를 평생 다닐 수 있다고 생각했다. 내 경우 금융에 관심이 있으니 뱅크오브아메리카Bank of America, BOA 에 입사하거나 동부로 돌아가 월스트리트에서 일자리를 구할 수도 있었다. 물론 BOA나 메릴린치 같은 회사가 나를 원한다는 가정에서 말이다. 스탠퍼드대학교에서 학위를 두 개 받았지만 최우수 학생은 아니었다. 게다가 그런 회사에 가면 소질이 없는 영업도 해야 했다. 큰 조직을 돌아가게 하는 작은 톱니가 되는 것에 만족할 생각은 없었다.

어느 해 여름에는 은행에서 일한 적도 있었다. 아직 학교에 다닐 때였고 은행에서 20년, 30년 동안 근무한 사람들을 보면서 내가 원하는 삶은 아니라는 걸 알았다. 보험도 하고 싶은 일은 아니었다. 가장 구체적으로 접근했던 직업은 잠깐 동안 고려했던 공인회계사였다. 학력은 적합했고 몇몇 회사에서 면접도 봤다. 하지만 그 길을 택한다면 공인회계사 시험에 응시하기 전 적어도 2년은 주니어 회계사로 일해야 했고 파트너가 되려면 몇 년이 걸릴 것이었다. 삶을 끔찍하게 낭비한다는 생각이 들었다. 솔직히 말하면 높은 급여를 받기 위해 수십 년 동안 기다릴 여유가 없었다.

1962년 둘째 딸 버지니아가 태어났다. 그리고 2년 뒤에 아들 샌디가 태어났다. 빠르게 뭔가를 이뤄야 했다. 내가 원하는 '경제적 독립을 보장하는 부'를 쌓으려면 창업이 최고의 시도라는 걸 알았다. 주인의식의 힘과 동기 유발 효과를 체험한 나는 직원들에게 늘 회사의 주인이 될 것을 독려했고 그렇게 되도록 도왔다.

성장은 이익을 이끌고 이익은 주가 상승을 이끈다

1962년 11월 존 모스John Morse와 함께 포스터 인베스트먼트 서비스를 나와 회사를 차렸다. 모스는 젊은 애널리스트였는데 회사를 떠나 독립하기를 간절히 바라고 있었다. 나는 데즈먼드 미첼Desmond Mitchell을 설득해 투자 소식지 《인베스트먼트 인디케이터》Investment Indicators를 발행할 자금 대부분을 조달했다. 회사는 셋의 공동 소유로 했다. 미첼은 캐나다에서 뮤추얼펀드 사업으로 많은 돈을 벌었는데 포스터의 회사에 투자하려던 계획을 뒤집고 우리를 지원하기로 결정했다. 그는 우리가 가진 에너지를 좋아했다. 모스와 내가 각각 20퍼센트씩 지분을 소유했고 미첼이 나머지 60퍼센트를 갖기로 했다. 이렇게 해서 20대 중반에 내 사업과 기업가로서의 경력을 시작했다.

우리는 샌러펠의 B 스트리트 1010번지에 위치한 엘리베이터가 없는 건물 2층에 미첼 모스 앤드 슈왑Mitchell, Morse & Schwab이라는 간판을 걸고 사무실을 차렸다. 처음부터 투자금을 운용하지는 않았다. 대신 투자 소식지 《인베스트먼트 인디케이터》를 격주로 발행해서 고객들이 직접 투자 대상을 선정하도록 했다. 엄선한 성장주에 투자할 시점과 그 이유를 설명하는 것은 물론 투자자들이 주식시장의 순환 주기를 제대로 포착할 수 있도록 경제 전반에 관한 큰 그림을 제공했다. 우리는 성장주 투자자, 보수적인 투자자, 거래 위주의 트레이더 등을 위한 맞춤형 모델 포트폴리오를 다수 보유하고 있었다. 맨 처음 연간 구독료는 60달러였으며 나중에 72달러로 올렸다. 가입자는 최대 3,000여 명에 달했다. 곧 《인베스트먼트 인사이트》Investment Insights라는 소책자도 발간했다.

하지만 주식을 실제로 거래하려는 고객은 다른 곳으로 가야 했다. 우리는 증권회사가 아니었다. 그러나 리서치 자료에 자부심이 있었고 독립성을 중시했으며 어떤 식의 이해 충돌도 피하려고 애썼다. 기존 영업사원들처럼 이야기를 꾸며냈다가 철회하는 짓은 절대로 하고 싶지 않았다.

1963년 3월 발행된 《인베스트먼트 인디케이터》 창간호를 다시 보면 두 가지가 눈에 띈다. 첫째, 그때 이미 우리는 스스로 결정을 내릴 수 있는 똑똑하고 호기심 많은 개인투자자들을 목표 고객으로 삼았다. 훗날 찰스슈왑에 계좌를 개설한 사람들은 정확히 이런 투자자들이다. 둘째, 성장 기업에 일찍부터 관심이 있었다는 증거들이다. 포스터에서 일할 때 성장 기업에 투자해 고객에게 많은 수익을 돌려주었지만 나중에 시장이 폭락했을 땐 고객들의 돈을 크게 잃었다. 고통스러운 체험이었지만 믿음을 잃지 않았다. 창간호에서 나는 이렇게 밝혔다.

"우리는 이익이 증가하는 기업이 성장주로서 장기적으로 더욱 큰 수익을 낸다는 근본적 신념(역사적 사실)을 고수합니다."

나는 투자자로서 그리고 기업가로서 언제나 성장의 힘을 믿는다. 하나만 선택해야 한다면 이익의 크기보다는 매출액의 성장이 중요하다. 언젠가 한 동료가 이익은 평범한 수준이지만 빠르게 성장하는 기업과 이익은 크지만 성장이 더딘 기업 중 어느 쪽을 선호하느냐고 물었다. 나는 빠르게 성장하는 기업을 택하겠다고 주저 없이 답했다. 경험상 성장은 이익을 이끌고 이익은 주가 상승을 이끈다. 성장이 있다면 모두가 승자라는 것이 나의 철학이다. 고객은 더 나은 서비스를 받고 투자자들은 더 높은 수익을 얻는다. 일자리가 생기고 급여가 오르며 지역사회는 지원을 받고 정부의 세수도 늘어난다. 나는 성장은 부를 창출하는 열쇠라고 생각한다.

투자에 관한 단순한 교훈

누구도 주식시장의 단기적인 움직임을 예측할 수는 없지만 내가 그랬듯 다음을 믿는다면 단기적인 불확실성을 견뎌낼 수 있다.

1. 기업의 존재 이유는 성장이다. (성장은 경영진의 의무이며 의무를 수행하지 못하면 교체된다.)
2. 미국과 세계 경제는 이따금 일시적인 부침을 겪겠지만 성장을 '무한히' 지속할 것이다.
3. 투자에서 유리한 위치를 차지하려면 분산, 시간 그리고 비용이 가장 중요하다.
   - 분산: 특정한 투자 대상이나 자산군으로 인한 손실 위험을 줄일 수 있고 이익이 발생한 투자 대상의 성장을 일부 공유하는 효과가 있다.
   - 시간: 경제가 성장을 위해 발돋움할 때를 포착한다. 정기적으로 돌아오는 경기 침체와 불황을 극복하는 데 유용하다.
   - 비용 : 투자에 드는 비용이 적을수록 고객이 맡긴 돈의 더 많은 부분이 고객을 위해 운용된다는 뜻이다.
4. 투자가 복잡할 필요는 없다. 특히 간단한 방법으로 지수 투자가 있다. 지금은 저비용으로 고객의 투자 결정 전반에 도움을 주는 저비용 자산관리 계좌도 있다.

당시 나는 기업을 제대로 분석하는 기법을 개발했다. 직접 선택한 몇몇 기업들에서 눈부신 수익을 거뒀고 그 기업들은 내게 깊은 인상을 남겼다. 그중에서도 결코 잊을 수 없는 기업이 있다.

쿠바 미사일 위기[*]가 끝난 직후 주가가 반등했고 이때 나는 포레스트 래버러토리Forest Laboratories라는 제약회사에 투자했다. 지금도 영업 중인 이 회사는 알약이 오랜 시간에 걸쳐 서서히 혈류로 흡수되도록 하는 서방sustained release 기술 개발을 막 완료한 상태였다. 모든 종류의 질병과 약물에 응용 가능한 기술로 엄청난 진전이었다. 당시 나로서는 큰돈인 5,000달러를 투자했는데 단 몇 달 만에 주가가 500퍼센트, 600퍼센트 급등했다. 믿기 힘든 홈런을 친 것이다. 그때부터 주식투자에 감정적 요소가 강력하게 작용한다는 것을 이해하기 시작했다.

홈런을 치지 못할 때도 이 일은 한없이 매혹적이었다. 사업으로 돈을 버는 방법, 기업의 가치를 높이는 방법, 시장가치를 창출하는 방법에 대해 감을 잡아가고 있었다. 그리고 일에 집중하면서 에너지를 쏟을 능력이 내게 있다는 것도 알게 됐다. 한 가지 단점은 생활의 불균형이었다. 동부 해안에서 장이 열리는 새벽 6시 30분부터 업무를 시작해 집에 와서 저녁을 먹고 다시 일했다. 우리는 샌프란시스코 남쪽 로스앨터스힐스에 있는 작은 집에 살았는데 차고를 사무실로 개조했다. 저녁을 먹고 나면 곧장 그곳에 들어가 자정까지 책상 앞에 앉아 있곤 했다.

얼마 후 모스는 학교로 돌아갔고 나는 그의 지분을 아주 싼값에 인수했다. 여전히 60퍼센트 지분을 보유한 미첼은 회사에 대한 관심이 시들

● 1962년 10월 구소련이 쿠바에 핵미사일을 배치한 사실이 드러나면서 미국과 소련이 13일간 대치한 채 핵전쟁 직전까지 갔던 사건.

해지기 시작했다. 동업자들이 흔히 그렇듯 충돌이 있었다. 우리는 목표가 달랐다. 그는 40대 후반에 자신의 첫 사업을 매각하고 인생을 즐기기 시작했다. 소노마에 멋진 목장을 구입해 말을 길렀으며 베이 메도스Bay Meadows 경마장에 가는 것을 즐겼고 회사가 낸 이익으로 말을 더 구입하고 싶어 했다. 그러나 나는 이익을 재투자해서 사업을 계속 성장시키고 싶었다. 1968년 마침내 그에게 이렇게 말했다.

"미치, 당신이 보유한 주식을 사서 지배 지분controlling interest(경영권 확보에 필요한 충분한 지분)을 확보하고 싶습니다."

그는 지분을 팔겠다고 동의했다. 꽤 높은 프리미엄을 요구했지만 상관없었다. 드디어 회사에 대한 지배권을 갖게 됐다.

마냥 들떠 있던 마음은 시장의 열기가 식으면서 순식간에 불안해졌다. 몇 년 동안 몹시 힘든 시간을 보냈다. 돌이켜보면 사업을 계속했다는 게 놀라울 정도다. 1960년대 후반부터 1980년대 초반까지는 주식투자자들에게 긴 고난의 시기였다. 다우지수는 1966년 1월 18일 장중 한때 처음으로 1,000포인트에 도달했지만 이내 휘청거렸다. 다우지수는 16년 넘게 반등을 시도했지만 실패를 거듭했다. 이따금 1,000포인트를 회복했지만 잠시뿐이었고 재차 하락했다. 1982년 12월이 돼서야 마침내 1,000포인트를 돌파했지만 많은 소액투자자들이 주식에 질려 떠난 뒤였다. 안타깝게도 이들은 20세기 가장 강력한 강세장의 하나로 기록될 상승장의 시작을 함께하지 못했다.

제6장

투자와 인생은 불확실성과의 싸움이다

침체 속에서 도전한 퍼스트커맨더

금융서비스 사업가로서 맞이한 첫 환경은 좋지 않았다. 짙은 먹구름이 업계 전체에 드리웠으며 빚 문제도 심각했다. 미첼에게 줄 돈을 마련하기 위해 크로커뱅크에서 10만 달러를 빌렸지만 미첼과의 거래가 끝난 직후 시장이 폭락하면서 회사의 가치도 하락했고 수입도 줄었다. 몇 년이 걸려 대출금을 갚았다. 빚과 레버리지leverage(차입을 이용한 투자)를 몹시 경계하게 된 건 아마도 이 일 때문이었을 것이다.

모든 회사가 그렇듯 우리도 매일 수많은 위험과 불확실성에 직면했다. 정상적인 영업과 관련된 위험뿐만 아니라 주식시장과 관련된 위험도 있었다. 이중의 불확실성에 산더미 같은 부채를 더하는 것은 현명한 일이 아닌 것 같았다. 젊은 시절 아등바등하며 돈을 벌었지만 그렇게 해서 애널리스트들이 주주가치 극대화를 위해 필요하다고 하는 이상으로 현금을 보유하기란 어려운 일이다. 빚은 산더미처럼 쌓였고 주식시장은 횡보하거나 하락했으며 매출은 감소했다.

그때 빌 삼촌이 나섰다. 빌 삼촌의 풀 네임은 윌리엄 슈왑으로 아버지의 막냇동생이다. 삼촌은 해군에서 전역한 뒤 캘리포니아에서 목제품 제작업체인 럼버 앤드 박스Lumber & Box Company를 성공적으로 키웠다. 처음에는 벤투라 카운티의 코로나에 회사를 차렸는데, 화재로 사업장이 피해를 입으면서 북쪽 레드 블러프로 이전했다. 초창기에는 남부 캘리포니아의 과수원에 납품할 나무 상자를 만들었다가 점점 더 다양한 용도의 상자를 제작했다. 베트남 전쟁 당시에는 텍사스에서 군납용 상자를 만들기도 했다.

딸만 둘인 삼촌에게 형의 맏아들인 나는 여러모로 아들 같은 조카였다. 열 살이 되던 생일에는 삼촌의 남색 모자를 선물로 받았다. 아버지쪽 친척들 중에서 사업가는 빌 삼촌이 유일했고 사업과 관련해 삼촌에게 많이 배웠다. 1960년대 후반 삼촌은 캘리포니아 북부 삼림지를 사고싶어 했다. 나는 삼촌의 자금 조달을 도왔다. 훗날 콜버그 크래비스 로버츠Kohlberg Kravis Roberts, KKR*를 설립한 조지 로버츠George Roberts를 만난 것

---

* 1975년 설립된 미국의 대형 사모펀드회사.

도 그때였다. 당시 그는 베어스턴스Bear Stearns에서 일했다. 하지만 조지 로버츠와 베어스턴스는 빌 삼촌의 모험에 자금을 댈 수 없었고 결국 목재 사업에 관심이 있던 푸르덴셜 인슈어런스Prudential Insurance Company에서 장기 자금을 조달했다. 조지와는 이 일이 인연이 되어 그 후로도 오랫동안 좋은 친구로 지냈으며 몇 년 뒤 그는 슈왑의 역사에서 아주 중요한 역할을 했다.

빌 삼촌은 거칠고 다혈질이었지만 우리는 꽤 잘 지냈다. 삼촌은 도박을 좋아했다. 서부에서 회의를 마치고 비행기로 돌아오는 길에 종종 리노에 들러 카지노에서 두어 시간 머물곤 했다. 카지노는 단골 고객인 삼촌에게 2만 달러가 넘는 신용한도를 부여했는데 당시로서는 상당히 높은 한도였다. 사업에 현금 투입이 절실히 필요한 상황에서 나는 삼촌을 찾아가 진지하게 말했다.

"삼촌, 빚을 일부 정리하고 사업을 키울 투자를 하려고 하는데 10만 달러가 필요해요."

"알겠다."

미첼이 빠진 뒤 1971년 4월에 새로운 동업자들을 찾았다. 그리고 빌 삼촌의 투자를 받아 사업을 재편해 퍼스트커맨더First Commander를 설립했다. 삼촌의 회사인 커맨더인더스트리Commander Industries의 자회사 형태였다. 우리는 필라델피아증권거래소에 회원사로 등록하고 몽고메리 스트리트 120번지의 건물 24층 사무실을 임대했다. 샌프란시스코에 사무실을 마련한 것은 처음이었다.

그때는 일과 가정 모두 엉망이었다. 수전과 2년 동안 별거한 끝에 1972년 초 이혼했다. 결혼한 지 13년 만이었다. 결혼 생활의 행복을 유지하고 가정을 돌보면서 창업에 집중하는 것이 가능한 사람도 있겠지만 나로선 매우 어려운 일이었다. 1966년 이후 시장이 침체하면서 투자업계가 고전했던 시기에는 더욱 그랬다. 게다가 요즘 기준에 따르면 나는 훌륭한 아버지라고 할 만한 사람이 못 되었다. 가족이 함께하는 저녁 식사 자리에 자주 빠졌고 아이들의 숙제를 도와주지 않았으며 함께 운동 경기를 관람하지도 않았다. 물론 아버지도 내가 어릴 때 그렇게 하지 않았다. 어린 시절 아버지를 따라 야구장에 갔다거나 아버지가 내 시합을 보러 왔던 기억이 없다. 변명은 아니지만 나 역시 자라면서 보고 배운 대로 한 것일지도 모른다.

이 실패에 대해 결코 자랑스럽지는 않다. 하지만 그때는 선택의 여지가 없었다. 아버지이자 남편이며 생계를 책임지는 유일한 사람으로서 가족을 부양해야 한다는 엄청난 압박감을 느꼈다. 그것이 가장 중요한 역할이라고 믿었고 그 역할에 진지했다. 그 시절의 아버지로부터 그렇게 배웠다. 어쩌면 수전과 나는 너무 이른 나이에 결혼한 건지도 모른다. 내가 스물한 살, 수전이 열아홉 살에 결혼했으니 말이다. 하지만 그때는 다들 그랬다. 우리는 더 많은 시간을 함께 보내지 않고 곧바로 결혼해서 아이를 가졌다. 그러나 나이가 들어 성숙해지고 1960년대의 사회적 격변기를 헤쳐나가면서 점점 멀어졌다.

무엇보다 기업가로서의 나의 야망과 의욕에 우리의 결혼 생활이 희생

됐다. 일하는 것이 좋았고 인생에서 다른 모든 것은 그다음이었다. 당시에는 보이지 않았고 지나고 나서야 알게 된 것들이다. 그렇게 일만 하지 않고 미래에 대한 걱정도 많이 하지 않았다면 가족을 위해 쓸 시간과 에너지가 더 많았을 것이다.

나는 고전하고 있었다. 내가 사업에 자질이 있는지 의문이 들 정도였다. 제대로 하고 있는 것일까? 1970년대 초반까지만 해도 사업을 포기하고 일자리를 찾을지 진지하게 고민했다. 그동안 증권분석가로 일할 수 있는 기술과 경험을 쌓았으니 꽤 많은 보수를 받을 수 있었다. 하지만 서부 해안 지역에 그런 일자리는 많지 않았다. 그 일을 하려면 뉴욕으로 가야 했고 캘리포니아에 수전과 아이들만 남겨둘 수 없으니 선택지라고 할 수도 없었다.

한동안 변호사가 될까도 생각해서 샌프란시스코 로스쿨에 등록하기까지 했다. 변호사였던 아버지는 무슨 일을 하며 살든 법학 학위가 유용하게 쓰일 것이라는 이야기를 자주 했고 결국 나는 도전해보기로 했다. 필요한 책을 구입하고 저녁에 로스쿨로 가서 수업을 듣기 시작했지만 1주인가 2주쯤 지나 그만두었다. 역시나 읽기가 느린 것이 문제가 됐고 무엇보다 법률에 열정이 없었다. 어느 고층 건물 사무실에서 종이를 파쇄하면서 늙어가는 것은 상상할 수 없었다. 좋은 변호사가 필요하다면 고용하면 될 일이었다.

혼자서라도 바닥을 찍고 다시 시작하라

30대 중반에 나는 여전히 헤매고 있었으며 이렇다 할 자산도 없었다. 가진 것은 빚뿐이었다. 이혼한 뒤 마린 카운티의 루카스 밸리에서 시내로 이사했는데 새로 생긴 트랜스아메리카 타워Transamerica Tower에서 멀지 않은 골든게이트웨이에 침실 한 개짜리 아파트를 빌렸다. 꼭대기 층이었고 별로 비싸지 않았으며 건물에 테니스장이 있어서 마음에 들었다. 그때는 여전히 샌러펠에 있는 옛 퍼스트커맨더 사무실로 통근했는데 밤이나 주말에는 고등학교 친구인 휴고 쿼큰부시와 시내에서 자주 어울렸다.

내가 스탠퍼드에 다닐 때 휴고는 UC버클리에 다녔다. 학교를 졸업한 뒤에는 로스앤젤레스에 있는 장인의 회사에서 일하다 나중에 투자운용 회사인 스커더 스티븐스 앤드 클라크Scudder Stevens & Clark와 합병했다. 그때는 장인의 회사를 나와 베이 에어리어로 돌아와서 자산운용회사를 차린 지 얼마 안 됐을 때였다. 내 사무실에 그의 책상을 두었고 나는 라킨 스트리트에 있는 그의 집에서 거의 살다시피 했다. 휴고의 여자 친구가 길 건너편에 사는 헬렌 오닐을 내게 소개해주었다.

헬렌은 나보다 몇 살 어렸고 비행기 사고로 남편을 잃었다. 우리는 1972년에 결혼했다. 헬렌은 나보다 훨씬 똑똑했다. 헬렌의 어머니는 그녀가 어렸을 때 돌아가셨고 아버지가 계셨다. 외향적이고 야심만만한 장인은 정통한 사업가이자 훌륭한 이야기꾼이었는데 모두 내가 존경하는 자질이었다. 함께 있으면 정말 즐거웠다.

헬렌과 내가 결혼하자마자 약세장이 시작되었다. 불황은 1973년과 1974년에 극에 달했다. 영업은 계속했지만 퍼스트커맨더는 불행히도 방향을 잃었다. 많은 증권업계 친구들이 직장을 잃었고 모두 과거에 제법 성공을 경험한 뒤라서 더욱 처절했다.

매일 신문을 펼쳤을 때 시장이 하락했다는 이야기뿐인가?
그러면 투자자문 영업은 어려움을 겪을 수밖에 없다.

그래도 투자 소식지는 꾸준히 발행했고 뮤추얼펀드와 작은 벤처캐피털 사업부도 있었다. 이 벤처캐피털 사업이 우리를 종잡을 수 없는 방향으로 이끌었다. 지푸라기라도 붙잡아야 했다. 나는 나일강 한가운데 있는 섬에 호텔을 지을 수 있을지 알아보기 위해 카이로까지 날아갔지만 아무런 성과도 없었다.

잠시 손을 댔던 음악 사업도 성과가 없는 정도로 끝났더라면 좋았을 것이다. 한 행사 기획자가 접근해 카우 팰리스에서 '1972 음악 박람회'라는 이름으로 대형 음악 축제를 개최하자고 했다. 멋진 생각인 것 같았다. 금요일에는 로저 와그너 합창단Roger Wagner Chorale 소속 학생들을 버스로 데려와 공연을 했다. 토요일은 로큰롤의 날, 일요일은 컨트리와 웨스턴 음악의 날이었다. 척 베리와 보 디들리의 무대를 비롯해 음악과 춤, 연극이 펼쳐졌고 악기를 구입할 수 있는 전시회도 열었다. 샌프란시스코에서 매년 열리는 보트 박람회와 비슷한 행사였다. 나는 엉뚱한 생각과 색다른 계획에 약한 편인데 당시 이 계획에 설득당했다. 너무 마음에 들었던 나머지 회사가 무한책임사원general partner*으로 참여한 것에 그치지 않고 개인적으로 유한책임사원limited partner**계약을 맺었다. 투자는 완전히 실패했고 나는 7만 달러 가까이 잃었다.

퍼스트커맨더의 사업이 부진하자 지친 빌 삼촌은 손을 떼고 싶다고 말했다. 삼촌은 목제품 사업을 대형 목재회사에 매각할 준비를 했고, 지역 은행 이자보다 좀 더 높은 수익을 올리는 수단으로 금융서비스 업계에 새롭게 등장한 머니마켓펀드Money Market Fund, MMF***에 투자할 계획이었다. MMF는 연방정부가 보장하는 은행 계좌가 아니라 투자 상품이었다. MMF는 주당 1달러 가치를 안정적으로 유지하고 은행 예금처럼 이자를 지급하도록 설계됐는데 금리는 은행 이자보다 조금 더 높았다. 위험과 보상이 조금씩 더 컸다.

빌 삼촌은 썩 잘 풀린다고 할 수 없는 작고 하찮은 금융서비스 자회사 때문에 매각이 어려워지는 것을 바라지 않았다. 그는 자신의 퍼스트커맨더 지분 전체를 10년 만기 채권으로 교환했다. 지분의 대부분은 나와

●   펀드 또는 회사의 설립, 투자, 운영을 책임지며 투자액을 초과하는 책임을 진다.

●●   펀드 또는 회사의 운영에 참여하지 않으며 투자자로서 출자액 내에서만 책임을 진다.

●●● 단기금융상품에 집중 투자하는 펀드.

동업자들이 나눠 가졌다. 내가 가장 큰 몫을 책임졌고 주주이자 당시 동업자였던 데이브 볼드윈, 잭 호스펠트, 마지 와그너, 조 볼러가 나머지를 맡았다. 그해 말 나는 그 지분마저 모두 사들였다. 그들을 직원으로 둘 여유가 없었다. 지분에 대한 대가로 지불할 현금이 없었기 때문에 삼촌의 회사에 갚아야 할 약 10만 달러의 부채를 모두 내가 떠안기로 합의했다. 채권도 회사도 모두 내 책임이 된 것이다.

상당한 빚을 떠안고 혼자가 됐다. 나 홀로 (그리고 극히 소수의 직원들만) 남았기 때문에 1973년 봄에 회사를 찰스슈왑 앤드 컴퍼니 주식회사Charles Schwab & Company, Incorporated로 다시 법인화했다. 지역 기업 등록을 담당하는 캘리포니아 기업부에서 슈왑이라는 명칭을 단독으로 사용하는 것에 반대했다. 스타 지망생들의 거리로 알려진 선셋 대로에 있는 유명한 약국이자 탄산음료 판매점 슈왑 파머시Schwab's Pharmacy와 상호가 비슷하다는 이유였다.

사람들의 투자 방식에 곧 혁명이 일어난다는 걸, 찰스슈왑 앤드 컴퍼니가 그 길을 앞장서서 안내한다는 걸 그때는 아무도 알지 못했다.

제7장

찰스슈왑이라는 실험을 시작하다

사업의 가치를 창출하고 차별화하는 법

1975년 5월 1일 발효된 개혁안은 브로커리지, 즉 위탁매매를 전문으로
하는 사업자들의 영업 방식은 물론 미국 전체의 투자 방식을 크게 변화
시켰다. 월스트리트 역사의 분수령이 된 날이었다. 사실 월스트리트의 카
르텔을 해체해야 한다는 압력은 오랫동안 누적된 것이었다. 특히 새롭게
부상한 뮤추얼펀드를 포함해 대형 기관투자자들은 일상적인 거래에 비
싼 고정수수료를 지불하는 데 진절머리가 났다. 그들은 자기에게 유리한
방식으로 시스템을 바꿀 방법을 찾고 있었다.

　증권거래위원회는 메이데이에 앞서 1년이 넘는 기간 동안 수수료 협상

제도를 시범 운영했다. 규제가 완화될 것이라는 전망은 월스트리트에 흥분과 우려를 동시에 불러일으켰다. 많은 브로커들이 주식거래 환경이 전격적으로 바뀌면서 전통적인 기업들이 문을 닫을 것이라고 우려했다. 염려는 기우로 끝났지만 오랜 역사를 지닌 많은 회사들이 실제로 심각한 경제적 압박에 시달렸고 일부는 살아남지 못했다.

나는 조금도 걱정하지 않았다. 기존 시스템에서 누리는 이득이 없었던 만큼 현상 유지를 위한 고민은 전혀 하지 않았다. 솔직히 말하면 다가오는 변화에 대한 기대에 짜릿하기까지 했다. 어떤 일이 일어나는지 지켜보고 그 의미를 생각하면서 찰스슈왑 앤드 컴퍼니가 새로운 형태의 위탁매매 증권회사로 재출발할 기회라고 여겼다. 물론 개인적으로도 새로운 기회가 절실히 필요했다. 흔히 필요는 발명의 어머니라고 하는데 내 인생에는 필요한 것이 너무 많았다.

휴고 쿼큰부시는 내 계획을 알고 있었다. 우리는 종종 부시 스트리트에 있는 샘스그릴Sam's Grill에서 함께 점심을 먹었다. 샘스그릴은 샌프란시스코에서도 특히 오래된 식당이다. 우리가 들르기 전에도 수많은 아이디어가 그곳에서 점심 식사를 먹다 즉흥적으로 탄생했을 것이다. 규제 완화로 가능해질 일들에 관해 이야기를 나누면서 휴고는 바로 그 방향으로 사업의 초점을 바꿔야 한다고 했다. 우리는 다른 산업에서 규제 완화가 가져온 변화들을 이미 목격하고 있었다. 일요일에 영업을 금지한 캘리포니아의 낡은 규제가 폐지되면서 일주일 내내 밤새도록 영업을 할 수 있게 되자 곳곳에서 새로운 가게가 문을 열었다. 금융계에는 과연 어떤 일이 벌어질까? 휴고는 이것이 기회라고 확신하며 아직 걸음마 단계였던 자신의 투자운용 사업을 포기하고 내게 합류했다.

다른 사람들과도 이야기를 나누었다. 나는 토요일 아침마다 애서튼에 있는 조지 로버츠의 집에서 테니스를 쳤는데, 그도 나처럼 가만히 있지 못하고 뭔가 큰일을 구상하고 있었다. 내가 할인증권업의 가능성을 검토하는 동안 그는 베어스턴스를 떠나 콜버그 크래비스 로버츠를 설립할 준비를 했다. 이 회사는 훗날 차입매수Leveraged Buyout, LBO˙ 전문 기업으로 성장해 수십억 달러 규모의 수많은 대형 인수합병 건에 관여했다. 우리는 테니스 시합을 마친 후 서로의 계획이 지닌 장점을 이야기하곤 했다. 조지는 내 생각에 대해 전적으로 회의적이지는 않았지만 많은 의구심을 갖고 있었다.

"그 사업으로 어떻게 가치를 창출하실 건가요?"

좋은 질문이었고 앞으로 자금을 조달하며 직면할 온갖 문제를 예고하는 것이기도 했다. 당시 대부분의 증권회사는 투자조합partnership 형태였다. 내가 알기로는 1969년에 상장한 도널드슨 러프킨 앤드 젠레트Donaldson, Lufkin & Jenrette, DLJ와 1971년 상장한 메릴린치만이 예외였다. 당장 회사를 상장할 계획은 없었다. 하지만 상장 전망이 불투명하고 참고할 만한 선례도 거의 없는 사업을 한다는 것은 조지의 생각처럼 매우 어려운 일이었다. 그러나 그는 당시 내 사업에 투자하고 싶었다고 늘 이야기

˙ 인수 대상 기업의 자산과 현금흐름을 활용해 인수에 필요한 자금을 조달하고 상환하는 인수 기법.

한다. 나 역시 그의 사업에 투자하고 싶었지만 불행히도 그때는 우리 둘
다 여유 자금이 없었다.

금융서비스업의 관건은 마케팅이다

오랫동안 월스트리트를 지배한 회사들과는 어떻게 차별화할 것인가? 우
선 완전히 새로운 고객 기반을 계획했다. 개인투자자들이 그 대상으로,
즉 시장에 열정이 있는 사람, 자신의 재정적 운명을 스스로 개척하려는
사람, 투자할 주식을 직접 조사하고 선택하는 사람, 브로커의 조언이 필
요하지 않거나 원하지 않는 사람이었다. 정확한 통계는 모르지만 1970년
대 초반에는 이런 사람들의 비중이 전체 투자 인구의 10퍼센트도 되지
않았을 것이다. 당시로서는 15퍼센트 비율을 예상한 SRI의 보고서가 유
일한 시장 조사 자료였다. 나는 거의 본능에 따라 움직이고 있었다.

　하지만 머리와 직감으로는 그런 사람들의 수가 늘고 있다는 것을 의심
하지 않았다. 어째서냐고? 나 역시 그랬기 때문이다. 나는 주식 차트를
공부하는 것이 좋았다. 기업을 조사하는 것이 좋았고 스스로 결정을 내
리는 것이 좋았다. 그리고 나 같은 사람이 많다는 걸 알고 있었다. 그런
사람들 중 일부는 내 소식지를 오랫동안 구독했다. 우리는 브로커의 조
언을 원하지 않았는데, 그것이 오염된 조언임을 알았기 때문이다. 수수료
창출에 생계가 달린 브로커가 내 이익의 극대화를 위해 진심으로 집중

할 수 있을까? 필요하지 않은 서비스에 대가를 지불하는 것, 이것이 우리가 분개하는 이유였다.

30년 전에는 CNBC도, 파이낸셜 뉴스 네트워크Financial News Network도, 블룸버그Bloomberg도, 투자 관련 웹사이트도 없었다. 신문에서 스포츠 소식 다루듯 금융시장을 보도하는 일도 물론 없었다. 다만 나와 같은 성향의 개인투자자라면 〈월스트리트저널〉을 읽고 소식지도 한두 개쯤 읽었을 것이다. 또 연간 구독료 60달러를 지불하든 지역 공공도서관에서 무료로 보든 밸류라인Value Line의 리서치 자료를 읽는 게 고작이었던 시절이었다. 요즘처럼 실시간으로 쏟아지는 시장의 데이터도 아직 없었다. 새로운 슈왑이 지점을 열고 시세를 확인할 수 있는 티커 테이프ticker tape를 설치하자 많은 사람들이 시장을 지켜보기 위해 지점에 들렀다.

정보도 부족했지만 미국 경제를 떠도는 개인자산도 지금보다 훨씬 적었고 처분 가능한 자산discretionary wealth, 즉 편안하게 투자할 수 있는 돈도 확실히 적었다. 주식투자의 필요성을 아는 사람도 거의 없었다. 대공황을 경험한 부모 세대는 주식시장을 두려워했으며 대부분 은행에 돈을 넣어두는 것을 선호했다. 좀 더 모험심이 있는 사람들 정도만 MMF를 선택했는데 이는 당시의 높은 물가상승률을 반영해 안전한 수익을 제공하는 새로운 개념의 상품이었다. 뮤추얼펀드는 이제 막 시작이었고 눈부신 성장을 시작하기 전이었다.

더 젊은 세대들은 지금과는 달리 은퇴 걱정이 없었다. 상당수는 평생 소득을 보장하는 과거의 연금 상품을 보유하고 있었고 이들은 사회보장

제도가 약속하는 미래를 의심하지 않았다. 투자와 재정 계획에 관해 지금과 같은 국가 차원의 논의는 없었으며 국민 대부분은 그런 생각조차 하지 않았다. 사회보장제도가 기준으로 삼은 평균 기대수명은 65세였고 인구의 절반은 65세가 되기 전에 사망할 것으로 예상됐다. 오늘날 평균 기대수명은 80세다.

사람들은 브로커에게 휘둘려 주식과 뮤추얼펀드를 사들였다. 브로커들 중 상당수는 늘 그렇듯 거짓말을 늘어놓으며 상품을 팔았다. 내가 보기에는 보험이나 내화성 단열재를 파는 것과 다를 게 없었다. 영업이 전부였고, 목소리를 높여 그럴듯한 이야기를 화려하게 꾸며내면 상당한 수수료를 벌었다. 포트폴리오 관리, 분산, 자산 배분에 관한 이야기나 맞춤형 고객 관리에 대해서는 한마디도 하지 않았다. 투자가 아니라 경마나 도박, 복권과 같은 투기에 가까웠다. 물론 이런 표현이 지나친 단순화라는 것은 인정한다. 브로커들 중에도 좋은 사람부터 나쁜 사람까지 다양한 부류가 있다. 그러나 수수료 중심의 보상 구조로는 고객의 이익을 추구하기 어렵다.

내 생각처럼 이 방정식에서 브로커를 제거할 경우 주식 영업은 어떻게 되는 걸까? 영업이 아니라 마케팅의 문제였다. 어차피 영업에는 소질이 없었지만 몇 년 동안 소식지를 발간하면서 직접적인 마케팅 방법을 배웠다. 영업을 할 필요 자체가 없다는 사실을 알았을 때 깨달음의 순간이 찾아왔다. 할인증권회사의 서비스를 마케팅하고 가능한 한 최고의 고객서비스를 제공하는 것이 내가 할 일이었다.

그 후 오랫동안 내가 내린 무수히 많은 결정의 배경에는 이 단순한 깨달음이 있었다. 신문 광고에 내 사진을 싣는 것에서부터 지점 출점, 콜센터 개설, 24시간 수신자 부담 전화 주문에 이르기까지 신생 할인증권회사들과 차별화를 이룰 수 있었던 많은 결정이 있었다. 내 방식이 성공한다면 이는 영업사원이 아니라 마케팅 담당자로서의 성공이다. 단 한 번도 시도된 적이 없는 방식이지만 가능하다고 확신했다.

다가오는 변화를 감지한 사람들은 꽤 많았다고 생각한다. 하지만 기회를 인식하는 건 성공하는 기업가들이 할 수 있는 일이다. 사업적 통찰로 행동에 나서고 끝까지 추진하는 것이다. '나는 왜 그런 생각을 못 했을까?' 하며 자책한 적이 얼마나 많은가? 성공한 기업가는 분명 아이디어가 많은 사람들이다. 하지만 아이디어보다 더 중요한 건 생각을 행동으로 옮기는 것이다. 행동하지 않으면 생각에 그칠 뿐이다.

또한 나는 맹렬한 경쟁을 펼치기도 했다. 레슬리 퀵Leslie Quick 과 케빈 레일리Kevin Reilly, [*] 뮤리엘 시버트Muriel Siebert, [**] 아메리트레이드 창업자 조 리케츠Joe Ricketts 와 칼 아이칸Carl Icahn 도 경쟁에 뛰어들었다. 지금은 친구가 된 조 리케츠와 나는 30년 전 우리가 치열하게 경쟁을 벌인 덕분에 시장 경쟁이 기적적인 혁신의 원천이 될 수 있다는 사실이 입증됐다고 생각한다.

---

[*] 할인증권사 퀵 앤드 레일리를 설립했다.
[**] 뉴욕증권거래소 사상 최초의 여성 회원으로 동명의 할인증권사를 설립했다.

변화를 기회로, 생각을 행동으로 바꿔라

1974년 4월 나는 슈왑을 주식거래 전문 증권사 transaction specialist 로 재정비했다. 할인브로커라는 용어는 언론이 만든 것으로 좀 더 나중에 등장했다. '할인'이라는 표현이 썩 마음에 들지는 않는다. 기존 영업 방식에서 이것저것 없앴다는 인상을 주기 때문이다. 실제로 내가 생각한 것은 기존과는 전혀 다른 사업 모델이었다. 하지만 내가 결정할 문제가 아니었다. 표현은 일반화됐고 나는 여기에 반발하지 않았다.

텍사스에서 석유와 가스 사업으로 성공한 헬렌의 아버지와 빌 삼촌 그리고 다른 몇몇 사람들로부터 총 2만 5,000달러를 투자받았다. 2년 안에 투자금의 절반을 현금으로 돌려주겠다고 약속했고 절반은 회사 주식으로 제공했다. 기업가로서 해야 하면서도 특히 어려운 일이 친구와 가족에게 돈을 부탁하며 아쉬운 소리를 하는 것이다. 상당한 배짱이 필요하다. 하지만 이것만큼 강력하게 성공에 대한 동기를 부여하는 일도 없다. 그들을 실망시키지 않기 위해서라도 열심히 하는 수밖에 없기 때문이다.

1975년 메이데이를 앞두고 다른 사업 부문을 모두 정리했다. 더 이상 투자은행 업무는 하지 않았다. 투자은행 업무와 대중을 상대로 한 주식 영업이 업계에서 빈번히 일어나는 이해 충돌 문제의 근원이라고 여겼고 그 일부가 되고 싶지 않았다. 리서치 업무도 그만두었고 뮤추얼펀드와 헤지펀드도 접었다. 소식지 발행도 중단했다. 최대한 빨리 모든 사업부를 매각해서 극도로 깔끔하게 정돈되고 간소화된 새로운 벤처 기업을 만들고 싶었다. 잡다한 비용을 모두 줄여 전례 없이 낮은 가격, 즉 기존 증권 회사가 부과하는 것보다 최대 75퍼센트 저렴한 가격을 투자자들에게 제시하고 싶었다. 이는 몇 달 뒤 광고를 시작할 때 투자자들의 눈길을 사로잡을 요소였다. 규제 완화가 이룬 중대한 진전과 시장의 의미 있는 변화, 실질적인 기회로부터 조금이라도 벗어난 것은 남김없이 없애고 싶었다. 커다란 기회가 눈앞에 있었고 절대로 놓칠 수 없었다.

하룻밤 사이에도 상황은 달라질 수 있다.
시장 환경의 일시적인 변화에
일일이 완벽하게 대비하는 것은 불가능하다.

INVE

제2부

급상승

CHUCK's NOTE

슈왑을 설립하기 전에 나는 애널리스트로서 기업을 공부했기에 장기 투자의 이점을 알고 있었다. 결국 중요한 것은 성장이었다.

기업의 존재 이유는 성장이다. 하지만 이는 쉽지 않아서 일부만이 성공하고 대부분은 실패한다. 기업을 이끄는 사람이라면 언제나 성장을 최우선으로 생각하는 것이 의무다. 성장하지 않고는 번창하지 못하기에 조직을 독려해 잡초처럼 자라나도록 해야 한다. 매년 전년 대비 최소 10~15퍼센트는 성장해야 한다. 결코 쉬운 일이 아니다. 한시도 마음을 편하게 먹을 수 없을뿐더러 절대로 만족해서도 안 된다.

성장과 기회는 상호보완적이다. 성장할 때는 새로운 기회를 잡을 가능성이 있다. 다음 기회, 다음에 내놓을 굉장한 것을 늘 생각하고 있지 않으면 성장은 정체된다. 게다가 손쉬운 표적이 되어 더 나은 아이디어를 가진 누군가에게 추월을 허용하고 만다. 반면에 기회는 공유된다. 성장은 고객을 위해 새로운 아이디어와 새로운 제품 및 서비스를 구상할 기회를 직원들에게 제공한다. 직원들에게 새롭고 더 중요한 일을 할 기회를 주는 것이다. 직원들은 성취감을 얻고 이는 개인의 성장으로 이어진다. 기회는 우리 안의 최고를 이끌어낸다.

성장에 초점을 맞춘다는 건 업계 최고의 수익을 달성하겠다는 뜻이 아니다. 내가 원한 것은 최고의 수익성이 아니었다. 나는 성장과 혁신을 가능하게 할 자원을 찾는 방법을 늘 고민하는 사람이 되고 싶었다. 전제 조건인 '고객의 성공'을 돕는 새로운 방법을 제대로 찾는다면 이익은 그 결과로 자연스럽게 따라올 것이었다.

제8장

금융계의 아웃사이더

나아가려면 계속 페달을 밟아야 한다

"안녕하십니까? 찰스슈왑입니다."

"계좌번호 12105002입니다. 모터스 2,000주, 57달러에 지정가 매수."

그리고 클릭. 그게 전부다. '제너럴모터스 주식 2,000주(주당 57달러 이하로).' 끝이다. 30년 전 우리 고객 대부분은 굳이 이름을 말할 생각조차 하지 않았다. 과거의 방식과는 몇 광년만큼이나 떨어져 있는 전혀 새로운 주식거래 방식이었다.

메릴린치의 설립자 찰스 메릴은 "주식은 고객이 사는 것이 아니라 우리가 파는 것이다."라는 말로 영업을 강조했다. 그러나 우리는 정반대로 접근했다. 우리의 거래는 브로커가 아니라 고객으로부터 시작된다. 밖에 나가서 고객에게 점심 식사를 대접하거나 골프를 치지도 않으며 좋은 정보가 있다며 전화를 돌리는 일도 없다. 먼저 나서서 주식에 관한 조언을 하는 직원이 있다면 아마 해고했을 것이다. 고객의 요청 없이는 아무 일도 일어나지 않는다. 우리의 역할은 고객이 원하는 걸 실행에 옮기는 것뿐이다. 더 이상 언급할 것도 없다.

이런 우리의 거래를 홍보하는 광고를 몇 건 내자 사람들이 찾아오기 시작했다. 우리가 하는 일을 사람들이 정말 좋아한다는 것을 느낄 수 있었다. 처음에는 작게 시작했다. 하루에 20건, 30건씩 처리하던 거래 건수가 곧 100건이 됐고 계속해서 늘었다.

눈앞에 훌륭한 사업 기회가 있다는 사실을 첫날부터 알았다. 그해 봄 신문에서 메릴린치의 치명적인 가격 정책을 확인한 그 순간 기회는 더욱 분명해졌다. 하지만 40년 뒤에도 같은 사업을 하고 있을 거라고는 나도 생각하지 못했다. 더구나 연간 매출 100억 달러 이상을 기록하며《포춘》이 선정한 500대 상장기업의 회장이 된다는 건 말도 안 되는 환상과도 같은 일이었다.

그때는 내 사업의 재정적 가치를 깊이 생각해보지 못했고 몇 년 후 매각을 준비하면서 비로소 슈왑의 가치를 알게 됐다. 하루하루 처리할 일에 몰두하느라 출구 전략을 생각할 시간도 없었다. 내 일이 좋았고 열정도 있었다. 하지만 부자가 되지는 못했다. 내 월급은 2,000달러에서 시작해서 1년쯤 뒤 3,000달러로 늘었다. 위자료와 양육비도 지급해야 했기 때문에 허리띠를 졸라맸다. 처음 몇 년 동안은 전혀 수익을 내지 못했으며 나중에 발생한 수익은 즉시 회사에 재투자했다. 오로지 살아남기 위해 노력했고 살아남으려면 계속해서 성장해야 했다.

진전이 있었다. 매출이 빠르게 늘었고 손실은 줄어들었다. 몇 년 동안은 철저히 친구와 가족, 직원, 심지어 고객들의 투자금에 의존해야 했지만 새로운 정보를 꾸준히 반영한 상세한 분석 자료를 바탕으로 사람들을 설득해 회사에 투자를 받을 수 있었다. 벤처캐피털리스트와 사모펀드 투자자들은 나와 내 사업에 전혀 관심이 없었지만 애초에 사업을 크게 일으키겠다고 다짐한 것은 아니었다. 차근차근 일이 풀렸다. 사업 초창기에는 매일 아침 회사가 아직 건재하다는 사실에 감사하고 조금은 놀라워하며 일어났다.

미약한 시작을 두려워하지 마라

우리는 몽고메리 스트리트 120번지에 위치한 에쿼터블 빌딩 24층에 사무실을 열었다. 그러다 공간이 부족해져서 18층에 공간을 새로 마련할 때까지 마진론margin loan(주식담보대출) 담당 직원 두 명을 지하실로 이동시켰다. 고객의 주식을 담보로 우리가 제공할 수 있는 대출금을 산정하고 그 대출을 추적 및 관찰하는 직원들이었다. 그러다 나를 비롯해 나머지 관리직 직원들 모두 18층으로 사무실을 옮겼다. 전면에 있는 작은 로

비에는 의자 두 개와 창구 한 개를 배치했다. 창구 뒤에는 직원이 앉아 방문객을 맞고 신규 계좌를 개설하는 일을 했다. 대부분의 거래는 전화로 처리했고 대면 거래를 원하는 고객이 있을 때는 나나 브로커 면허가 있는 직원이 가서 주문지를 작성했다. 이따금 길을 지나다 우리 회사를 발견하고 거래를 하려고 올라오는 사람들도 있는 것 같았다.

엘리베이터 맞은편에는 현금출납(고객에게 현금과 유가증권을 전달하는 업무), 신용공여, 배당 및 구조재편(합병 또는 인수 후 주식에서 지급되는 배당이나 유가증권 변경을 취급), 기업회계 그리고 인사를 담당하는 부서와 문서 수발실 등이 있었는데 모두 1인 체제로 운영을 시작했다. 일부 책상은 톱질용 받침대 위에 합판을 얹어 만들었다. 누구라도 우리 사무실에 들어서는 순간 이곳이 '할인짐'이라고 생각했을 것이다. 나는 사상 겸 급사로 사소한 일도 도맡았다. 창구 뒤에서 업무를 처리했고 봉투를 채워 넣었으며 우표를 붙였다. 일이 바빠질 때는 모두 손을 보탰다.

월스트리트는 처음부터 우리를 다소 불명예스러운 존재이자 그들의 생계를 위협하는 존재로 여겼다. 월스트리트의 기업을 주요 임차인으로 유치한 건물에 공간을 마련하려고 할 때마다 기업은 불평했고 임대인은 몸을 사렸다. 우리는 업계에서 따돌림을 당했다. 퍼시픽증권거래소Pacific Stock Exchange*의 회원이 되려고 했지만 그들은 우리의 사업 모델이 비윤리

● 1956년 샌프란시스코 증권 및 채권거래소와 로스앤젤레스 석유거래소의 합병으로 설립되었고 2006년 뉴욕증권거래소에 인수합병됐다.

적이라고 여겼다. 우리 사업 모델이 거래소와 전체 시스템을 약화시키는 방향으로 설계됐다며 회원 등록을 일시적으로 차단했다. 결국에는 우리가 이겼지만 당시 상황을 보여주는 사건이었다.

초창기 직원인 데보라 호크 스미스는 오클라호마에서 우리 회사의 신문 광고를 본 어머니가 샌프란시스코에 사는 그녀에게 합법적인 회사인지 알아오라고 부탁한 것을 계기로 우리와 일하게 됐다. 물론 우리의 사업은 합법이었고 그녀의 어머니는 계좌를 열었다. 깊은 인상을 받은 스미스는 아예 우리 회사에 입사했다.

샌프란시스코에서 금융서비스 관련 일을 하는 많은 사람들처럼 스미스도 마린 카운티에 살았다. 평일 이른 아침 수많은 사람들이 버스를 기다리는 골든게이트 환승 터미널 앞에서는 누군가 포르쉐나 BMW를 세우고 "금융지구까지 타고 갈 사람?" 하고 묻는 일이 비일비재하다. 운전자로서는 바쁜 통근 시간에 통행료를 면제받고 전용 차선을 이용해 더 빨리 다리를 건널 수 있어 카풀은 일상적인 일이었다. 몇몇 사람과 함께 뒷좌석에 타고 어디서 일하는지 이야기하면 운전자가 적당한 곳에 내려주었다. 스미스는 일부러 모호하게 어느 교차로에서 내려달라는 식으로 이야기했다. 슈왑에서 일한다고 말할 수 없었기 때문이다.

우리와 출발을 함께한 브로커들은 모두 메릴린치나 딘위터Dean Witter 같은 전통적인 증권회사에서 일한 경험이 있었다. 합류한 이유는 다양했다. 수수료를 위해 일하는 게 싫거나, 조직에서 벗어나 마음의 안정을 찾고 싶은 이상주의자거나, 단지 일자리가 필요해서일 수도 있었다. 실제로 일을 쉬고 테니스를 치며 시간을 보내다 채용된 직원도 있었다. 존은 수수료 기반 영업 방식이 철저히 몸에 익은 성공한 주식 브로커였지만 음주 문제가 발목을 잡았다. 그 결과 직장, 결혼 생활 그리고 돈을 잃었지만 결국 재기했다. 나는 이 산업을 속속들이 알고 있던 그를 고용해 첫 시카고 지점을 맡겼다. 그는 맡은 일을 훌륭하게 해냈고 테니스 실력도 뛰어났다. 시카고를 방문하면 일을 마친 후 그와 테니스 시합을 하는 것이 좋았다.

슈왑에 온 사람들은 다른 곳에서 일했다면 더 많은 돈을 벌었을 것이다. 나는 브로커들에게 연간 약 1만 8,000달러에서 2만 달러만 지급했다. 기본급과 상여금이 전부였고 당연히 수수료 수입은 없었다. 사실 브로커라는 용어에 함축된 '중개한다'는 의미를 생각하면 우리 직원들을 브로커로 보는 것은 오해의 소지가 있다. 우리 회사 브로커들의 주된 업무는 고객의 주문을 받는 것이었기 때문이다.

시장이 아닌 고객에게 유리한 거래를 하라

브로커들은 T자 형태의 탁자를 사이에 두고 양쪽에 대여섯 명씩 앉아 종일 전화 주문을 받았다. 태평양 시간으로 오전 6시 30분 뉴욕 시장이 열리기 전부터 전화벨이 울리기 시작했다. 오후 1시 장 마감 전까지 고객들의 전화는 계속해서 이어졌다. 장이 끝난 뒤에는 늘 엄청난 서류 작업이 밀려 있어서 이를 처리한 뒤에야 모두 집에 갈 수 있었다. 우리는 대개 샌드위치와 음료를 주문해 일을 하며 점심을 해결했고 저녁까지도 쉬지 않고 일했다.

컨베이어벨트가 T자 중앙을 오가고 브로커들은 상석에 앉은 트레이더들에게 주문서(매수는 파란색 종이, 매도는 빨간색 종이)를 전달한다. 예를 들어 제너럴모터스 2,000주 매수 주문이 컨베이어벨트를 타고 트레이더 데스크로 올라가면 시간을 나타내는 타임스탬프가 찍히고 트레이더는 해당 주식이 장외주식인지 상장주식인지 확인한다. 미심쩍은 부분이 있으면 트레이더는 컨베이어벨트를 통해 브로커에게 주문서를 돌려보낸다. 브로커는 누락된 정보를 채우기 위해 고객에게 다시 전화를 걸기도 한다. 주문서가 제대로 작성됐다는 것을 확인하면 트레이더는 벽에 난 구멍을 통해 주문서를 커다란 회색 금속 전신타자기 앞에 앉은 사람에게 전달하고 주문서를 전달받은 사람은 암호 형식의 메시지를 거래소로 전송한다. 이 경우는 'B 2,000 GM @ 57'이다.

거래소에서는 객장의 기계에 수신되는 주문지를 뜯어 거래표를 발행한 다음 그것을 러너runner에게 건네고 러너는 제너럴모터스를 담당하는 부스로 달려가 전달해 거래가 마무리되도록 한다. 마지막으로 메시지가 전신을 통해 우리 사무실로 되돌아오면 담당자는 고객에게 전화를 걸어 "제너럴모터스 2,000주 매수 주문과 관련해 1,000주를 57달러에 매수했고 주문의 절반은 남았습니다."라고 말한다. 자동화나 전산화는 전혀 이뤄지지 않았지만 당시에는 최첨단 방식이었다.

비상장주식에 대한 주문은 전국의 시장조성자market maker들과 직통으로 연결되는 특수한 전화기 앞의 다른 트레이더에게 전달된다. 트레이더는 번호를 탁탁탁 누른 다음 수화기에 대고 "XYZ 500주 53에 매수 주문 있습니다."라고 말한다. 트레이더에게는 현재 해당 유가증권을 두고 경쟁하는 시장조성자들이 제시하는 매수 호가와 매도 호가가 얼마인지 보여주는 쿼트론Quotron˙ 단말기가 있었다. 트레이더는 즉석에서 거래를 할 수도 있고 다른 곳에서 더 나은 가격을 찾을 수도 있다.

처음부터 내가 일을 맡기고 싶은 회사로 슈왑을 설계했다.

고객을 실망시킨다면 그들이 어떻게 느낄지

정확히 알고 있었기 때문이다.

우리는 언제나 적극적으로 최선의 거래를 추구했다. 즉 고객에게 가장 유리한 가격으로 주문을 이행하는 것이다. 우리의 운영 방식은 단순히 시장에서 제공하는 걸 받아들이는 게 아니라 최선의 방식으로 주문을 관리하는 것이다. 이것이 우리의 가치다. 우리는 조언을 제공하지 않으며 다만 빠르고 깔끔하고 정확하게 최선의 조건으로 주문을 이행한다.

● 1960년에 주식시장 시세를 인쇄된 티커 테이프가 아닌 전자 화면으로 제공한 최초의 금융 데이터 기술 회사.

로드맵 없는 성장은 한계에 부딪힌다

어쩌면 그 자체가 목표였다. 때때로 목표에 미치지 못했는데 부족한 인력이 문제였다. 시장의 운명에 얽매인 브로커리지 사업의 속성이다.

1975년에 만난 호주 출신의 리치 아널드는 1978년 우리 회사에서 정규직으로 근무했고 그전에는 가수 지미 클리프의 로드 매니저로 활동하기도 했다. 그는 우리 업계에서 정확한 인력의 균형을 맞추는 것이 얼마나 어려운지 두 개의 선으로 이뤄진 도표를 그려 설명했다. 하나는 일직선에 가깝게 우상향한다. 우리의 비용 구조였다. 또 다른 선도 우상향 추세지만 봉우리와 골짜기를 그리며 급격한 갈지之자 움직임을 보인다. 변덕스럽고 예측 불가능한 거래 건수를 나타내는 선이었다. 거래가 원가를 나타내는 선 아래로 떨어지면 인력 과잉으로 손실이 발생한다. 반면 주식시장이 급등하면 거래가 폭증하고 직원들은 지옥을 경험한다.

하룻밤 사이에도 상황은 달라질 수 있다. 시장 환경의 일시적인 변화에 일일이 완벽하게 대비하는 것은 불가능하다. 인력 관리는 지나치게 앞서가지 않되 수요에 보조를 맞춰 비용 구조를 관리하는 예술이다. 그렇다. 확실히 과학이 아니라 예술이어서 우리도 초기에는 오판했던 것이다.

1977년 초 하루 평균 300건이던 거래량이 불과 6개월 후 800건으로 늘어나자 주문을 소화하는 데 문제가 생길 수밖에 없었다. 많은 고객들을 실망시켰고 일부 고객을 잃었다. 그래도 영업을 계속할 수 있었던 이유는 아무리 많은 고객이 뒷문으로 빠져나가도 더 많은 고객들이 정문을 통해 들어왔기 때문이다. 자랑스러운 일은 아니다. 그렇게 해서는 회사를 운영할 수 없고 궁극적으로 지속 가능한 방법도 아니다. 하지만 속임수를 쓰고 싶지는 않았다. 고객서비스에 자부심을 갖는 기업이 되는 게 우리의 목표였고 그 과정에서 배워야 할 많은 것들이 있었다. 우리는 오랜 시간을 들여 그 목표에 도달했다.

우리는 신생기업이었고 그것도 아주 빠르게 성장하는 신생기업이었다. 이는 직원들의 경험이 부족하고(그러면 근무 시간이 길어지고 잠이 부족하고 규칙적인 식사도 어렵다) 시스템은 검증되지 않았고 온갖 문제가 빈번히 발생한다는 의미기도 하다. 게다가 규제가 엄격한 산업에서 회사를 운영하는 데 따른 부담도 있었다.

하나가 끝나면 또 하나가 이어지는 식으로 발생하는 사고를 처리하는 것이 1977년부터 약 20년 동안 준법감시compliance 업무를 담당한 가이 브라이언트의 기본 업무였다. 증권거래위원회의 다양한 자본 비율 요건을 충족하도록 충분한 자본을 확보하는 것도 그의 임무여서, 내게 집을 담보로 추가로 융자를 받아달라고 요청하곤 했다. 옵션을 거래한 고객이 2만 달러를 떼먹는다면 그 사태를 수습할 사람도 그였다. 이는 실제 있었던 일로, 선택의 여지가 없었고 회사가 손실을 메웠다. 그리고 그런 비용을 치르면 거의 한 달치 수익이 날아갔다.

견디기 힘들 만큼 스트레스가 클 때도 있었고 가장 직접적인 타격을 받는 사람은 브라이언트였다. 그는 페탈루마에서 한 시간 정도 걸려 시내로 출근했다. 매일 버스를 타고 샌섬 스트리트에서 내려 몽고메리까지

한 블록을 걸었다. 그 블록을 지날 때마다 골목으로 뛰어 들어가 구토를 하지 않은 날이 거의 없었다는 사실을 나는 몇 년이 지나서야 알게 됐다. 사무실에 도착했을 때 어떤 일이 기다리고 있을지 생각만 해도 속이 메스꺼웠던 것이다.

그런 지경인데 어째서 매일같이 출근을 했을까? 좋은 질문이다. 브라이언트에게는 강한 사명감이 있었다. 우리 모두가 그랬다. 우리는 신이 나서 일했고 우리가 하는 일을 믿었으며 우리가 함께 기울이는 노력에 많은 것이 달려 있다는 사실을 알았다. 나는 그런 환경에서 크게 성장할 수 있는 사람들, 즉 내 열정을 공유하고 무엇이든 기꺼이 하려는 사람들을 채용하기 위해 고심했다.

슈왑은 신나게 일할 수 있는 곳이었지만 믿을 수 없을 만큼 힘든 곳이기도 했다. 늘 퇴사자들이 있었다. 높은 이직률은 오랫동안 남아 있는 사람들에게도 압박으로 작용해 모두들 분별력을 유지하기가 쉽지 않았다. 그러나 야망과 상상력이 있는 사람들에겐 다른 곳에서 일했다면 갖지 못했을 엄청난 기회가 주어졌다. 예를 들어 사번이 19번인 홀리 케인은 고등학교를 졸업하기 전인 1975년부터 우리와 일하기 시작해 2018년 은퇴할 때까지 쭉 함께했다. 그녀는 센트럴 캘리포니아 지점망을 담당하는 수석 본부장이 됐다.

그 시절 월스트리트 기업들 대부분의 전문 인력은 백인 남성이 전부는 아니더라도 압도적으로 높은 비율을 차지했다. 그러나 우리는 경쟁사들보다 언제나 더 많은 여성들을 고용했고 이는 지원 업무뿐만 아니라 경영진과 트레이딩 부서도 마찬가지였다. 지금도 전국을 돌며 지점을 방문해 우리 직원 구성의 다양성을 확인할 때마다 몹시 뿌듯하다. 처음부터 직원 기반을 다양하게 구성하려고 의도했다고 말할 수 있다면 좋겠지만 사실 우리는 수요를 따라잡기 위해 우리가 찾을 수 있는 최고의 사람들과 함께했을 뿐이다. 그러기 위해선 공정해야 했고 차별하지 말아야 했다. 그 결과 이렇게 발전해온 것이 자랑스럽다.

할 일이 그렇게 많을 줄은 몰랐다. 앞으로 회사가 필요로 하는 것은 점점 늘어날 테고 그 필요를 충족하는 데 어떤 역량이 요구될지는 꽤 분명히 예측할 수 있었다. 또한 내가 할 수 없는 것이 무엇인지 알았기 때문에 도움이 필요한 분야도 파악하고 있었다. 자신의 한계를 안다는 것은 기업가로서 가장 강력한 자산 중 하나다. 내 한계를 알게 된 건 난독증과 관련이 있다. 나보다 뛰어난 사람들이 세상에 가득하다는 사실을 어릴 때부터 알았다. 이처럼 간단한 교훈을 배우지 못하고 고집스럽게 버티다 성장이 둔화되거나 잠재력이 위축되는 대가를 치르는 이들도 있다.

특히 인내심을 발휘하기 어려웠던 분야는 운영이었다. 그 점에서 빌 피어슨을 채용한 것은 행운이었다. 처음 만났을 때 피어슨은 약간 반항적인 면이 있었고 아직 자리를 잡지 못한 상태였다. 그는 텍사스 출신으로 그곳 특유의 느린 말투가 특징이었다. 이혼 후 댈러스의 작은 증권회사에서 일하다 어느 날 머리를 길게 기르더니 폭스바겐 자동차를 타고 마을을 떠나 멕시코 전역과 캘리포니아 해안을 돌고 메이데이 직후 샌프란시스코에 정착했다고 한다. 처음에는 그를 계약직으로 채용해 지원부서의 업무를 처리하는 일을 맡겼다. 능력을 확인한 뒤에는 매달 1,500달러의 급여와 회사 주식을 제공하는 조건으로 정규직 입사를 제의했다. 그는 돈이 필요했고 나는 그의 운영 업무 능력이 절실히 필요했다. 완벽한 조합이었다.

낡은 시스템과 싸울 때는 언제나 큰 시험이 따른다

우리는 늘 우리가 세운 기록과 싸웠다. 업계 전반에 낡은 시스템이 만연했기 때문이기도 했지만 한편으로는 우리의 성장세가 너무 빨라서이기도 했다. 장 마감 후에는 오후 내내 오전에 처리한 거래를 정리하며 씨름했는데 상황이 심각한 날도 있어서 나중에는 장 마감 후 전화 응대도 중단했다. 나는 피어슨에게 지원 업무를 체계화하는 일에 주력할 것을 주문했다. 그는 매우 잘 해냈고 우리를 구한 것만도 여러 번이었다. 하지만 이내 엄청난 시험에 직면했다.

어느 늦은 밤, 대부분 사람들이 퇴근한 사무실에 전화벨이 울렸다. 1975년 가을이었고 회사 설립 초기였다. 회사의 2인자였던 데이비드 테일러가 수화기를 들었다. 전화기 건너편의 목소리는 이렇게 말했다.

"로스앤젤레스 증권거래위원회 지역 사무소입니다. 회사 부기에 약간 문제가 있는 것 같아서요."

"대체 무슨 권한으로 이런 질문을 하십니까?"

테일러가 물었다. 그런데 동문서답이 돌아왔다.

"슈왑 씨에게 월요일 아침 8시까지 내 사무실로 오라고 전해요."

증권거래위원회 사람은 이렇게 말하고 전화를 끊었다. 테일러가 내게 전화했고 나는 피어슨에게 전화했다. 피어슨과 나는 서둘러 로스앤젤레스로 향했다.

피어슨은 그다지 놀라지 않았다. 몇 주 전 그는 우리가 실행하는 모든 거래에 대한 결제가 이뤄지는 통합 계좌를 동결하는 긴급 결정을 내렸다. 오래된 기존 계좌의 문제는 시간이 지나 저절로 해결되도록 두고 새로운 계좌를 열어 새롭게 시작하는 방법밖에는 없다고 생각해서였다. 좋게 표현하자면 정통적이지 않은 해결책이었지만 그 상황에서 피어슨이 내놓을 수 있었던 최선의 해결책이었다. 잠시 동안만 두 개의 계좌를 보유하려고 했다. 좋은 방법은 아니었지만 최소한 한 계좌에서는 무엇이 어떻게 돌아가는지 알 수 있을 것이었다. 그렇게 하려면 기존 계좌에서 약 100만 달러를 새로운 계좌로 옮겨와야 했다. 이것을 알게 된 증권거래위원회가 우리에게 문제가 있다고 결론을 내린 것이었다.

로스앤젤레스에 도착해서는 대부분의 설명을 피어슨에게 맡겼다. 운영은 그의 일이었다. 내 일은 마케팅이었으며 나는 새로운 고객을 유치하는 데 주력했다. 피어슨이나 브라이언트 등은 늘 내게 속도를 늦출 것을 진지하게 요청했지만 거절했다. 결과적으로 증권거래위원회 규정을 충족하고 기존 고객을 만족시키며 회사가 전반적으로 잘 돌아가도록 하는 일은 그들에게 깊이 의존하게 됐다. 그날 증권거래위원회에 우리의 상황을 설명하는 일도 피어슨의 몫이었다. 피어슨은 우리가 범죄를 도모한 것이 아니며 의도가 무엇이었는지 설명했고 모두 잘 해결할 것이라고 증권거래위원회에 납득시켰다.

물론 그랬다. 어떻게든 일은 늘 잘 풀렸다. 그 후 몇 년 동안 우리는 한 치 앞도 알 수 없는 상황에 휘말렸다가 또다시 일어서곤 했다. 그때마다 우리는 더욱 강하고 영리해졌다.

제9장

우리는 상품을 권유하지 않습니다

조언을 가장해 주식을 팔지 마라

"척, 최근에 ABC 회사 재무 담당자와 얘기했어. 굉장히 흥미로운 일을 계획하고 있는데 아직 아무도 모른다는군. 어제 회장을 만났는데 전부 확인해주더라고. 주가가 급등할 거야."

포스터 인베스트먼트 서비스에 있을 때 브로커들에게 받은 전화는 대개 이런 식이었다. 이들이 빙빙 돌리며 하는 말을 참고 들어주는 건 고역이었다. 그래서 슈왑을 설립할 때 조언을 가장해 주식을 팔지 않는다는 기준을 가장 먼저 내세웠다. 매출을 올리기 위한 허풍으로는 브로커를 이길 사람이 없다는 것을 경험을 통해 배웠던 것이다.

돈이 개입되면 의심을 품거나 현명한 판단을 내리기가 매우 어렵다.

듣고 싶은 것을 말해주는 영업 방식은

상대방을 믿고 싶어 하는 인간의 본성을 악용하는 것이다.

젊은 투자자 시절 나는 거품을 경험했다. 애널리스트가 구상하고 브로커가 다듬은 그럴듯한 이야기에 솔깃했지만 종국에는 불행한 결말을 맞이하고 고통과 실망감을 겪었을 뿐이다. 우리는 모두 탐욕에 굴복하는 바보다. 누군가 찾아와 "믿기 어렵겠지만 당신을 부자로 만들어줄 정보를 알고 있소."라고 하면 자기도 모르게 입을 벌리고 앉아 그의 말에 귀를 기울인다.

이처럼 기이한 인간의 본성은 재정적 안전이 위험에 처할 때 특히 문제가 된다. 슈왑을 운영하면서 우리는 결코 이야기를 만들어내지 않았다. 그럴 필요가 없었다. 우리 사업은 투자은행업이 아니었다. 투자은행가들이 문제가 있다는 뜻은 아니다. 그들은 기업이 자본을 조달하도록 돕고 자본주의 시스템이 원활하게 돌아가는 데 꼭 필요한 역할을 한다. 그러나 투자은행이 브로커리지 부문과 엮이면(이것이 월스트리트의 표준 설정이었다) 어떤 차이니즈 월로도 해결할 수 없는 이해 충돌 문제가 발생한다.

투자은행업에는 아예 관여하지 않는 것이 좋다고 생각했다. 그렇게 함으로써 주식 재고를 개인 고객에게 떠넘기는 문제를 막을 수 있다. 우리의 사업 모델은 투자은행과 근본적으로 달랐고 이는 일반투자자에게도 유익했다고 확신한다.

우리는 고객을 설득해 더 많은 거래를 한다고 해서 직원들에게 보상을 주진 않았다. 전통적인 브로커는 고객의 자본을 가능한 한 빨리 자신의 수입으로 바꾸려고 한다. 내가 사업을 시작할 때 업계 브로커들의 목표는 매년 고객 자산의 3~4퍼센트를 수수료로 받는 것이었다. 반면 우리 직원들에게 동기를 부여하는 것은 오직 한 가지였고 이는 고객의 동기와 완벽하게 일치했다. 바로 고객의 수익이 늘고 서비스에 대한 만족도가 높을수록 직원들도 더 많은 돈을 버는 것이었다. 우리는 고객만족도에 따라 급여와 상여금을 지급했다. 그것이 전부였다. 거래를 일으켜야 한다는 압박은 없었다. 일회성 매매를 목적으로 주식이나 뮤추얼펀드를 추천하지 않았고 미심쩍은 주장으로 고객을 유혹하지 않았다. 이는 지금도 마찬가지다.

고객의 신뢰를 얻으려면 꾸준히 메시지를 전달하라

영업을 위해 이야기를 만들어내지 않는 회사라는 사실은 마케팅 측면에서 볼 때 훌륭한 출발점이었다. 우리의 존재와 우리가 제공하는 서비스의 차별화 요인에 대해 고객과 직원들이 처음부터 아무런 의심을 품지 않는 기반이 되기 때문이다. 그렇다면 어떤 방식으로 메시지를 전달할 것인가? 전통적인 브로커들과 같이 무작위로 전화를 돌려 고객을 찾아나서는 방식은 택하지 않았다. 의심하지 않는 매수자에게 전화로 주식을 팔수도 있겠지만 우리는 처음부터 광고와 즉각적인 구매를 유도하는 직접 반응 마케팅direct response marketing, 홍보에 의존했다. 소식지를 발행하던 시절부터 고수해온 방식이다. 나는 리드lead*를 추적하고 고객 인수 비용을 산출한 경험이 많았다. 무엇보다 고객을 움직이는 주제가 무엇인지 알고 있었는데, 이는 나 자신을 움직이는 주제와 일치했다.

세일즈 피치sales pitch**를 불신하는 사람은 나 혼자만이 아니었다. 처음 광고를 할 때 '우리는 상품 권유 전화를 하지 않습니다'라는 문장을 반드시 포함시키도록 한 것도 바로 그 때문이었다. 소책자에서는 위탁매매업에 내재된 이해 충돌 문제를 좀 더 이야기했다. 우리는 수수료 기반 보상 시스템을 택하지 않고 투자은행 업무를 배제함으로써 그런 갈등을 예방한다고 강조했다.

강연을 하고 고객을 만나고 라디오 방송에 출연하고 기자들을 만나면서도 같은 메시지를 반복해서 전달했다. 나중에 지점을 열 때도 이를 기회로 지역신문에 같은 이야기를 했다. 기자들은 우리를 좋아했다. 고전적인 다윗과 골리앗의 대결 구도에서 우리는 저렴한 비용과 공정한 거래로

• 제품이나 서비스에 확실한 관심을 보이는 잠재 고객.
•• 제품이나 서비스에 대한 구매로 이어지도록 상대방을 설득하는 데 쓰이는 문구.

다윗을 도왔다. 그리고 나 또한 샌프란시스코에서 월스트리트의 거물들을 상대로 싸운 다윗이었다.

가장 큰 장애물은 부족한 신뢰였고 우리도 그 사실을 인식했다. 대부분의 고객들이 우리를 전화번호로만 알고 있었다. 우리에게는 목재 패널로 꾸민 벽면과 가죽을 입힌 가구가 있는 화려한 사무실이 없었다. 고객의 이름을 외우거나 야구 경기 관람표를 선물하는 특정 브로커와의 일대일 관계를 제안하지 않았다. 게다가 우리를 설명하는 '할인'이라는 용어에 어떤 고객들은 솔깃해했지만 또 어떤 고객들은 불안해했다. 경쟁자들은 그런 고객의 불안감을 최대한 활용해 우리가 신뢰하기 힘든 회사라는 인상을 주려고 했다. 그런 인식에 맞서기 위해 우리는 맥도날드의 방식을 채택했다. 고객 수를 집계해 증가하는 숫자를 꾸준히 알리고 자랑한 것이다.

"1만 6,000명의 투자자들이 틀릴 수는 없습니다."

우리의 초창기 신문 광고 문구다. 그 후 숫자는 1만 9,000명, 3만 명으로 바뀌었다. 이 광고 캠페인은 투자자가 55만 명이 될 때까지 이어졌다. 현재 고객 계좌 수는 1,000만 개 이상이다. 우리가 바란 건 고객이 혼자가 아니라는 것, 많은 사람들이 매일 우리와 거래하고 있다는 것, 우리가 성장하고 있다는 것 그리고 역사가 우리 편이라는 걸 고객들이 알아주는 것이었다.

회사를 광고하는 데
입소문보다 좋은 것은 없다

보스턴 출신으로 사람들을 휘어잡는 매력이 있는 홍보 전문가 폴 루옹고가 일찍부터 큰 역할을 했다. 그에게 일을 맡긴 이유는 실제 성과가 없을 경우, 즉 기사가 실리지 않을 경우 돈을 받지 않겠다고 했기 때문이다. 그가 성사시킨 일 가운데 최고는 저명한 신디케이트 칼럼니스트* 댄 도프먼Dan Dorfman과 뉴욕에 있는 포시즌 호텔에서 점심 식사 자리를 마련한 것이었다. 1977년 루옹고가 예약해둔 구석진 자리에 앉아서 나는 할인 증권회사가 어떤 방식으로 영원히 투자 세계를 변화시킬지를 도프먼에게 설명했다. 도프먼은 지금까지 들어본 것 중 가장 멋진 이야기라고 했다. 그는 내가 건넨 요금표를 유심히 들여다보며 미소를 지었다.

"메릴린치에 전화를 해야겠어요."

종업원이 식당 바닥을 가로질러 전화선을 끌고 와 전화기를 건넸다. 도프먼은 그 자리에서 당장 전화를 걸어 거래 주문을 회수했다. 얼마 지나지 않아 전국 수백 개 신문에 '브로커 수수료 쇼핑은 영리한 전략이다'라는 제목의 칼럼이 실렸다. 그는 메릴린치에서 거래할 때 지불하는 비용과 찰스슈왑에서 했을 때 드는 비용을 비교했고 그 기사 한 건은 성장하는 우리 회사에 1년간의 유료 광고보다 더 큰 가치를 발휘했다. 우리는 그

---

* 배급업자를 통해 여러 매체에 정기적으로 글이 배급되는 권위 있는 칼럼니스트.

기사 덕분에 주목받았다. 지금도 나는 홍보 활동과 언론을 활용한 3자 보증 third-party endorsements[*]이 슈왑의 토대가 됐음을 마케팅 팀에 늘 강조한다.

물론 우리는 아주 적은 돈으로 이 모든 것을 진행했다. 첫해 우리의 총 광고 예산은 약 3,000달러였다. 〈월스트리트저널〉에 광고 게재를 문의하고 광고 디자인에 도움을 요청하자 그들은 포스트 스트리트에 있는 알버트 프랭크-귄터 로Albert Frank-Guenther Law에 우리를 보냈다. 우리를 담당한 광고기획자 리처드 크로이처와 프리랜서 미술감독 디 화이트와의 오랜 인연은 그렇게 시작됐다. 두 사람은 내가 나중에 설립한 슈왑 광고대행 계열사의 직원이 됐다.

입소문보다 좋은 홍보 수단은 없다.

과거에도 그랬고 소셜 미디어가 폭발적으로

성장한 지금은 더욱 그렇다.

우리 회사의 모든 인쇄물 광고 중앙에 내 사진을 활용하자는 생각을 해낸 사람이 바로 크로이처와 화이트였다. 화이트는 이렇게 말했다.

---

[*] 일반 광고가 아닌 공신력 있는 제3자의 객관적 진술.

"비용을 얼마나 절약할 수 있는지 설명하는 문구보다 광고에 훨씬 더 생동감을 불어넣을 겁니다."

처음에는 그 의미를 정확히 알지 못했다. 나 자신에게 관심이 쏠리는 게 불편했다. 하지만 그 개념이 마케팅 측면에서 합리적이라는 것은 알 수 있었다. 우리는 고객과 회사의 관계를 개인화하는 방법을 찾아야 했다. 그렇지 못하면 우리의 존재는 그저 전화번호와 우편물 주소에 불과했다. 자신을 담당하는 브로커라고 여길 수 있는 사람, 살아 숨 쉬는 찰스 슈왑이라는 사람이 회사 뒤에 있다는 사실을 잠재 고객들에게 실물로 보여줘야 했다.

〈샌프란시스코 이그재미너〉San Francisco Examiner 에도 긍정적인 기사가 실렸다. 그들은 일일 거래 자료를 모은 서류철 위에 팔을 얹은 내 모습을 촬영해 기사에 실었다. 행복하고 친절해 보였고 신뢰가 가는 모습이었다. 휴고 쿼큰부시가 1달러 50센트에 그 사진에 대한 권리를 샀다. 우리와 접촉하는 상대는 대부분 우리 회사가 돈이 없다고 생각했다.

사진을 넣은 단순한 광고는 우리의 트레이드마크가 됐다. 이 광고는 수년 동안 거의 그대로 〈저널〉에 실렸다. 처음에는 태평양판에 한정해 공개했다가 나중에는 화요일과 목요일, 주 2회 전국판에 내보냈다. 나를 포함한 투자자들 대부분은 월요일과 금요일에는 〈저널〉에 관심을 갖지 않았고 우리가 감당할 수 있는 비용은 주 2회가 전부였다. 광고 위치는 늘 마지막 면의 바로 앞 장으로(당시 〈저널〉은 요즘 신문과 달리 지면을 따로 분류하지 않았다) '시장 최신 동향'과 마주 보는 자리였다. 내가 항상 처음 펼치는 지면이 바로 거기였기 때문이다. 수신자 부담 전화번호도 함께 소개했는데, 독자들이 우리에게 전화를 걸어 계좌를 열고 투자를 시작하게 하고 싶었다. 광고에 실린 사진에서 나는 단정하게 가르마를 탄 머리를 하고 미소를 짓고 있었다.

광고가 효과를 발휘한 것은 사진 덕분이었다. 일단 쉽게 눈에 띄었다. 그때만 해도 〈저널〉은 기사에 사진을 싣지 않았기 때문에 우리 사진이 눈에 띌 수밖에 없었다. 내 사진은 우리가 다른 성격의 증권회사라는 것을 독자들에게 알리는 신호였다. 다른 회사가 브로커와의 개인적 관계를 제안했다면 우리는 회사 CEO와의 개인적 관계를 독자들에게 제안한 것이다. 혹시라도 우리와의 거래를 불안하게 여겼을 투자자들은 내 사진을 보고 마음을 놓을 수 있었다. 이렇게 광고에 CEO의 사진이 실리는 것은 크라이슬러 회장 리 아이아코카Lee Iacocca가 직접 회사의 얼굴로 나서거나 웬디스 창업자 데이브 토머스Dave Thomas가 햄버거를 팔기 위해 텔레비전에 출연하기 훨씬 전의 일이었다. 사장이 직접 앞에 나서는 일은 1976년 당시로서는 새로운 시도였다.

광고 덕분에 나는 회사의 강력한 마케팅 도구가 됐다. 처음에는 솔직히 불편했다. 딕이 아이디어를 제안한 그날 저녁, 집에 가서 계획을 말하자 헬렌은 탄식했다.

"맙소사."

내가 극단적인 자아도취에 빠졌다고 여길 친구들 반응도 걱정됐다.

기업가는 다양한 시도를 하고 그 과정에서 배워야 한다.
그러면 때로는 계획하지 않았던 일에서 성과를 거둔다.

결과는 즉각 나타났다. 불편함도 꽤 빨리 극복했다. 마케팅에는 많은 것이 소모되고 형식도 다양하다. 샌프란시스코 외곽에 지점을 열면서 알게 된 사실은 지점을 방문하는 유동인구를 늘리고 지역사회에 우리를 직접 소개하는 게 도움이 된다는 것이었다. 우리는 우편물을 보내고 호텔 회의실을 빌려 300~400명을 대상으로 투자 세미나를 열었다. 당시 대부분 사람들은 할인증권회사에 대해 알지 못했다. 우리는 할인증권회사의 개념을 설명한 다음 우리가 정직한 사람들이고 해를 끼치지 않는다고 설득해야 했다.

모든 것이 힘들었다. 나는 많은 사람들 앞에서 이야기를 하는 데 재능이 없었다. 말을 더듬거렸고 원고를 읽다가 어디까지 읽었는지 놓치곤 했다. 1984년 첫 텔레비전 광고를 촬영할 때였다. 카메라 앞에 서서 빨간 불이 들어오는 걸 보고 원고를 몇 줄을 읽어 내려가다 이내 멈추고 말았다. 그대로 얼어붙었다. 지금도 그렇지만 마음을 놓아도 될 만큼 원고를 외운다는 건 불가능했다. 카메라 뒤쪽에서 말할 내용을 보여주는 큐 카드는 난독증 때문에 도움이 되지 않았다. 결국 못 하겠다고 말했고 나중에 배우를 고용해 자신을 잘 표현하는 법을 훈련하며 광고 촬영을 준비

했다. 샌프란시스코에서 활동한 대중연설 컨설턴트 버트 데커Bert Decker
도 만났다. 그는 결코 잊을 수 없는 조언을 들려주었다.

"청중은 정보를 기억하지 않습니다. 오직 발표자를 기억할 뿐이죠."

또한 발표 내용이나 순서는 아무도 모르니 잊어버릴 걱정도 하지 말라
고 했다. 나는 원고가 아니라 메모를 참고해 말하는 법을 배웠다. 전달
하고 싶은 내용을 내 언어로 자유롭게 말할 수 있게 되자 긴장이 풀렸다.
나는 말솜씨가 좋지 않았고 영업에 뛰어나지도 않았다. 결국 사람들이
나의 진심을 알아봤다고 생각한다. 결과적으로 모든 것이 우리에게 유리
하게 전개됐다.

아무리 좋은 사업 아이디어라도
회사의 정체성과 맞아야 한다

처음부터 우리의 고객 대부분은 전화로 거래하기를 원할 것이라고 예상
했다. 광고에 수신자 부담 전화번호를 표기한 것도 바로 그래서였다. 인
터뷰나 기자회견에서도 우리와 연락할 방법을 언급하지 않은 적이 없었
다. 우리는 '800'으로 시작하는 수신자 부담 전화번호의 자산가치를 업
계에서 가장 먼저 이해한 축에 속했다.

1978년 나는 전화 업무 시간을 연장해 개장 한 시간 전인 태평양 시
간 새벽 5시 30분부터 동부 해안 지역 시간으로 자정에 해당하는 밤 9시

까지로 조정했다. 로널드 레이건이 대통령에 당선된 1980년 11월 4일에는 24시간 내내 전화를 받았다. 업계에서 누구도 시도한 적이 없는 일이었다. 레이건이 제시한 정책은 시장에 우호적이었기에 거래가 폭발할 것이라고 생각했다. 예상이 틀린 적도 많았지만 그때만큼은 내가 옳았다. 1987년 폭락 전까지 쉼 없이 지속된 강세장이 막 시작되고 있었다.

미국의 전화 요금 시스템에는 근본적인 문제가 있었다. 같은 주 안에서 발생하는 통화 요금보다 다른 주와의 장거리 전화 요금이 더 싸다는 것이었다. 이 문제를 해결하기 위해 우리는 일찌감치 네바다주 리노에 전화교환소를 설치했다. 대부분의 전화가 캘리포니아에서 걸려왔기 때문에 리노를 통해 샌프란시스코로 전화를 우회시키는 것이 합리적이었다. 그때 피트 모스가 콜센터 사업에 뛰어들겠다는 기발한 생각을 떠올렸다. 그는 똑똑하고 창의적이고 충동적이었으며 꽤 자주 멋진 골칫거리를 안겨주는, 그야말로 다재다능한 르네상스 맨Renaissance man이었다.

모스는 회사 설립 초반에 채용됐다. 언스트 앤드 위니Ernst & Whinney에서 회계사로 일하던 그는 많은 비용을 절감한다는 사실에 만족하며 슈왑을 이용해 주식거래를 했다. 1976년 어느 날 그가 우리의 서류 작업에 관해 불만을 제기했는데 모두 수기로 처리해야 하는 일이어서 바로잡으려면 분류와 정리 작업이 매우 중요했다.

"피트, 이런 일을 잘 알면 저쪽 책상에 앉아서 좀 도와주면 어때요?"

그는 나의 제안을 받아들였고 곧바로 다양한 아이디어를 제시했다. 깊은 인상을 받은 나는 그 자리에서 그를 채용했다.

리노에서의 모험은 면밀한 관찰에서 출발했다. 모스는 우리가 낮에 수많은 전화를 처리하지만 장이 끝난 후에는 전화선이 조용하다는 것을 발견했다.

"노는 전화선들을 팔 순 없을까?"

마침 리노에는 다른 회사의 수신자 부담 전화에 응답하는 사업을 하는 내셔널 데이터 코퍼레이션National Data Corporation, NDC이라는 회사가 있었다. 우리는 한동안 NDC에 우리 회선을 임대하다 결국 NDC의 콜센터를 인수했다. 리노에서 100석 규모의 콜센터를 소유하게 된 것이다. 낮에는 주식거래 주문을 처리했고 밤에는 샌프란시스코 지역 공영방송인 KQED로 걸려오는 기부 전화, 포드 딜러 위치 안내, 음반 주문, 심지어 속옷 브랜드 주문도 받았다.

믿을 수 없을 정도로 잘 돌아갔지만 이런 흐름은 엘비스 프레슬리가 사망한 1977년 8월 16일 전까지였다. 이날은 종일 엘비스 프레슬리의 기념품과 음반 주문이 쇄도하면서 전화선에 불이 났다. 주식거래를 위해 전화를 시도했지만 아예 연결이 불가능한 고객들도 있었다. 나는 리치 아널드를 리노에 보내 사태를 수습했고 결국 NDC에 콜센터를 재매각했다. 전화선 임대사업으로의 짧은 진입은 그렇게 끝났다. 때론 반짝이는 아이디어가 나쁜 결과를 초래할 때가 있다. 그러나 이는 제 궤도로 되돌아가고 다시 올바른 길로 나아가는 계기가 되기도 한다.

제10장

첫 지점을 열다

원동력을 제공하는 기회를 놓치지 마라

이따금 운이 좋으면 뜻밖의 일이 기대하지 않았던 방식으로 성장에 원동력을 제공하기도 한다. 지점은 그 뜻밖의 일 중 하나였다. 1975년 9월에 첫 번째 지점을 열었다. 지점을 운영하는 전략은 너무 이르고 비용 부담도 크다고 생각했지만, 우리 회사 같은 곳은 직접 안으로 들어와서 돌아가는 모습을 볼 때 진정한 매력을 느낀다는 걸 알았다.

초창기에는 많은 사람들이 단순히 주가를 지켜보거나 호가를 파악하고 거래를 하기 위해, 또 자신이 한 거래에 관한 이야기를 다른 고객들과 나누기 위해 슈왑 로비에 왔다. 그들 중 상당수는 경영도서관에서 시간을 보냈다. 길을 따라 내려가면 나오는 샌프란시스코 공공도서관의 별관인 그곳에서 밸류라인 무료판을 읽고 특정 주식을 조사한 다음 복사한 자료를 가지고 우리 사무실로 와서 거래를 했다. 그들은 독립적으로 판단했으며 브로커에게서 조언을 구하려고 하지 않았다. 그런 사람들이 바로 내가 생각한 고객이었다.

처음 사업을 계획할 때 전반적으로 비용을 낮게 유지하는 데 초점을 맞췄다. 넉넉한 경비, 고급 사택, 높은 연봉이나 브로커를 위한 후한 수수료는 없었다. 기본적으로 운영과 관리에 필요한 수준 이상의 실제 지점이나 사무실을 계획하지 않았다. 우리는 고객의 방문이 아니라 전화를 선호했다.

그런데 어째서 사업 첫해에 지점을 열었을까? 빌 삼촌 때문에 어쩔 수 없었다. 내게는 자본이 필요했고 빌 삼촌은 기꺼이 투자를 하려고 했지만 조건을 달았다. 삼촌 집 근처에 사무실을 열어야 한다는 것이었다. 그 자체로도 문제가 있었다. 빌 삼촌은 새크라멘토에 살았다. 나는 내가 최고로 생각하는 고객들이 어느 곳에 살고 어디에서 일하는지 알았다. 새크라멘토는 내가 고향만큼이나 좋아한 곳이지만 그 목록에는 없었고 로스앤젤레스가 훨씬 적당한 장소로 보였다. 사실 새크라멘토보다 먼저 지점을 낼 도시라면 100개도 떠올릴 수 있었지만 방법이 없었다. 빌 삼촌은 지점이 자신의 집 근처에 있기를 원했고 나는 삼촌의 투자가 필요했기에 답은 새크라멘토였다.

놀랍게도 새크라멘토 코티지 웨이에 지점을 열자마자 신규 계좌가 쏟아져 들어왔다. 가까운 곳에 실제 접점이 존재할 때 우리와 거래를 하도록 사람들을 설득하기가 유리했다. 지점의 중요성을 확신하게 된 계기였다. 새크라멘토에서 할 수 있다면 어디서든 할 수 있을 것 같았다.

캘리포니아를 벗어난 첫 지점도 비슷한 성공을 거뒀다. 엘리엇 프리드먼이라는 사람이 "저, 시애틀에 지점을 하나 내고 싶은데요."라며 갑자기 연락을 해왔다. 빌 삼촌과 비슷하게 그도 뭔가 새로운 것을 찾고 있었다. 그는 보험회사에서 자금을 관리했는데 아마 올스테이트보험All State Insurance이었을 것이다. 그는 슈왑의 사업이 합리적이라고 생각했다. 나는 이렇게 대답했다.

"그렇다면 좋겠지만 그만한 자금이 없습니다. 회사에 투자를 좀 해주시면 성사시킬 방법을 찾아보죠."

그는 개인적으로 약 5만 달러를 마련해 우리 회사에 투자했고 우리는 시애틀에 지점을 열었다. 가맹점 형태였지만 아직 가맹 사업이란 개념이 등장하기도 전이었다. 프리드먼은 크게 성공했다. 우리의 본거지인 캘리포니아 밖에서도 지점 모델의 가능성이 다시 한번 입증된 것이다. 우리는 그에게 슈왑 주식을 제공하고 시애틀 지점의 권리를 샀다. 그 후 수년 동안 연례주주총회에 자랑스럽고 행복한 주주로 모습을 나타낸 프리드먼을 보는 것은 멋진 일이었다.

다음은 피닉스였다. 루 헤르조그와 몇몇 파트너들이 피닉스에 슈왑 지점을 열고 싶어 했다. 나는 또다시 "투자를 좀 해주시면 좋겠습니다."라고 답했고 실제로 투자를 받았다. 그 후 슈왑의 현금흐름은 개선됐고 확장에 필요한 자금을 스스로 조달할 수 있었다.

고객 대부분과의 교류가 전자 채널을 통해 이뤄지는 지금도 대면 개설 계좌는 전체 신규 계좌에서 상당한 비중을 차지한다. 심지어 거의 모든 거래를 온라인으로 처리하는 고객들의 계좌도 대부분 지점을 방문해 개설한 계좌다.

사업 초기 단계에서 계획할 수 있는 것에는 한계가 있다.

이때는 필요한 것을 최대한 활용하고

눈앞의 기회를 놓치지 않는 게 최선이다.

그 지점들은 눈부신 성장 동력으로 작용했다. 우리는 늘 고객 인구통계를 면밀히 주시한다. 신규 계좌가 어디서 발생하고 신규 계좌 확보를 위해 우리가 비용을 얼마나 지불하는지 정확히 알기 위해서다. 마케팅 계획과 판촉 활동 그리고 신규 사업을 알리기 위한 그 어떤 시도도 영향력 측면에서는 새로운 도시에 지점을 여는 것에 비할 바가 아니었다. 어느 곳이든 지점을 열면 무려 15배까지 성장했다. 슈왑을 설립한 이래 줄곧 추구해온 대규모 성장의 비결이 바로 여기에 있었다.

이익을 추구할 것인가, 성장을 추구할 것인가

내 계획은 내가 대접받고 싶은 방식으로 고객을 섬기는 회사를 세우는 것이었다. 그리고 지역에 국한되지 않은 전국적인 회사, 성장에 전념하는 회사를 목표로 했다. 회사가 아직 규모는 작지만 매우 빠른 성장세를 기록 중일 때 리치 아널드는 혹시 내가 직접 경영하기 어려울 정도로 슈왑이 커질 수도 있다고 생각하는지 물었다. 많은 기업인들이 부딪히는 중요한 문제였고 좋은 질문이었다. 하지만 나는 회사든 나 자신에 관해서든 처음부터 성장에 전념했기에 이렇게 대답했다.

"덩치를 키우는 건 중요합니다. 다만 대형화 자체가 목적은 아닙니다. 그래야만 투자도 할 수 있고 서비스 개선도 가능하기 때문이죠."

대형화한다는 것은 재투자와 개선이 가능하도록 매출을 확대한다는 뜻이었다. 그러기 위해서는 성장이 필수였다.

지점이 성장에 어떤 기여를 하는지 확인한 우리는 새로운 지점을 여는데 자원을 모두 쏟아부었다. 새크라멘토에 이어 센추리 시티에 로스앤젤레스 지점을 열었는데 개점 하루 만에 영화배우 캐리 그랜트가 찾아와 계좌를 열었다. 1977년에는 최초로 캘리포니아주를 벗어나 시애틀에 지점을 냈고 1979년에는 조 셰퍼로부터 소형 위탁매매 업체를 인수해 포트 로더데일에 첫 동부 해안 지점을 열었다. 1981년에는 650번지에 뉴욕시 1호 지점을 열었다. 이곳은 이란 왕이 소유한 건물이었는데 폭파 협박이 너무 잦아서 좋은 선택이 아니었다. 그즈음 전국에 걸쳐 약 30개 수준이었던 지점 수는 2013년에 시작한 가맹 사업 형태의 지점을 포함해 현재 수백 곳에 이른다.

경쟁사들은 지점과 관련해 별다른 움직임이 없었다. 퀵 앤드 레일리의 레슬리 퀵은 지점을 낸다는 개념에 오랫동안 반대했는데 그럴 만한 이유가 있었다. 지점 한 곳이 이익을 내기까지는 평균 4년이 걸린다. 지점을 열려면 비용이 많이 들고 그 비용은 이익을 잠식한다. 하지만 언제까지고 그런 것은 아니다. 그 점이 중요하다. 퀵이 매출 5,000만 달러와 세전 이익률 25퍼센트를 달성하고 미국에서 가장 수익성이 높은 할인증권회사라는 점을 마음껏 뽐내는 동안 나는 미국 최대 규모의 할인증권회사로 성장하는 데 기꺼이 만족했다.

퀵은 충분히 훌륭한 작은 회사를 만들었고 회사를 매각해 개인적으로 수백만 달러를 벌었다. 그러나 나는 몇 배나 더 큰 규모로 회사를 일궜고 그 과정에서 고객과 주주를 위해 더 큰 가치를 창출했다. 초창기에 지점 덕분에 강력한 경쟁 우위를 확보했고 그 우위를 계속해서 유지해왔다. 우리와 경쟁하는 온라인 증권회사들은 우리에 버금가는 지점망을 갖추지 않고서는 우리 규모와 능력에 필적할 수 없었다. 이는 그들로서는 쉽지 않은 투자였다.

제11장

혁신을 위한 무기를 준비하라

도약하려면 위험을 수용해야 한다

1979년 가을, 세컨드 스트리트 1번지에 새로 개축한 회사 건물 5층에 자리한 넓은 사무실에서 휴고 쿼큰부시와 함께 빌 피어슨의 책상에 붙어 답을 구하고 있었다.

"바로잡을 수 있을 때까지 멈춰야 하지 않을까?"

그해 초 우리는 최첨단 컴퓨터 소프트웨어 시스템을 도입하는 50만 달러 규모의 계약을 체결했다. 우리는 문서 기반 운영 방식에서 아직 누구도 해낸 적 없는 컴퓨터 기반 운영 체제로의 커다란 도약을 준비하고 있었다. 새로운 영토였고 예산은 적었다. 새 컴퓨터를 구입할 여유가 없어서 중고 컴퓨터를 장만하기로 했다. 50만 달러로 지원 업무 시스템을 완전히 디지털 방식으로 전환할 수 있다면 지금 내 기준으로는 그다지 큰 금액으로 들리지 않는다. 50만 달러에 100을 곱하면 현재 가치에 가까울 것이다. 그러나 당시에는 내가 가진 슈왑 지분 전체의 가치보다 큰 금액이었다. 슈왑 지분 외에 다른 자산은 거의 없었으므로 내 개인 순자산보다도 큰 규모였다.

나는 회사에 모든 것을 걸었다. 위험을 감수하는 것을 즐겼기 때문이 아니다. 흔히 기업가들을 이렇게 오해한다. 그러나 기업가들은 위험을 감수하지만 가능한 한 위험을 통제하려고 노력하며 위험이 다른 요인을 압도하지 않는 날이 오기를 고대한다.

모험을 즐기는 사람은 기업가가 아니라 도박사다.

기업가는 중요한 것을 걸지 않고는

비전이 실현되지 않는다는 사실을 알 뿐이다.

그러나 진정한 기업가는 위험을 통제하려고 노력한다.

1979년에 들어서기 전 우리는 한 컴퓨터 서비스 업체의 데이터 처리 대행 서비스를 이용했는데 당시에는 그것이 일반적인 방식이었다. 작은 기업들은 회사 내부에 상당한 연산 처리 시스템을 구현하는 데 필요한

자금과 전문 지식이 부족했고 물리적 공간도 없었다. 우리는 슈왑의 데이터 처리를 맡은 샌프란시스코의 컴퓨터 서비스 업체 대표이자 퍼시픽 증권거래소에서 비슷한 일을 했던 친구 제프 스타인에게 우리의 계획을 이야기했다. 하드웨어를 구입한 다음 증권업계에서 한 번도 시도된 적 없는 범위까지 프로세스를 자동화하는 맞춤형 소프트웨어를 고안해 탑재하는 것이었다. 그는 나를 열심히 말렸다.

"비용을 생각해. 우리 회사에 프로그래머도 있고 기술자도 있는데 굳이 그렇게 하겠다니 말도 안 되는 일이야."

나는 그의 말을 진지하게 들었고 이해도 했지만 뜻대로 밀고 나갔다. 선택의 여지가 없다고 생각했다.

생존의 문제였다는 뜻은 아니다. 그때는 그 정도는 아니었다. 종이와 연필, 텔레타이프 기계에 제한적이지만 제프 스타인 같은 외부 업체에서 구입한 서비스까지 있으니 한동안은 버틸 수 있겠다고 생각했다. 하지만 우리는 이 문제를 면밀히 살펴보고 신중하게 분석했고 마침내 굉장한 기회를 포착했다. 우리의 지평을 넓히고 새로운 고객을 확보할 기회였고 무엇보다 내가 고객의 입장에서 할인증권회사에 기대했던 수준의 서비스를 제공할 수 있는 기회였다. 그 기회를 잡는 것이 무엇보다 중요했다.

회사의 성장이 달린 문제였다. 문서 작업은 우리에게 족쇄였으며 종이에서 컴퓨터로 완전히 넘어갈 기회였다. 오로지 그것만 생각했다. 그리고 같은 맥락에서 위험을 평가하고 수용했다. 나는 어리석은 사람이 아니고 자살행위를 하지도 않는다.

지점부터 거래소, 지원 업무에 이르기까지 자동화가 이뤄졌다. 우리는 새로운 시대를 석 달째 경험하고 있었다. 다만 그전보다 일이 두 배로 늘었고 성과는 반으로 줄었다.

업계 '최초'는 늘 실패에서 시작한다

이론적으로 베타Brokerage Execution and Transaction Accounting, BETA(위탁매매 실행과 거래 회계) 시스템은 다음과 같이 작동했다. 고객이 우리 지점에 전화를 걸거나 직접 방문하면 브로커가 주문을 받아 거래소에 네트워크로 직접 연결된 컴퓨터에 세부 사항을 입력했다. 지금은 구식이 됐지만 당시로서는 혁명적이었다. 거래소에서는 자동으로 표가 출력됐으며 이는 웨스턴유니온Western Union을 통해 전보를 받는 것과 비슷했다. 거래가 실행되면 우리는 세부 사항을 다시 시스템에 기록하고 고객에게 전화를 걸어 거래 내역을 확인했다. 그런 다음 자체 장부와 고객 계좌에 해당 거래로 발생한 재무 정보를 기입하고 거래가 이뤄진 당일 밤에 확인서를 출력해 우편으로 고객에게 발송했다.

증권거래소가 자동 주문 시스템을 개발하면서(필라델피아거래소의 페이스PACE 시스템을 시작으로 퍼시픽거래소의 스코렉스SCOREX, 뉴욕거래소의 닷DOT 시스템이 개발됐다) 우리는 거래소와 협력해 우리 주문 시스템을 거래소 시스템과 연결했다. 간단하게 들리지만 실은 사람들의 상호작용을 요구하는 오래된 규제와 싸워야 했다. 예를 들면 처음에는 모든 주문을 2층 단말기 앞에 앉은 직원 단 한 사람을 통해서 전송했다. 담당자는 주문 한 건 한 건이 눈앞의 화면을 지나가는 것을 지켜보면서 "이건 됐어. 이것도 됐어."라고 말하며 일일이 전송 버튼을 눌렀다.

우리가 베타를 활용해 실제로 시장에서 우위를 확보하고 고객가치를 창출한 곳은 장외였다. 우리는 주요 시장조성자들로부터 경쟁 입찰 내역을 모아 최상의 조건을 가려낼 수 있도록 베타를 프로그래밍했다. 또한 대형 시장조성자들에게 나스닥 시스템 상에서 가장 유리한 매수 호가와 매도 호가를 제시할 경우 우리의 개별 주식 주문을 전부 몰아주겠다고 약속했다. 고객보다 거래소와 브로커들에게 유리한 비양심적인 매수 호가와 매도 호가의 격차를 받아들이는 것 외에는 선택권이 없었던 소규모 개인투자자들을 위한 의미 있는 진전이었다.

하지만 베타 시스템은 임시로 활용한 것이었다. 현장에서 익숙하게 처리했던 거래가 초기 단계 컴퓨터의 회로를 통과하는 데 무려 8분이 걸렸다. 오류 발생률을 예상처럼 낮출 수 있었다면 나쁘지만은 않았을 것이다. 이런저런 이유로 시스템이 계속 작동을 멈췄고 그럴 때마다 과거 방식으로 돌아가 수작업으로 일을 처리해야 했다. 나중에 시스템이 다시 작동하면 기록을 수정해야 했다. 이런 일이 반복되면서 실수가 발생할 여지가 커졌고 오류 발생률이 10퍼센트 이상으로 치솟았다.

수개월이 걸린 계획 단계와 준비 기간, 굉장한 압박감에 시달렸던 도입 기간을 거쳐 그날 사무실에서 휴고와 빌 피어슨을 만난 그 순간까지도 나는 성공 이외의 다른 대안은 절대로 고려하지 않았다. 심지어 그 순간에도 시스템 전체를 멈춘다는 것은 그것이 함축하는 끔찍한 의미를 생각하면 고려 대상이 아니었다. 하지만 피어슨의 말이라면 그 조치라도 취할 준비가 되어 있었다. 그는 기술 전문가였다. 휴고와 나는 대답을 기다리며 피어슨을 바라봤다.

시스템 혁신은 성장의 전제조건이다

메릴린치의 어느 브로커가 수백 명 고객을 확보했다? 컴퓨터가 등장하기 이전에도 관리하기 어려운 규모는 아니었다. 고객이 전화를 걸 때마다(브로커가 고객에게 전화를 걸 때라고 하는 편이 맞겠다) 서류철에서 고객의 계좌 상태를 확인하고 지불 능력을 판단하며 증거금 규정을 충족하는지 확인하는 것 등은 브로커에게 상대적으로 간단한 일이었다. 모두 거래를 실행하기 전 단계의 일이다.

1978년 말, 찰스슈왑은 약 2만 명의 고객을 보유했고 누구든 아무 때나 전화를 걸면 우리 쪽 담당자와 통화를 할 수 있었다. 대부분의 전화는 샌프란시스코 본사로 걸려왔는데 지점망이 계속해서 확대되는 중이어서 다른 지역에 계좌를 개설한 고객들의 전화가 많았다. 고객 계좌에 잔고가 전혀 없을 때는 고객에게 다시 전화를 걸어 주문을 조정했다. 주가가 떨어지면 고객이 주문한 사실 자체를 부인할 수도 있었다. 가끔은

애를 먹었지만 다행히 자주 있는 일은 아니었다.

문제 해결을 위해 먼저 호가, 체결, 고객서비스를 분리해 별도로 전화선을 설치하는 방법을 시도했다. 고객이 수신자 부담 대표 번호로 전화를 걸면 원하는 것을 묻고 적절히 연결해주는 것이다. 특별할 것 없이 들리지만 덕분에 브로커 면허 없이 오로지 호가 확인만 담당하는 직원을 둘 수 있었다. 내 딸 캐리도 열여섯 살 때 슈왑에서 아르바이트를 시작해 몇 번의 여름을 호가 데스크에서 일하며 보냈다.

다음으로 초기 형태의 데이터베이스를 구축했다. 모든 고객의 명단을 작성하고 기본 계좌 정보를 입력했다. 매일 최신 정보가 반영된 고객 명단을 컴퓨터 전용 용지에 알파벳 순서로 인쇄한 다음 해당 서비스 담당자들이 볼 수 있는 장소에 비치했다. 전화벨이 울리면 담당자는 "안녕하세요. 밥콕 씨, 잠시만 기다려주세요."라고 대답했다. 밥콕이 대기하는 동안 담당자는 "B 명단 주세요!"라고 외쳤다. 상당히 유용했지만 완벽한 해결책은 아니었다.

1978년 가을, 우리는 팰로앨토에 위치한 리키스 하이엇 하우스에 첫 번째 원격 관리 사무실을 열었다. 리치 아널드가 두 개의 선 그래프를 처음 제시한 장소였던 것으로 기억한다. 그의 도표는 본질적으로 우리가 이미 알고 있던 사실, 즉 반쪽짜리 대책으로 무마하려는 시도를 그만둘 때라는 사실을 확인시켰다. 우리는 정신없이 성장했지만 고객서비스는 여전히 만족스럽지 못했고 기록 보관은 허술했다. 규제 당국의 압박이 있었고 업무량은 미친 듯이 많았다.

무엇을 추구해야 하는지는 알고 있었다. 단지 어디서 찾아야 할지 몰랐을 뿐이다. 나는 빌 피어슨, 피트 모스, 가이 브라이언트를 그 임무에 투입했다. 그들은 쿼트론, 벙커 라모Bunker Ramo, 오토매틱 데이터 프로세싱Automatic Data Processing, ADP을 포함해 증권업계의 기술 응용 분야를 잘 아는 모든 사람에게 주요 사양을 적은 명세서를 발송했다. '계좌를 개설한 지점이나 거래 방식과 관계없이 모든 고객의 자료를 중앙 집중 방식으로 관리해 한 번에 실시간으로 확인 가능하도록 해서 최초로 고객의 전화를 받는 사람이 어떤 질문에도 응대할 수 있고 어떤 요청도 이행할 수 있도록 권한을 부여할 것.' 이것이 우리가 바라는 사양이었다. 본질적으로 우리의 의도는 막 새로운 기술 용어로 등장한 진정한 '관계형 데이터베이스'를 구축하는 것이었다. 모든 업체에서 거의 같은 반응을 보였다.

"와, 좋네요! 왜 아무도 이런 생각을 못 했을까요? 당장 팀을 꾸려서 3년 안에 만들어드리겠습니다."

그러면 빌 피어슨은 이렇게 대답했다.

"이해를 못 하시는군요. 3개월 안에 만들지 못하면 우리는 사업을 접어야 합니다."

ADP 사람들은 우리가 제정신이 아니라고 생각했을 것이다. 그들은 좀 더 여유 있고 합리적인 시간표를 받아들이도록 피어슨을 설득하기 위해 짧은 발표를 준비했다. 물론 파워포인트 이전 시대였으므로 크래프트 종이에 그린 도표를 한 장씩 넘기며 설명을 이어갔다. 먼저 그들은 피어슨에게 아메리카 너구리 모피로 만든 모자를 쓴 남자의 사진을 보여주었다.

그의 이름은 파이어니어Pioneer, 즉 개척자였다. 다시 종이를 넘겼다. 이번에는 개척자의 등에 화살이 꽂힌 그림이었다.

"위험하니 직장에서 절대 따라 하지 마세요!"

이것이 그들의 메시지였다.

마침 피어슨은 밀워키의 블런트 엘리스 앤드 뢰비Blunt Ellis & Loewi 라는 작은 트레이딩 팀이 뛰어난 기술력을 활용하고 있다는 이야기를 들었다. 피어슨은 비행기를 타고 이들을 만나러 갔다. 블런트 엘리스 앤드 뢰비의 장점은 이들이 우선 브로커이고 기술자는 그다음이라는 점이었다. 그들은 우리가 찾던 것과 흡사한 프로그램을 직접 개발했다. 진정한 관계형 데이터베이스였고 우리가 절실히 필요로 하는 분야의 데이터 대부분을 다뤘지만 그들의 필요에 맞춘 지원 업무 시스템이었다. 즉 증거금과 배당 담당 직원, 출납계원의 필요에 맞춰 사양을 정하고 설계한 것으로 우리와 같은 리테일 영업 환경에 활용할 의도는 처음부터 없었다. 그럼에도 피어슨은 깊은 인상을 받았다. 그들의 작업이 마음에 든 피어슨은 슈왑에 맞게 시스템을 수정할 수 있다고 생각했고 이렇게 제안했다.

"영업에 적용하기 위해 필요한 사양을 적어줄 테니 코드를 작성해주세요. 우리가 그 코드를 사서 설치하고 가동하고 버그를 찾겠습니다. 그다음에는 여러분 마음대로 그 코드를 사용할 수 있도록 해드리죠."

피어슨은 1979년 6월 30일 전면적 도입을 목표로 1978년 12월 31일을 마감 시한으로 요청했다. 벌써 10월이었다. 블런트 엘리스 사람들은 가능할 것 같다고 답했다. 계약의 큰 틀에 합의하고 일에 착수했다. 하지만 그전에 블런트 엘리스가 가격을 올렸다. 피어슨은 그 무렵 내가 〈월스트리트저널〉과 했던 인터뷰가 잘못이었다고 지적했다. 그 인터뷰 때문에 블런트 엘리스 측에서 거물급 회사를 상대하고 있다는 잘못된 인상을 주었다고 생각한 것이다. 피어슨은 크게 화를 냈다. 그는 내게 계약이 체결될 때까지 기자들을 만나지 말 것을 주문했다.

한편 리치 아널드는 부족한 공간 문제를 해결하기 위해 고심했다. 1978년 말 몽고메리 스트리트 120번지 건물 안에서 면적이 반은 더 넓은 다른 층으로 이사한 바로 그날 아널드는 찡그린 얼굴을 하고 피어슨의 사무실로 들어왔다.

"저기, 새 컴퓨터 시스템 개발 때문에 바쁘신 줄은 압니다만 계산을 좀 해봤습니다. 앉아서 들어보세요."

그는 특유의 호주 억양으로 결론을 말했다.

"9개월 뒤를 생각하면 한 층 더 차지한다고 해결될 문제가 아닙니다. 건물이 필요합니다. 건물 전체요."

그래서 우리는 두 건의 중대한 계획을 동시에 추진했다. 하나는 데이터베이스와 회계 시스템의 전면적 전환이었다. 덧붙이자면 가이 브라이언트는 이것을 금융서비스계의 '심장 및 두뇌 이식'이라고 표현했다. 다른 하나는 경영과 운영 본부의 갑작스러운 이전이었다. 아널드가 세컨드 스트리트에서 마음에 드는 건물을 발견하면서 일이 조금 더 재미있어졌다. 우선 그 건물은 마켓 스트리트 남쪽, 즉 금융지구 경계 너머에 있었다. 기존에 증권회사가 발을 들인 적이 없는 구역으로 그때만 해도 우리는 우리가 아웃사이더라고 생각했다. 한편 건물은 널찍한 반면 굉장히 낡아서 전선을 정리하려면 현대화된 통신장비 선반을 새로 짜 넣어야 했다. 건물의 실제 주소는 세컨드 스트리트 39번지였는데 우리는 좀 더 그럴듯한 세컨드 스트리트 1번지로 명칭을 바꿔줄 것을 시 정부에 건의했다. 여러모로 스트레스가 심했고 비용도 많이 들었다. 자본이 부족했던 것은 말할 필요도 없다.

하지만 모두 긍정적인 신호였다! 회사를 설립한 지 겨우 3년이 지났을 뿐이며 사실상 모든 문제는 우리가 굉장히 빠르게 성장했다는 데 있었다. 1978년 말까지 우리는 13개 지점과 250명의 직원을 보유했다. 매출은 1,000만 달러로 1977년보다 110퍼센트 증가했고 순이익은 100만 달러에 육박했다. 거대한 시장 전체에서 할인증권업이 차지하는 비중은 약 5퍼센트 정도로 극히 작았지만 우리는 점유율을 서서히 확대하고 있었다. 편파적이지 않고 저렴한 고품질 위탁매매 서비스의 필요성에 대해 혹시라도 있었을지 모를 의심은 이미 해소됐다.

무엇보다 놀라운 것은 이와 같은 성장이 높은 인플레이션, 두 자릿수 금리, 주식시장의 수익률 부진으로 정의되는 시기에 이뤄졌다는 사실이다. 평범한 미국인들이 투자를 생각하는 방식에는 애널리스트들이 '장기적'이라고 표현하는 변화가 분명 진행되고 있었고 우리는 그 한가운데에 있었다. 시장은 결국 반등할 것이고 시장이 반등할 때 우리는 전혀 새로운 수준의 성장을 달성할 수 있을 것이었다.

놀라운 성장 다음에는 재정비가 필요하다

속도, 요구 사항, 시장의 압력. 업계의 모든 것이 과거 어느 때보다도 가혹해졌다. 스타트업의 방식을 고수하기에 4년은 긴 시간이었다. 돌이켜 생각하면 어떻게 살아남았는지 모르겠다. 상당한 기복이 있었고 그 과정에서 고객들의 짜증을 유발하기도 했다. 새로운 컴퓨터 시스템으로의 전환과 더 넓은 공간으로의 이전, 이 두 가지 계획을 추진하는 데에는 선택의 여지가 없었다. 내가 원했고 고객이 요구했다. 그리고 놀라운 성장을 지켜보며 우리가 올바른 길을 가고 있음을 알았다. 우리의 접근법이 지닌 유효성은 시장에서 입증됐으며 미래 성장 가능성도 엄청났다. 하지만 재정비가 반드시 그리고 즉시 필요했다. 할 수 있는 일이라면 무엇이든 해야 하는 상황이었다.

1979년 봄, 사무실에 IBM 360 모델 50이 도착했다. 이 초기 다목적 컴퓨터는 기술의 역사에서 획기적인 사건이자 기업용 대형 컴퓨터인 메인 프레임main frame 시장에서 커다란 발전을 이룬 모델이었다. 1964년에는 그랬다. 우리는 출시 후 15년이 지난 이 모델을 중고로 구입했다. 토글 스위치, 불빛이 번쩍이고 큼지막한 검은색 손잡이가 있는 거대한 제어 콘솔, 냉장고만 한 유리문이 달린 데이터 저장소, 직경 38센티미터 릴에 걸려 바람개비처럼 돌아가는 테이프, 복잡하게 얽힌 전선들. 이것들이 세컨드 스트리트 1번지 3층 중앙에 자리한 모습을 상상해보라.

소프트웨어 설치를 끝내기도 전에 규제 장벽에 가로막혔다. 뉴욕증권거래소는 모든 브로커에게 주문표를 7년간 보관하도록 요구했다. 우리의 새 시스템이 지닌 장점 중 하나는 주문을 종이에 적어 텔레타이프 작업자에게 전달할 필요 없이 직접 시스템에 입력할 수 있다는 것이다. 업계에서 전례가 없는 방식이었다. 다행히 빌 피어슨이 뉴욕증권거래소를 납득시켰다. 애초에 주문표 작성을 규정에 확실히 명시하지 않았고 따라서 손에 들어오지도 않은 주문표를 보관할 수는 없는 노릇이라고 설득한 것이다.

과거에는 분쟁 해결에 도움이 되도록 주문표를 보관하는 것이 현명했다. 거래가 취소될 이유는 수십 가지가 있었지만 전화기 너머에 있는 고객과 주문, 실행, 결제로 이어지는 통화를 하는 동안 브로커는 어떤 것도 알려고 하지 않았으며 단지 거래 자체만 중요하게 여겼다. 이것이 월스트리트가 돌아가는 방식이었고 한 자릿수 후반에 이르는 높은 오류 발생률이 정상으로 여겨진 이유다.

우리는 더 잘할 수 있었다. 목표는 주문을 자동으로 미리 편집해서 오류를 줄이는 것이었다. 새 시스템은 고객이 보유한, 즉 매도가 가능한 증권을 추적했고 고객의 계좌에 현금이 얼마나 있는지 알았으며 고객의 구매력을 계산했고 고객의 옵션 거래 능력을 측정했다. 다시 말해 고객이 거래의 방아쇠를 당기기 전에 우리가 알아야 할 모든 것을 알고 있었다. '취소 후 재신청'이라고 일컫는 우리의 오류 발생률은 새로운 시스템을 도입하기 전 평균 6퍼센트로 이미 업계에서 매우 낮은 수준이었다. 목표는 0퍼센트였다.

전환 작업이 이뤄진 주말 동안 모두 전력을 다했다. 우리의 계획은 몽고메리 스트리트 120번지 사무실과 서터 스트리트에 추가로 마련한 공간을 금요일 장 마감과 함께 닫고 월요일 아침 세컨드 스트리트 1번지에서 영업을 시작하는 것이었다. 이렇게 해서 영업을 중단하지 않고 이틀 만에 과거의 문서 기반 브로커리지에서 현대의 전산화된 기업으로 완전히 전환할 수 있었다.

나는 빌 피어슨이 주재한 마지막 회의를 아직도 또렷이 기억한다. 15~20명쯤 되는 인원이 참석한 회의였다. 그는 날카로운 눈빛으로 회의실을 둘러보며 말했다.

"우리가 이 일을 해낼 수 없다고 생각하는 사람이 있다면 그런 정신 상태는 필요 없으니 당장 여기서 나가주십시오!"

목요일에 케이블 회사가 와서 메인 컴퓨터부터 통신장비 선반을 거쳐 건물의 모든 방과 1층에 있는 지점까지 전선을 연결했다. 다음 날 수십 대나 되는 데스크톱 단말기를 연결하고 시스템을 시험 가동하기 위해 온 피어슨과 아널드는 플러그에 이름표가 제대로 부착되지 않은 것을 발견했다. 메인 컴퓨터의 어떤 포트에 어떤 화면이 연결됐는지 알 수 없었다. 두 사람은 금요일 밤까지 종일 케이블을 따라 책상 아래를 기어 다니며 플러그에 이름표를 붙였고 메시지를 보내고 받는 시험을 하며 순조롭게 작동하는지 확인했다.

더 식은땀이 나는 순간도 있었다. 아널드는 자신이 일요일 밤에 웨스턴유니온 회장을 침대에서 끌어내지 않았다면 월요일 아침에 문을 열지 못했을 것이라고 지금까지도 말한다. 과거 시스템에서 우리의 트레이딩 데스크는 웨스턴유니온을 통해 거래소 객장은 물론 시장조성자들에게도 연결돼 있었다. 베타는 웨스턴유니언을 우회했지만 우리는 컴퓨터가 고장을 일으킬 경우를 대비해 베타를 보조하는 수단으로 과거의 텔레타이프 시스템을 병행해서 운영하고 싶었다. 웨스턴유니온의 통신선 없이는 영업을 시작할 수도 없었다. 우리는 문을 열기 불과 몇 시간 전에서야 가까스로 선을 얻어냈다.

이렇게 해서 새 건물로 이사를 마치고 새 기계를 가동했다. 그러나 곧바로 새로운 문제가 발생해 수개월 동안 우리를 괴롭혔다. 시장 탓이었다. 밀려드는 일로 도저히 정신을 차릴 수 없었다. 컴퓨터 탓이었다. 덩치는 컸지만 느리고 멍청했다. 무려 25년 전이었지만 나도 알아볼 정도였다. 순전히 계산 능력만 따지면 지금의 스마트폰으로 훨씬 더 많은 작업을 수행할 수 있다.

초기 비용은 성장을 위한 지렛대로 여겨야 한다

경험이 부족한 탓도 있었다. 우리 모두 컴퓨터 시스템을 처음 배우면서 업무를 처리하고 있었다. 예를 들면 다단계 프로세스에서 모든 단계가 아니라 일부 단계만 자동화했을 때 어디선가 충돌이 일어날 수 있다는 걸 배웠다. 새 컴퓨터로 번듯한 거래명세서를 출력했지만 명세서를 확인하고(초반에는 컴퓨터를 믿어도 되는지 확신이 없었다) 봉투에 넣는 일은 사람이 직접 해야 했다. 나 역시 내가 할 수 있는 일을 했지만 상황을 더 악화시킬 때도 있었다. 예를 들면 배당금 조정, 즉 주식에서 발생하는 배당금이 계좌에 정확히 적용되는지 확인하는 일도 했는데 세심한 주의를 요구하는 일이어서 내가 잘하는 분야가 아니었다. 당시 최고재무책임자CFO였던 리치 아널드는 내가 복도를 걸어오는 것을 보고 두 팔을 번쩍 들며 "척, 배당금 부서에서 당장 나가주세요!"라고 소리쳤다.

직원들은 주당 80시간을 일했다. 가이 브라이언트는 아내가 첫아이를 낳은 날 아내와 함께 진통부터 출산까지 25시간을 보낸 뒤 거래를 조정하기 위해 곧장 사무실로 돌아왔다. 브라이언트는 우리의 도전에 담긴 의미를 알았기 때문에 도저히 잠을 잘 수 없었다고 했다.

휴고와 함께 빌 피어슨을 만난 것은 바로 그때였다. 잠깐 쉬어가는 게 현명할지 물을 수밖에 없었다. 피어슨 역시 누구보다 잘 이해하고 있었지만 돌아갈 곳이 없다는 게 문제였다. 과거 방식에는 불확실성과 오류가 가득했다. 베타 프로그램에는 많은 결점이 있었지만 새로운 시작이었으며 우리의 미래이기도 했다. 베타를 활용하지 못하면 살아남을 수 없을 것이었다. 거기에 우리의 답이 있었다. 우리는 베타 가동을 중단하지 않기로 했다.

결국 IBM 360을 철거했고 샌프란시스코의 글라이드 메모리얼 교회에 기증했다. 데이터 처리 전문가인 제리 차머스가 그 교회에 다녔다. 그들은 IBM 360에서 금을 추출했으니 나름대로 충분한 재활용 가치가 있었다고 하겠다. 우리는 차세대 모델인 370을 설치해 기존 모델을 대체했다.

1980년 초, 시장이 잠시 하락하면서 광기도 수그러들었다. 마침내 새로운 시스템을 제어할 수 있게 됐고 이후로는 결코 뒤를 돌아보지 않았다. 경쟁 업체들보다 먼저 자동화를 이루면서 초기 비용을 치르긴 했지만 덕분에 앞으로의 성장을 위한 엄청난 지렛대를 확보했다. 우리의 오류 발생률은 1퍼센트 미만으로 하락했고 이는 업계에서 가장 뛰어난 수준이었다. 비용도 크게 줄었다. 무엇보다 성장을 지속할 수 있는 기술 기반을 갖췄다는 게 중요했다.

초기 헤맸던 경험 덕분에 우리는 기술에 곧 적응했고
기술은 우리의 차별화 요인이 됐다.
1990년대에 인터넷 보급이 확대됐을 때
우리는 이미 준비가 돼 있었다.

1985년까지도 베타가 이룬 커다란 진전은 제대로 된 평가를 받지 못했다. 리치 아널드와 정보 시스템 부문 부사장 우디 홉스는 주기적인 업무의 일환으로 현대화된 지점이 수행할 기능을 재구상하고 있었다. 그 과정에서 IBM의 설비를 탐방했는데 뉴욕으로 가서 IBM의 증권업 담당 팀을 만나는 것으로 일정을 마무리했다. 수년간 IBM을 이용했지만 우리 업계를 전담하는 리서치 조직이 있다는 사실은 처음 들었다. 조짐이 좋았다.

아널드와 피어슨은 월스트리트에 있는 IBM 사무실에서 프레젠테이션을 기다렸다. 두 번째로 띄운 슬라이드는 IBM의 계획에 관한 것이었다. 종이 티켓을 발행할 필요 없이 브로커들이 단말기 앞에 앉아 주문을 실행할 수 있는 시스템을 구축하려는 계획이었다.

1985년이었고 IBM이었다. 아널드는 믿을 수 없었다. 당시 우리는 벤더 수십 곳의 도움을 받아 전국을 광섬유망으로 연결했다. 전국 모든 지점의 모든 단말기가 연결돼 있었고 동일한 데이터 저장소에 접근이 가능했다. 우리는 101 몽고메리 건물에 중앙제어실을 설치해서 전산망을 관리했다. 심지어 기계의 효율성을 걱정하는 단계를 넘어 기계를 작동하는 인력의 효율성을 생각하는 기술 혁신의 다음 단계로 진입한 상황이었다.

"잠깐만요, 여러분."

아널드는 의자에서 벌떡 일어서다시피 했다.

"이 회의는 그만합시다. 우리가 샌프란시스코에서 지금까지 뭘 했는지 모르시나요?"

지금도 슈왑이 일찍부터 기술 도입에 주력한 이유를 자주 질문받는데, 필요가 발명의 어머니 역할을 한 측면도 있다. 효율성을 높여야 했고 그렇지 못하면 실패할 게 뻔했다. 처음 슈왑을 설립하고 수수료를 75퍼센트 낮췄을 때 나는 해낼 수 있다고 막연히 생각했을 뿐이다. 하지만 규모를 키워야 한다는 것은 알았다. 지리적 위치도 한 요인이었는데, 샌프란시스코 그리고 실리콘밸리는 기술이 전부인 도시였다. 기술 도입을 아이를 낳는 일만큼이나 자연스러운 것으로 여기는 사람들이 주위에 가득했다. 기술은 우리가 숨 쉬는 공기였다.

제12장

실패는 결과가 아니라 과정이다

내게 없는 능력을 갖춘 인재를 찾아라

1980년 2월 우리 회사로 합류한 과정에 대해 래리 스툽스키가 늘 하던 이야기가 있다. 그 이야기가 사실이라고 그가 주장한다면 나도 이의를 제기할 생각은 없다. 그를 채용한 것은 표면적으로는 샌프란시스코 지점 운영 때문이었지만 사실 임시로 맡긴 일이었을 뿐이다. 나는 강인하고 영리한 최고운영책임자COO를 찾고 있었다. 증권업계를 잘 알고 내게 없는 관리 능력을 갖췄으며 다른 사업체와의 거래에서 회사를 대표할 수 있는 누군가가 필요했다.

1980년에 우리는 14개 주에 22개 지점, 9만 명의 고객, 13만 개 계좌,

6,000만 달러의 고객 자산을 보유하고 있었다. 이 모든 것은 창의성과 상상력을 추구하며 체계와 세부적인 사항, 계획에는 그다지 관심이 없었던 슈왑의 기업가적 문화가 가져온 결과였다. 그러나 작은 반항아였던 우리 회사는 빠르게 성장했고 이제 나이에 걸맞게 행동할 때였다. 그것이 바로 래리 스툽스키를 채용한 이유였다. 지점장으로서는 형편없었지만 정확히 내가 찾던 미래의 COO였다.

스툽스키는 지나치게 분석적인 것이 오히려 흠이 될 정도였고 결코 성급한 법이 없었다. 그가 기억하기로는 제안을 수락하기 전에 내게 세 가지 중요한 질문을 했다고 한다.

"운영에 문제가 있으십니까?"

그의 주장에 따르면 나는 문제가 없다고 대답했다. 분명 거짓말은 아니었고 단순히 낙관적이었던 것 같다. 불행하게도 그로부터 60일도 안 되어 전 우리는 필라델피아증권거래소로부터 철저한 조사를 받았다.

"흑자입니까?"

두 번째 질문이었다. 대답은 당연했다.

"그렇습니다."

그러나 그 직후 1980년 4월 우리는 한 달 동안 자본금의 10퍼센트에 해당하는 30만 달러 손실을 기록했다. 조만간 흑자를 낼 것을 알았지만 정확히 언제라고 말할 수 없었다고밖에 달리 변명할 말이 없다. 마지막 질문은 이것이었다.

"상장 계획이 있습니까?"

스툽스키의 주장대로 내가 정말 그런 계획이 없다고 말했다면 적어도 그 순간에는 진심이었을 것이다. 하지만 우리처럼 빠르게 성장하는 회사에서 계획은 변경되기 마련이다. 스툽스키가 슈왑에서 일하기로 선택한 이유가 그 대답 때문이었을까? 모르겠다. 내가 아는 건 양심의 가책은 없다는 것이다. 그의 선택은 옳았다. 그는 1997년 은퇴하기 전까지 쭉 슈왑과 함께했다.

견고한 기업을 만들 적임자를 알아보는 법

래리 스툽스키를 발견한 계기는 내가 중요한 시점마다 얼마나 운이 좋았는지를 여실히 보여준다. 당시 나는 친목과 배움을 목적으로 구성된 젊은경영인협회Young Presidents Organization 회원이었다. 어느 저녁 모임에서 내가 회사의 운영을 맡을 사람이 필요하다고 말하자 모임의 누군가가 지역 구인업체를 추천했다. 다음 날 사무실로 돌아왔을 때 업체의 정확한 이름은 기억나지 않았고 다만 두 사람의 성을 조합한 듯한 이름이었다는 것만 생각이 났다. 그 기억을 근거로 비서가 전화번호부를 뒤져 콘/페리Korn/Ferry라는 구인업체에 전화를 걸었다. 알고 보니 내가 찾던 회사가 아니었지만 상관없었다.

그곳에서 채용 담당자 두어 사람을 보내줬는데 그중 톰 시프가 있었다. 훗날 우리 회사로 이직한 시프에게 나는 요구 조건을 말했다. 언젠가 조직 전체를 관리할 능력이 있는 지점장, 증권업계에 경험이 있으면서도 전통적인 방식에 얽매이지 않는 강력한 행정가, 자기주장이 확실한 다른 배경의 임원진을 관리할 능력이 있는 합리적인 지도자가 필요했다. 그리고 주거 이전 비용을 지불할 여력이 없으므로 지역 내 사람이어야 했다.

톰 시프의 전망은 낙관적이지 않았다. 당시 딘위터와 BOA를 비롯한 몇몇 대형 은행들이 샌프란시스코에 본사를 두고 있었지만 월스트리트와는 거리가 멀었다. 게다가 불분명한 분야의 알려진 게 없는 회사에 기꺼이 운명을 걸겠다는 뛰어난 후보자를 찾는 것은 불가능에 가까웠다. 월스트리트는 틈만 나면 우리의 서비스를 비하하고 우리의 저력에 의문을 제기했다. 보호받는 오래된 시스템 안에서 번창해온 대형 증권회사들에게 우리는 공공의 적이었다.

우리는 시간이 흐르며 더욱 견고한 기업, 존경받는 기업이 될 것이었다. 하지만 우리에게 가장 필요한 사람들은 우리 같은 회사에서 일하는 것을 결코 고려하지 않을 이들이었다. 유일한 예외는 1970년대 후반 딘위터에서 잘 훈련된 사무원들을 데려온 일이었다. 딘위터 사무실은 바로 길 건너편에 있었는데 그들을 채용하고 얼마 지나지 않아 최고인사책임자인 벤 이튼으로부터 전화를 받았다. 이튼은 헬렌의 새어머니와 남매 사이로 개인적으로도 알고 지냈다. 그는 내가 자기네 CEO를 몹시 화나게 했다며 "더 이상은 사람을 빼가지 말게."라고 충고했다. 괜찮은 사람이 되고 싶었고 나를 둘러싼 거인들을 필요 이상으로 화나게 하고 싶지 않아서 그 충고를 받아들였다.

일주일쯤 지난 어느 날 새벽, 시프는 침대에서 벌떡 일어나 큰 소리로 외쳤다고 했다.

"적임자가 떠올랐어! 이름이 뭐였더라?"

시프는 샌프란시스코에서 동쪽으로 40킬로미터 떨어진 도시 월넛 크리크의 오클랜드 언덕 너머에 살았다. 한 시간이 채 지나기도 전에 그는 어둠이 가득한 트랜스아메리카 빌딩에서 혼자 불을 밝히고 이력서들을 뒤적거렸다. 그는 이름은 기억하지 못해도 이력서에서 본 내용을 잊은 적이 없었다. 그렇게 찾아낸 이력서는 프린스턴대학원과 예일 법학대학원을 모두 장학금을 받고 다닌 래리 스툽스키의 것이었다.

스툽스키는 월스트리트를 떠난 망명자였다. 그의 말에 따르면 철도회사 뉴헤이븐이 운행하는 기차를 타고 페어필드 카운티로 가는 머나먼 통근길이 싫어 월스트리트를 떠났다고 했다. 그는 크로커내셔널뱅크Crocker National Bank와 브래드퍼드 컴퓨터 시스템Bradford Computer Systems의 합작 회사로 샌프란시스코에 본사를 둔 웨스턴 브래드퍼드 트러스트Western Bradford Trust Company에서 불만족스러운 근무를 이어가고 있었다.

스툽스키는 서부 해안으로 이사한 뒤 이력서를 200곳 넘게 보냈는데 연락을 준 사람은 1년 후 톰 시프가 유일했다고 말했다. 인맥이 그다지 좋지 않았다고밖에 설명할 길이 없다. 아마도 그가 좋은 지점장이 못 됐던 이유와 같은 이유일 것이다. 즉 스툽스키는 상대방이 자기만큼 똑똑하지 못하면 짜증을 냈고 별로 웃지 않았으며 주변 사람들을 긴장하게 만드는 경향이 있었다. 그래도 괜찮았다. 운영책임자로서의 뛰어난 역량

152

이 지점장으로서의 단점을 충분히 보완하고도 남았다. 몇 달 뒤 스툽스키는 샌프란시스코 지점 직원 몇 명을 대리인으로 임명하고 임원실에서 오후 근무를 했다. 그리고 1981년 9월 그는 사장 겸 COO가 됐다. 그를 찾아낸 것은 우연이었고 개연성이 낮은 여러 사건이 만든 결과였다. 스툽스키는 내가 운이 좋다는 말을 자주 했는데 이 경우에는 확실히 그랬다.

현실의 장벽에 압도되지 마라

1980년 초 내가 정말로 상장 계획이 없다고 스툽스키에게 말했다면 아마도 다른 자금줄이 생길 거라고 막연히 기대하고 있었기 때문일 것이다. 물론 그런 일은 일어나지 않았다. 우리는 끝없이 자본을 구했고 끝없이 좌절했다. 취약한 자본 기반으로 업계의 거물들과 맞서고 있었으며 누구라도 같은 경기장에서 싸우겠다고 뛰어들면 단숨에 우리를 무너뜨릴 수도 있었다.

게다가 우리는 빠르게 성장하고 있었고 성장은 현금을 무섭게 먹어치웠다. 새로운 계좌를 유치하기 위한 광고와 마케팅에 현금이 필요했고 일단 계좌를 유치한 뒤에는 그 계좌들을 지원할 현금이 필요했다. 투자자를 보호하는 역할을 하지만 우리에게는 부담스러웠던 엄격한 자본 비율 요건을 충족하는 데도 현금이 필요했다.

궁극적으로 현금에 대한 갈증을 해소할 만큼 충분한 거래 수수료가 발생해야 했지만 새로운 계좌에서 곧바로 수익이 발생하지는 않았다. 이는 성장이 지속되길 원한다면 쉬지 않고 자본을 조달해야 한다는 뜻이다. 지금은 벤처캐피털펀드 및 기타 사모펀드가 자금원으로 성장하면서 젊은 기업들이 자금을 조달하기가 훨씬 수월해졌다. 그러나 과거에는 월스트리트가 돈줄을 쥐고 있었다. 우리가 월스트리트의 독점 체제를 무너뜨리겠다고 나선 만큼 그들은 우리에게 도움이 될 일 따위는 결코 하지 않았다.

생각할 수 있는 모든 방법을 시도했다. 집은 몇 번이나 저당 잡혔고 보상 차원에서 전 직원에게 회사 주식을 나눠 주었는데 가능하다면 주당 20센트에 추가로 주식을 사도록 독려했다. 또한 우리 회사의 서비스를 이용하고 우리를 신뢰하는 사람이라면 이론적으로 투자도 하고 싶을 것이라고 생각해 고객들에게도 주식을 권했다. 물론 누군가의 지갑을 열 수 있다면 원하는 곳에 지점을 열겠다고 제안하는 것도 개의치 않았다.

하지만 충분하지 않았다. 슈왑의 첫 CFO였던 리치 아널드는 초창기 자신의 일이 "타인자본 조달, 그다음 자기자본 조달, 다시 타인자본 조달, 또 자기자본 조달…."이었다고 묘사했다.* 어느 것도 평범하게 진행되지 않았다. 벤처캐피털은 매번 퇴짜를 놓았는데 우리를 납작하게 만들려는 대형 증권회사들의 조언을 들은 것도 한 원인이었다. 은행들은 의심스

● 타인자본 조달은 차입 또는 채권 발행 등으로, 자기자본 조달은 주식 발행을 통해 기업이 유동성을 확보하는 것을 말한다.

러운 얼굴로 사업을 한 지 얼마나 됐는지, 경쟁 업체는 얼마나 많은지, 할인증권회사가 정확히 무엇인지 묻곤 했다. 그리고 역시나 또 다른 위기가 숨어 있었다. 어느 노년의 고객에게 9,000달러 수표를 9만 달러로 잘못 발행한 것도 그중 하나였다. 우리는 고객이 수표를 현금화한 한참 후에야 실수를 발견했고 돈을 돌려받는 데 오랜 시간이 걸렸다. 그 사건 하나만으로도 우리는 거의 궁지에 몰렸다.

1980년 초, 마침내 상장을 시도하기로 결정했다. 상장은 많은 기업가들이 어려워하는 단계로 일정 수준의 감시와 의무를 받아들이는, 결코 닫히지 않을 문을 여는 일이다. 그러나 그런 전망은 전혀 문제가 되지 않았다. 유리로 만든 집이 되지 못할 이유는 없었다. 오히려 재정적 투명성이 유리하게 작용할 것이라고 봤다. 당시 증권회사 가운데 상장회사는 1969년과 1971년에 각각 상장한 DLJ와 메릴린치 단둘이었다. 우리가 정말로 브로커들과 달리 이해 충돌 문제를 없애려는 의지가 있고 개인투자자들의 요구에 부응하는 것이 목표라면 무엇 때문에 장부 공개를 두려워해야 한단 말인가? 우리에게는 숨길 것이 없어야 했다.

상장을 마케팅 수단으로 활용할 몇 가지 방법을 생각했다. 고객들에게 수수료 없이 직접 주식을 제공해 그들을 시장에서 가장 강력한 지지자, 말하자면 최고의 영업사원으로 만들 수도 있었다. 온 세상이 볼 수 있도록 사업설명서 전문을 〈월스트리트저널〉에 실을 수 있는지 알아봤다. 마침내 사람들을 놀라게 할 결정을 내렸다. 찰스슈왑 코퍼레이션의 공모주 전부를 직접 인수하기로 한 것이다. 즉 신규 상장에서 할당된 공모주를 미리 취득한 뒤 일반 투자자들에게 조금씩 팔았던 투자은행의 전통적 역할을 제거하는 결정이었다.

대형 IPO(기업공개), 특히 큰 관심을 받는 금융서비스 회사가 관련된 IPO가 그런 방식으로 진행된 적은 없었다. 이는 대형 투자은행들에게 막대한 수수료를 창출해주는 장치를 거치지 않고 우회하겠다는 뜻이었다. 〈월스트리트저널〉에 사업설명서 전문을 게재한다는 생각 역시 전례가 없는 것이었다. 우리는 법규를 검토했고 법률 고문들은 불안해하면서도 가능한 일이라고 의견을 모았다. 그러나 그 과정에서 투자은행을 완전히 배제할 수는 없음을 곧 알게 됐다. 직접 인수자 역할을 하더라도 여전히 제3자의 개입이 필요했다. 전국증권딜러연합회National Association of Securities Dealers 회원사가 공모 가격을 산정해야 했던 것이다. 슈왑의 IPO에 월스트리트의 기득권 세력을 들일 생각은 전혀 없었으므로 우리는 작은 지역회사 두 곳을 선정했다. 그 감정은 분명 상호적인 것이었다.

그즈음 대형 브로커들은 더 이상 우리를 무시할 수 없게 됐다. 할인증권회사들의 리테일 시장 점유율을 합산하면 약 8퍼센트였고 슈왑의 비중은 월등히 컸다. 덩치 큰 녀석들은 더욱 결연한 의지로 우리를 공격했다. 슈왑이 1980년대 중반에야 비로소 증권업협회에 가입한 것도 그런 이유였다. 증권업협회에 대한 반감은 없었다. 다만 우리의 영향력을 확실히 인식할 만큼 충분한 위상을 확보하기 전까지는 증권업협회가 우리의 이익을 대변하지 않았다고 느낄 뿐이다.

우리 회사의 가치에 관한 외부 의견이 필요했다. 물론 내게도 꽤 확고

한 생각이 있었다. 주당 4달러에 120만 주를 팔아서 480만 달러를 조달할 수 있다고 생각했다. 모두 회사 확장에 쓰일 자금이었고 내 개인 지분을 현금화할 계획은 없었다. 하지만 놀라운 일이 기다리고 있었다. 기업 공개를 결정한 철학적 태도와 그 태도가 가져온 결과를 직접 경험하는 것은 전혀 다른 문제였다. 이 모든 일이 1980년 봄에 일어났다는 사실을 잊지 말아야 한다. 우리는 여전히 새로운 베타 시스템을 통합하는 문제로 씨름하고 있었다. 오류 발생률은 수수료 수입의 10.5퍼센트 수준으로 고점을 기록했고 금액으로는 100만 달러를 약간 넘었다. 이제는 인정하는 일이지만 당시 우리는 면밀한 검토를 받을 준비가 돼 있지 않았다. 하지만 나는 회사의 미래를 믿었고 회사의 정당한 가치에 해당하는 자금을 조달할 수 있다는 희망을 포기하지 않았다.

가격 산정 회의가 열릴 차례였다. 준비 작업은 99퍼센트 마무리됐고 곧 마무리될 것이었다. 나는 탁자를 사이에 두고 수많은 변호사 및 투자 은행가들과 마주 앉았다. 마침내 한 사람이 종이 한 장을 내밀었다. 숫자였다. 나는 숫자를 들여다보고는 아무 말도 하지 않았다. 2달러 75센트 그대로 일어나 회의실을 나왔다.

찰스슈왑의 첫 상장 시도는 그렇게 끝났다. 다시 한번 인정하지만 대중에게 투자를 요청하기에는 너무 일렀다. 여전히 운영상의 문제를 해결해야 했다. 그때 실사를 받은 게 어떤 면에서는 운이 좋았다. 6개월 전이었다면 상황은 더 나빴을 것이다. 즉시 자본을 추가 조달하라는 요구를 받았을 수도 있고 심각하게는 회사 문을 닫아야 했을지도 모른다.

섣불리 절망할 필요는 없다

IPO 실패는 불운한 일이었다. 필요한 자금을 구하지 못했기 때문만은 아니다. 사업설명서 공개로 개인적으로 곤란해졌고 할인증권회사 전반에 대해 일부 사람들이 가지고 있던 최악의 의혹을 사실로 확신시켰다. 언론은 온통 우리에 관한 이야기뿐이었다. 《비즈니스 위크》 1980년 8월 18일자 기사는 이렇게 썼다.

"미니 산업의 당당한 성공이라고 선전했지만 곤혹스럽게 끝나⋯. 다수의 관측통은 이처럼 신속한 방향 전환이 할인증권업 전체에 큰 타격을 입혔다고 보고 있다. 신뢰할 수 있는 금융시장의 주류로 편입할 수 있다는 희망을 오랫동안 늦추거나 아예 희망을 없앨 수도 있다는 것이다."

물론 이후의 결과를 놓고 보면 《비즈니스 위크》의 이런 암울한 평가는 완전히 빗나간 예측이었다. 우리뿐 아니라 전 세계 소액투자자들을 위해서도 다행스러운 일이었다. 이 기사를 보고 기분이 좋지는 않았지만 절망하지는 않았다. 할인증권업은 살아남을 것이고 우리가 미래의 물결이 될 것임을 의심하지 않았다. 할인증권회사는 수수료를 대폭 낮추고 전통적인 브로커리지 사업 모델에 내재된 이해 충돌 문제를 지적함으로써 소액투자자들에게 전혀 새로운 세계를 제시했다. 일단 그 세계를 알고 나면 다시 돌아갈 수 없다.

할인증권업계에서 내 입지는 안전했다. 이미 상장을 대체할 자금원이 대기하고 있었다. 젊은경영인협회에서 만난 친구이자 기업가 토니 프랭크Tony Frank가 나를 구했다. 프랭크는 훗날 아버지 부시 대통령* 시절에 우정공사 총재postmaster general를 지냈다. 당시에는 샌프란시스코의 은행가였다. 그는 자신이 소유한 저축대부조합인 시티즌스 세이빙스 앤드 론Citizens Savings and Loan을 피츠버그에 있는 내셔널스틸National Steel에 매각하고 내셔널스틸의 이사직을 맡았다. 나는 내셔널스틸이 투자 기회를 찾고 있다는 것을 알았다. IPO를 추진하며 우리 회사에 형편없는 가격이 매겨진 것을 보고는 프랭크에게 전화를 걸었다. 그리고 직접 만나서 부탁했다.

"자본이 절실히 필요합니다. 회사가 맹렬한 기세로 성장하고 있습니다."

"네, 계속해보시죠."

"회사 지분 20퍼센트를 400만 달러에 팔 용의가 있습니다."

프랭크는 눈도 깜빡이지 않았다. 즉시 "좋습니다."라고 대답한 것으로 기억한다. 분명히 훨씬 더 복잡하게 표현했지만 그만큼이나 명료하고 단도직입적으로 다가왔다. IPO와 관련해 번거로운 일들을 겪고 난 후라 더욱 그랬다. 프랭크는 곧장 그 일에 착수했고 정확히 내 제안대로 내셔널스틸을 설득했다. 이렇게 해서 찰스슈왑 코퍼레이션은 훗날 싸우는 데 필요한 자금을 마련했고 얼마 지나지 않아 내셔널스틸은 단기 투자로 엄청난 수익을 거뒀다.

• 미국 41대 대통령 조지 허버트 워커 부시.

제13장
자본과 신뢰는 성장의 필수 요소다

가장 필요한 것을 가진 자의 손을 잡아라

토니 프랭크가 주도한 내셔널스틸의 투자로 굉장한 도움을 받았지만 한시름 놓은 것도 잠시였다. 현금 압박은 계속 가중됐다. 성장은 성공의 징후이고 사람들이 바라는 굉장한 뭔가를 달성할 것 같지만 우리처럼 젊은 회사는 성장의 속도가 자금원을 확보하는 속도를 앞지른다. 마지막 이익 한 푼까지 재투자해도 충분하지 않다.

신사업을 해온 지 5년째였고 우리는 스스로 충분한 자본을 창출할 수 있는 능력 이상으로 빠르게 성장했다. 배부른 고민일 수도 있겠지만 나는 이런 식의 성공에 몹시 불안했다. 우리는 미래를 염려하며 늘 자본을 구했다. 그리고 캘리포니아에 있다는 지리적 조건은 우리를 자연스럽게 BOA로 이끌었다.

아마데오 피에트로 지아니니Amadeo Pietro Giannini가 1904년 설립한 뱅크오브이탈리아Bank of Italy에서 출발한 BOA는 당시 미국에서 두 번째로 큰 대형 은행이었다. 자산 규모 1,200억 달러를 자랑하는 세계적으로 유력한 금융기관이면서 캘리포니아 소매금융 시장도 폭넓게 점유했다. 또한 길 아래쪽에 자리한 이웃이자 역시 샌프란시스코에 기반을 둔 은행인 웰스파고Wells Fargo와 치열하게 경쟁했고 평범한 사람들을 위한 은행이라는 독특한 유산을 자랑으로 여겼다. 나는 BOA의 그런 태도를 높이 샀다. 전국 어디든 거의 모든 도시 중심가의 최고 입지에는 어김없이 BOA 지점이 있었다.

BOA는 20세기 대부분의 기간에 걸쳐 캘리포니아의 경제를 탄탄히 구축하는 데 중요한 역할을 했다. 골든게이트브리지 건설에 자금을 댔고 샌프란시스코 최고 높이의 본사 건물을 지었으며 베이 에어리어 시민들의 재정은 물론 생활에도 지배적인 영향력을 행사했다.

피트 모스는 기존에 임페리얼뱅크Imperial Bank에서 조달한 후순위 대출에 더해 추가로 후순위 대출을 얻을 수 있는지 여부를 BOA와 논의했다. 이 협의는 매우 유용했는데 BOA는 우리가 계산한 자본에 더해 완충 역할을 할 자본까지 추가로 제공하겠다고 했다. 당초 논의는 700만 달러 정도를 빌리는 것이었던 만큼 BOA로부터 상당한 자금을 대출받는다면 당시로서는 대형 계약이었다.

1981년 9월, 모스가 놀랄 만한 소식을 들고 왔다. BOA가 태도를 바꾼 것이다. 검토 과정에서 BOA는 우리가 마음에 들었고 대출에는 더 이상 관심이 없었다. 아예 슈왑을 인수하겠다고 나선 것이다.

마켓 스트리트 중심에서 벗어난 낡은 건물에 들어앉아 사라질 위험이 여전한 그리고 거의 주목받지 못하는 미성숙한 업계에서 사업을 꾸려가는 우리를 BOA가 인수하려고 생각한다니 믿기지 않았다. 그때까지 BOA를 상대로 한 거래는 사업 융자 요청이 전부였고 늘 거절당했다. 사실 어디서나 거절당했다. 은행 이사회 대부분은 종합증권회사들과 연줄이 있었고 이들은 새로 등장한 종합증권회사의 경쟁자를 지원할 마음이 없었다.

슈왑을 팔 생각은 하지 않았다. 사실 내게는 독립이 가장 중요했다. 그럼에도 불구하고 BOA처럼 존경받는 기업에 회사를 매각할 수도 있다는 가능성에 강한 흥미를 느꼈다. 무엇보다 매각은 우리가 직면한 자금 문제 전체를 해결할 수 있는 방법이었다. 상장이 취소된 후 토니 프랭크를 통해 내셔널스틸로부터 사모private placement 방식으로 400만 달러를 운 좋게 조달했지만 그 자금도 이미 바닥을 드러내고 있었다. 우리는 계속해서 성장했고 주식 매수 자금을 대출받으려는 주요 고객들의 요구 앞에서 우리 대출 능력의 한계는 늘 시험대에 올랐다.

할인증권업이 서서히 성숙하면서 우리는 소규모 경쟁 업체를 인수해야 하는 매수자 입장에 놓였다. 업계는 통합되고 있었다. 인수를 통해 더 많은 성장 기회가 생겨나리라는 것을 알았고 준비를 해두고 싶었다.

또한 BOA의 구애로 더 넓은 금융서비스의 세계에 그리고 가장 중요한 소비자들에게 전달될 메시지도 마음에 들었다. 상장 실패 후 언론은 우리를 난타했다. 업계와 투자자들 사이에는 우리가 전성기를 맞을 준비가 돼 있지 않다는 인식이 퍼져 있었다. 그런데 이제 세계 최대 규모의 은행이 우리를 원하고 있는 것이다.

BOA가 슈왑 인수를 추진한다는 사실은
나와 회사 그리고 할인증권업계 전체를 인정한다는 뜻과 같았다.
우리의 신뢰도와 즉결된 일이었다.

BOA는 특히 중요한 시점에 슈왑에 관심을 보였다. 우리는 그때까지의 빠른 성장세를 그대로 이어가며 지점망을 급속히 확장하는 폭발적인 성장기를 시작하려는 참이었다. 물론 앞날을 보여주는 수정 구슬은 없었다. 1980년대의 강력한 상승장이 역사적인 출발을 앞두고 있다는 사실도 알지 못했다. 그러나 대통령 선거 운동은 예의 주시했다. 규제 완화와 세금 인하를 공약으로 내세운 로널드 레이건이 11월 대통령에 당선된다면 시장은 열렬히 환호할 것이었다. 1980년 선거 당일, 주식 시장은 열리지 않았지만 나는 어쨌든 앞서 말한 것처럼 하루 종일 밤새도록 전화선을 열어두기로 결정했다. 레이건의 승리가 확실해지면서 주문이 쏟아져

들어왔다. 이 경험을 통해 고객이 하루 24시간, 일주일 내내 거래를 할수 있어야 한다고 확신했고 1982년 3월 업계 최초로 실행에 옮겼다.

　BOA와의 합병은 성장을 위한 두 가지 핵심 요소인 자본과 신용을 가장 필요한 순간에 우리에게 가져다줄 수 있었다. 찰스슈왑 코퍼레이션의 대주주로서 내가 가진 지분을 BOA 주식으로 교환해 별안간 큰 부자가 되는 것도 결코 손해는 아니었다. 물론 현금화하지 않는 이상 종이에 지나지 않겠지만 세계 최고로 존경받는 은행의 주식보다 더 안전한 재산은 떠올리기 어려웠다. 최근까지 이렇다 할 재산도 없었고 현금도 거의 없었던 젊은이에게는 황홀한 기회였다.

신뢰를 유지하면 언젠가 기회는 찾아오기 마련이다

상대가 적극적으로 나서지 않았다면 거래는 결코 진행되지 않았을 것이다. 그 상대는 바로 BOA의 젊은 임원 스티브 맥린Steve McLin 이었다. 맥린은 34세로 퍼스트내셔널뱅크오브시카고First National Bank of Chicago에서 막 이직한 인수합병 전문가였다. 그는 전설적인 톰 클로센Tom Clausen 의 뒤를 이어 42세에 CEO로 취임한 샘 아마코스트Sam Armacost 와 거의 같은 시기에 BOA로 자리를 옮겼다. 클로센은 세계은행 총재직을 수행하기 위해 1981년 4월 BOA를 떠나기까지 58분기 연속 이익 성장을 달성했다. 이 이익 성장세를 지속시켜 아마코스트가 클로센의 그늘에서 벗어날 수 있도록 돕는 것, 크고 가시적인 성과를 이사회에 제시하는 것이 맥린의 임무였다. 이는 일반적인 은행의 범주를 넘어 인수 대상을 찾아야 한다는 의미였다.

은행의 범주 밖에 있다는 점에서 증권회사는 분명 자격이 있었다. 대공황이 한창일 때 착안, 1933년 제정된 글래스-스티걸법Glass-Steagall Act[*]은 당좌예금과 저축예금 계좌를 제공하는 상업은행의 업무와 공모 주식을 인수해 투자자에게 판매하며 더 큰 위험을 수반하는 투자은행 및 위탁매매 업무를 엄격히 분리했다. 그 후 거의 50년이 지난 당시에도 그 장벽은 여전히 존재했지만 상업은행과 투자은행 모두 법의 허점을 찾기 시작했다. 할인증권회사가 주도한 혁명과 개인 저축에 대한 은행의 독점을 무너뜨린 MMF의 인기도 일부 동력이 되어 돈은 그 어느 때보다도 자유롭게 저축 계좌와 증권사의 위탁매매 계좌를 넘나들고 있었다. 신중했던 중산층 예금 고객은 야심에 찬 중산층 투자자가 돼가고 있었다. 은행, 증권회사, 심지어 보험회사도 서로의 사업에서 영역을 탐내고 있었다.

지금은 모두 아는 일이지만 글래스-스티걸법은 결국 실패할 운명이었다. 공황의 기억은 사라졌고 모든 금융상품을 한 지붕 아래 결합하라는 압력이 소비자와 서비스 제공자 양쪽에서 거세게 일었다. 마침내 1999년 빌 클린턴 대통령이 이 법을 공식적으로 폐지하는 법안에 서명했다. 그러

---

[*] 공식 명칭은 '1933년 은행법'Banking Act of 1933이지만 법안을 제안한 민주당 카터 글래스와 헨리 스티걸 의원의 성을 따서 '글래스-스티걸법'이라고 불린다.

나 BOA가 인수를 제의한 1981년에는 아직 엄격한 구분이 유지되고 있었기에 거래가 성사된다면 글래스-스티걸법이 제정된 지 약 반세기 만에 은행과 위탁매매 전문 증권회사의 첫 결합이 시도되는 것이었다.

먼저 스티브 맥린과 피트 모스가 만났고 나와 샘 아마코스트의 만남이 이뤄졌다. 나는 BOA 사옥 52층에 있는 만찬장에서 아마코스트를 만났다. 우리는 나이도 비슷했고 둘 다 골프에 열광했으며 스탠퍼드 경영대학원을 졸업했고 커다란 목표와 야망을 품고 있었다. 확실히 개인적으로는 일을 진행하지 않을 이유가 없었다. 나중에 맥린과 아마코스트는 세컨드 스트리트 1번지까지 몇 블록을 걸어 우리 회사를 둘러보고 갔다. 두 사람 모두 눈이 번쩍 뜨이는 놀라운 경험이었을 것이다.

우리의 전산화 및 자동화 수준은 따분한 은행업계는 물론 금융서비스 업계의 누구와도 견줄 수 없을 만큼 앞서 있었다. 종이 없는 사무실이라는 이상에 우리보다 가까이 다가선 회사는 없었다. 확실히 기술력은 BOA가 우리에게 매력을 느낀 중요한 요인이었다. 그러나 컴퓨터 때문만은 아니었다. 기술 부문만큼이나 마케팅에서 드러난 우리의 활력과 혁신의 정신이 BOA에 깊은 인상을 남겼다.

핵심 사항들이 빠르게 구체화됐다. 먼저 정확한 주식 수는 나중에 정해지겠지만 BOA가 180만~220만 주를 우리에게 발행하는 주식 맞교환 방식이 선택됐다. 어느 쪽이든 내셔널스틸에는 단기투자수익률 100퍼센트를 안겨주고 내게는 2,000만 달러 상당의 BOA 주식이 주어지는 상황이었다. 둘째, 나는 BOA 이사직을 맡기로 했다. 셋째, 글래스-스티걸법에 최초의 도전이 될 이 결합에는 규제 당국의 승인이 필요했으므로 양측 모두 합의를 마무리하기까지 수개월이 걸릴 것을 알고 있었다. 따라서 BOA는 후순위 대출 형태로 우리에게 즉각 700만 달러 자본 투입을 제의했다. 우리에게는 엄청난 액수였고 앞으로 새로운 모회사의 지원을 기대할 수 있게 해주는 제의였다.

세부 사항을 결정하는 데는 조금 더 시간이 걸렸다. 내게 관건은 BOA 제국 한 귀퉁이에 둥지를 틀 슈왑에 대한 경영권을 유지하는 것이었다. 우리는 세컨드 스트리트 1번지에 위치한 기존 사무실에 남아 있기로 했다. 나는 찰스슈왑 코퍼레이션의 CEO 겸 회장직을 유지하면서 슈왑 몫으로 추가 2석과 BOA 임원 몫으로 2석을 우리 이사회에 확보하기로 했다. 또한 회사 설립 이후 줄곧 우리의 기업회계 파트너였던 딜로이트 앤드 투시Deloitte & Touche의 데니스 우, 외부 법률 고문인 하워드라이스Howard Rice의 래리 랩킨 그리고 내부감사인을 그대로 유지하겠다는 내 주장도 받아들여졌다. 매우 이례적인 양보였다. 이런 거래에서는 큰 물고기가 작은 물고기를 통째로 집어삼키는 것이 일반적이다.

나는 이것이 스티브 맥린과 샘 아마코스트가 우리를 존중하고 우리에게 성공할 자유를 보장한다는 의지를 보여주는 척도라고 해석하기로 했다. 또한 내 입장에서 그것이 협상의 대상이 아니라는 사실을 그들도 이해했다고 생각한다. 그 문제들을 협상하려고 들면 거래는 깨질 것이다. 우리는 지금까지 창의적인 아웃사이더로서 우리만의 기업가 정신으로 이 일을 해왔으며 단지 은행의 소유가 됐다고 해서 변할 수는 없었다. 무엇보다 BOA의 관료주의에 구속되어 우리의 자유로운 분위기를 잃을까 봐 두려웠다. 변호사인 래리 랩킨과 함께 세세한 항목에 대해 협상한 리치 아널드는 BOA의 어떤 관료주의자도, 즉 '소파 부서' 사람들 누구도 우리 사무실을 꾸미는 문제에 관해 말도 못 꺼내게 하겠다고 말했다.

합의서에는 반드시 짚고 넘어가야 할 또 다른 세부 사항이 있었다. 내 이름과 얼굴에 대한 소유권과 관련된 문제로 몇 년 뒤 중요한 영향을 미칠 사항이었다. 〈저널〉에 내 사진이 들어간 광고를 수년째 실어온 당시에는 어디까지가 개인으로서의 나라는 사람이고 어디서부터가 회사의 정체성을 대표하는 나인지 정확히 구분 짓기가 어려웠다. 따라서 스톱스키와 아널드는 먼저 BOA의 인수 대상을 정확히 규정하고, BOA가 장차 슈왑을 재매각하기로 결정할 경우 내 이름과 얼굴을 거래 대상에서 제외하는 것이 합리적이라고 판단했다. 소유권은 내게 귀속된다는 것이 중요했다. 이혼을 대비해 특정 자산을 보호하려고 작성하는 혼전 합의서 조항과 비슷했다. 그리고 혼전 합의서와 마찬가지로 양쪽 회사 누구도 이 합의서가 훗날 중요해질 것이라고는 생각하지 않았다.

하나를 얻으면 하나를 내주어야 한다

우리는 계약 조건에 동의했고 1981년 11월 말 이 거래를 발표했다. 즉시 증권업협회가 후원하는 소송에 휘말렸다. 글래스-스티걸법에 따라

합병에 이의를 제기하는 소송이었다. 예상했던 일이라 당황하지 않았다. BOA와 우리는 동요하지 않고 법원과 규제기관의 결정을 기다렸다. 지난 1월 거래를 마무리할 당시 연방준비제도는 이미 승인 의견을 제시했지만 대법원은 1983년 여름에야 비로소 연방준비제도의 의견을 지지하는 결정의 형태로 우리의 합병을 최종 승인했다.

그 18개월 사이에 거래의 양상을 바꾸는 많은 일들이 일어났다. 대부분 BOA에 불리하고 슈왑에는 상당히 유리한 일들이었다. 약속된 700만 달러 후순위채가 즉시 투입됐고 그 자금은 우리의 운영에 즉각 긍정적인 영향을 미쳤다. 그 자금 덕분에 1982년 봄 시장이 다시 한번 상승세로 들어서며 발생한 성장의 기회를 활용할 수 있었다.

사업이 번창하면서 슈왑은 창출한 이익을 활용해 자본 요건을 점차 충족했고 확장 자금을 마련할 수 있었다. 우리는 BOA로부터 추가로 한 푼도 받지 않고도 1982년에만 텍사스에 여섯 곳, 뉴올리언스와 오클라호마 시티, 호놀룰루에 각각 한 곳을 포함해 총 16개 신규 지점을 추가했다. 홍콩에도 첫 해외 지점을 열었다. 우리 고객은 1982년 37만 4,000명을 기록해 85퍼센트 급증했다. 매출은 1억 달러를 넘어섰고 계좌 자산은 두 배 이상 증가해 2,310억 달러를 넘었으며 이익 역시 두 배 이상 증가한 520만 달러를 기록했다.

한편 BOA는 갑자기 상황이 악화됐다. 장기간 지속된 분기별 이익 성장세는 아마코스트가 합류하자마자 막을 내렸다. BOA의 위기는 한창 진행 중이었지만 나뿐만 아니라 어느 누구도 그 심각성에 주의를 기울이지 않았다. 우리가 아는 것은 합병을 하기로 하고 악수를 나눈 1981년 11월에 24달러였던 BOA 주가가 계약을 최종적으로 마무리한 1983년 1월에는 20달러로 하락했다는 것뿐이었다. BOA 주식의 가치 변동을 반영해 합의 조건을 일부 조정하는 것이 허용됐다. 덕분에 총 5,200만 달러 상당의 주식을 260만 주 발행하는 것으로 최종 조건이 정해졌지만 증발한 가치를 전부 되돌리기에는 부족했다. 결과적으로 BOA는 예상보다 큰 가치를 지닌 회사에 예상보다 적은 금액을 지불한 셈이었다.

우리 쪽에서는 누구도 반기지 않는 상황이었다. 계산이 너무 많이 달라져서 합병 계약이 더 이상 적절하지 않다고 생각한 피트 모스가 특히 그랬다. 크게 화가 난 그는 슈왑의 주주이기도 한 직원들에게 짧은 편지를 써서 내게 반대하는 주장을 강하게 펼쳤다. 나는 그것을 용인할 수 없었고 결국 모스를 내보냈다. 힘든 일이었지만 계약은 계약이었다.

시장은 변동성이 심하다는 것을 알면서도 나는 약속을 했다.
그리고 반드시 그 약속을 지키겠다는 의지가 있었다.

찰스슈왑은 BOA가 지분을 100퍼센트 소유한 완전자회사wholly owned subsidiary로서 새로 시작하게 됐다. 그 관계로 겪을 어려움을 지금은 알고 있다. 그 어려움을 미리 예상했다면 합병 작업을 중단했을까? 모르겠다.

고통스러운 경험이었지만 매각으로 인한 장점도 많았다. 이는 찰스슈왑에 정당성을 부여했고 할인증권업에 정당성을 부여해 우리가 믿을 수 있는 회사라는 인식을 사람들에게 심어주었다. 또한 초기에는 필요한 자본에 접근할 수 있었다. 그러나 곧 문제의 심각성이 드러나기 시작했다.

제14장

행동하라 그리고 설득하라

모두가 나만큼 절실한 것은 아니다

처음으로 참석한 BOA 이사회는 51층에 있는 아치형 천장의 복층 구조로 된 방에서 열렸다. 바닥에서 천장까지 벽면 전체가 유리로 돼 있고 아래로는 도시와 만이 펼쳐져 있었다. 마흔여섯 살인 내가 그 방에서 가장 젊은 이사였다. 26명으로 구성된 BOA 이사회는 미국 전체까지는 아니더라도 서부 해안에서 활동하는 경영, 학술 그리고 정치계 거물들이 모인 가장 권위 있는 모임이었다.

그중에는 로버트 맥나마라Robert McNamara 전 국방부장관, 존 베켓John R. Beckett 트랜스아메리카 회장, 나중에 연방준비제도 부의장이 된 하버

172

드대학교의 경제학 교수 앤드루 브리머Andrew Brimmer, 하인즈Heinz의 버트 구킨Burt Gookin, 리바이스의 월터 하스Walter Haas, 팬 아메리칸 월드 항공Pan American World Airway의 나지브 할라비Najeeb Halaby, 시퍼스트Seafirst의 딕 쿨리Dick Cooley, 카터 홀리 헤일Carter Hawley Hale의 필 홀리Phil Hawley, UCLA 전 총장이자 언론사 타임스미러Times Mirror 집행위원회 의장 프랭클린 머피Franklin Murphy 그리고 전 로스앤젤레스 다저스의 구단주 피터 오말리Peter O'Malley도 있었다. 각 자리마다 이사의 이름이 적힌 가죽으로 감싼 서류철이 놓여 있었다. '세상에, 내가 뭘 해낸 거지?' 나는 나 자신에게 놀라고 있었다.

그 방에 처음 등장한 신참인 내가 놀랍게도 BOA의 최대 개인 주주였다. BOA 주식을 대가로 내 회사를 매각하고 약 1,900만 달러 상당의 BOA 지분을 개인적으로 갖게 됐다. 이사회 일원인 클레어 지아니니 호프먼Claire Giannini Hoffman으로서는 받아들이기가 어려운 일이었다. BOA를 설립한 아마데오 피에트로 지아니니의 딸인 호프먼은 자신이 살아 있는 한 어느 누구도 아버지의 은행을 1퍼센트 이상 소유해서는 안 된다고 굳게 믿었다. 사실 내가 개인적으로 소유한 지분은 1퍼센트 미만이었지만 찰스슈왑 전체로서는 1퍼센트를 조금 넘었고 호프먼은 이를 걱정했다.

이유는 전혀 달랐지만 나 역시 걱정이 됐다. 나는 주식의 힘을 믿었고 지금도 여전히 그렇다. 사업의 성패에 상당한 이해관계가 달려 있을 때 이사로서 더 적극적으로 관여하게 되고 더 효과적으로 관리자 역할을 하며 직원으로서도 더욱 동기가 부여된다고 생각한다. 첫날부터 회의실의 동료 이사들을 둘러보며 그들의 운명이 나만큼 절실하게 이 은행에 달려 있지는 않다는 사실에 마음이 불편했다. 회의실에 있는 사람들이 나보다 BOA 주식을 더 많이 가졌다면 기분이 훨씬 나았겠지만 현실은 그 반대였다.

호프먼을 납득시키려면 열심히 일해야 했다. 이 기업의 모범적인 시민이 되겠다고 약속해야 했고 결국 그 약속을 지켰다고 믿는다. 처음 이사회실로 걸어 들어간 날부터 3년 뒤 사직하기까지 나는 BOA 주주들의 이익을 보호하기 위해 최선을 다했다. 그것이 얼마나 어려운 일이 될지, 그 과정에서 얼마나 많은 사람들의 심기를 불편하게 할지는 상상도 하지 못했다.

주식을 사는 것은 이해관계를 사는 것과 같다

슈왑은 BOA의 100퍼센트 자회사로서 상당한 발전을 이뤘다. 그 일부는 BOA의 자본과 신용도 덕분이었다. 하지만 시대적 결과이기도 했다. 1980년대 중반 금융서비스 업계는 위탁매매업 부문에 우호적이었다. 다우지수는 상승을 거듭한 끝에 1982년 말 1,000포인트를 기록하며 20년 가까이 이어온 미국 주식시장의 횡보 장세를 마무리했고 1987년에 폭락으로 쉬어가기까지 상승세를 이어간 강세장의 시작을 알렸다.

또한 규제를 간소화하고 개인퇴직계좌Individual Retirement Accounts, IRA 가

입 자격 요건을 완화해 가입 대상을 확대하는 법안이 1982년 의회를 통과했고 레이건 대통령의 서명으로 정식 발효됐다. 직업이 있는 70세 미만의 모든 미국인이 IRA에 납입한 금액에 대해 소득공제 혜택을 받게 됐다. IRA 납입금은 1981년 50억 달러 미만에서 1982년 280억 달러 이상으로 급증했다. 강세장이 맹위를 떨치면서 엄청난 돈이 주식시장에 유입되고 주가를 더욱 끌어올렸다. 돈에 대한 미국인들의 사고방식에 중요한 변화가 일기 시작했고 이는 슈왑의 건전성에도 엄청난 의미가 있었다. 우리는 회사를 더욱 공고히 하기 위해 그 변화를 최대한 활용했다.

우리 회사가 보유한 많은 대표적 상품과 서비스의 기원은 그 시절로 거슬러 올라간다. 예를 들면 1983년 3월 개선형 자산관리계좌인 슈왑원Schwab One 의 출시가 중요한 계기가 되어 우리는 주식거래가 활발한 일반 투자자를 대상으로 한 서부 해안의 부티크, 즉 소형 위탁매매 전문 회사에서 전국적 지점망을 갖춘 메인 스트리트의 증권회사, 즉 일반 대중을 위한 증권회사로 탈바꿈할 수 있었다.

메릴린치의 상품과 유사하지만 최소 가입 금액을 낮춰 소액투자자들에게도 문턱을 낮춘 슈왑원은 주식거래 계좌를 고금리 머니마켓 저축계좌Money Market Savings Account, MMSA 및 직불카드와 결합했다. 슈왑원 덕분에 우리는 신규 투자자들에게 메릴린치의 실질적인 대안으로 떠올랐다. 그리고 틈새시장을 목표로 하는 저가형 서비스 모델에서 벗어나 새롭게 부상하는 미국의 일반 투자자들을 대상으로 하는 종합서비스 증권회사로 도약하는 전환점이 됐다. 새로워진 슈왑원을 도입할 당시 우리가 보유한 고객 계좌는 약 50만 개였다. 출시 후 2년 반이 되기도 전에 계좌 수는 100만 개를 넘어섰다.

그 무렵 시장의 한 영역에서는 일반 미국인들을 대상으로 한 시장의 판도가 완전히 달라지고 있었다. 뮤추얼펀드가 떠오른 것이다. 아직 자체 펀드를 판매하지 않을 때였고 우리는 돈을 운용하는 사람이 아니라 브로커였다. 내가 목표하는 시장은 여전히 같았다. 즉 펀드매니저의 손에 맡기지 않고 자기가 투자할 주식을 직접 선택하려는 사람들이었다. 그러나 무시하기에는 뮤추얼펀드 시장이 너무 커졌다. 1980년에는 뮤추얼펀드를 보유한 가구가 미국 전체의 6퍼센트도 안 됐지만(반면 주식을 보유한 가구는 13퍼센트에 이르렀다) 1988년에는 거의 25퍼센트, 2000년에는 거의 50퍼센트의 가구가 뮤추얼펀드를 보유하게 됐다.

시장의 선두 주자는 피델리티 인베스트먼트Fidelity Investments였다. 존슨 일가가 소유한 보스턴 소재 비상장기업인 피델리티 인베스트먼트는 다양한 펀드 상품과 1970년대 말부터 대표 펀드인 마젤란펀드Magellan Fund를 운용해온 피터 린치Peter Lynch를 비롯한 유명 펀드매니저들을 보유하고 빠르게 업계 최고로 떠올랐다. 그리고 뮤추얼펀드 업계를 완전히 장악해가고 있었다.

시장의 추이에 주목한 우리는 펀드를 선택할 때도 주식을 선택할 때만큼이나 결정에 직접 관여하는 투자자들이 있다는 사실을 알았다. 그들

- 피터 린치가 1977년부터 13년간 운용해 2,700퍼센트라는 전설적인 수익률을 기록했다.

은 《머니》Money에서 펀드 등급을 꼼꼼히 살핀 다음 모닝스타Morningstar
의 보고서를 읽고 포트폴리오를 구성했지만 서류 작업에 시달려야 했다.
한 펀드 주식을 팔고 다른 펀드 패밀리에 속한 다른 펀드 주식으로 대체
하려면 은행이 연관된 복잡한 단계를 여럿 거쳐야 했기 때문이다. 그런
다음에는 세금 문제가 쏟아졌다. 피델리티는 투자자들에게 폭넓은 선택
지를 제공함으로써 이 과정을 수월하게 바꿨다. 투자자들은 피델리티를
이용해 펀드 쇼핑과 관리를 한곳에서 쉽게 해결할 수 있었다.

이 시장에 진출할 방법을 찾아야 한다는 것은 알았지만 자체 펀드를
만들어 마케팅을 펼치는 직접적인 경쟁은 답이 아니라고 생각했다. 대신
편의성에 초점을 맞춰 여러 회사의 다양한 펀드를 한자리에서 쇼핑할 수
있는 '원스톱' 마켓을 구상했다. 1984년 2월에 출시한 슈왑 뮤추얼펀드
마켓플레이스Schwab Mutual Fund Marketplace는 슈왑원 계좌를 이용해 판매
수수료가 없는, 즉 다양한 노로드no-load 뮤추얼펀드를 매매하고 관리할
수 있도록 한 최초의 서비스였다.

뮤추얼펀드 마켓플레이스는 여러 회사의 펀드를 보유할 때의 번거로
움을 해결했다. 슈왑 계좌 하나, 그 계좌의 명세서 하나로 투자자가 보유
한 모든 펀드의 수많은 명세서를 대체했다. 커다란 진전이었지만 문제는
비싸다는 점이었다. 노로드 뮤추얼펀드에 수수료를 부과했기 때문이다.
마켓플레이스를 운영하려면 다른 방법이 없었지만 이는 우리의 정체성과
도 어긋날 뿐만 아니라 본질적으로 모순이었다.

우리는 가장 싸게 주식을 살 수 있는 곳인 동시에 가장 비싸게 노로드

뮤추얼펀드를 사는 곳이 됐다. 결국 뮤추얼펀드 마켓플레이스는 거의 홍보하지 않았고 그런 게 존재하는지도 모르는 고객들도 있었다. 미리 말해두자면 훗날 펀드 유통의 경제가 진화하면서 전혀 다른 사업 모델을 기반으로 한 원소스OneSource가 뮤추얼펀드 마켓플레이스를 대체했다. 뮤추얼펀드들은 우리 고객에 대한 접근은 물론 뮤추얼펀드 주주인 투자자들에게 우리가 제공하는 기록 관리record keeping* 및 고객서비스에 접근하기를 원했고 그 대가로 비용을 지불했다. 원소스는 혁명적인 금융서비스로 자리 잡았고 경쟁자들은 원소스를 적극적으로 모방했다. 원소스는 소형 펀드들에게 피델리티라는 거대 조직을 상대로 경쟁을 펼치게 해줬다.

BOA 아래 있던 시절, 우리는 온라인 거래를 향한 첫발을 뗐다. 머뭇거리며 내디딘 걸음이었지만 올바른 방향으로 나아가고 있었다. 나는 기술 전문가는 아니지만 항상 기술에 기꺼이 투자했다. 비용을 낮추고 경쟁적 우위를 확보할 수 있기 때문만은 아니다. 기술적으로 한 단계 진전을 이룰 때마다 대중과 시장 사이를 중개할 필요성도 줄어들었는데 이는 언제나 좋은 일이다. 주식거래와 주식 소유를 촉진할 수 있다면 그것이 무엇이든 전적으로 찬성한다. 이 대의명분을 발전시키기 위해 지난 수년간 슈왑이 해온 역할에 나는 커다란 자부심을 느낀다.

---

* 펀드 운용 현황을 기록, 보관 및 통지하는 업무를 말한다.

주식을 살 때는 단순히 그 회사의 주식을 사는 것이 아니라
이해관계를 갖는다는 뜻이다. 주식이 많을수록 이해관계도 커지고
시민으로서 더욱 깊이 관여하게 된다.

최초의 온라인 투자로 시장을 선점하다

1984년 출시한 이퀄라이저Equalizer는 아예 처음부터 우리 직원을 거치지 않는 데이터 시스템으로 고객은 이를 이용해 스스로 주식거래 업무를 처리할 수 있었다. 개인용 컴퓨터와 모뎀, 이퀄라이저를 갖춘 고객은 컴퓨서브CompuServe를 통해 우리 시스템에 직접 전화를 걸고 계좌 정보를 조회하고 호가를 파악하고 주문을 냈다. 금융서비스가 인터넷의 세계로 대대적인 이주를 시작하기 10여 년 전에 이미 초기 형태의 온라인 투자를 선보인 것이다.

1990년대 이후 성인이 된 사람들에게 인터넷 이전의 세상을 상상하는 것은 불가능에 가깝다. 1980년대 중반에 미국에서 개인용 컴퓨터를 보유한 가정은 소수에 불과했고 그들 중 극히 일부만이 컴퓨서브와 아메리카온라인America Online, AOL을 비롯한 주요 온라인 서비스에 연결하는 데 필요한 모뎀을 갖추고 있었다. 그러나 우리가 목표한 고객들은 기술 수용

수준이 특히 높았다. 이퀼라이저는 새롭게 떠오르는 시장에서 우리에게 큰 도움을 주었다. 경쟁자 가운데 비슷한 서비스가 가능한 곳은 전혀 없었다.

투박하고 속도가 느린 것이 이퀼라이저의 단점이었다. 고객들은 플로피디스크를 이용해 직접 이퀼라이저를 설치해야 했다. 소프트웨어를 업그레이드할 때마다 우리는 비싸지 않은 새 디스크 한 묶음을 우편으로 발송한 다음 곧 폭주할 기술 지원 전화에 대비해야 했다. 처음에는 그다지 인기를 얻지 못했던 이퀼라이저는 몇 년에 걸친 개선 작업으로 점점 대중적인 인기를 얻었다. 실제로 인터넷을 이용해 훨씬 더 강력한 온라인 트레이딩 수단을 제공하기 시작한 한참 뒤에도 여전히 이퀼라이저 이용을 고집하는 고객들이 있었다. 우리는 최종적으로 1998년까지 이퀼라이저를 운영했다.

처음 이퀼라이저에 가장 열광한 것은 자기 회사를 설립한 실리콘밸리의 기술 전문가들이었다. 그들은 우리 회사에 안성맞춤인 고객이었다. 자기 사업을 시작했고 주식을 이해하고 있었으며 모든 거래를 직접 관리하기를 좋아했고 기술에 두려움이 없었다. 그리고 그 자신과 직원들 모두 이제 막 엄청난 부를 쌓기 시작하고 있었다. 우리는 이퀼라이저의 도움으로 이 중요한 시장에 누구보다 앞서 진출할 수 있었다. 이는 이퀼라이저를 출시하며 의도하지 않았던 혜택이었고 훗날 엄청난 배당금 수익으로 이어졌다.

몸집이 지나치게 비대하면 오류를 보지 못한다

정확히 언제부터 BOA의 건전성과 전략적 방향에 대해 걱정하기 시작했는지 말하기는 어렵다. BOA가 슈왑 인수를 마무리하기 훨씬 전이니 꽤 오래전부터라고 할 수 있는데, BOA를 상대로 100퍼센트 주식 교환 방식의 합병에 동의한 뒤 슈왑의 많은 동료들과 초기 투자자들은 눈앞에서 순자산이 줄어드는 것을 봤다. 내가 BOA 주식을 보유한 동안 BOA 주가는 단 한 번도 합병계약을 발표한 날의 수준을 회복하지 못했다. 가볍게 무시할 수만은 없는 문제였다.

나는 BOA가 오랫동안 이어온 분기별 이익 성장을 지속하지 못하는 데 실망했다. 뿐만 아니라 많은 은행에서 문제가 되고 있는 남미 지역 대출 포트폴리오도 걱정스러웠다. 특히 석유수출국기구OPEC가 촉발한 에너지 위기와 선박의 과잉공급으로 원유 운반선이 운항을 멈췄고 같은 현상이 건화물선으로도 번지기 시작하면서 그리스 해운업과 관련된 대출에 위기가 고조되고 있었다.

또한 개인적인 기대도 있었다. 나는 BOA가 기술을 활용해 더 빠르고 더 공격적으로 더 많은 일을 하기를 바랐다. BOA의 현금 자동 입출금기 분포는 지점망만큼 인상적이진 않았다. 이것이 BOA가 시장 점유율을 잃고 있는 중요한 이유였다.

그러나 여기까지는 모두 막연한 우려에 불과했다. 적어도 처음에는 그랬다.

비록 처음에는 이사회에 경외심이 들었지만 점점 의구심이 들었다. 우선 지나치게 규모가 컸다. 한편으로는 그처럼 권위 있는 지혜로운 경영인 모임의 일원이 됐다는 사실에 감격했지만 내 안의 기업가적 본성은 효율성과 효과 측면에서 그에 상응하는 비용이 적지 않을 것임을 알고 있었다.

이사회의 규모는 중요한 문제이고 위기 상황에서는 더더욱 그렇다. 은행의 상황이 악화되면서 우리는 이사로서 과감하고 신속하게 행동할 의무가 있었다. 일부가 노력을 기울였지만 비대하고 육중한 BOA 이사회 전체를 이끌기에는 역부족이었다.

은행의 대출 포트폴리오는 특히 남미 지역에서 놀라울 정도로 허점이 많았다. 이사회는 그 허점을 인지하고 해결해 앞으로 나아가야만 했다. 은행은 비효율적이었고 경비 지출이 너무 많았지만 비대한 이사회는 세부 내역까지 파고들려고 하지 않았다. 오로지 기존 경영진에 협조하며 회사를 난처하게 할 일은 피하고 싶어 했다. 설사 조직의 근본적인 문제를 파헤쳐 해결하는 것이 자신의 역할이라고 생각했더라도 그들에게는 문제를 들여다볼 능력이 없었다.

샘 아마코스트와 그의 팀이 이 어려운 일을 해낼 수 있다고 정말로 믿고 싶었다. 그리고 내가 그들을 도울 수 있다고 생각했다. 나는 제3세계 국가 대출에 관해 전문가는 아니었지만 손익계산서는 볼 줄 알았고 마케팅도 조금은 알고 있었으며 기술 분야에서는 훈련된 전사나 마찬가지였다. 회복을 위한 계획을 준비하기 위해 나를 부를 것이라고 생각했다. 무엇보다 이사이자 주주로서의 의무 못지않게 중요한 의무라고 생각했다. 그러나 은행이 상황을 반전시킬 수 있다는 자신감을 잃기 전에 나는 그들이 내게 도움을 청할 것이라는 순진한 믿음을 버려야 했다.

제15장

위기의 조짐

위기는 결코 혼자 극복하지 못한다

1984년 후반 즈음에는 BOA가 심각한 문제에 직면했다는 것이 분명해졌다. 전적으로 아마코스트의 탓은 아니었다. 그가 취임하기 전 58분기 동안 지속된 이익 성장은 어떻게 된 것일까? 자세히 검토한 결과, 전 CEO가 중요한 의사결정을 차기 CEO인 아마코스트의 부담으로 넘긴 데에 일부 원인이 있었다. BOA는 시티뱅크와의 오랜 경쟁 속에서 성장 압박을 받았고 성장세가 지속될수록 매 분기 압박은 더욱 가중됐다. 이는 필요한 투자를 미루고 손실을 지연시켰다는 의미다. 재무제표상 보고 이익이 분기별로 증가할수록 BOA는 점점 더 뒤처지고 있었다.

마침내 청구서가 날아올 즈음 그나마 어느 정도 조치가 돼 있었던 것은 아마코스트 덕분이었다. 1982년 1월부터 1984년 12월까지 BOA는 165개 캘리포니아 지점을 폐쇄했으며 직원을 11.5퍼센트 줄였다. 이는 일자리 9,000개에 해당하며 찰스슈왑 전체 일자리의 여섯 배 규모였다. 아마코스트는 비용 절감과 투자를 병행했는데 장비를 개선하는 데만 무려 8억 달러 이상을 투자했다. 지난 8년간을 합친 것보다 더 많은 투자가 3년 동안 이뤄졌다.

아마코스트는 유고슬라비아 출신의 경영 컨설팅 전문가 이하크 에이디제스Ichak Adizes의 주도 아래 야심차게 전사적 구조조정에 착수했다. 나는 에이디제스를 개인적으로 알고 있었고 존경했다. 그는 젊은경영인협회 지부 회의에서 몇 차례 강연을 했는데 기업가 정신의 본질과 다양한 경영 방식을 설명할 줄 알았고 개인과 조직의 근본적인 심리적 진실을 꿰뚫고 있었다. 매력적이고 도발적인 것은 분명했지만 그것만으로 자산 규모 1,200억 달러의 은행을 재편성할 수는 없었다.

한편 주가는 여전히 하락세였고 시장 점유율도 계속 떨어지고 있었다. 1985년 7월 17일 BOA는 2분기 실적으로 3억 3,800만 달러 손실을 발표했다. BOA의 오랜 역사상 최초의 분기 손실일 뿐만 아니라 미국 은행 역사에서 두 번째로 큰 분기 손실이었다. 하지만 여전히 내 우려, 아니 그보다 더 중요한 내 제안에 귀를 기울이는 사람은 없었다.

나는 은행이 처한 엄청난 혼란에서 벗어날 방법을 제안했다. BOA는 지나치게 비대해졌으며 구시대적인 현실을 살고 있었다. 벌어들이는 수익에 비해 직원이 너무 많았다. 그리고 오전 10시에 문을 열고 2시에 문을 닫은 다음 3시 즈음 골프 코스에 나가는 '10-3' 시스템은 시대에 한참 뒤떨어진 것이었다. 나는 아마코스트에게 좀 더 공격적으로 나서서 직원 수를 대폭 줄이고 효율을 높여 직원 1인당 매출을 늘려야 하며 다른 은행 대비 경쟁력을 높여야 한다고 주장했다. 내 계산에 따르면 BOA 직원 1인당 연간 매출액은 약 7만 5,000달러였다. 다른 은행들은 훨씬 많았고 슈왑은 초창기에 그보다 두 배 이상을 벌었다. BOA는 더 잘했어야 했다. 그러나 아마코스트는 귀담아듣지 않았고 그러다 전부 망칠 수도 있다며 완강히 버텼다.

오랜 애널리스트로서 나는 은행의 건전성을 제대로 파악하기 위해 재정 상태를 조사했다. 그때까지도 BOA는 부동의 명성을 지키고 있었다. 금융계에서 재정적 자원의 정점, 윤리의 정점, 완전무결성에서도 정점에 있었다. 그러나 깊이 들여다볼수록 이런 상태라면 상황은 더욱 악화될 수밖에 없다는 확신이 들었다.

물론 나 자신의 생각도 의심했다. 지금은 딜로이트로 알려진 딜로이트 해스킨스 앤드 셀스Deloitte, Haskins & Sells의 데니스 우에게 전화를 걸어 숫자를 봐줄 것을 부탁했다. 그는 오랫동안 슈왑의 감사이기도 했다. 나는 이 일을 조용히 진행했는데 그럴 수밖에 없었다. 슈왑은 BOA의 자회사였고 나는 모회사의 문제에 데니스 우를 끌어들인 것이다. 그러나 변호사들의 의견에 따르면 나는 이사로서 내가 선택한 사람에게 내 비용을 들여 개인적인 조언을 구할 권리가 있었다.

나는 데니스 우에게 5~6년 분량의 분기보고서와 연차보고서를 포함해 내가 가진 공시 자료 전부를 건넸다. 내 걱정이 타당한지, 아니면 그저 내가 미친 건지 알아야겠다고 말했고 그런 표현은 가볍게 한 것이 아니었다. 내 분석이 업계 애널리스트들의 컨센서스consensus 와는 너무 크게 차이가 나서 내 분별력을 의심하기 시작할 정도였으니 딜로이트에 내 걱정에 대한 중재를 맡겨 현실을 점검할 필요가 있었다.

　그때부터 나는 변호사들의 허락을 받고 모든 재무 사항을 데니스 우 및 딜로이트와 공유했다. 일반적으로 월요일 이사회가 열리기 전 금요일에 이사들에게 자료가 전달됐는데 그 사본을 우에게 보냈다. 문서 높이만 10센티미터인 때도 있었다. 우는 딜로이트의 오리건주 포틀랜드 사무소의 은행업 전문가를 포함해 자기 회사의 파트너들과 함께 숫자를 계산했다. 그런 다음 우리는 일요일에 딜로이트 사무실에 모여 서로 파악한 내용을 이해했다. 초점은 부실대출과 이를 뒷받침할 은행 충당금의 적정성 여부로 빠르게 좁혀졌다. 하루는 우가 이렇게 제안했다.

　"그림으로 그려봅시다."

　흑백으로 된 도표가 만들어졌다. 부실대출을 표시한 선은 꾸준히 상승하고 있었고 대손충당금을 표시한 선은 일정하게 유지되면서 두 선의 간격이 점점 확대됐다. 나는 언제나 말보다 그림이 훨씬 이해하기 쉬웠다. 도표는 많은 것을 시사했다. 재앙으로 이어질 조건이 이미 갖춰졌으며, 현재 추세가 계속된다면 은행은 곧 부실대출로 심각한 곤경에 처할 수도 있음을 보여줬다. 나는 은행이 대출 손실 가능성에 대비해 충분한 자본을 유보해두지 않은 채 주된 영업 활동으로 인한 수익을 과대계상했다고 확신했다.

1985년 여름 워싱턴에 있는 맥나마라의 집에 비공식적으로 모인 독립 이사들에게 다른 자료와 함께 이 도표를 보여줬다. 나는 그 모임에 큰 기대를 걸었다. 아마코스트와 내부 이사진의 반응은 회의적일 것이라고 예상했다. 그러나 그 일요일 오후 워싱턴에서 로버트 맥나마라, 앤드루 브리머 등 상당히 합리적인 외부 인사들을 만나면서 희망을 품었다. '내가 아는 것을 저 사람들이 알게 할 수만 있다면 적절한 반응이 있겠지. 그러면 더 이상 외로운 늑대처럼 혼자 울부짖지 않아도 될 거야. 더 늦기 전에 함께 문제를 해결할 수 있을 거야.'

그러나 맥나마라를 비롯해 다른 사람들도 내 우려를 인정했고 어느 정도 생각을 같이했다고 볼 수 있었지만 은행이 재앙으로 치닫고 있다는 의견에 동의하는 사람은 아무도 없었다. '믿음을 가져라. 경영진이 해결할 수 있다. 겁먹을 필요는 없다.' 그것이 독립 이사들의 메시지였다.

앞으로의 방향을 고민하며 이야기를 나눈 사람들 중에는 리치 아널드도 있었다. 아널드와는 몽고메리 스트리트 120번지 지하에서부터 10년 가까이 함께 일했다. 그는 충성심이 있었고 내게 없는 능력을 갖췄다. 이는 팀을 꾸릴 때 가장 중요한 요소로, 자기보다 더 잘할 수 있는 사람을 고용하기 두려워하는 기업가는 반드시 실패한다. 아널드는 훌륭한 영업 사원이었다. 그리고 나는 그가 판매한 성공적인 상품이었다.

"척은 굉장한 사람이고 걸출한 기업인이며 큰돈을 벌어다줄 것입니다."

시큐리티퍼시픽뱅크Security Pacific Bank 대출 담당자는 확신을 갖고 이야기하는 아널드를 믿었다. 나 역시 그를 믿었다. 내가 그만큼 나를 잘 팔 수는 없으리라.

아널드의 선형적 사고 능력도 높이 샀다. BOA와 함께한 지 1년이 되기 전, 내가 BOA의 행보에 속을 태우고 있다는 것을 안 그는 생각을 명확히 정리해줄 일종의 구상도를 그려 보여줬다.

"자, 제일 윗사람의 관점에서 볼게요. 대표님은 그 사람의 부하직원입니다. 그렇죠? 그 사람은 대표님의 상사고요."

상사는 은행을 경영한다. 나는 자회사를 경영한다. 첫 번째 단계, 상사가 성과를 내지 못하는 것을 보고 문제를 지적한다.

"'저기요, 보스. 왜 그렇게 했어요? X를 하셨어야 하지 않나요? Y를 해보시는 건 어떨까요?' 이 방법이 통하지 않으면 다음은 동료로서 접근하는 겁니다. 골프장에서 만나 이런저런 이야기를 나누는 거죠. '샘, 당신과 내가 이 문제를 함께 해결해봅시다.' 이 방법도 통하지 않으면 그쪽은 회사 사장이고 대표님은 이사라는 사실을 이용해야죠. 사장은 이사에게 보고해야 하는 위치입니다. 그러니 부하직원을 대하듯 말하세요. '샘, 사실 좀 못마땅합니다. 당신이 경영하는 회사의 이사로서 어느 정도 기대가 있는데 아직 거기에 못 미치고 있어요. 정신을 바짝 차려요! 분발합시다!' 이것도 효과가 없다면 행동주의 이사로 나서야 할 겁니다. 그 친구가 자기 할 일을 하지 않으니 바로잡아야 한다고 다른 이사들과 이야기하셔야 해요."

1985년 늦여름까지 나는 1, 2, 3단계를 차례로 거쳤지만 결과는 만족스럽지 못했다. 심지어 이사회 구성원 일부만이라도 공감해주기를 바라는 지경에까지 이르렀지만 역시 결과는 만족스럽지 못했다. 다음 단계까지 가는 것은 바라지 않았으나 선택의 여지가 없었다. 나는 아마코스트와 공개적으로 결별하고 이사회에서 내 주장을 설명하기로 했다. 다음 이사회는 8월 5일이었다.

바로잡아야 할 때는 혼자서라도 목소리를 내야 한다

회의 전 심각한 입스yips가 찾아왔다. 골프를 친다면 알겠지만 입스란 골프에서 정신적 긴장이 신체적 협응coordniation, 즉 운동감각에 영향을 미치는 증상을 말한다. 입스가 나타나면 집중력이 떨어지고 몸이 떨리면서 갑자기 60센티미터짜리 짧은 퍼트도 놓친다. 전에 한 번도 그런 적이 없었고 그 후로도 다시는 없었다.

BOA 이사회에 처음 참석한 이후 2년이 지났지만 그 방 안에서 최연소 이사였던 나는 여전히 주변 환경에 압도당했고 남의 옷을 입은 것만 같았다. 회색 머리카락에 파란 피가 흐르는 사람들로 가득한 방에 덩그러니 홀로 선 우드랜드 출신 풋내기였다. 나는 그들과 어우러지는 대신 은행 지도부에 도전하고, 누구도 듣고 싶어 하지 않을 메시지를 이사회에 전달하기 위해 그 자리에 있었다. 내 짧은 식견으로 BOA라는 배가 침몰하고 있으므로 경영진, 직원, 주주, 이사들을 포함한 모든 구성원이 은행을 구하기 위해 협력해야 한다는 게 내가 전하려는 메시지였다. 이 일에 어떤 위험이 따를지도 알고 있었다. 힘 있는 사람들은 내가 대중을 선동하고 돌출 행동을 하는 믿을 수 없는 사람이라며 공개적으로 비방할 것이다. 지금까지 해온 어떤 일보다도 두려운 일이었다.

원고도, 유인물도 없이 손으로 쓴 메모와 데니스 우가 그린 커다란 도표를 들고 회의에 들어갔다. 잔뜩 긴장했다. 배당금을 크게 삭감해야 한다는 주장으로 이야기를 시작했다. 바로 얼마 전 사상 첫 분기 손실을 기록했고 앞으로 더 큰 손실이 예상되는 상황이었다. 그리고 데니스 우의 도표가 옳다면 대손충당금을 늘리기 위해 자금이 절실히 필요했다. 적어도 1985년 수준으로 수지를 맞추거나 손실을 멈추기 전까지라도 배당금 지급을 완전히 중단하지 않는다면 안 됐다. 나 역시 큰 손실을 감수해야 하는 일이었다. 배당을 중단할 경우 개인 소득의 70퍼센트가 사라지겠지만 은행을 회복시키려면 반드시 필요한 일이었다.

다음으로, 더 많은 직원을 해고해야 한다고 권고했다. 3년간 공격적인 감원을 단행한 뒤였지만 4,000여 개 일자리를 추가로 없애서 2~3억 달러에 이르는 비용을 절감할 여지가 있음을 발견했다. 남은 사람들은 임금을 삭감해야 했다. 회장과 사장은 33퍼센트, 부사장은 25퍼센트, 부장은 20퍼센트씩 급여를 삭감하고 이사들의 최근 임금 인상은 취소해야 했다. 마지막으로, 목표를 달성할 경우 임금 삭감을 상쇄하고도 남을 새로운 상여금을 분기별로 지급할 것을 요구했다. 이것은 슈왑의 보상 체계와 같았다. 즉 성과에 기반한 보상이다. 성공하면 큰 보상이 주어지고 그렇지 못하면 아무것도 없다.

BOA는 회사 전용 비행기를 두세 대 운영했지만 생산성 없는 자산이었다. 나는 비행기 매각을 권유했고 대손충당금의 적정성 여부를 독립적으로 검토할 것을 요청했다. 이 모든 사항을 다루기 위해 말에 속도를 냈지만 시간이 부족했다. 맥나마라의 집에서 처음 제기했던 고위경영진 개선 방안이나 언스트 앤드 위니와의 관계를 끝내고 새로운 감사를 임명해야 한다는 주장은 꺼내지도 못했다. 샘 아마코스트의 사임까지는 거론하지 못했지만 경영진의 전면 개편을 요구했다. 새로운 최고운영책임자, 최고재무책임자, 최고신용책임자, 최고마케팅책임자가 필요하다고 주장했다. 샘 아마코스트 사임 요구를 나중으로 남겨둔 것은 어쩌면 잘한 선택이었다고 생각한다.

어느 것도 받아들여지지 않았다. 이사들은 단순히 무시하는 정도가 아니라 화를 냈다. 내가 순진했던 것인지도 모른다. 그들이 내 이야기를 받아들일 거라고 기대했던 걸까? 나중에 생각하니 궁금했다. 접근 방식이 완전히 잘못됐나? 우선 편지를 써야 했을까? 내 편을 확보했어야 하나? 아마코스트에게 먼저 준비를 시켰어야 옳았나? 사실 아마코스트를 여러 차례 만났지만 그는 내가 제안한 개혁에 관심이 없다는 뜻을 분명히 했다. 그 시점에 나는 스스로 질문을 던질 수밖에 없었다. 이사로서 내 책임은 무엇인가? 주주로서는? 다시 말하지만 나는 여전히 큰 지분을 가진, 그 방에 있던 어느 누구보다 훨씬 큰 지분을 가진 주주였다.

박수갈채를 기대한 것은 아니었다. 그래도 누군가가 "맞는 이야기입니다. 말씀하신 사항들을 하나하나 검토할 위원회를 구성합시다."라거나 "샘과 함께 두 분이 맞춤형 계획을 마련할 수 있을 겁니다."라고 말할 수도 있었다. 하지만 그런 말은커녕 비슷한 반응도 없었다. 회의실 안에는 내 의견에 어느 정도 동의하는 약한 우군이 몇 명 있었지만 기꺼이 나서서 의견을 밝히는 사람은 없었다. 나는 완벽히 혼자였다.

BOA를 바로잡기 위한 노력을 시작하면서 리치 아널드의 세 번째 조언이 떠올랐다. 이사회에 참석하고 의견이 받아들여지지 않을 때 쓸 수 있는 방법이었다.

"그래도 효과가 없다면 이사들이 할 일을 하지 않는다는 뜻이죠. 그러면 행동주의 주주로서 '현재 이사회를 해산하고 손에 피를 묻히는 일을 할 새로운 이사회를 꾸려야 한다'고 요구해야죠. 그즈음이면 이미 문제가 꽤 널리 알려지고 상황은 상당히 험악해져 있을 겁니다."

아널드의 예상은 거의 맞았다. 문제는 널리 알려졌고 상황은 험악해졌다. 하지만 정해진 결말에 이르기 전에 나는 새로운 결말을 발견했다.

제16장

반란을 꾀하다

새로운 시각을 가지려면 틀 밖의 인물을 영입하라

BOA에서 불과 몇 블록 떨어진 슈왑에서는 강세장이 맹위를 떨치고 있었다. 일평균 거래 건수가 급증해 1980년 초 대비 네 배로 증가해서 약 8,000건을 기록했다. 총 계좌 수(1985년 8월 기준 100만 개)와 계좌 자산(1986년 11월 기준 100억 달러)은 중요한 임계점을 돌파할 태세였고 모기업과 달리 이익을 내고 있었다. 아직 금융계의 기득권 세력은 아니었지만 그렇게 되기를 바라지도 않았다. 대의명분을 위해 싸우는 것만으로도 바빠서 겉모습에 신경을 쓸 여유가 없었다. 몇 시간씩 회의를 하며 시간을 보내기에는 집중해서 처리할 일이 너무 많았다.

비슷한 규모의 회사들이 대부분 그렇듯 우리는 공식적인 집행위원회를 두지 않았다. 대신 '팝콘 그룹'이 있었는데 화요일 오후에 만나 팝콘을 먹으며 앞으로 할 일을 생각하는 자리였다. 연간 예산도 없었으며 다만 바버라 아마얀이 모든 지출보고서를 면밀히 분석했다. 아마얀은 우리가 '월간 땅콩 회의'Monthly Nut Meeting 라고 부르는 이 모임의 의장을 맡았는데 여기서 각 부서장이 부서의 지난달 지출 내역을 설명하고 다음 달 예상 지출 금액을 이야기했다. 공무원 또는 BOA 같은 인사 등급 제도도 없었다. 대신 연공서열과 상관없이 내가 생각하는 가치만큼 각자에게 대가를 지불했고 각종 특전과 상여금으로 내 스타들에게 보상했다. 고위임원들은 모두 회사가 제공하는 좋은 자동차를 몰았고 어떤 차종이든 원하는 자동차가 제공됐다. 아마얀은 임원들을 자동차 대리점으로 보내기 전에 "정신을 단단히 붙들어라."고 조언했다.

그 무렵 허브 케언Herb Caen이 〈샌프란시스코 크로니클〉SanFrancisco Chronicle에 기고한 칼럼에서 BOA의 일부 고위임원들은 쉐보레를 모는데 슈왑의 임원들이 포르쉐, BMW, 닛산 닷선 240Z를 탄다고 언급했다. 상당히 의외라는 반응이었지만 나는 신경 쓰지 않았다. 좋은 차를 타서 행복하고 제시간에 출근해서 일에 집중할 수 있다면 된 것이다. 누군가에게는 인생의 첫 차였다. 이 혜택은 나중에 아마얀의 요청으로 철회됐다. 세금 등 여러 가지 문제로 행정적 처리가 상당히 복잡해서 정작 중요한 일에 쓸 시간을 빼앗기고 있었기 때문이다. 어려운 변화는 아니었다. 화려한 특전을 없애고 보상 제도를 체계화한 다음 그 제도를 유지했다. 회사가 청소년기를 벗어나 성인이 돼가는 과정이었다.

그 과정에 데이비드 포트럭이 있었다. 1984년 3월 포트럭이 우리 회사의 마케팅과 광고를 이끌게 된 것은 슈왑에 분수령이 된 사건이었다. 포트럭은 2년 반 동안 시어슨/아메리칸익스프레스 Shearson/American Express[•]에서 수석 부사장으로 있었다. 그전에는 시티뱅크에서 6년간 여러 사업부를 관리했다. 일부러 월스트리트 출신을 배제했던 것은 아니지만 포트럭 같은 경력을 가진 사람을 고용한 적은 처음이었다.

사실 임원 후보자의 이력서에 월스트리트에서 일한 경력이 있다면 단점으로 작용했다. 월스트리트 회사들이 딱히 우리 임원진을 데려가려고 하지는 않았지만 이런 평가는 상호적인 것이었다. 대부분의 경쟁 관계가 그렇듯 약자 쪽 감정의 골이 더 깊은 건 사실이었다. 동부에 있는 포트럭의 동료 대부분은 그의 갑작스런 경력 전환을 의아하게 여겼을 것이다. 떠오르는 스타가 굳이 금융계의 중심을 떠나 서쪽에 있는 작은 할인증권 회사로 간다? 아이러니하게도 그들이 보기에 우리의 유일한 장점은 내가 우리의 발을 묶었다고 여긴 BOA와의 관계였다.

그러나 포트럭은 슈왑에 합류해서 어둠을 벗어나 빛으로 들어왔다고 생각했다. 그는 월스트리트 대기업의 마케팅 담당자였지만 주식, 뮤추얼펀드, 유한책임투자조합 등 자신이 홍보하는 유명한 투자 상품을 정작

[•] 1981년 신용카드회사 아메리칸익스프레스그룹이 당시 미국 2위 위탁매매 전문 증권회사 시어슨 롭로즈 Shearson Loeb Rhoades를 인수하고 회사 이름을 시어슨/아메리칸익스프레스로 바꿨다.

자신은 선택하지 않을 것을 알았다. 그의 표현에 따르면 옛 동료들은 한 자리에 둘러앉아 자기들이 미는 상품을 비웃곤 했다. 브로커에게는 얼마가 떨어지는가? 회사에는 얼마가 남는가? 고객이 돈을 벌 수 있는지 여부는 부차적인 관심사였다.

포트럭은 그가 '선교사적 열정'이라고 여기는 것을 실현하는 회사에 들어오게 돼 매우 기뻤다. 우리의 초라한 겉모습, 말하자면 임원 층에서 면접을 기다리며 앉아 있었던 소파의 가죽이 천연 소재가 아니라 노거하이드Naugahyde 브랜드의 인조 가죽이라는 것, 한쪽 팔걸이에서 충전재가 빠져나왔다는 것, 소파 스프링이 망가졌다는 것에 개의치 않았다. 심지어 세계무역센터 106층에 있던 사무실에서 근무하다가 비가 오면 지붕에서 새는 빗물을 받을 쓰레기통을 내놓아야 하는 세컨드 스트리트 1번지의 6층 사무실에서 일하게 된 것도 상관없었다. 포트럭이 합류할 당시 슈왑은 이미 먼 길을 걸어왔다는 사실이 중요했다. 톱질대 위에 합판을 얹어 책상을 만들고 매달 자금 부족에 시달렸던 시대는 지났다.

포트럭을 채용한 주된 이유는 그의 마케팅 전문 지식이 필요했기 때문이지만 월스트리트에서의 경험, 동부 해안 출신의 감수성, 심지어 거칠 수도 있는 추진력까지도 필요했기 때문이었다. 그는 펜실베이니아대학교에서 레슬링 선수와 축구 선수로 활동했는데 가끔씩 행동에서 그 기질이 드러날 때가 있었다. 사람들은 그에게 겁을 먹곤 했다. 그가 합류한 지한 달쯤 지났을 때 래리 스툽스키가 그를 달래려고 사무실에 들러 이렇게 말한 적도 있었다.

"데이비드, 접근법을 바꿔야 해요. 두 시간짜리 회의를 오후 5시에 잡 으면 안 됩니다."

포트럭은 당황했다. 동부에서는 오후 5시면 아직 하루 일과의 중반에 불과했다. 할 일이 있든 없든 모두가 늦게까지 회사에 남아 있었으니 당 연한 일이었다. 물론 우리도 늦게까지 일했다. 단 필요한 경우에 한해서. 그렇지 않으면 집으로 가거나 시내에서 시간을 보냈다. 정기회의 일정을 일과가 끝나는 시간에 잡는 건 포트럭이 뉴욕에서 배운 가부장적 기업 문화이며 우리 방식은 아니라는 게 스툽스키의 메시지였다.

성장을 지속하려면 새로운 시각과 에너지로

우리를 안전 구역 밖으로 끌어낼

누군가가 필요하다.

모든 것을 걸고 홀로 책임을 진다는 것

슈왑 내부에서도 기업 문화가 격렬하게 충돌했지만 어쨌든 집안 문제였 고 성장 과정의 한 부분이었다. BOA를 상대로 점점 치열해지는 전쟁에 비하면 아무것도 아니었다. 어느 정도는 예상했던 싸움이었다. 우리는 코끼리의 집에 살러 들어간 생쥐였고 스스로를 보호해야만 했다. 계약서에 자체 감사와 자체 법률 고문 등을 유지하도록 보장하는 '소파 부서' 간섭 금지 조항을 넣기를 고집했던 이유도 바로 여기에 있었다. 우리가 홀로 덩그러니 남겨질수록 BOA에는 유리했다.

나는 두 기업 사이의 시너지 효과를 기대하고 BOA에 슈왑을 매각했다. 강력한 두 기업이 결합해 각자 혼자일 때보다 더 많은 것을 고객에게 제공할 수 있다고 전망했다. 그러나 거의 모든 결과가 실망스러웠다. 우리는 중요한 입지를 차지하고 있는 BOA의 실물 지점을 활용해 새로운 고객들에게 접근할 수 있다고 생각해서 은행 지점에 슈왑의 단말기를 설치했다. 물론 신규 계좌를 일부 얻기는 했지만 많지 않았다. 대체로 규모가 작고 거래가 뜸한 계좌였다. 은행 로비가 증권회사 고객을 찾기에 적절한 장소가 아니라는 게 입증됐다.

BOA와 슈왑이 결합한 IRA 상품에도 큰 기대를 걸었다. 1980년대 중반에는 은행, 증권회사, 보험회사 등 금융서비스 업계의 모두가 IRA 자금을 확보하는 데 열심이었다. 모두가 새로운 전략을 시도했다. 어떤 전략이 최선일지는 아무도 몰랐지만 장기 자산을 끌어모을 수 있는 엄청난 기회라는 건 당연히 알았다. 우리는 증권회사를 자회사로 소유한 유일한 대형 은행인 BOA가 고객들에게 독특한 상품을 제공할 수 있다고 생각했다. 말하자면 연방예금보험공사Federal Deposit Insurance Corporation, FDIC 가 보증하는 저축 계좌에 돈을 일부 넣고 나머지는 증권 계좌에 넣을 수 있는 단일 계좌 같은 것이었다.

좋은 생각이었고 샘 아마코스트도 나만큼이나 그 생각을 마음에 들어 했다. 그러나 규제 검열을 통과해 실제 상품을 출시하는 것은 간단한 일이 아니었다. 몇 달 동안 그 작업에 매달렸지만 포기하고 말았다. 결국 최선의 방법은 신청서 하나로 두 개의 별도 계좌를 여는 것이었다. 강하게 힘을 주어 눌러 쓰면 다음 장에 글씨가 복사되는 감압지를 이용한 신청서를 준비했다. BOA 계좌용 종이가 위에, 우리 계좌용 종이는 아래에 놓였다. 내가 처음 생각했던 방식과는 전혀 달랐다.

한편 BOA가 실적 개선을 위해 비용을 절감하는 긴축경영에 집중하면서 우리도 모든 자본 투자와 사업비 지출은 물론 거의 모든 행위에 은행의 승인을 받아야 했다. 상부 지시에 따라 12개월치 매출과 비용을 추정하고 이를 바탕으로 상세한 경영 계획을 세우기 시작했다. 그런데 계획을 제출하면 이런 대답이 돌아왔다.

"모든 부서에 ○○퍼센트 비용 절감을 요청하고 있습니다. 다시 제출해 주십시오."

우리는 지금과 같은 성장세에서 비용 절감이 불가능한 이유를 열심히 설명했다. 돈을 덜 쓰면 버는 것도 줄어들고 이는 누구에게도 좋은 일이 아니었다. 그러면 이런 대답이 돌아왔다.

"하지만 슈왑도 예외는 없어요. 모두가 일괄적으로 비용을 ○○퍼센트 줄여야 합니다."

어떻게 했을까? 그들이 요구하는 것은 무엇이든 약속했고 정상적으로 추진했다. 그리고 늘 계획보다 더 잘 해냈다. 도저히 참기 어려운 요구도 있었다. 우리 회사 본사를 창문도 없는 은행 소유의 빈 건물로 옮기게 하려던 일도 그중 하나였다. 말도 안 되는 일이었다.

그래도 성가신 정도라고 할 수 있는 문제였다. 하지만 은행과의 합병으로 우리의 성장세에 걸림돌이 놓였다는 것은 중요한 문제였다. 앞서 말했듯 은행과 증권업을 분리한 1933년 글래스-스티걸법에 따라 BOA와의 합병은 최소한의 관계를 형성한다는 전제 아래 규제 당국의 승인을 얻었다. 미국 연방은행 규제기관인 통화감독청 Office of the Comptroller of the Currency, OCC 의 규제와 글래스-스티걸법에 따라 은행 그룹의 전체 매출 중 비은행 부문의 매출 비중은 5퍼센트를 넘을 수 없었다. 우리의 위탁매매 서비스는 그 기준에 맞았다.

기업가가 규제라는 장애물을 극복해야 하는 이유

글래스-스티걸법은 결국 사라질 운명이었다. 투자 영역으로 사업을 확대하려는 은행들에 대한 제약은 10여 년에 걸쳐 점차 축소됐고 글래스-스티걸법은 1999년에 완전히 폐지됐다. 그러나 합병 당시만 해도 할인증권 회사라는 좁은 길을 벗어날 수 없다는 건 주지의 사실이었다. 그래도 괜찮았다. 애초에 벗어날 생각도 없었으며 우리는 발행 주식 인수에 관심이 없었고 수수료 기반 영업 인력을 고용할 계획도 없었다. 곧 부자로 만들어주겠다고 큰소리치며 고객을 끌어모으는 일에 나서고 싶지도 않았다.

한편으로 우리가 상자 속에 갇힌 것이 아니라 길을 걷고 있다고 느꼈다. 그 길은 우리를 새롭고 흥미로운 곳으로 인도했고 그곳을 탐험하고 싶었다. 예를 들어 뮤추얼펀드 마켓플레이스를 시작한 뒤에는 수치화한 펀드의 성적을 제공해 고객의 현명한 선택을 돕고 싶었다. 조언은 안 되고 오로지 정보로서 숫자만 제공할 것. 우리에겐 이미 익숙한 개념이었다. 투자에 관한 정보는 많을수록 좋지만 규제 당국자들은 조언이 할인 증권회사의 권한 밖에 있으므로 그와 비슷한 어느 것도 해서는 안 된다고 (적어도 처음에는) 규정했다.

슈왑원 계좌도 마찬가지였다. 신용카드나 신용 한도 설정 등으로 서비스를 개선할 좋은 아이디어가 많았지만 통화감독청의 사전 승인 없이는 아무것도 할 수 없었다. 마치 시간 속에 갇혀 1981년에 합법적이었던 기능, 서비스, 상품에 영원히 구속된 느낌이었다. 내가 만든 보험 사업 부문도 어쩔 수 없이 팔아야 했다.

은행은 보험업에 종사할 수 없었다. MMF와 포트폴리오 투자 상품을 출시하고 싶었지만 시장의 기득권 세력에 편안하고 유동적으로 대응할 수 있는 장치가 없었다. 경쟁 회사들에 비하면 상대가 되지 않았다. 합병 이후 새로운 영역을 개척하는 것은 고사하고 우리는 사업 포기라는 비용을 치러야 했다.

규제라는 장애물을 짊어지고 간다는 것은 처음부터 힘들었고 갈수록 더 어려워졌다. 은행의 여건이 불안정할수록 단속은 더욱 엄격해졌다. 좌절감이 들었다. 나는 1985년 8월 이사회에서 은행의 재정 상태와 사실을 직시하지 못하는 경영진에게 분명히 경고했다. 그리고 경비를 절감하고 은행의 자본 기반을 회복하기 위한 과감한 계획을 제안했다. 불행한 일이지만 나와 이사회 사람들의 갈등 요인이었던 BOA의 재정 상태는 단 몇 달 만에 미국 정부 차원의 안건으로 바뀔 정도로 악화됐다. 그해 여름, 통화감독청은 BOA에 부실 대출 중 10억 달러 이상을 상각할 것을 명령했고 1985년 말에는 이사진에 자본 비율(은행의 건전성을 측정하는 지표로 은행의 자기자본 대비 위험자산 비율로 계산한다) 6퍼센트 달성을 서면 으로 서약하도록 요구했다.

중요한 문제였다. 은행뿐만 아니라 이사들에게도 난감한 문제였다. 당시 BOA가 보유한 수십억 달러 대출 포트폴리오에 발생한 혼란을 반영한 조치였다. 부실 대출은 결코 남아메리카에만 국한되지 않았다. 미국 내 부동산, 석유 및 가스 심지어 그리스 해운업에 대한 대출에 이르기까지 현금 출혈이 심각했다. 1억 달러짜리 선박에 7,000만 달러를 대출해줬는데 기술 변화로 배가 쓸모없어진다면 어떤 일이 일어날까? 어느 날 배 주인이 은행 런던 지점을 찾아와 책상 위에 열쇠를 던지며 "배는 지중해에 정박해뒀습니다."라고 말한다. 그러면 선원을 고용해 사이판까지 항해하고, 발염 장치로 선박을 해체하고, 새로운 선박을 건조하려는 한국 조선소에 고철로 파는 것까지가 당신의 책임이다. 이런 일이 BOA의 대출 포트폴리오 전반에 걸쳐 벌어지고 있었다.

결국 회사 상징과도 같은 본사 건물을 쇼렌슈타인파트너스Shorenstein Partners에 6억 달러 이상을 받고 매각했고 그 외 자산 매각에 필사적인 노력을 기울였지만 손실은 점점 커졌다. 1985년 4분기 1억 7,800만 달러 손실을 기록한 뒤 1986년 1분기에는 작게나마 이익을 냈지만 2분기에는 6억 4,000만 달러라는 엄청난 손실이 발생했다. 그러자 상어들이 주위를 맴돌기 시작했다. 퍼스트인터스테이트뱅크First Interstate Bank 는 그들이 경영권을 장악하는 방식으로 두 은행이 합병하는 것이 궁극적인 해결책이자 BOA의 문제를 잠재울 방법이라고 나섰다. 3월에는 아메리칸 익스프레스에 시어슨을 매각한 샌디 웨일Sandy Weill 전 시어슨 회장이 아마코스트와 이사회에 자신을 해결사로 소개하며 비용 절감과 은행의 일부 사업부 매각을 골자로 한 공격적인 구상을 제안했다. 동시에 리먼브라더스Lehman Brothers에 있는 친구들로부터 신규 자금 10억 달러 출자를 받아내겠다는 약정서를 제시했다. 고려해볼 만한 가치가 있는 제안이었다.

샌디 웨일의 제안은 갑작스러운 것이 아니었다. 그는 먼저 전화로 간단히 이야기를 나눈 뒤 샌프란시스코로 나를 찾아왔다. 101 몽고메리 건물의 내 사무실에서 그를 만났다. 웨일은 나보다 몇 살 위였는데 활기가 넘쳤고 BOA에 도움이 될 좋은 아이디어가 많았다. 사업을 호전시키는 데 이미 명성이 대단했던 그는 분석적이었고 설득력이 있었다. 내가 불편한 상황에 있다는 것이 널리 알려진 그때 웨일에게는 두 가지가 중요했다. 첫째, 내가 그의 제안을 지지할 것인가? 둘째, 그가 BOA 인수에 성공할 경우 나는 남아서 계속 찰스슈왑을 운영할 것인가?

첫 번째 질문은 쉬웠다. 나는 웨일의 자본과 전문 경영 지식이 BOA에 큰 도움이 될 것임을 의심하지 않았고 그의 계획을 지지할 수 있다고 말했다. 두 번째 질문은 더 쉬웠다. 슈왑을 포기할 생각은 전혀 없었으며 자유를 원했다. 얼마나 오랫동안 BOA에 남아 있을지 장담할 수 없다고 그에게 말했다. 이 시점에서 또 다른 은행이나 거대 금융서비스 기업의 일부가 될 생각은 없었다. 슈왑을 되사든, BOA를 떠나서 다른 사업을 시작하든 내 사업을 다시 하겠다고 결심하고 있었다. 나는 웨일에게 이렇게 말했다.

"샌디, 당신에게는 BOA를 위한 훌륭한 아이디어가 있고 제가 도울 수 있어요. 조건은 단 하나, 우리를 분리해달라는 겁니다."

그러나 이사회 내부에 형성된 파벌은 웨일과의 대화에는 관심이 없었다. 그들은 샘 아마코스트의 뒤를 굳게 지켰고 변화를 고려하지 않았다. 결국 이곳은 허드슨강 서쪽에 자리한 최고 권위를 자랑하는 BOA였다. 어쩌면 샌디 웨일로 대표되는 뉴욕 특유의 저돌적인 방식에 대한 혐오도 일부는 작용했을 것이다. 하지만 웨일의 계획이 성공했다면 어땠을지 아직도 가끔 궁금하다.

그는 훗날 시티그룹을 맡아 인수를 통해 세계적인 은행이자 금융 왕국을 일궈냈다. 반면에 BOA는 믿을 수 없을 정도로 쇠퇴해 결국 노스캐롤라이나 소재 네이션스뱅크NationsBank에 매각됐다. BOA의 이름은 지금도 살아남았지만 그 규모는 샌프란시스코에 기반을 두고 은행업을 했던 초창기 수준에 불과하다. 웨일이 경영을 맡았다고 해도 BOA의 우산에서 벗어나려던 내 생각은 크게 달라지지 않았을 것이다. 야망을 실현하기 위해서는 자유가 필요했기 때문이다. 하지만 웨일이 BOA의 수장이 됐다면 무엇을 이뤘을지는 정말 궁금하다. 그리고 그것은 결코 알 수 없는 일이 됐다. BOA 이사회가 제안을 거절하고 그를 돌려보냈기 때문이다.

그때쯤 내 태도는 공개적인 반란 쪽으로 기울고 있었다. 아마코스트는 허둥댔고 이사회는 현실을 부인했으며 규제기관은 압박을 가해오고 있었다. BOA와 연관돼 누렸던 모든 장점은 단점으로 바뀌었다. BOA는 우리에게 자금을 투입하는 대신 예산을 삭감해야 한다고 말했다. 신규 시장에 진입하고 새로운 상품을 제공할 발판이 돼주는 대신 우리의 모든 움직임을 가로막았고 우리의 평판에 도움이 되기는커녕 오점으로 작용했다. 이런 BOA에 대한 나의 불편한 심기는 이미 꽤 공공연한 것이었다. 심지어 〈월스트리트저널〉은 내가 아마코스트를 BOA 수장 자리에서 끌어내리고 싶어 한다는 소문을 보도하기도 했다. 선택의 여지가 점점 줄어들고 있었다.

1985년 초여름 나는 더 늦기 전에 순자산의 일부라도 지킬 수 있기를, 가능하다면 슈왑을 되사는 데 도움이 되기를 기대하면서 BOA 주식을 공개적으로 처분했다. 24달러에서 출발한 BOA 주가는 11달러가 됐다. 나뿐만 아니라 슈왑을 일구는 데 도움을 준 직원들 모두의 재산이 증발했다고 생각하면 정신이 아득해졌다. 나로 인해 BOA의 주주가 된 사람들에게 책임을 느꼈고 그들을 저버릴 수는 없었다. 물론 가장 큰돈을 잃은 사람은 나였지만 돈은 결코 중요하지 않았다. 만일 물려받은 재산이었다면 전부 날릴 수도 있다는 사실이 다르게 다가왔을지도 모르지만 말이다.

아무것도 없이 처음부터 다시 시작해도 괜찮았다.
나는 내 두 발로 다시 일어설 것이기 때문이다.

장기적으로 보면 개인적으로는 문제가 없을 것이라고 확신했다. 확신할 수 없었던 것은 슈왑과 같은 회사를 다시 세울 수 있을지 여부였다. 나는 슈왑이 대표하는 것이 자랑스러웠고 그것이 내 유산이 될 거라고 믿었다. 또한 지속되기를 원했다. 고객, 직원, 지난 10년 동안 함께 일궈 이제 막 궤도에 올린 회사에 대한 책임감이 나를 앞으로 이끌었다.

사명을 완수하고자 했던 슈왑의 새로운 시도는 위기에 처했다. 업계의 오랜 문제이자 우리가 해결하려던 고비용과 이해 충돌 문제도 여전히 그 대로였고 다른 방식을 시도하려는 사람들에게 여전히 커다란 기회가 열려 있었다. BOA의 수렁에서 탈출하지 못한다면 그 결과가 상당히 심각할 것이라는 의미였다.

원하는 것을 얻으려면 맞서 싸워야 한다

1986년 8월 13일 나는 BOA 이사직을 사임했다. 샘 아마코스트는 개인적인 모욕으로 받아들였지만 그럴 의도는 전혀 없었다. 그곳을 벗어나야만 했다. 무엇보다 내 회사를 되찾을 방법을 생각하기 시작하면서 발생할지 모르는 이해 충돌이 걱정됐기 때문이다. 이런 문제에서 나는 자신과 타협하지 않았다. 좌절감이 컸고 신경이 날카로워졌고 불행하다고 느낀 것도 원인이었다. 그런 감정들이 나를 짓눌렀다. 이사회의 반응은 놀라웠다. 그들에게 나는 고집 센 동료였지만 일이 이렇게 되자 누구도 내가 그만두기를 바라지 않았다.

내 결정을 번복하게 하려고 리 프러시아Lee Prussia 의장이 설득에 나섰다. 이사회가 성난 주주들의 소송을 방어하고 은행이 붕괴 직전이라는 소문을 부인하는 마당에 나의 이탈이 어떻게 작용할지 걱정했다. 그는 내게 다시 생각해볼 것을 권했다. 다시 생각했지만 2~3일 정도였다. 대신 월말까지 사임을 연기해달라는 요청은 받아들여 그들에게 준비할 시간을 주었다. 인생에서 이보다 더 깊이 고민한 선택은 거의 없었지만 마지막에 이보다 더 옳다고 생각한 선택도 없었다. 얼마 후 일주일 동안 하와이로 휴가를 떠나며 경험한 뜻밖의 감정은 지금도 생생하다. 어깨를 짓누르는 엄청난 부담에서 해방된 느낌이었다. 오랫동안 갇혀 있었던 사람처럼 자유를 만끽했다.

내가 물러난 직후 BOA 이사들은 찰스슈왑 코퍼레이션의 이사회에서 내 자리는 물론 슈왑 출신인 래리 스툽스키와 바버라 울프의 자리를 없앴다. 완전자회사의 직원으로서 우리는 BOA 권력층의 처분에 따라 복무하는 사람들에 불과했다는 사실을 상기시키는 또 하나의 사건이었다. 아직은 내 회사의 CEO 직위를 유지했지만 얼마나 오래 버틸지는 아무도 몰랐다. 찰스슈왑 이사회 제명은 받아들이기 어려웠지만 다행인 점도 있었다. 그 일을 계기로 마지막 환상마저 없앨 수 있었다. 세상에서 가장 원하는 것을 손에 넣으려면 과거와는 다른 싸움에 나서야 한다는 것을 비로소 이해했다.

옳은 일이라면 언젠가는 흐름이 바뀐다

거래가 성사되도록 도우려는 투자은행가들이 자발적으로 전화를 걸어오기 시작했다. 그중 리틀록에 위치한 DLJ와 스티븐스Stephens Inc.가 있었다. 잭 스티븐스가 샌프란시스코로 비행기를 보냈다. 나는 하루 동안 시간을 내서 아칸소로 날아가 그쪽 사람들을 만났다. 잭은 차입매수를 생각하고 있었다. 차입매수를 고려할 용의는 있었지만 제안이 매력적이지 않았다. 스티븐스가 회사 지분의 80퍼센트를 갖고 우리가 20퍼센트를 갖는다는 것이었다. 그보다는 더 나은 거래가 가능하다고 생각해 거절했다.

결국 내가 직접 차입매수를 추진할 수 있다면 나와 경영진 그리고 우리 직원들에게 훨씬 더 좋은 거래가 될 거라는 결론을 내렸다. 회사의 발전 방향을 내가 통제할 수 있으므로 고객들에게도 더 나을 것이었다. BOA가 내 제안을 받아들일지가 문제였다. BOA 이사직을 사임하자마자 내 회사의 이사회에서까지 나를 쫓아낸 것은 좋은 징조가 아니었다.

1986년 10월 7일, 내가 이사회에서 사임한 지 두 달도 지나기 전에 이사회는 샘 아마코스트를 해고했다. 나는 크게 놀랐다. 내 주장의 정당성이 입증됐다고 느꼈다. 한때 동료였던 그들은 내가 오랫동안 주장해온 사실, 즉 BOA는 몰락했고 아마코스트는 문제를 해결할 적임자가 아니라는 사실을 비로소 인지했다. BOA에서 최고 자리를 두고 한때 아마코스트와 경쟁했던 조지프 피놀라Joseph Pinola 퍼스트인터스테이트뱅코프First Interstate Bancorp● 회장은 규모가 더 작은 자기 회사로 BOA를 흡수하려는 적대적 인수를 시도했다.

상황이 이렇게 되자 아마코스트의 전임자였던 톰 클로센을 복귀시킬 수밖에 없었다. 클로센은 피놀라에게든 누구에게든 은행을 매각할 의사가 없음을 분명히 했다. 그는 자본을 모으고 경비를 절감하는 등 과거의 영광을 회복하기 위해 적극적인 노력을 펼치기 시작했다.

BOA를 둘러싼 기업 드라마에서 내가 관심이 있었던 것은 단 하나, 슈왑의 경영권을 되찾아 1975년에 시작한 일을 진척시키려는 내 계획이 영향을 받을지 여부였다. 좋은 소식과 나쁜 소식이 있었다. 1986년 할로윈에 아무런 정보 없이 클로센과 함께한 점심 식사 자리에서 다행히도 그의 처분 자산 목록에 슈왑이 올라 있다는 사실을 알게 됐다. 그때까지 은행의 누구도 그런 말을 해주지 않았다. 클로센은 슈왑을 반드시 매각해야 한다고 생각했는데, 이는 신속하게 상당한 자본을 조달할 수 있는 방안이었다. 그는 슈왑을 내게 파는 것이 가장 간단하고 타당하다고 판

● 퍼스트인터스테이트뱅크의 지주회사.

단했다. 슈왑 인수 제안에 대비할 시간적 여유를 주겠다는 그의 말에 감격했다. 가능성을 열어준 톰에게 지금도 고마운 마음이다.

회사를 되찾기 위해 샘 아마코스트에게 처음 접근했던 1985년 늦가을에는 날카로운 비난만 돌아왔다. 그에게 우리를 붙들어야 하는 이유는 수없이 많았고 떠나보낼 이유는 하나도 없었다. 거의 1년이 지난 후 아마코스트 입장에서 매각을 허락할 수 없었던 가장 중요한 이유는 여전히 유효했다. 우리는 BOA 제국의 생사를 좌우하는 '왕관의 보석'crown jewels• 중 하나였으니까.

그러나 이제 BOA에게는 슈왑을 매각해야만 하는 설득력 있고 절박한 이유가 생겼다. 자본을 확충하라는 통화감독청의 명령을 받은 것이다. 대규모 기업 분할의 일환으로 BOA는 이미 방카디탈리아Banca D'Italia 와 파이낸스아메리카Finance America 를 매각해 총 10억 달러 이상을 조달한 상태였다. 무엇보다 중요한 이유는 슈왑을 매각하면 퍼스트인터스테이트가 BOA 인수 입장을 철회할 것이기 때문이었다. 클로센은 이것을 비장의 무기로 삼았다. 퍼스트인터스테이트가 BOA에 관심을 가진 주된 이유는 은행과 위탁매매업을 연계한 사업 모델이 지닌 잠재력 때문이었다. 왕관의 보석이나 그 어떤 지위도 이보다 신성할 수 없었다. 그 이유가 희망을 주었다.

• 기업의 가장 핵심적인 사업부나 중요 자산을 매각함으로써 인수 의욕을 좌절시키는 것. 적대적 인수합병을 방어하기 위해 활용되는 수단 중 하나로 '크라운 주얼 전략'이라고 한다.

준비를 하고 행동에 옮겨라

클로센과 만난 지 닷새 만에 BOA가 공개 입찰을 통해 최고 입찰자에게 슈왑을 팔겠다는 의사를 공개적으로 밝히면서 희망은 불안으로 바뀌었다. 이제 슈왑의 주인만 바뀔지도 모르는 끔찍한 가능성을 걱정해야 했다.

내게는 다른 구상이 있었다. 1986년 여름이 한창일 때 이사직에서 물러난 후, 나는 주어진 선택지를 충분히 생각해볼 수 있도록 도와준 래리 랩킨을 시작으로 세 명의 변호사로 구성된 팀을 꾸려 각자 역할을 맡겼다.

랩킨은 1980년부터 알고 지냈다. 그는 우리 회사가 상장에 실패했을 때 인수 업무를 했던 회사들 중 한 곳의 대표로 그 모든 과정을 통해 우리에 관해 많은 것을 알게 됐다. 그리고 증권업에 대한 이해가 깊었다. 나는 상장 추진을 중단한 뒤 랩킨에게 우리 회사를 대리해줄 것을 요청했고 그 후 몇 년 동안 그는 우리 회사의 수석 외부 법률고문으로 일했다. 그는 합리적이고 능숙하게 문제를 해결하고 BOA 최고의 변호사들과 대등하게 맞설 수 있는, 슈왑을 대표하는 변호사로서 거래에 길잡이 역할을 할 것이었다.

쿨리 고드워드 카스트로 허들슨 앤드 테이텀Cooley, Godward, Castro, Huddleson & Tatum의 변호사 샌디 테이텀은 평화 유지를 담당했다. 당시 테이텀은 미국골프협회USGA 수장으로서 임기를 막 마친 뒤였다. 완벽한 기득권층 자격을 갖춘 그는 신사적인 태도가 몸에 배어 있었다. 그는 BOA 고문 변호사인 조지 쿰George Coombe과 골프계에서 개인적으로 안면이 있었다.

이 모든 준비 과정이 어디로 향할지는 확실하지 않았지만 어떤 일이 일어나든 그가 깔끔하게 처리할 수 있다는 믿음이 있었다.

마지막으로 '싸움닭' 바트 잭슨이 있었다. 그는 잭슨 터프츠 콜 앤드 블랙Jackson Tufts Cole & Black에서 거친 소송 전문 변호사로 명성이 자자했다. 몇 년 뒤 1993년에 황산을 가득 실은 궤도차가 이스트베이에서 폭발했을 때 잭슨은 제너럴케미컬General Chemical을 대표해 10만 소송인과 싸웠다. 승자는 없고 법률적 난제만 얽힌 고약한 사건이었다. 잭슨은 투사였다. 상황이 험악해질 경우 테이텀과 균형을 맞출 수 있을 것이었다.

나는 몇 달 동안 조용히 고민해온 극적인 행동의 현실적인 가능성에 관해 테이텀과 잭슨에게 조언을 구했다. 첫째, BOA를 상대로 합병을 무효화하는 계약 해제rescission 소송이 가능한가? 미첼 모스 앤드 슈왑 시절에 나는 해제 소송을 처음으로 경험했다. 그때는 소송을 당하는 쪽이었다. 1970년 증권거래위원회는 우리 뮤추얼펀드 중 하나의 마케팅 내용과 관련해 우리를 법정에 소환했다. 해당 펀드의 가치가 하락하자 텍사스의 한 투자자가 증권거래위원회 소환을 근거로 해제 청구 소송을 제기했다. 해제는 원점으로 돌린다는 의미였고 펀드 가치 손실이 그의 몫이 아니라 우리의 몫이 된다는 의미였다.

그때 해제가 강력한 위협이 될 수 있다는 것을 직접 경험했다. 해제 청구가 성립하기에는 문턱이 상당히 높다는 것도 알고 있었다. 하지만 이런 생각이 들었다. 1983년 BOA가 슈왑을 인수하기 위해 주식을 발행하면서 진정한 재무 상태를 허위로 표시해 전달했다면 나와 그 거래에 참여한 모든 사람들, 즉 직원과 주주들은 손실을 보상받을 권리가 있을까? BOA가 우리를 인수하며 지불한 원금에 그 손실을 반영해 차감한 가격에 회사를 돌려주라는 명령이 BOA에 떨어질 수 있을까?

합병계약서 그리고 데니스 우와 딜로이트 팀으로부터 받은 수많은 포렌식 회계forensic accounting* 자료를 검토한 테이텀은 소송이 성립하지 않는다고 결론을 내렸다. 잭슨은 생각이 달랐다. 위스콘신 북부 숲에서 휴가를 보내던 중에 문서를 검토한 그는 전쟁에 나서겠다는 의지를 불태우며 돌아왔다. 그는 역사적인 싸움, 존경받는 기업의 신뢰도를 뿌리부터 흔드는 공격이 될 것이라고 경고했다.

개인적으로도 직업적으로도 심각한 영향이 있을 수 있는 일이었다. 그럼에도 불구하고 잭슨은 기필코 시도해보고자 했고 우리가 이길 수 있다고 믿었다. 나는 잭슨에게 생각할 시간이 필요하다고 말했다. 집에 돌아가 헬렌과 이야기를 나눈 뒤 둘이서 함께 잭슨을 만났다. 우리가 처한 상황, 즉 샌프란시스코의 거물들과 추악하게 전개될 수도 있는 싸움에 나서는 상황을 헬렌이 직접 듣기를 바랐다. 두 번째 회의가 끝난 뒤에도 아직 폭탄을 투하할 준비는 되지 않았지만 소송을 무기로 써야 한다는 생각은 분명해졌다. 나는 헬렌의 축복을 받으며 잭슨에게 말했다.

"좋습니다. 고소장을 작성하세요."

---

* 부정행위 적발 등 법적인 효과로 이어질 수 있는 회계 조사.

제17장

새로운 찰스슈왑의 탄생

최고의 조언자는 곁에 있는 사람들이다

1986년 가을, 회사가 커지면서 세컨드 스트리트 1번지 건물이 비좁아진 우리는 몽고메리 스트리트 101번지의 새로운 건물로 본사를 이전했다. 의미 있는 진전이었다. 금융지구의 중심부에 있는 건물에서 넓고 밝고 첨단 기술을 도입한 지점이 있는 지상층을 포함해 총 28개 층을 사용했다. 내 사무실은 다른 고위임원들의 사무실과 함께 28층에 있었다. 광고 대행 계열사인 CRS 애드버타이징CRS Advertising은 27층에 있었다. 가까웠지만 내가 원하는 만큼은 아니었다. 이사를 오기 전 나는 공사업자들에게 28층 바닥에 구멍을 내어 아래층과 연결하는 계단을 만들어달라고 주문했다. 내 열정은 마케팅과 광고에 있었기에 언제든 곧바로 연락이 닿아야 했다.

자신의 지식과 본능을 믿고 절대로 손을 놓지 말아야 할

분야가 있는가 하면, 외부의 도움이 절실히 필요한 분야도 있다.

꼼꼼하게 마케팅을 관리한 것과는 별개로 슈왑은 입찰에 부쳐질 것이었다. 회사가 제3자에게 팔리는 것을 저지할 희망이 조금이라도 있으려면 혼자서는 불가능했다.

처음 찾아간 사람들 중 한때 슈왑에서 중추적 역할을 했던 리치 아널드가 있었다. 그는 1985년 여름 고향인 호주의 소매금융 시장에 진출하려는 BOA의 계획을 지휘하기 위해 슈왑을 떠났다. 그는 호주 특유의 다양한 규제 때문에 그 계획이 성공할 수 없다는 것을 알았고 결국 모든 계획을 취소시켰다. 덕분에 BOA가 1억 달러짜리 실수를 저지르는 것을 막았다. 아직 다른 일을 시작하기 전이었고 샌프란시스코로 돌아가겠다고 자원한 그에게 나는 앞으로 벌일 전투에서 야전 사령관이 되어줄 수 있는지 물었다. 바로 다음 날 그가 샌프란시스코에 도착한 것을 보면 가장 빨리 출발하는 비행기 표를 산 게 분명했다.

이 상황에서 아널드가 나를 위해 해줄 수 있는 일이 무엇인지 알았고

그의 능력이 필요했다. 또한 슈왑을 다른 매수자에게 빼앗기지 않는 것만큼이나 조직 전체가 싸움에 말려들지 않도록 하는 것이 중요했다. 데이비드 포트럭을 비롯한 다른 사람들은 자신의 일에 집중해야 했다.

그리고 아널드를 도울 사람으로 얼마 전 채용한 크리스 도즈를 선택했다. 도즈는 훗날 슈왑의 CFO 자리에 올랐으며 내가 특별히 신뢰하는 고문이 됐다. 그는 클렘슨대학교 시절 농구를 했는데 1980년 인디애나대학교가 전국 챔피언십에서 우승한 바로 그 시즌에 경기 종료 신호와 동시에 아이제이아 토마스Isiah Thomas•의 머리 위로 점프슛을 날릴 정도로 대담했다. 압박에 굴복할 사람은 분명히 아니었다. 어려운 금융 이론과 현금흐름할인법, 할인율 등 기업 가치 평가에 필요한 세부 사항에도 전문가였다.

랩킨, 테이텀, 잭슨까지 변호사들은 확보했고 드디어 오랜 친구인 조지 로버츠에게 향했다. 예전에도 회사의 역사에서 중요한 시기에는 그를 찾았다. 로버츠는 비공식 고문으로서 조용히 이 일에 관여하기 시작했는데 나는 BOA가 살로몬브라더스Salomon Brothers를 매도 대리인으로 내세운 것을 보고 협상에서 내 편에 세울 좋은 투자은행가를 추천해달라고 부탁했다. 로버츠는 몇 사람을 떠올리고 조사를 마친 뒤 아널드와 나를 불러 앉혔다. 첫마디는 기꺼이 자금을 대겠다고 나서는 회사를 찾아야

• 인디애나대학교 출신 농구 선수로서 1980년대를 대표하는 포인트 가드로 전미농구협회가 선정한 50인의 위대한 농구 선수에 이름을 올렸다.

한다는 것이었다. 자문 역할을 하겠다는 회사, 다시 말해 막대한 수수료를 챙기려는 회사는 많았지만 거래를 성사시키는 데 필요한 자금을 대겠다는 회사는 없었다.

할인증권업을 생각하기 시작했을 때 로버츠가 테니스 코트에서 경고했던 것과 어느 정도 같은 문제였다. 그런 기업의 가치는 어떤 식으로 매길 것인가? 월스트리트는 아직 그 방법을 확실히 알지 못했다. 나는 내 곁에 있는 사람들로부터 이미 최선의 조언을 얻고 있었다는 사실을 깨달았다. 대형 투자은행은 애초에 필요하지 않았던 것인지도 모른다. 내 변호사들과 회계사들 그리고 로버츠가 내게 필요한 전부였을 수도 있다. 수석 전략가로 우리 팀에 합류해줄 것을 부탁하자 로버츠는 "뭐, 그러죠. 제가 필요하다면 돕겠습니다."라고 대답했다.

살로몬브라더스는 평가액으로 2억 5,000만 달러에서 3억 5,000만 달러를 제시했다. 불과 몇 년 전 내가 5,200만 달러에 판 회사에 그렇게 많은 돈을 지불하고 싶지는 않았다. 하지만 이 기회를 놓치지 않기로 결심했다. 그래서 톰 클로센과 BOA의 CFO 프랭크 뉴먼과 접촉해 2주간 독점적으로 제안할 수 있는 기회를 요청했다. 클로센은 경쟁 입찰을 포기할 생각은 없었지만 어쨌든 동의했다. 그는 BOA에서 자산을 줄이고 자본을 조달해서 파산을 막는 임무를 수행하고 있었다. 슈왑을 현재 경영진에 매각하는 것은 그 목적에 부합했고 게다가 간단하다는 이점도 있었다. 그는 이를 알고 있었다. 지금도 만날 때마다 늘 하는 이야기지만 클로센은 그때 이후로 줄곧 나의 영웅이었다.

지금 내가 가진 지렛대는 무엇인가

2주는 긴 시간이 아니다. 아직 어떤 전략을 취해야 하는지도 확신이 없었다. 확신할 수 없었던 전략 중에서 제일 중요한 것은 해제 소송이었다. 그것이 잠재적으로 꽤 강력한 무기가 될 것이라고 생각했고 바트 잭슨도 동의했다. 잭슨은 정말로 소송을 원했고 나를 배심원 앞에 앉힐 생각에 군침을 흘리고 있었다. 내가 광고에서 회사를 대표하는 얼굴로 신뢰를 주는 역할을 했듯이 법정에서도 신뢰를 주고 공감을 이끌어내는 증인이 될 것이라고 믿었다. 결과가 어떻든 나는 소송을 할 준비가 돼 있었다.

지저분한 소송이 될 것이다. 잭슨은 이 도시에서 막강한 힘을 가진 세력과 맞서 싸우는 위험에 대해 헬렌과 내게 경고했다. 과장이 아니었다. 벌써부터 '좁은 지역사회에서 이런 문제를 일으킬 필요는 없다'는 말들이 들렸다. 하지만 두렵지 않았고 어떻게 해야 잘못을 바로잡을 수 있을지 생각했다. 직원들 대부분이 포함된 찰스슈왑 코퍼레이션의 초기 투자자들에 대해 깊은 책임을 느꼈다. 그들은 나를 따라 BOA의 품으로 들어갔지만 BOA 주식으로 전환된 그들의 주식이 폭락하면서 막대한 비용을 지불해야 했다. 나 역시 대가를 치르고 현금화를 마쳤다. 약 1,000만 달러의 군자금이 있었고 부정을 바로잡는 데 필요하다면 그것마저 날릴 각오가 돼 있었다.

어쩌면 대의를 향한 열정에 나를 맡기고 싶었던 것인지도 모른다. 다행히 내게는 조지 로버츠가 있었다. 로버츠는 해제 소송이 전혀 내키지 않았다. 우리가 이기려면 BOA의 사기가 성립해야 하는데 그의 표현을 빌면 '어리석은 짓과 사기에는 커다란 차이가 있었다.' 즉 BOA는 재무 건전성을 허위로 표시했고 그 결과 가치가 부풀려진 주식으로 1992년에 우리 회사를 사들였다. 여기까지가 우리가 아는 내용이고 어쩌면 입증할 수도 있는 부분이었다. 하지만 그것이 의도적이었다고 입증할 수 있을까? 어려운 문제였다. 실패한다면 깊은 원한을 살 게 분명했고 나중에 다시 돌아와 적과 협상을 벌인다면 더 힘들 것이었다. 적어도 민사적으로 협상을 시작하는 편이 낫다는 게 로버츠의 조언이었다. 나는 끝까지 듣고 나서 그의 의견에 동의했다.

전직 이사가 소송을 제기할 수도 있다는 위협은 그 자체만으로도 엄청난 지렛대 역할을 할 것이다. 이미 BOA는 재무 정보를 적절히 공시하지 않아 피해를 입고 화가 난 투자자들이 제기한 여러 건의 제3자 소송에 휘말려 있었다. 나는 전직 이사로서 그 소송의 피고인으로 지명됐다. 그런 내가 돌연 원고 측 주장에 동조하는 주장을 하고 내가 직접 조사를 벌이는 과정에서 오간 모든 대화와 내부 문서까지 폭로한다고 상상해보라. 이는 폭탄을 투척하는 것과 같고 은행은 결코 그런 일에 휘말리고 싶지 않을 것이다.

게다가 BOA는 지급준비금을 보충해 규제기관의 감시에서 벗어나려고 필사적이었다. 슈왑 매각은 BOA에 선택이 아니라 절대적으로 필요한 일이었다. 그러나 나 이외의 다른 사람에게 매각한다는 건 중대한 소송 가능성 앞에서 거의 불가능했다. 슈왑을 매수하는 측은 누가 됐든 그 소송도 감당해야 했다. 그 난장판을 떠안을 사람은 아무도 없었다.

따라서 내게는 강력한 지렛대가 있다고 믿었다. 하지만 모든 것은 BOA와 그 변호사들이 내가 정말로 과감한 법적 조치를 취할 수 있다고 믿을 때 가능한 이야기였다. 우리가 작성한 고소장 초안을 은행 측 고문인 조지 쿰과 공유하도록 바트 잭슨에게 허락했다. 내가 무엇을 쥐고 있는지 쿰이 정확히 알아야 했다. 고소장에는 1982년에 고정 혹은 회수의 문substandard or doubtful•으로 분류돼야 마땅한 55억 달러가 언급됐는데 이는 당시 은행의 총 자기자본 46억 달러를 초과하는 금액이었다. 고소장에서는 계약 해제뿐만 아니라 "현재 확인은 불가능하지만 2억 달러를 초과하는 액수"만큼 손해배상을 청구했다. 고소장을 읽은 쿰의 표정이 어떨지는 짐작하기도 어려웠다.

한편 잭슨과 달리 적들에게 합리적이고 온화한 사람으로 비춰진 래리 랩킨은 BOA 내부 친구들을 간접 채널로 활용했다. 그들에게 내가 현재 굉장히 진지하고, BOA 주가 폭락으로 내 순자산가치가 심각하게 훼손됐으며 이를 회복하기 위해 해제를 포함해 모든 수단을 검토할 용의가 있다고 전했다. 그들은 겁을 먹었으며 동시에 격분했다. 당연했다. 내 손가락은 리치 아널드가 '빨간 단추'라고 표현한 그곳에 놓여 있었다. 단추를 누르면 아널드의 말대로 은행을 무너뜨릴 수도 있었다.

• 자산건전성 분류 기준상 부실채권에 해당하는 자산.

상황을 반전시키는 포인트를 확보하라

바트 잭슨은 강력하게 총력전을 주장하고 래리 랩킨은 내가 이성을 잃지 않을 유일한 방법을 최선을 다해 BOA에 설득하는 가운데 샌디 테이텀에게는 BOA에 나쁜 소식을 전할 임무가 주어졌다. 테이텀은 샌프란시스코에서 변호사로서 오랫동안 걸출한 경력을 쌓아왔다. 그러나 몇 년 뒤 그에게 변호사로 일하며 특별히 만족스러웠던 경험을 묻는다면 분명히 1986년 가을 BOA의 법무 자문위원에게 메모를 쓴 일일 것이다. 매각합의서에 포함됐지만 거의 잊고 있었던 조항을 알리는 메모였다.

돌이켜보면 BOA에 회사를 매각하면서 신중을 기해 내 이름과 초상likeness을 매각 대상에서 제외한 것은 천재적이었다. 물론 그 조항의 결정적인 역할을 예측한 것은 아니었다. 랩킨이 천만다행으로 반드시 그 조항이 포함되도록 확실히 해두었던 것이다. 본질적으로 그 조항은 우리가 BOA에 회사를 매각하면서 내 이름과 초상을 '사용할 권리'를 허가했다는 사실을 입증했다. 만일 슈왑이 문을 닫거나 다시 매각된다면 그 권리는 내게 귀속되는 것이었다. 계약서에 따르면 현재 BOA가 협박하듯 하루아침에 슈왑을 제3자에게 매각하는 것을 막을 방법은 전혀 없었다. 그러나 그런 경우 나는 길 건너편에 또 다른 찰스슈왑을 얼마든지 열 수 있었다. BOA는 내 회사를 매각할 수 있어도 나 자신이나 내 경영진은 처분할 수 없었다.

테이텀이 조지 쿰에게 전달한 이 단순한 사실이 상황을 완전히 바꿔

222

놓았다. 내가 BOA를 상대로 해제 소송을 할 수 있다는 위협은 사실이었지만 단지 위협일 뿐이었다. 이런 소송이 재판에 회부될 경우 나올 결과에 대해 법조인들의 의견은 엇갈렸다. 사건이 해결되려면 몇 년이 걸리고 큰 논쟁을 초래할 것이며 회사의 발전에 중요한 시기에 걸림돌이 될 수 있다는 건 누구라도 알 수 있었다. 이는 BOA만큼이나 나도 원하지 않는 결과였다. 반면 내 이름과 초상에 대한 소유권은 명백히 내게 있었고 그 점에는 논란의 여지가 없었다. 그 사실이 함축하는 의미가 BOA의 협상력을 크게 약화시켰다.

아무리 어려워도 해야만 하는 거래가 있다

독점적으로 주어진 2주의 기간이 끝나갈 무렵 우리는 BOA에 한 가지 제안을 했다. 물론 최종 제안은 아니었다. 저쪽 협상단에 11명이 있다면 그중 10명은 회의실을 박차고 나갈 정도로 터무니없는 제안을 하는 것이 우리의 전략이었다. BOA에 1억 9,000만 달러를 제안하자 비슷한 일이 일어났다. 스티브 맥린이 유일하게 자리를 지켰을 뿐이다. 그는 해당 조항을 살펴보고 그 시점에 BOA에겐 어떤 대안이 있는지 생각한 다음 동료들에게 말했다.

"잠깐만요, 여러분. 이 사람들 이야기를 들어봐야 할 것 같군요."

결국 나는 2억 8,000만 달러를 지불하고 추가로 미래 이익의 일정 지분을 보장하는 데 동의했다(로버츠는 이것을 '귀 얇은 사람의 보험'이라고 불렀다). 결국 온전히 값을 지불하고 슈왑을 되산다고 했을 때 5,000만 달러 가치를 추가로 지불하는 셈이었다. 4년 전 5,200만 달러로 인수한 자산인 것을 생각하면 BOA로서는 나쁜 수익률은 아니었다. 사실 이 건을 추진하기로 동의하기까지 로버츠는 내게 바가지가 아니라는 사실을 납득시켜야 했다. 이 거래는 내게 엄청나게 유리했고 내가 협상 테이블로 가져온 강력한 지렛대를 충분히 반영한 거래였다.

그렇다. BOA는 최초 투자금의 여섯 배를 벌었지만 내가 사람들에게 상기시키고 싶은 것은 따로 있었다. 우리는 매출의 세 배에 해당하는 가격에 회사를 BOA에 팔았고 같은 비율의 가격으로 되샀다. 본질적으로 방향만 반대일 뿐 같은 조건의 거래였고 그것도 대부분 차입한 자본을 이용한 것이었다.

핵심은 서비스 기업을 대상으로 한 거의 최초의 차입매수를 가능하게 한 혁신적 구조에 있었다. 차입매수 자체는 새로운 개념이 아니었다. 그러나 실물 자산, 즉 공장, 장비, 재고와 같이 실제로 가격을 매길 수 있고 필요한 경우 매각해 차입매수로 발생한 막대한 부채를 상환하는 데 쓰일 자산이 없는 기업을 대상으로 이뤄진 차입매수 시도는 거의 없었다. 우리 경우는 현금흐름을 담보로 한 차입매수였다. 슈왑에는 실물 자산이라고 할 만한 것이 거의 없었다. 물론 컴퓨터가 몇 대 있었고 사무용 가구도 많았다. 그러나 우리의 실질적인 자산은 주식거래 수익을 대변하는 '고객'이었다. 즉 슈왑의 가치는 고객들에게 내재돼 있었다. 그 사실을 인식하고, 무엇보다 대출기관을 설득해 그 사실을 인식하도록 함으로써 우리는 슈왑의 가치를 드러내고 거래를 진전시킬 수 있었다.

우리는 시큐리티퍼시픽뱅크에서 1억 5,000만 달러를 선순위채senior debt로 조달한 것을 시작으로 큰돈을 빌렸다. 선순위채란 우리가 파산할 경우 시큐리티퍼시픽뱅크가 가장 먼저 돈을 돌려받을 수 있다는 뜻이다. 그 뒤를 이어 BOA로부터 상위권 후순위채senior subordinated debt 5,000만 달러와 하위권 후순위채junior subordinated debt 5,500만 달러를 조달했다. 모두 합해서 2억 5,500만 달러로 매수 가격의 90퍼센트가 조금 넘는 자금을 차입했다. 나머지 2,500만 달러 중 600만 달러는 시큐리티퍼시픽뱅크가 우선주를 받는 형태로 투자했고 1,900만 달러는 우리가 가진 슈왑 주식으로 조달했다. 절반은 내가, 절반은 슈왑 고위임원들이 내놓았다. 우리는 내 BOA 주식 매각 대금과 BOA 자회사로 있는 동안 유용하게 적립해온 우리사주employee stock option plan를 포함해 모든 자원을 최대한 끌어모았다. 거래에는 이만큼의 주식이 동원됐다.

인수한 자산을 인식하며 세무 목적으로 고객을 1억 3,700만 달러 상당의 감가상각 대상 자산으로 분류했다. 증권업계에서는 전례가 없는 일이었다. 국세청과 다소 논쟁이 있었지만 결국 회사를 다시 사들인 시점의 고객가치에서 일부를 매년 상각 처리하는 것을 허용하는 결정이 내려졌다. 한편으로 이는 재무제표상 보고이익이 줄어든다는 의미였고 우리가 상장한 뒤 문제가 됐다. 주가에 분명한 타격을 입혔다. 하지만 다른 한편으로는 상각 처리로 세금 부담이 현저히 줄었고 경색된 현금흐름도 풀렸다.

그 현금이 대출기관을 안심시켰고 궁극적으로 막대한 부채를 상환하는 데 핵심적인 역할을 했다.

마지막으로, 어려운 상황에서도 내 곁을 지킨 모든 사람에게 확실한 혜택이 돌아가도록 하는 것도 잊지 않았다. 조지 로버츠와 그의 KKR 파트너들에게는 300만 달러가 안 되는 가격에 새로운 찰스슈왑 지분 15퍼센트를 제공했다. 로버츠가 투자한 금액 대부분은 결국 그의 재단에 들어갔고 훗날 그의 자선 활동 자금으로 쓰였다. 그리고 나중에 내 50퍼센트 지분 일부를 스톡옵션(주식매수선택권)과 성격이 유사한 신주인수권stock warrant 형태로 슈왑 직원들과 친구들 그리고 쭉 우리를 지지해준 가족들에게 주었다.

이렇게 부여한 신주인수권은 회사 지분의 약 15퍼센트에 해당했다. 신주인수권을 받기 위해 직원들은 BOA가 슈왑을 소유한 기간 동안 BOA 주식으로 발생한 손실을 자세히 적은 신청서를 제출해야 했다. 사실상 처음 BOA에 대한 소송을 고려할 때 생각했던, 계약 해제가 성공할 경우 가능한 소급적 혜택을 모두에게 제공했다. 신주인수권은 오랫동안 근무한 많은 직원들이 훗날 막대한 부를 쌓는 토대가 됐다. 하지만 이것의 더 중요한 역할은 슈왑을 더욱 훌륭한 기업으로 만들려는 동기를 모두에게 부여한 것이었다. 당시에는 직원과 고객에게 그렇게 많은 혜택을 주는 것은 전례가 없으며 그럴 필요가 없다는 말을 들었다. 하지만 내 생각은 달랐다. 높은 충성도로 우리의 곁을 지킨 모든 사람을 위해 반드시 해야 하는 옳은 일이었다.

굉장히 유리한 거래였지만 증권업계의 변동성을 고려하면 굉장히 위험한 거래이기도 했다. 1987년 1월에 거래 조건에 합의할 당시 주식시장은 5년째 맹렬한 강세장이 이어졌고 상승은 끝날 것 같지 않았다.

오랫동안 이 사업을 하며 확실히 알게 된 사실은
당장 내일 시장이 어떻게 될지 알 수 없다는 것이다.

그러나 한 가지는 분명했다. 우리에게는 과오를 허용할 수 있는 여지가 거의 없었다. 시장이 돌변해서 슈왑의 최근 이익이 손실로 바뀐다면 순식간에 대출기관에 회사를 빼앗길 수도 있었다.

찰스슈왑이라는 이름을 되찾다

무수히 많은 요인들과 사람들이 연관된 거래여서 실제로 무엇 혹은 누가 거래를 성사시켰는지 특정하기는 어렵다. 돌이켜보면 단연코 사용권 계약이 핵심이었다. 하지만 계약 해제 위협도 중요했다. BOA에 회사가 매각된 후에도 내 변호사들과 회계사들을 유지할 권리를 보호받도록 조치한 선견지명도 중요했다. 조지 로버츠의 창의성과 전문성, 그가 양측 협상단으로부터 끌어낸 상호 존중도 중요했고, 일을 마무리하는 리치 아널드의 재능과 내 일을 나보다 더 잘 설명하는 능력도 중요한 역할을 했다. 그리고 협상의 중요한 시점에서 BOA가 슈왑을 제3자에게 매각할 경우 나를 따르겠다는 의사를 분명히 한 슈왑의 고위임원들 덕분이기도 했다.

많은 요인이 우리에게 유리하게 전개됐다. 그러나 BOA의 입장에서 슈왑을 놓아주기란 힘든 일이었다. 우리는 심하게 더럽혀진 왕관에 남은 몇 안 되는 보석 중 하나였다. 이익을 냈고 성장하고 있었으며 중산층 예금자가 점차 중산층 투자자가 돼가던 시기에 BOA가 대중을 상대로 한 시장에서 가지고 있었던 유일한 기반이었다. 4년 전 BOA를 강하게 매료시킨 모든 요소는 여전히 유효했다.

그렇다면 팔아야 하는 이유는 무엇일까? 옛 요소들보다 중요한 새로운 요소가 등장했기 때문이다. BOA는 현금이 필요했다. 슈왑은 큰 가치를 지닌 자산이었다. 따라서 이를 매각하는 것은 전적으로 합리적인 일이었다. 그리고 은행의 공격적인 기업분할divestiture 노력을 주도한 스티브 맥린 역시 클로센과 마찬가지로 제3자 입찰자보다는 내게 매각하는 것에 결정적인 장점이 있음을 인정했다. 깔끔한 거래가 가능했기 때문이다. 내가 제안하는 최고가가 실망스러울 정도로 낮다고 해도 더 큰 금액을 제안할 다른 매수자가 등장할 가능성은 적었다. 계약 해제와 줄지어 소송이 발생할 가능성, 경영진의 이탈, 찰스슈왑의 이름을 잃는다는 부담을 생각하면 불가능한 일이었다.

승리의 기쁨 속에서도 다음 행보를 준비하라

50세 생일을 몇 달 앞두고 매듭지은 찰스슈왑 재인수는 대단히 만족스러웠다. 열심히 하면 보상이 따른다는 사실을 인생에서 중요한 시기에 분명히 보여준 사건이었다. 자신이 옳다고 믿는 일을 행할 때 좋은 결과가 따르지만 이는 신념을 위해 기꺼이 싸우려는 의지가 있을 때만 가능한 일이라는 것도 깨달았다.

한편 이 일을 통해 우리가 짧은 시간 동안 기업으로서 얼마나 먼 길을 걸어왔는지도 알게 됐다. 우리는 신생기업에서 이단아로, 장래가 유망한 기업으로 그리고 업계에서 영향력 있는 기업으로 자력으로 성장했다. 번영하고, 성장하고, 투자와 주식 보유의 기풍을 그 어느 때보다 깊고 폭넓게 전파할 준비가 돼 있었다.

물론 나도 다른 사람들처럼 승리의 기쁨을 누렸다. 그러나 앞으로의 일을 생각하면 벌써부터 걱정이 됐다. 인수 계약을 체결하는 서류에 서명하고 엠바카데로Embarcadero 건물에 있는 래리 랩킨의 사무실에 모여 기념사진을 촬영할 때조차도 부채를 줄일 방법을 생각했다. 상상도 해본 적 없는 규모의 빚에 결코 마음이 가벼울 수 없었다. 현금흐름이 유지되는 한 문제는 없었다. 그러나 현금흐름은 거래 건수에 좌우되고 거래 건수는 시장에 좌우된다. 그리고 시장은 내 통제 밖의 일이다. 계약을 마무리하며 회계사인 데니스 우와 이야기를 나눴다. 우는 금리 상승이 주식시장의 적이라는 기본적이고 냉엄한 진실을 내게 상기시켰다.

주식시장이 하락세라는 것은

대개 금리가 오르고 있다는 반증이다.

특히 부채가 많은 브로커들에게 금리 상승은 곧 매출 감소와 비용 증가라는 치명적인 조합을 뜻한다. 시장은 한동안 뜨거웠다. 나는 시장이 고점이라고 판단했다. 합리적으로 생각할 때 다음 방향은 하락이었다.

그날 오후 늦게 세인트 프랜시스 호텔 대연회장에서 1,500명이 넘는 직원들 앞에서 연설을 했다. 그 자리에서 나는 새로운 찰스슈왑 코퍼레이션의 탄생을 공식적으로 발표했다. 우리는 굵은 파란색 글씨로 '마침내, 자유' Free at Last*라는 글귀가 인쇄된 배지를 가슴에 달았다. 인생에서 특별히 행복했다고 꼽을 수 있는 날이었고 그 하루 중에서도 가장 행복한 순간이었다. 하지만 다음 행보도 생각하고 있었다. 인수 계약 당일 아침, 변호사 사무실을 나서기 전 래리 랩킨의 팔을 붙잡고 아무도 없는 복도로 나갔다.

"부탁이 있어요."

나는 목소리를 낮추고 말했다.

"IPO 작업에 착수해주세요."

• 마틴 루터 킹의 1963년 연설 '내게는 꿈이 있습니다' I Have a Dream의 마지막 문장에 등장하는 표현이다.

제18장
행운을 과신하지 마라

IPO를 다시 추진하다

처음 상장을 시도한 지 7년 그리고 BOA를 상대로 차입매수를 마무리한 지 불과 며칠 만에 나는 슈왑 주식의 상장을 다시 추진하려 했다. 1980년에는 슈왑의 성장에 절실히 필요했던 400만 달러를 상장으로 조달하려고 했다. 그러나 투자은행들은 300만 달러도 조달할 수 없는 주당 2.75달러를 슈왑의 가치로 책정했고 나는 손을 뗐다. 다행히 토니 프랭크가 퍼스트 네이션와이드 세이빙즈First Nationwide Savings 와 내셔널스틸을 대리해 훨씬 합리적인 가격에 20퍼센트 지분을 인수하겠다고 나섰다. 현금을 손에 쥔 나는 IPO의 꿈을 보류하고 다시 사업에 집중했다.

돌이켜보면 첫 번째 IPO 시도가 성공하지 못한 이유는 분명했다. 대부분의 관찰자들이 우려한 것처럼 우리가 종사하는 신생 산업에는 아직 사람들에게 확신을 줄 만큼 충분히 쌓인 실적이 없었다. 물론 나는 할인증권업 전반, 특히 슈왑의 미래가 밝다는 것을 알았지만 그런 비전을 다른 사람들과 공유하지 못했고 그 이유도 이제는 알 수 있다. 그때는 너무 일렀다.

그러나 첫 번째 시도 이후 7년이 지나는 동안 많은 변화가 있었다. 아직 다듬어지지 않은 영역이라는 이미지를 탈피하고 성장한 할인증권업은 전통적인 증권회사들로부터 꾸준히 시장 점유율을 빼앗았다. BOA와의 연합이 상당히 도움이 됐고 슈왑은 할인증권업 분야에서 과거 그 어느 때보다도 독보적인 선두 기업으로 자리를 잡았다. 1986년 매출은 50퍼센트 증가해 3억 달러를 넘어섰고 순이익은 세 배 가까이 늘어 3,000만 달러 이상을 기록했다. 오랫동안 공격적으로 광고한 덕분에 어디에 있는 투자자든 우리가 누구이고 무슨 일을 하는지 알게 됐다고 해도 틀린 말이 아니었다. 슈왑은 이제 금융서비스 분야에서 인정받는 존재였고 놀랍게도 나는 누구나 아는 이름이 돼 있었다.

마지막으로 위에 언급한 것 못지않게 중요한 변화가 있었다. 1987년 초여름 월스트리트는 커다란 행복을 만끽하고 있었다. 1982년 8월에 시작된 강세장이 5년 가까이 이어졌고 하락 징후는 전혀 없었다. 다우지수가 2,500선을 돌파하며 급등했고 많은 기업들에게 높은 밸류에이션이 부여되면서 유례없이 많은 기업이 상장했다. 그러나 우리만큼 뛰어난 평판과 높은 수익성, 빠른 성장세를 갖춘 회사는 드물었다. 그 모든 것들이 한데 어우러져 나를 IPO로 강하게 이끌었다.

한편 내부 요인들도 나를 몰아붙였다. 비록 선순위 채무와 후순위 채무를 활용해 유리하게 구성했지만 부채 규모는 여전히 엄청났다. BOA로부터 자유를 찾은 만큼 가능한 한 빨리 부채를 상환할 작정이었다. 많은 빚을 지고 있다는 사실이 싫었다. 은행 대출이 많으면 온갖 종류의 구속과 제약이 따른다. 자본적 지출(설비투자)은 얼마 이상은 안 된다거나 반드시 어느 정도의 이익을 내야 한다거나 무엇을 하려거든 먼저 은행과 상의해야 한다는 것들이다. 이런 제약 아래서 사업을 하는 것이 결코 좋을 리가 없었다. BOA와의 결합으로 이미 입증된 사실이었다.

내가 원하는 것은 신속하게 행동할 자유, 비록 단기적으로 이익을 얻지 못한다고 해도 신제품과 새로운 시장에 투자할 자유였다. 그것이 결국에는 사업을 발전시키고 그 과정에서 고객들을 위해 더 나은 경험을 쌓을 수 있다. 내 앞에는 수많은 기회가 있었고 나는 그 기회를 재빨리 잡아 실현시키고 싶었다. 그리고 공격적인 행보를 뒷받침할 막강한 현금흐름이 있었다. 어느 모로 보나 빚을 청산하고 구속에서 벗어나는 것은 빠를수록 좋았다.

물론 IPO가 아니더라도 빚을 갚을 방법은 많았다. 슈왑 지분 일부를 개인투자자들에게 팔면 증권거래소에 상장된 주식에 가해지는 대중의 감시와 규제 감독을 피할 수 있었다. 사실 부채를 줄이기 위해 상장하는 것은 일련의 운영상 제약(은행과 맺은 계약)을 훨씬 더 부담이 될 수 있는 다른 제약, 즉 성장을 희생하더라도 안정적이고 예측 가능한 이익을 내라는 시장의 강요와 맞바꾸는 것이나 마찬가지다.

나는 애널리스트로 일하면서 이것을 일찌감치 배웠고 투자자들은 이익의 흐름에 방해가 되는 것을 오래 참아주지 않는다는 사실을 상장기업의 수장으로서, 여러 이사회의 이사로서 지금까지도 거듭 확인하고 있다. 그 이유 하나만으로도 성공한 많은 비공개 기업들은 절대 상장하지 않는 쪽을 택한다. 투자 서비스 업계에서는 피델리티 인베스트먼트가 가장 좋은 예다. 피델리티의 존슨 가는 다른 기업에 비해 언제나 더 자유롭게 대규모 투자를 해왔고 그런 모습이 부럽기도 했다.

경쟁과 시장의 힘은 우리가 더 많은 일을 해서

혁신을 이루고 자본을 더 효율적으로 사용하며

더 많은 사람들을 고용해 성장하도록 이끈다.

때로는 부담스럽더라도 투자자들은 물론 고객들에게 솔직한 것이 궁극적으로는 슈왑을 위해 좋은 일이 될 것이라고 믿었다. 또한 상장을 통해 우리의 마케팅 메시지를 강화하고 우리의 약속이 사실임을 증명하고자 했다. 이야기를 만들어내지 않았다는 것이 바로 우리의 이야기였다. 우리는 고객에게 원하는 투자를 직접 결정하도록 한 다음 최대한 깔끔하

고 효율적으로, 저렴하게 거래를 실행했다. 우리 장부를 펼쳐서 고객들이 보게 하면 안 될 이유가 무엇이란 말인가? 그 고객들 중 일부가 찰스 슈왑 코퍼레이션의 투자자가 되기로 결정한다면 더욱 좋은 일이었다. 이미 나는 많은 고객에게 우리 회사에 투자할 기회를 줄 방법을 찾고 있었다. 또한 상장기업이 되어 스스로 규율에 엄격해질 수 있다는 것은 자유 시장 자본주의의 커다란 장점 중 하나였다.

나는 슈왑이 그 활기찬 시스템의 일부가 되기를 원했다. 물론 지나고 나서야 알게 됐지만 지체 없이 IPO를 진행해야만 하는 중대한 이유가 한 가지 더 있었다. 블랙먼데이Black Monday였다. 한동안 우리의 잠재적 자금원을 고갈시킬 시장의 폭락이 눈앞에 있었다.

환경을 통제하지 못하면 결정을 통제하라

IPO는 최적의 여건에서도 벅찬 일이다. BOA를 상대로 기념비적인 차입매수를 매듭지은 직후에는 더욱 그랬다. BOA를 벗어나면서 그 일에 관여한 모든 사람이 완전히 녹초가 됐고 집중력을 잃었다. CFO 팻 맥매너스는 차입매수를 끝내기 전 회사를 떠났으며 지원부서를 총괄한 밥 피비스도 IPO를 달성하자마자 떠났다. 어느 정도의 이직은 예상하고 있었다. 은행 자회사에서 비상장기업으로 독립했고 이내 IPO를 준비했다. 단 몇 달 사이에 이 모든 일이 일어난다면 사람들을 잃을 수밖에 없다.

하지만 CFO가 부재한 상황에서는 회사를 제대로 상장시키기 어렵다. 누군가가 나서야 했다. 후임을 찾을 때까지 래리 스툽스키가 그 역할을 수행하기로 했다. 그러나 가엾은 스툽스키는 이미 회장이자 COO로서 더는 짊어질 수 없을 만큼 많은 책임을 진 상태였다. 그는 우리가 자본 확충이라는 어려운 과제를 잠시 내려놓고 한동안 숨을 고르며 브로커리지 사업에 집중하기를 원했을 것이다. 하지만 언제나처럼 필요한 일을 하기 위해 앞으로 나섰다.

상황을 감당하기 힘들었던 사람은 스툽스키만이 아니었다. 재인수를 마무리한 뒤 얼마 지나지 않아 나는 내 방에서 리치 아널드의 어깨를 다독였다. 그는 나를 향해 미소를 지었다. 자신이 해낸 위대한 일에 대한 보상으로 내가 금시계를 선물하며 악수를 건넬 것이라고 생각하는 미소였다. 하지만 나는 곧바로 IPO를 준비할 것을 부탁했다.

"척, 지금 제정신이 아니군요."

아널드가 현상 유지를 주장한 이유 중 가장 설득력이 있었던 것은 우리의 현금흐름이 충분히 양호해서 부채는 그리 큰 문제가 되지 않는다는 것이었다. 이대로만 한다면 2년 안에 빚을 갚을 수 있다고 했다. 하지만 그가 그리는 시나리오의 기본 가정은 강세장이 이어진다는 것이었고, 나는 그 가정에 베팅할 준비가 돼 있지 않았다. 그저 희망 사항에 불과하다고 느꼈다. 그 순간 우리가 얼마나 잘하고 있는지, BOA의 통제에서 해방돼 모두 얼마나 감격했는지는 별개의 문제였다. 아직은 현상을 유지할 때가 아니었다.

1차 시도에 비해 이번 IPO는 좀 더 전통적인 방식으로 추진했다. 한 가지 이유는 자체적으로 인수 업무를 처리하는 데 어떤 환상도 없었기 때문이다. 대신 우리는 모건스탠리Morgan Stanley와 퍼스트보스턴First Boston을 고용했다. 월스트리트의 저명한 투자은행 두 곳이 기꺼이 참여한 것은 1980년대를 거치며 우리가 기업으로서 또 산업으로서 얼마나 큰 진전을 이뤘는지 보여주는 신호였다. 하지만 내가 다음과 같은 두 가지 요소를 강조하면서 IPO가 복잡해졌고 결국 1987년 9월까지 상장이 지연됐다.

첫째, 우리 고객들을 위해 주식의 50퍼센트를 따로 확보해야 했다. 이에 투자은행은 반발했다. 그들의 고객에게 돌아갈 물량이 적어지기 때문이었다. 그들은 전례가 없는 일이라고 했다. 아마 그랬을 것이다. 그러나 나는 IPO의 성공을 확신했고 슈왑에 계좌를 보유한 고객들을 위한 몫이 있어야 한다고 생각했다. 이들은 헌신적인 투자자로서 슈왑에도 헌신한 고객들이었다.

둘째, 우리는 BOA로부터 회사를 재인수하며 배정한 신주인수권을 많은 직원들이 보유하고 있음을 인지한 상태에서 IPO를 추진했다. 신주인수권은 BOA의 위기로 보유한 주식의 가치가 훼손된 우리 회사 직원들의 재산을 온전히 복구하기 위한 것이었다. 1982년 BOA와 합병계약을 맺을 당시 우리는 슈왑 주식 1주당 22달러를 BOA 주식으로 받았고 BOA 주식 가치는 1985년 18달러, 1987년 9달러로 하락했다. 우리 직원들의 개인 자산 상당 부분이 증발했다. 우리는 재인수 과정에서 미래에 슈왑 주식을 매수할 수 있는 신주인수권을 직원들에게 부여하면서 BOA 주식에서 발생한 손실에 비례해 지급했다.

내게는 성실성의 문제였다. 나는 직원들을 합병으로 이끌었고 그 결정으로 인해 발생한 재정적 손실을 보상할 기회를 반드시 마련해주고 싶었다. 따라서 새롭게 추진하는 IPO는 신주인수권을 계산에 반영해야 했다. 결국 신주인수권은 그들의 손실을 온전히 복구하는 것 이상의 역할을 했다. 신주인수권은 오랫동안 슈왑과 함께한 많은 직원들에게 커다란 부를 쌓을 토대를 형성했다.

8월에는 오랫동안 미뤄둔 휴가를 떠났다. 3주 동안 가족과 함께 아프리카로 여행을 갔다. 휴가지만 마냥 편안했다고는 할 수 없었다. IPO를 추진하기로 결정한 상황에서 어떤 장애물이 위험 요소로 등장할지 몰랐다. 시장의 불길한 소음은 점점 더 심해졌다.

투자자가 통제할 수 있는 것은

오직 자신의 결정뿐이다.

여행 중에도 틈만 나면 샌프란시스코와 뉴욕에 전화를 걸었다. '가자, 가자.' 나는 시장을 응원했다. 시장은 7월에 급등한 이후 8월에 안정세를 보였다. 지금은 다우지수가 2,722포인트로 마감한 8월 25일이 강세장의

최고점이었다는 사실을 알지만 그때는 누구도 몰랐다. 대부분 사람들은 다음 상승장을 앞두고 잠시 쉬어가는 구간으로 봤다. 그러나 나는 마음을 내려놓지 못하고 봄에 느꼈던 불안과 다급함이 커져갔다. 우리는 IPO에 속도를 높였다.

9월 초 로드쇼(기업설명회)에 나섰다. 스툽스키, 아널드와 함께 일주일 동안 미국 전역 주요 도시의 기관투자자들을 상대로 프레젠테이션을 했고 이어서 콩코드 비행기를 타고 파리로 갔다가 런던, 프랑크푸르트를 잠시 방문했다. 설레는 일이었다. 심지어 각각 다른 도시에서 다른 이들에게 하루에 세 번씩 같은 내용을 발표한 날에도 그랬다.

그중에서도 보스턴에서 피델리티를 만난 일이 특별한 기억으로 남았다. 회의실은 20명이 넘는 애널리스트로 가득 차 있었다. 피델리티는 월스트리트에서 영향력이 대단했고 IPO가 성공하기 위해서는 반드시 필요했다. 그러나 피델리티는 우리와 직접적으로 경쟁하는 관계였기에 우리의 운영 방식에 대해 궁금한 것이 많았다. 그들은 두 시간 동안 질문을 퍼부었고 우리는 그들이 던지는 모든 질문에 답을 가지고 있었다. 반응은 좋았다. 준비가 됐다!

지금의 부는 수많은 노력의 결실이다

1987년 9월 22일, 퍼스트커맨더 파트너들의 주식을 전부 사들이며 무작정 희망을 품고 회사를 설립해 걸음마를 시작한 지 15년 만에, BOA로부터 슈왑을 되찾은 지 6개월 만에 찰스슈왑 코퍼레이션은 뉴욕증권거래소에서 티커ticker 'SCH'로 거래를 시작했다.

주가는 처음 상장을 고려했을 때 예상했던 12.14달러를 훨씬 웃도는 주당 16.50달러로 출발했다. 공모한 총 800만 주의 가치는 1억 3,200만 달러(종가 16.625달러 기준)였다. 우리는 24시간이 지나기 전 8,700만 달러를 시큐리티퍼시픽뱅크에 송금했다. 대출금 전부는 아니었지만 부채 부담을 줄이기에는 충분했다. 완충 역할을 하고 시장의 등락과 무관하게 원활한 운영을 보장하는 현금을 넉넉히 확보할 수 있는 금액이었다.

부채로 인한 심적 부담이 크게 해소됐다. 동시에 개인 순자산이 다시 크게 증가해 내가 개인적으로 보유한 슈왑 지분의 가치는 1억 달러가 됐다. 상상해본 적 없는 큰돈을 벌었고 이 정도면 틀림없이 부자였다. 우리 가족과 부모님이 걱정했던 돈 문제는 이제 우주와의 거리만큼 멀어졌다.

행운이 전부는 아니다

운이 좋았던 것일까? 물론이다. 나는 일과 관련해 운이 꽤 따르는 편이다. 나의 사업에 대한 열망을 젊은 시절에 알게 된 건 행운이었다. 어려울 때 내 회사에 투자할 빌 삼촌이 있었던 것도 행운이었다. 미국 중산층이 주식시장에 참여할 수 있는 여력을 갖게 된 시기, 규제 완화가 투자에 대해 완전히 새로운 사고방식을 열어준 시기에 증권업에 종사한 것도 행운이었다. 내 부족한 능력을 보완할 역량을 갖춘 사람들이 주위에 있었던 것도 행운이었다. 그리고 몇 달간 IPO 주식에 대한 수요가 아예 사라지다시피 한 1987년의 주식시장 붕괴를 한 달도 채 남겨두지 않은 시점에 IPO를 완성한 것 역시 행운이었다.

행운은 단순한 운이 아닌 경우가 대부분이다.
주식시장 또는 사업과 관련됐다면 더욱 그렇다.

그러나 결코 행운이 전부는 아니다. 통찰력과 합리적 기대, 경험이 행운을 기회로 바꾼다. 행운이 왔을 때 이를 이용할 준비가 돼 있는 것, 그리고 할 수만 있다면 행운을 직접 만드는 것이 무엇보다 중요하다.

1987년 10월 19일에 다우지수가 508포인트, 즉 23퍼센트 가까이 폭락할 것을 알 방법은 없었다. 그렇지만 몇 년 동안의 극적인 상승장과 근래의 불안한 움직임을 감안할 때 조만간 어떤 일이 일어날지 전혀 예측하지 못했던 것은 아니다. 대비할 필요가 있었고 산더미 같은 빚을 떠안고 있는 것은 좋은 대비책이 아니었다. 나는 조지 로버츠와 이야기를 나눴다. 차입매수를 마무리한 직후인 만큼 회사의 재정 구조를 정비하기보다는 제품, 서비스, 마케팅에 다시 집중할 때였다. 하지만 로버츠는 부채에 대한 내 부담감과 상환을 서두르려는 조바심을 누구보다도 잘 이해했다.

"자본을 조달할 수 있다면 상환하세요."

그는 솔직하게 조언했다.

"꾸물거리지 말고, 제일 좋은 시점을 잡으려고 하지도 마세요."

내 예감은 정확했다. 행운을 과신해서는 안 된다. 물론 이제 내가 질문에 답할 위치에 있다는 사실도 잊지 않았다. 아주 오래전, 슈왑이 아직 단순한 구상에 불과했던 어느 주말에 함께 테니스를 치고 나서 로버츠는 그 사업은 가치를 어떤 식으로 창출하느냐고 물었다. 기회는 바로 거기에 있었다.

제19장
쓰나미의 한가운데에서

기업이 시험대에 오를 때 해야 하는 일

미국 서부 해안을 따라가다 보면 쓰나미의 경로일 수 있다는 경고 표지판을 여럿 지나친다. 드물게 발생하지만 파괴적인 위력을 지닌 쓰나미는 어느 한 가지 요인이 아니라 몇 가지 요소들이 모두 어우러질 때 발생한다. 가령 일정한 조건을 만족시키는 지진이 태평양 깊은 곳에서 일어난다. 대양저의 갑작스런 균열과 단층의 이동으로 바닷물이 급상승하면서 해수면으로 이동하며 지진의 중심부에서 바깥쪽으로 밀려난다. 이때 물결이 해안으로 밀려들며 거대한 파도로 돌변하고 쓰나미는 마치 물로 만든 거대한 쇳덩이처럼 육지를 때린다.

슈왑은 1987년 쓰나미를 경험했다. 경영진 주도로 이뤄진 BOA로부터 의 재인수와 그에 따른 부채, 상장과 강도 높은 조사, 고객의 전화와 주식거래를 급증시킨 10월 19일 주식시장 붕괴, 고객의 마진론 잔액이 예상보다 훨씬 더 많았고 따라서 대비하지도 못했다는 현실 파악까지, 당혹스러운 여러 요소들이 한순간에 완벽하게 결합했다. 모든 일은 빠르게 벌어졌고 위험에 대한 우리의 시각과 앞으로의 위험 관리 방식에 영원한 변화를 가져왔다.

쓰나미가 한창일 때는 두려움이 몰려온다. 두려움을 극복하는 데 집중하는 것이 우리가 할 수 있는 전부다. 조금이라도 경고 신호를 알아챘거나 스스로를 보호할 수단이 있다면 운이 좋은 것이다. 기존에 알던 모든 것이 시험대에 오른다. 하지만 그 모두를 견뎌내고 교훈을 얻어야 한다. 그것이 중요하다.

두려움에 휘말리지 말고 지켜보라

1987년 9월 22일 IPO를 마친 후 며칠, 아니 몇 주 동안은 온전히 기쁨을 누렸다. 그 느낌을 달리 표현할 방법은 없다. 우리는 독립했다. 슈왑은 성장하고 있었고 성장 속도도 빨랐다. 평범한 미국인들이 투자의 장점을 알게 됐고 투자라는 시스템이 실제로 도움이 된다는 걸 믿게 됐다. 점점 더 많은 사람들이 자신을 투자자라고 여겼다.

신규 고객 계좌를 40만 개 이상 추가하면서 연말에는 계좌 수가 200만 개를 돌파했고 매출은 1986년 대비 50퍼센트 이상 증가했다. 그리고 1987년 9월 기준 누적 이익은 3,840만 달러로 연초 대비 세 배 가까이 증가했다. 이런 매출과 이익의 성장은 과거 BOA로부터 슈왑을 재인수하 겠다고 발표했을 때처럼 신규 서비스를 추가하고 성장을 지속시키는 연료 역할을 했다.

우리는 새로운 컴퓨터 시스템에 투자하고 마케팅을 강화하고 있었다. 경영 체계는 성숙했고 업계 표준과 규제 요건을 충족하는 견고한 위험 통제 장치를 갖췄다. 모든 결정이 새로웠던 1975년의 신생기업이 더 이상 아니었다. 우리는 모든 면에서 승승장구했고 주식거래 건수와 거래로 벌어들인 수익은 전년 대비 50퍼센트 가까이 성장하고 있었다. 거래수수료 평균 72달러에 400만 건 이상의 거래를 처리했고 사업의 전망도 밝았다. 그렇게 많은 일이 잘 풀리고 있었으니 경계해야 마땅한 시기였을지도 모른다.

시장은 8월 이후 기록적인 급등락을 반복해 50포인트 상승했다 50포인트 하락했다. 경제는 1980년대 초 침체 이후 강한 회복세를 보였다가 다시 냉각되고 있었고 이는 투자 심리를 위축시켰다. 전 세계적으로 금리가 오르고 있었고 우리는 미국도 단지 시간문제일 뿐이라고 예상했다. 금리 상승은 주식시장에 대개 부담으로 작용한다.

지나고 나서 알게 됐지만 그해 여름의 변동성은 옵션과 파생상품을 비롯해 기타 정교한 금융상품이 연관된 새로운 전산화 프로그램의 매매 결과였다. 또한 대형 기관이 보유 자산을 선물시장에서 헤징hedging해 손실 위험을 관리하는 포트폴리오 보험 전략의 결과이기도 했다. 기관투자자들을 위한 이 새로운 방식은 잠재 손실을 줄이고 이따금 발생하는 시장의 비효율성을 활용해 돈을 버는 것이 목적이었다. 이론적으로는 투자자들이 주식을 처분하려는 가격과 다른 투자자들이 지불하려는 가격의 균형을 맞춰 가격 발견 과정을 순조롭게 해야 했지만 효과는 정반대였다. 이런 방식들이 오히려 시장을 얼어붙게 만들고 유동성을 고갈시키고 폭락을 부채질한 것이다. 그해 여름 내내 투자자들을 태운 마차는 심하게 덜컹거렸다. 공포가 누적되고 있었다.

시장은 롤러코스터다. 급등락장에 올라타려면
마음을 단단히 먹는 연습을 해야 한다.
이것은 쉽지도 않고, 저절로 되지도 않기 때문이다.

수많은 조정과 폭락과 오랜 약세장을 경험한 끝에 마침내 시장과 같은 방향으로 움직여 충격을 줄이는 것이 가능해졌다. 하지만 크든 작든 주식시장의 변화는 내 주의를 집중시킨다. 그리고 1987년, 역사에 남을 그 사건이 일어났다.

시장의 변동성은
인간의 본성 때문에 가속화된다

모두가 알게 될 때까지 누구도 폭락을 예상하지 못했다. 당연히 어떤 경고도 없었다. 시장은 본질적으로 위험하다. 사실은 매일 새로운 경고가 나오지만 지나고 나서 보면 절정에 이를 때까지 경고는 서서히 누적된다. 폭락을 예측할 수정 구슬은 없었지만 시장이 덜컹거리는 모습이 영 불길했다. 그럼에도 그처럼 빠르고 강력한 폭락은 예상하지 못했다.

10월 12일 월요일에 시작된 한 주는 줄곧 힘들었다. 상무부의 무역적자 발표에 관한 부정적인 보고서가 나오고 하원위원회 한 곳에서 합병 자금 조달과 관련된 세제 혜택을 없애는 법안을 제출했다는 소문이 돌면서 10월 14일 수요일 다우지수는 3.8퍼센트 하락했고 목요일에도 추가로 2.4퍼센트 하락했다. 그 후 10월 16일 금요일에는 108포인트로 무려 5퍼센트 가까이 급락하면서 뉴욕증권거래소의 거래량은 평소의 두 배인 3억 4,300만 주에 이르렀다. 하루 동안 지수가 100포인트나 하락한 것은 처음이었다. 시장에는 당시 발생한 엄청난 규모의 프로그램 매매를 소화할 능력이 없었다.

안 그래도 많았던 슈왑 고객의 거래 건수는 날마다 늘었고 금요일 장 마감 무렵에는 사상 최고 기록을 경신했다. 그주 일일 평균 거래 건수는 1만 9,000건으로 전년 대비 60퍼센트 가까이 늘었다. 여러 면에서 좋은 소식이었다. 거래가 많다는 것은 매출이 늘고 사업이 활발하다는 의미였다. 하지만 엇갈린 감정이 들었다. 수많은 사람들이 지점에 들러 시세표를 확인했고 무슨 일이든 일어나기만 하면 곧장 주식을 팔았다. 고객들이 '불편한 영역'에 있다는 신호였다. 주식시장의 커다란 변동에 침착하게 대처할 수 없는 것이 사람의 본성이다.

그 주 내내 야근이 길어지고 서류 작업이 늘면서 사무실 안의 긴장감도 고조됐다. 지금은 투자자들의 계좌에서 일어나는 일을 실시간으로 볼 수 있지만 컴퓨터 기술이 아직 걸음마 단계였던 30년 전에는 사정이 달랐다. 금요일에 시장이 문을 닫은 뒤에도 우리는 오랜 시간 동안 전 세계 지점망에서 데이터를 수집하고 그 결과를 평가했다.

전국의 모든 증권회사에서 같은 일이 일어나고 있었다. 많은 증권회사들이 자기거래principal transactions, 즉 회사 자체 투자 계좌로 거래에 참여했고 투자은행 부문에서 인수한 주식으로 계산은 더욱 복잡해졌다. 뉴욕증권거래소의 전문가들과 장외시장의 시장조성자들은 최악의 상황이라고 느꼈다. 그들의 역할은 주식시장이 질서 있게 돌아가도록(모든 매도자에 대한 매수자로서의 역할)하는 것이었다. 급하게 주식을 팔려는 투자자가 매수자를 찾을 수 없을 때 자신의 자금으로 직접 주식을 매수해야 하는 경우도 흔했다. 고객뿐만 아니라 공황에 빠진 매도자들로부터 주식을 떠안고 주가가 하락하는 것을 보고만 있어야 했던 업계 관계자들에게도 주가 하락의 고통은 고스란히 전해졌다.

월요일로 향하며 분명해진 한 가지는 거래가 극도로 늘어날 것이라는 점이었다. 그 거래량을 소화하는 것이 우리의 주요 관심사였다. 지난 한 주 동안은 그럭저럭 처리할 수 있었다. 거래가 더 늘면 어떻게 될까? 감당할 수 있을까? 우리는 고객서비스 품질을 유지해야 했고 시장에 혼잡을 야기하는 시스템 차원의 문제를 극복해야 했다. 고객서비스라면 할 수 있는 모든 방법을 동원해 관리할 수 있었다.

그러나 통제 범위 밖에 있는 두 번째 문제는 견뎌내는 것밖에 없었다. 우리는 미리 직원들을 지점에 배치하고 전화를 받았다. 직원들은 휴가를 취소하고 임시 직원을 채용했다. 당시 우리 회사의 전체 직원은 약 2,500명이었는데 대부분 위탁매매 업무를 처리할 수 있는 자격을 보유했다. 필요하다면 월요일에 현재 직무와 관계없이 해당 직원들을 투입해 주문 수신업무를 지원할 예정이었다.

예고된 위험을 경계하라

모든 증권회사가 면밀히 주시하는 중대한 위험 요소가 있었다. 마진 거래 계좌 잔고였다. 마진론은 전문 지식이 있는 투자자들이 추가로 주식을 매수하려고 할 때 기존에 보유한 주식의 시장가치를 담보로 자금을 차입해 구매력을 높이는 수단으로 활용된다. 주가가 하락하면 투자자는 더 많은 돈을 계좌에 예치해야 하고 그렇지 못할 경우 마진콜margin call(추가 증거금 납부 요구)에 직면할 수 있다. 보유한 주식을 처분해서 남은 대출금에 대한 담보력을 보강하라는 요구다. 물론 한 건의 마진콜은 해당 고객에게만 부정적인 영향을 미친다. 그러나 주가 하락으로 광범위한 마진콜이 발생하고 이것이 더 많은 매도로 이어질 경우 시장에서 자금이 한꺼번에 빠져나가는 사태도 가능하다. 사실 이는 업계 전반에 걸쳐 점차 확대되고 있는 중대한 위협 가운데 하나였다.

당시 해외 지점을 담당한 톰 시프는 팀원들과 이야기를 나눈 뒤 걱정이 깊어졌다. 그는 주말에도 사무실에 나와 전초기지 곳곳의 최신 소식을 파악하고 다음 주 대비 상황을 점검했다. 다른 직원들도 위험을 초래할 가능성이 있는 계좌를 찾기 위해 데이터베이스를 검토했다. 바로 그때 시프는 홍콩의 억만장자 고객 테디 왕Teddy Wang이 월요일 아침 수백만 달러 마진콜에 직면한다는 사실을 알게 됐다. 충격이었다. 그가 본 것 중 가장 큰 규모의 마진콜이었다. 즉시 홍콩에 전화를 걸어 아직 자고 있던 현지 지점장 래리 유Larry Yu를 깨워 테디 왕이 누구인지 파악하도록 했다.

유의 설명에 따르면 왕은 굉장히 부유한 홍콩의 고객으로 지난 금요일 계좌에 큰 손실이 발생했다. 금요일 개장 전 자산가치 5,000만 달러로 출발한 그의 계좌는 장 마감과 함께 800만~1,200만 달러 규모의 적자 계좌가 됐다. 왕은 자신이 보유한 자산에서 옵션 전략을 활용해 약간의 추가 수입을 올리고 있었는데 정상적인 시장이라면 돈을 벌 수 있는 전략이었지만 이번 시장은 그의 편이 아니었다.

유는 이미 금요일에 왕에게 전화를 걸어 즉시 추가 증거금 요건을 충족하지 못하면 자산을 청산해 부족한 증거금을 메우겠다고 통보한 바 있었다. 왕은 시장의 반등을 기대하며 기존 투자를 유지하기를 간절히 바랐다. 그때 투자를 청산하면 막대한 손실을 확정하는 것이었다. 우리는 그가 홍콩에서 손꼽히는 부동산 재벌이었고 기존 포지션을 유지해도 될 만큼 많은 자산이 있다고 확신했다. 담보도 있었지만 당시 시장과 상황에서 그에게 필요한 것은 유동성이었다.

토요일 아침, 왕은 거액의 잔고가 표시된 은행 계좌 두 개의 명세서를 들고 유를 만나 슈왑 계좌의 자산을 매도하지 않더라도 대출을 상환할 수 있다는 것을 보여줬다. 그러면서 계좌 자산에 문제가 없도록 하겠다고 장담했다. 우리는 그가 서명하기만 하면 은행에서 돈을 내줄 것이라고 확신했다. 왕은 유에게 은행 잔고 명세서 사본을 맡기며 아직 주말이니 월요일 아침에 은행이 문 여는 대로 현금을 인출해 마진콜 요구를 이행하겠다고 약속했다. 월요일에 닥칠 일을 전혀 알지 못한 채. 유는 월요일까지 기다려주기로 했고 톰 시프는 유에게 계속해서 상황을 보고할 것을 당부했다.

운용본부장인 배리 스노바지가 일요일 한밤중에 사무실에 도착했을 때는 이미 트레이딩룸 직원들 대부분이 출근해 있었다. 세계 시장이 차례로 열리면서 각지에서 보고가 들어오기 시작했다. 거대한 매도의 물결이 우리 쪽을 향해 밀려오는 소리가 들렸다. 도쿄, 홍콩, 프랑크푸르트, 런던. 사람들이 앞다퉈 주식을 팔면서 세계 시장이 차례차례 가파르게 하락했다. 이제 뉴욕 시장이 열리면 엄청난 일이 벌어질 것이었고 우리는 거기에 대비해야 했다.

인간의 본성을 극복할 때
비로소 투자자가 된다

1987년 10월 19일 샌프란시스코의 새벽. 시원한 공기와 눈부신 햇살을 기억한다. 여름 안개가 걷힌 가을은 샌프란시스코에서 언제나 가장 좋은 계절이다. 그러나 그날 아침 우리는 엄청나게 불길한 예감에 휩싸였다.

내 방 옆 작은 회의실에서 임원들을 만났다. 커뮤니케이션, 홍보, 광고, 컴퓨터 시스템, 직원들의 사기, 시간 외 근무, 음식, 지원 업무에 이르기까지 논의할 것이 많았다. 주말에 결혼식을 올린 데이비드 포트럭은 신혼여행 계획을 취소했다. 모두 현장에 집합했다. 1층 대표 지점은 이미 방문했는데, 내가 동요하지 않는다는 걸 직원들에게 알리기 위함이었다. 나는 경영진에게 최대한 말을 아껴 지시했다. "돌파할 방법을 찾아요."

뉴욕증권거래소에서 개장 15분 전을 앞두고 벌써부터 5억 달러 매도 주문이 쌓였다는 보고가 들어왔다. 거래소 전화는 이미 불통이었다.

동부 시간으로 오전 9시 30분. 장이 열리고 전 세계를 휩쓴 매도의 물결이 뉴욕을 강타했다. 뉴욕증권거래소는 개장과 동시에 10퍼센트 하락했다. 마구잡이로 뒤엉킨 주문을 정리하고 쏟아지는 매도 물량을 기꺼이 받아줄 매수자를 찾기 위해 스페셜리스트 specialist *들이 매달렸지만 몇 시

---

* 뉴욕증권거래소 회원으로 특정 주식의 매매 주문을 처리하며 수요와 공급의 불균형이 있을 때는 자기 계정으로 해당 주식을 거래해 시장조성자의 역할도 한다.

간 동안 주요 기업들의 주식은 거래가 시작되지도 못했다.

지금과 같이 고도로 디지털화된 세상에서는 상상하기 어려운 일이지만 1987년에는 투자자가 주식을 사거나 팔기 위해 브로커에게 전화했고 브로커는 주문 정보를 거래소에 나가 있는 대리인에게 전달했다. 대리인은 그 정보를 듣고 달려가 플로어브로커 floor broker • 에게 건네고 플로어브로커는 트레이딩 스테이션 trading station 에서 해당 주식을 매매했다. 그러면 스페셜리스트가 매수 주문과 매도 주문을 연결해 성사시켰고 매수자나 매도자를 빨리 찾지 못하면 자신이 거래 상대로 개입해 자기 계정으로 거래를 마쳤다. 거래가 체결되면 같은 단계를 역으로 거쳐 그 결과가 고객에게 통보됐다.

일반적으로는 몇 분 사이에 끝나는 일이었다. 그날 아침, 밀려드는 주문으로 부하가 걸린 듯 시스템이 불안정하고 느리게 작동했다. 불안해진 고객들이 "주문이 잘 처리된 것 맞죠?"라고 전화로 거듭 확인했던 것도 통화량이 폭주한 원인이었다.

비상장주식이 거래되는 장외시장도 골머리를 앓았다. 매수자와 매도자 사이에서 중간자 역할을 하며 두 가격의 스프레드에서 한 주당 수십 센트 차익을 얻는 데 익숙했던 시장조성자들은 시장이 급격히 움직이면서 스프레드가 네 배나 확대돼 5달러까지 벌어지는 것을 보았다. 전례 없는 상황이었고 시장의 공황 상태가 어느 정도인지 보여주는 일이었다. 사

• 뉴욕증권거래소 회원으로 거래소 입회장에서 다른 회원들이 위탁한 주문만을 취급한다.

람들은 시장을 빠져나가고자 했고 주당 5달러를 포기해야 한다고 해도 어쩔 수 없이 받아들였다. 이처럼 넉넉한 스프레드에도 불구하고 위험 부담이 너무 큰 나머지 시장조성자들은 주식을 사는 대신 시장조성 행위를 중단하며 기권을 선언했다. 주식시장의 유동성은 고갈되고 있었다. 옵션 거래소마다 포지션을 해소하려는 움직임이 있었지만 테디 왕과 같은 일부 복합적인 포지션은 거래소에서 처리하기 불가능했다. 주식시장을 기초자산으로 하는 옵션 거래는 한동안 중단됐다.

그날 101 몽고메리 사무실은 긴박하게 돌아갔다. 과거에 경험한 어떤 것도 그날의 상황과는 비교되지 않았다. 우리가 그때까지 '대량'이라고 생각했던 주문량을 처리할 수 있는 컴퓨터 네트워크는 고객들의 전화가 쇄도하고 주문이 폭주하면서 거래 시작 15분 만에 과부하에 걸리고 말았다. 결국 컴퓨터 이전 시대로 돌아가 종이에 주문을 받고 수작업으로 마진론에 대한 노출 정도를 계산했다. 일부 고객들이 한 건이라도 체결되기를 바라는 마음에 같은 주문을 여러 차례 내면서 거래 건수가 인위적으로 급증했다. 금융서비스 업계 경험으로 볼 때 훗날 시장의 붕괴를 막기 위한 노력은 그날부터 시작됐다고 말할 수 있다. 그러나 어쨌든 그날은 최선을 다해 고객들을 안심시키는 것이 우선이었다.

슈왑의 전 직원이 동원돼 긴급한 문제를 해결하고 전화로 고객을 지원했다. 직함, 서열, 일상의 직무와 관계없이 모두에게 제일 시급한 업무는 고객 응대였다. 모두가 '스위스 용병'처럼 지원 업무에 나섰다. 당시 회사의 커뮤니케이션을 총괄한 휴고 쿼큰부시는 지점과 전화 서비스 팀을 직접 방문해서 점검하고 지인을 통해 다른 회사의 돌아가는 상황을 파악했다.

"아수라장입니다."

보고는 단순했지만 공황이 시장을 강타했고 그 여파가 전국적으로 확산되고 있었다. 우리가 경험하는 것과 똑같은 상황이 업계 전반에 벌어지고 있었다. 거래 주문은 폭주했지만 매수하려는 사람보다 매도를 원하는 사람들이 훨씬 많았고, 시장에 쏟아지는 매도 주문 프로그램 거래가 상황을 더욱 악화시켰다. 매도자와 매수자의 합리적인 조합은 사라졌고 자연스럽게 형성됐던 시장의 평형도 깨졌다. 일부 증권시장, 그중에서도 복잡한 증권이 거래되는 시장은 문을 닫았고 따라서 아예 거래가 이뤄지지 않았다. 결국 뉴욕증권거래소의 52개 스페셜리스트 회사들은 팔지도 못할 15억 달러 상당의 주식을 자체 계정에 보유했다. 평소보다 10배나 많은 규모였다.

부채가 급증한 마진 거래 고객은 테디 왕 외에도 더 있었다. 규모는 작지만 수백 개 계좌가 마진콜을 당했다. 거래소에서 거래를 실행할 수 없게 되자 우리는 현재 시장 가격에 직접 거래를 실행하는 시장조성자의 역할을 하려고 했다. 손실이 발생한 거래도 있었지만 매도를 간절히 원하는 고객들에게 도움이 되고 고객을 안정시키는 효과도 있었다. 지점 밖에는 거래를 원하는 사람들이 줄 서 있었다. 전면적인 위기 상황이었지만 우리는 극복해낼 수 있다고 믿었다. 하지만 투자자들이 시장에 대한 신뢰를 회복할지 여부는 확신하기 어려웠고 그 점이 몹시 걱정스러웠다.

그동안 사람들에게 투자의 유용성을 설득해왔고

이 폭락이 일시적이라는 것도 알았지만,

수백만 명이 투자를 포기할지 모른다는 생각에 견딜 수가 없었다.

당시 고통을 겪은 사람들 중에는 우리 직원들뿐만 아니라 불과 몇 주전 슈왑의 IPO에 적극적으로 참여한 오랜 고객들도 많았다. 몇 주 전 16.50달러에 거래된 슈왑 주식은 블랙먼데이에 12.25달러까지 떨어졌고 하락세를 지속해 연말에는 주가가 6달러까지 내려갔다. 나를 위해 일한 사람들, 특히 BOA 시대를 살아남은 사람들이 공모를 통해 슈왑 주식으로 보상받을 수 있도록 모든 것을 다 했다. 그런데 이제 나를 포함해그 한 사람 한 사람이 엄청난 타격을 입었다. 이후 주가가 회복되기까지는 2년이 걸렸고 그러고도 2년이 더 지나서야 주가는 의미 있는 상승세를 보이기 시작했다. 그때까지 기다리지 못하고 주식을 팔아 결국 돌아온 반등 기회를 잡지 못한 사람들에게는 안타까운 일이었다.

투자에는 인내와 두둑한 배짱이 필요하지만 이는 인간의 본성에 가깝지 않은 듯하다. 우리의 본성은 싸우거나 달아나는 쪽이다. S&P500 지수의 과거 40년 추이를 보면 높고 낮은 봉우리와 골짜기가 끝없이 펼쳐진다. 그 봉우리와 골짜기 하나하나가 공황과 희열의 순간이다. 하지만 뒤로 물러나 시야를 넓히면 시장의 방향은 필연적으로 위를 향한다는 걸 알 수 있다. 언젠가 다시 상승하리라는 믿음을 포기하지 않고 인간의 본성을 극복할 때 비로소 투자자가 된다.

투자에서 특히 중요한 진실은 시간은 우리 편이라는 것이다.

단 충분할 때만 그렇다.

부족한 시간은 가장 큰 적이 될 수도 있다.

위험 통제를 방해하는 것은 무엇인가?

금요일부터 월요일에 걸쳐 전 세계 모든 증권회사가 직면한 주식시장의 문제에 더해 슈왑만의 문제도 있었다. 우리는 이제 막 상장한 회사였다. IPO를 한 지 90일도 채 지나지 않았기 때문에 아직 투자설명서 교부 기간 중이었다. 이 기간 동안은 회사와 언더라이터* 모두 회사에서 일어나는 일에 깊은 관심을 갖는다. 회사의 상황을 적절히 공시하지 않으면 투자설명서를 승인한 양측 모두 법적 책임을 지게 된다. IPO 이후 불미스러운 일이 일어난다면 엄연히 경영진의 문제지만 IPO 기간 중이라면 회

---

* 증권 인수 업무를 담당한 회사.

사, 경영진, 언더라이터, 변호사, 회계사 모두의 문제가 된다. 암울했던 최근 며칠 동안 우리 변호사들은 회사의 상황에 중요한 변화나 그런 기미가 있다면 비록 실제 영향을 알 수 없더라도 일반 투자자들에게 반드시 공개해야 한다고 몇 번이고 강조했다. 우리는 마치 현미경 아래에 있는 것처럼 아주 작은 움직임도 주목받고 있었다.

경쟁사들 중에는 그런 부담을 진 곳이 없었고 그래서 증권거래위원회 보고를 제외하면 아무 말도 하지 않았다. 공개적으로는 그날의 폭락에 관해 입을 다물거나 "부담은 되지만 재정은 여전히 탄탄하며 지급준비율 규정Regulatory Reserve Requirements, RRR을 준수한다."는 식의 모호한 발언으로 뒤로 물러나 있었다.

반면 상장한 지 한 달도 채 지나지 않은 우리로서는 새로운 부채가 생겼거나 짐작되는 변화가 있다면 회사가 튼튼하고 고객 자산이 안전함에도 불구하고 공시할 책임이 있었다. 약병에 의무적으로 표시하는 '이 제품은 유해할 수 있습니다' 같은 문구들이 가장 극단적인 상황을 경고하듯 우리 공시도 완전하면서 가장 보수적인 표현을 택해야 했다. 우리는 상황을 알리기 위해 즉시 규제 당국과 접촉했다.

다시 테디 왕이 문제가 됐다. 어떤 손실에 직면하든 곧 보고 대상이 될 것이므로 테디 왕으로부터 시작된 위험을 신속히 통제할 필요가 있었다. 그는 사실 슈왑뿐만 아니라 다른 증권회사들에서도 훌륭한 고객이었다. 오랫동안 우리 고객이었고 걱정거리를 안긴 적도 없었다. 우량 블루칩 종목으로 채운 대형 포트폴리오를 보유했고 그 포트폴리오를 담보로 대출을 받아 옵션을 거래했다. 그를 곤경에 빠트린 것은 '풋옵션 매도'라는 난해한 옵션 포지션이었다.

풋옵션 매도자는 미래 특정일(만기일)에 지정한 가격으로 해당 주식을 매수하기로 동의하고 그 대가로 현금을 수수료로 받는다. 주가가 오르거나 유지되는 것에 베팅하는 것인데, 이 경우 옵션은 그냥 소멸하고 수수료를 이익으로 챙길 수 있다. 시장이 횡보하거나 상승한다면 테디 왕과 같은 투자자는 풋옵션 매도로 꽤 괜찮은 이익을 거둘 수 있다. 그러나 시장이 하락하면 풋옵션 매수자가 매우 유리해진다. 그 풋옵션을 매도한 사람(왕)에게 지정된 가격에 주식을 팔 권리를 가지고 있기 때문이다.

시장이 급락하던 그때 왕은 많은 주식을 사들일 의무가 있었다. 일반적으로 풋옵션 매도자는 상쇄할 수 있는 다른 옵션을 매수해 위험을 상쇄하는 방식으로 스스로를 보호한다. 이런 보호 장치들이 없는 사람들을 '네이키드 풋'naked put 을 가지고 있다고 하는데, 왕이 이 네이키드 풋을 가지고 있었다.

게다가 풋옵션 매도 포지션뿐만 아니라 마진 거래 계좌도 그를 곤경에 빠뜨렸다. 왕은 블루칩 주식을 대량 보유했다. 평소였다면 마진 거래 계좌와 옵션 거래를 뒷받침하기에 충분한 규모였다. 일반적으로는 필요한 경우 풋옵션 매도에서 발생한 손실을 메울 만큼 주식을 처분한 다음 포트폴리오의 나머지 주식은 그대로 두고 기다리면 됐다. 그러나 시장이 순식간에 폭락한 당시 상황에서 왕은 마진콜을 피할 만큼 신속하게 활용할 보호 수단이 없었다. 보유한 주식의 가치가 한꺼번에 급락하면서 풋매도 포지션의 의무*를 이행할 여력도 부족한 상황이었다.

가격이 폭락하고 많은 유가증권의 시장 자체가 증발하면서 견고하고 신뢰할 수 있는 정보는 아예 존재하지 않았고 해당 유가증권의 거래는 얼어붙었다. 교차 시장crossed market(매수 호가와 매도 호가가 반대 방향으로 움직이고 두 가격의 일치가 불가능한 시장)과 잠긴 시장locked market(매수 호가와 매도 호가가 일치하는 시장)이 전개됐다. 정상적인 시장에서는 발생하지 않는 현상이다. 왕은 하강 기류에 꼼짝없이 갇혔고 월요일 장이 진행되면서 풋매도 포지션에서 발생한 손실을 충당할 의무도 점점 늘어났다. 우리는 그에게 발생할 손실에도 불구하고 담보로 설정된 블루칩 주식을 처분해야 했다. 왕이 우리에게 갚아야 할 금액은 월요일 하루 동안 약 1억 2,600만 달러에 이르렀다.

그러면 왕이 손실을 메울까? 긴급하고 중요한 질문이었다. 그가 보유한 다른 자산과 은행 계좌, 부동산 등을 활용하면 가능했다. 그러나 그 질문이 절박했던 것은 우리가 직면한 위험을 빠짐없이, 그것도 상세히 보고할 의무가 있었기 때문이다. 공시 의무가 점점 현실화되면서 언제 어떤 식으로 공시할 것인지에 관한 불확실성이 우리를 옥죄왔다.

나는 이런 문제에 직면한 데 속으로 분개하고 있었다. 시장에서 예상 가능한 모든 시나리오에 대응할 수 있는 수백 가지 위험 통제 방안을 시행하고 있었다. 그런데 왕의 네이키드 풋 전략에 대한 위험 통제는 어떻

---

* 풋옵션 매수자의 권리행사에 반드시 응해야 하는 의무.

게 된 것인가? 일단은 그 상황을 극복하는 것이 중요했다. 위험 관리 절차의 허점을 해결하는 것은 긴급하기는 해도 그다음 문제였다.

블랙먼데이 당일, 뉴욕증권거래소의 거래량은 기록적인 하락세로 마감했던 금요일 거래량의 다섯 배에 이르렀다. 시장 붕괴 가능성을 감지한 연방준비제도가 개입했고 앨런 그린스펀 의장은 성명을 발표했다.

"연방준비제도는 오늘 중앙은행의 책임에 걸맞게 유동성의 원천으로서 경제와 금융 시스템을 지원할 준비가 돼 있음을 선언합니다."

연방준비제도의 발표로 상황에 대한 자신감을 어느 정도 회복한 은행권은 스페셜리스트 회사와 시장조성자들에 대한 대출을 늘리기 시작했다. 거래는 균형을 찾기 시작했고 시장은 그 주에 안정을 되찾았다. 공황은 거의 시작과 동시에 끝났다.

판단을 내리기 전에 먼저 문제를 살펴라

반면 우리의 문제는 그렇게 빨리 해결되지 않았다. 그 주 내내 언더라이터 회사의 변호사들은 테디 왕과 관련된 잠재적 위험을 즉시 보고하라고 요구했다. 우리는 반발했다. 왕은 수많은 고객 중 한 사람일 뿐이었고 우리가 감당할 수 있는 사안이었다. 슈왑의 근본적인 건전성은 여전히 매우 양호했다. 자금도 충분했고 고객들의 거래 건수도 엄청났다. 그 모든 거래로 발생하는 수수료에서 강력한 현금흐름과 이익을 창출하고 있었다. 많은 고객들이 주식 포지션을 처분하고 현금이나 MMF를 보유했으므로 자본의 필요성도 줄었다. 우리는 업계 대다수 종사자들보다 폭풍우를 잘 견뎌내고 있었다. 위험은 통제되고 있었고 감당할 수 있는 수준이었다. 우리는 홍콩의 상황에 실제로 진전이 있다고 주장했다. 왕의 은행 계좌와 그의 약속이 손실을 상당 부분 보증했다. 게다가 아직은 정확한 보고서를 제시할 수 없었다. 공시를 서두른다면 정보가 아니라 오보가 될 것이었다. 좀 더 시간이 필요했다.

그 논쟁으로 열흘을 벌었다. 외국에 거주하는 노련한 억만장자로부터 엄청난 대출금을 회수하기까지 열흘의 시간이 주어졌다.

속도를 내야 했다. 래리 스톱스키는 하워드라이스의 래리 랩킨이 이끄는 샌프란시스코의 우리 변호사들과 긴밀히 협력했다. 10월 20일 화요일을 시작으로 토론토, 시애틀, 워싱턴, 뉴욕에서 서둘러 법률 자문을 구하고 왕의 자산이 발견되는 어느 곳에서든 그 자산을 묶어두도록 필사적으로 매달렸다. 변호사들은 왕이 지난 주말 래리 유 홍콩 지점장에게 알린 은행 두 곳의 계좌 자산을 일시적으로 동결하는 마레바형 금지명령Mareva injunction•을 신청해 허가를 받아냈다. 판사는 열흘 뒤로 심리 일정을 잡았다. 왕이 직접 계좌를 관리했다는 것을 입증하지 못하면 열흘 뒤 금지명령은 해제될 것이었다. 자산을 확인하고 어쩌면 우리 외에 다른 많

• 자산 동결 명령. 1975년 영국 고등법원의 마레바 대 인터내셔널 사건Mareva Compania Naviera S.A. v. International Bulkcarriers S.A.에서 유래했다.

은 곳에서 압박을 받고 있을 왕으로부터 빚을 갚겠다는 약속을 받아내기까지 주어진 시간은 단 열흘이었다.

홍콩에서는 왕과의 첫 대면이 순조롭지 않다는 소식이 들려왔다. 협상은 시작됐고 시곗바늘은 돌아가고 있었다. 내게 의지하는 모든 사람을 위해 나는 침착함을 잃지 않으려고 최선을 다했다. 다른 팀원들도 마찬가지였다. 속으로는 초조했지만 걱정을 제쳐두고 억지로라도 앞으로 나아가야 했다.

조직을 이끌 때는 문제를 자세히 살피고
필요한 조치가 무엇인지 최선의 판단을 내려야 한다.

전부 잘 풀릴 것이라는 확신이 있었다. 사실 최악의 경우 왕의 손실을 상각 처리하고 끔찍한 4분기 실적을 보고할 각오도 했다. 그해 9,000만 달러가 넘는 세전 이익을 앞두고 있었으므로 그 정도 비용은 감당할 수 있었다. 왕이 메우지 못할 수 있는 신용융자거래 손실을 해결하기 위해 추가 자본이 필요해지더라도 선택할 수 있는 여러 대안이 있었다. 차입을 늘리거나 외부에서 투자를 받는다는 것은 독립성이 약화된다는 점에서 완벽하다고는 할 수 없었지만 어쨌든 가능한 대안이었다.

실수를 저질렀을 땐 먼저 인정하라

1987년 10월 29일 목요일, 약속한 공시 날짜가 돌아왔다. 우리는 그날 오후 세인트 프랜시스 호텔에서 약속대로 공시 내용을 설명하는 기자회견을 가질 예정이었다. 시장이 열리기 전 보도 자료가 나갈 것이고 홍콩에서는 아직 협상이 진행 중이었다. 약속된 시간이 다가오고 있었고 우리가 확실히 아는 사실은 왕의 포트폴리오가 다소 회복돼 남은 대출금 규모가 최대 약 8,400만 달러라는 것이었다. 2주 전의 1억 2,600만 달러와 비교하면 크게 줄었지만 찰스슈왑 코퍼레이션에는 여전히 껄끄러운 요인이었다. 그것만이 유일한 불확실성이었다. 그 문제만 아니면 폭락한 시장에서 우리가 치러야 할 비용을 확실히 알 수 있었다. 쓰라리기는 해도 극복 불가능한 손실은 아니었고 다른 많은 회사들에 비하면 오히려 가벼울 수도 있는 문제였다.

약속한 날짜가 다가옴에 따라 래리 랩킨은 서로 다른 두 가지 보도 자료를 작성했고 홍보부에서도 두 가지 원고를 준비했다. 하나는 왕과의 협상이 성공하지 못한다고 가정하고 우리가 산출할 수 있는 가장 큰 손실을 보고하는 것이고, 다른 하나는 빠르게 극복할 수 있는 규모의 손실을 보고하는 것이었다. 첫 번째 상황은 왕과 기타 이유로 발생한 손실이 이익과 자본을 잠식해 한동안 재무 성과와 재정의 유연성에 부담을 주어 경영에 심각한 차질을 빚을 것이라는 의미였다. 두 번째는 마진론에서 발생한 손실을 발표하고 불명예를 얻겠지만 회사의 미래는 상당히 통제할 수 있는 상황이라는 인식을 줄 수 있었다.

그날 아침 우리는 일찍부터 래리의 사무실에 모여 홍콩에서 들려올 결과를 기다렸다. 1만 킬로미터 넘게 떨어진 곳에서 열흘 동안 펼쳐진 거침없는 치킨 게임의 결말이 다가오고 있었다. 약속한 공시 발표일 바로 전날까지도 양측은 좀체 의견 차이를 좁히지 못했다. 왕 측에서는 4,000만 달러를 제시하면서 그 금액을 받아들이든 말든 마음대로 하라고 했고 우리는 8,000만 달러 상환을 고수하며 이를 수용하지 않을 경우 법정으로 갈 수 있음을 암시했다.

협상은 이른 시간에 재개됐다. 마침내 협상이 타결됐다고 홍콩에서 전화로 소식을 알려왔다. 공격적인 상환 계획에 대한 합의가 이뤄졌다. 왕에게 빌려준 돈 전부를 회수하지는 못했다. 조금만 더 시간이 있었다면 전체를 회수할 수도 있었겠지만 나는 마지막 한 푼까지 쥐어짜서 합의문을 받아내는 데는 관심이 없었다. 끝없는 협상으로 상황을 장기화해 1번 보도 자료를 들고 기자회견장으로 들어갈 수밖에 없는 상황을 만들기보다는 받을 수 있는 것을 받고 끝내는 편이 나았다. 우리는 대출금의 대부분인 총 6,700만 달러를 돌려받았다. 1,200만 달러는 즉시, 1,300만 달러는 2주 후, 나머지는 앞으로 5년간 분할해 상환하는 조건이었다.

우리는 시장의 폭락과 관련해 그리고 왕과 무관한 계좌도 포함해서 4,200만 달러의 세전 손실을 발표해야 했다. 감당할 수 있는 규모였다. 최종적으로 우리는 1986년 대비 66퍼센트 증가한 2,400만 달러 이상의 순이익을 달성하며 그해를 흑자로 마감했다.

그날 오후 우리는 거의 탈진한 상태로 2번 보도 자료를 챙겨 세인트 프랜시스 호텔로 향했다. 기자회견장은 사람들로 북적거렸다. 마치 의회 청문회에 선 '적대적 증인'이 된 기분이었다. 수면 부족과 지난 열흘 동안 끊임없는 긴장감에 시달렸다는 사실은 변명이 되지 못했다. 초반에 어느 기자가 네이키드 숏 옵션에 대한 설명을 요청했다. 랩킨이 나서서 설명을 해보려고 애썼다. 평소 그는 이런 설명에 굉장히 능란한 편이었지만 그날은 아니었다. 한동안 말을 더듬거리더니 결국 설명을 포기했다. 그날 웃음소리가 들린 유일한 순간이었다.

나머지 질문은 내가 처리했다. 나는 침착하게 분별력을 잃지 않고 정확한 답을 하려고 애썼고 우리가 직면한 문제의 범위를 과소평가하지 않으려고 노력했다. 전달할 메시지는 명료했다. 큰 문제가 있었고 비용을 치러야 한다는 것이었다. 예상하지 못한 위험이었고 우리만의 문제가 아니었다. 우리는 업계 표준에 따라 위험을 계산하고 관리했지만 충분하지 않았다는 걸 알게 됐다. 나는 앞으로 어떻게 문제를 바로잡을 것인지 설명했다. 이는 언론뿐만 아니라 우리 고객과 슈왑 직원들에게 전하는 이야기였다. 직원들의 노고는 아직 시작에 불과할 뿐이었다.

언제나 느끼지만 실수를 저질렀을 때 먼저 나서서 인정하면
사람들은 일단 믿어주는 쪽을 택한다.

문제를 인정하고 털어놓으면 사람들은 믿어준다. 그것이 다음을 위해서도 좋다. 남을 탓하거나 그럴듯한 말로 문제를 덮으려고 하면 한 번은 넘어갈 수 있을지 모른다. 그러나 누구든 한 번 이상 실수를 하기 마련이며 처음에 적당히 얼버무려 얻은 여유는 오래가지 못한다. 상황을 정확히 설명하고 책임을 받아들이고 문제를 해결하면서 앞으로 나아가야한다.

위기에서 얻은 교훈은 강점이 된다

위기에도 가치를 매길 수 있을까? 블랙먼데이는 시장의 거래량이 이례적으로 늘어날 때 발생하는 수요를 우리 시스템이 전혀 소화하지 못한다는 사실을 가르쳐줬다. 폭락 하루 전, 강세장이 한창일 때 우리는 하루 평균 1만 7,000건의 거래를 처리했다. 기존에 부담 없이 처리하던 규모를 크게 넘어선 물량이었다. 변동이 심한 고객 수요를 관리하는 것은 늘 어려운 일이었지만 잘 해내고 있는 줄만 알았다. 인력을 분배하고 지점에 전화 응대 담당자를 배치하고(걸려온 전화에 차례로 호가를 제공하는 업무였는데 같은 고객이 여러 번 전화를 걸 때도 많았다) 등록된 브로커가 지점에서 대기하며 주문을 실행하는 시스템으로 효율성을 높였다고 여겼다.

하지만 하루 만에 거래 건수가 5만 건으로 급증한 블랙먼데이에 우리의 속도와 대응력은 터무니없이 부족했다. 슈왑과 같은 성장 기업을 경영하고 그 분야의 최고가 되는 것이 목표라면 더 멀리 내다봐야 한다. 우리를 용서하지 않은 고객들도 있었고 우리는 그들을 영원히 잃었다. 그렇게 해서 놓친 매출을 회복하기까지는 수년간 대가를 치러야 했다. 더욱 뼈 아픈 사실은 그 고객들의 눈에 우리가 실패한 기업으로 비쳐졌다는 것이었다. 한번 잃은 신뢰는 회복하기 어렵다. 그날의 경험을 통해 우리는 시장 거래량의 변동성을 소화할 수 있는 최첨단 콜센터 개발에 나섰다. 그리고 마침내 다이얼이 아닌 버튼 방식 전화기를 도입하고 인터넷을 이용한 자동화 시스템 개발에 앞장섰다. 약점에서 교훈을 얻어 강점으로 만든 것이다.

또한 마진론 관행을 오랜 시간을 들여 꼼꼼히 살펴보게 됐다. 상품의 위험성에 맞게 대출이 이뤄졌는가? 대출이 이뤄지기 전에 고객에 대해 충분히 알았는가? 고객에게 요구한 담보는 충분했는가? 이는 테디 왕 사태가 남긴 교훈이었다. 물론 그 사태도 방어적으로 말하자면 불시에 기습적으로 당한 일이었다. 역사적으로 증권업계는 규제 당국이 정한 증거금 요건을 신용 위험을 관리하는 보수적 기준으로 여기고 의존해왔다. 불행하게도 이 지침들은 1987년 시장이 폭락할 때 우리에게 도움이 되지 못했다. 좀 더 솔직히 말하자면 막을 수 있는 일이었다. 우리는 이 위험에 지나치게 취약했고 앞으로는 훨씬 더 제대로 관리할 필요가 있었다.

사실 당시 최악의 상황을 상정한 모든 시나리오는 시장의 낙폭을 25퍼센트가 아닌 5퍼센트로 가정한 것이었다. 블랙먼데이에 벌어진 일은 상상도 할 수 없었던 일이다. 그리고 이 일은 훗날 책임 있는 위치에 있는 사람들이 미래에 스스로를 보호하기 위한 조치를 취할 때 위험을 산출하는 근거가 됐다. 미지의 것이 어두운 곳에서 밝은 곳으로 모습을 드러내 비로소 알려진 극적인 순간들 중 하나였다.

테디 왕은 우리의 방어 체계가 지닌 허점을 노출시켰다. 우리는 수일 내로 네이키드 옵션 포지션에 대해 업계 기준보다 더욱 엄격한 증거금 요건을 부과했다. 이 새로운 기준은 불과 몇 달 후인 1988년 1월 8일 다우지수가 141포인트 하락하면서 시험대에 올랐다. 이번에는 회수 불가능한 고객 미수금이 크게 증가하지 않았다. 우리의 새로운 기준은 1997년과 2000년 시장이 폭락했을 때 그리고 2008년 시장이 50퍼센트 이상 급락했을 때도 다시 시험대에 올랐다. 그때마다 대형 손실은 발생하지 않았고 2008년 정부의 부실자산 구제 프로그램Troubled Asset Relief Program, TARP 지원도 받을 필요가 없었다.

1987년 블랙먼데이 이후 우리는 부족한 점을 보완했고 위기는 미래의 힘이 됐다. 현재 우리는 더 높은 단계의 조치를 취하고 있다. 알 수 없는 미지의 것을 적어도 상상할 수 있는 것으로 만들기 위해 이제까지 경험한 영역을 훨씬 벗어난 위기 시나리오를 가동하고 있다.

블랙먼데이는 오랫동안 요구돼왔던 시장의 개혁에 이르는 길을 닦았다. 1988년 5월 나는 미국 상원 은행위원회Senate Banking Committee 앞에서 프로그램 매매를 단속할 필요성에 대해 증언했다. 이때 나는 프로그램 매매를 "우리의 숙적인 시세조종 행위에 상응하는 현대판 첨단 기술"이라고 표현했다.

"대규모 자본이 일제히 움직이며 옵션과 선물 계약 고유의 높은 레버리지를 활용하고,* 대개 컴퓨터 프로그램에 의해 관리됩니다. 프로그램 매매는 현대판 악덕 자본가입니다."

나는 프로그램 트레이더들이 투입한 돈이 대부분 미국 시장에 책임을 떠넘긴 월스트리트 기업에서 나온 것이라고 주장했다. 그 결과 시장 변동성이 높아지면 프로그램 매매를 중단시키는 서킷브레이커 circuit breaker 제도가 모든 거래소에 도입됐다.

지금까지 이야기한 것은 블랙먼데이로 발생한 직접적이고 확실한 수혜 중 일부다. 측정하기는 어려워도 이것 못지않게 의미 있고 현실적인 수혜도 있었다. 다만 안타까운 점은 우리 회사가 얻은 이 수혜를 1987년 폭락의 고통을 겪은 모든 사람이 함께 누리지 못했다는 것이다. 우리는 폭락과 그 여파로 상처를 입었고 또다시 쓰라린 해고에 나설 수밖에 없었다.

고객으로 넘쳐났던 지점들은 10월 19일 이후 일주일 동안 투자자들이 빠르게 시장을 빠져나가면서 순식간에 조용해졌다. 사실 고객들이 그처럼 빨리 사라지고 지점이 한동안 조용했던 것도 콜센터로의 전환을 재촉한 원인이었다. 앞서 말했듯 폭락 하루 전 우리는 일평균 1만 7,000건 정도의 거래를 처리했다. 그리고 고객 기반이 두 배 가까이 확대된 1991년에서야 비로소 거래 규모를 회복했다. 급격히 위축된 사업은 모두에게 충격을 안겼다. 고객 수요가 줄면서 해고된 직원들이 반등하는 시장의 수

• 적은 금액으로 큰 포지션을 취해 투자 효과를 높인다.

혜를 누릴 기회를 얻지 못한 것은 안타까운 일이다.

그러나 남아 있는 사람들에게 1987년의 폭락은 영원히 기억될 인생의 결정적 순간이었다. 몇 년 후 사람들은 모두가 겪은 고단함, 살아남기 위해 반드시 해내야 했던 일을 힘을 합해 해낸 과정, 그때를 극복하며 얻은 힘, 스위스 용병의 일원으로서 공동의 목적을 위해 싸웠던 동지애를 떠올릴 것이었다.

도박을 하는 것과 '계산된 위험'을 감수하는 것은 다르다

슈왑은 1987년 분수령을 맞았다. 쓰나미는 우리를 시험하고 성숙하게 했다. 우리는 BOA에서 우리 힘으로 해방됐고 이는 억눌렸던 성장에 불을 붙여 1990년대까지 성장세가 지속됐다. 그리고 늦기 전에 IPO를 마쳤다. 폭락이 닥치기 전에 IPO를 끝마치지 않았다면 부채 부담으로 우리의 앞길은 엄청나게 달라졌을 것이다. 독립성과 유연성이 제한됐을 것이고, 투자자들이 폭락 전 수준으로 시장에 돌아오기까지 오랜 시간 동안 성장 둔화가 불가피했을 것이다. 물론 폭락 그 자체도 교훈이었다. 그런 경험은 누구에게도 다시는 없어야 했다.

그날 이후 찰스슈왑 코퍼레이션의 대부분은 그 이례적인 사건에서 얻은 교훈으로 형성됐다. 우리는 더욱 보수적으로 신중하게 위험을 관리했고 이것 하나만으로도 우리가 겪은 일에 감사한다.

위험을 감수하고 관리하는 것은 성공의 중요한 요소다.
특히 기업가는 그렇게 하려는 욕구가 있어야 한다.

새로운 것을 시도하거나 변화가 필요할 때 나는 남들에 비해 잠재된 불확실성 속으로 발을 들이는 데 거리낌이 없는 편이다. 아마 경마를 좋아한 할아버지의 유전자를 물려받았거나, 미지의 세계로 나 자신을 밀어 넣을 때 좋은 일들이 일어났다는 걸 자라면서 경험했기 때문일 것이다. 혹은 난독증 덕분일지도 모른다. 실제로 위험 감수가 난독증 환자들의 공통적인 특성이며 개념적 사고와 실험, 추진력이 유용하게 작용하는 사업과 예술 분야에서 이들이 성공을 거뒀다는 사례를 제시하는 수많은 연구 결과가 있다.

원인이 무엇이든 미지의 세계에 뛰어드는 것은 모든 것을 위험에 빠뜨리는 맹목적 믿음과는 다르다. 집을 걸고 도박을 하는 것이 아니라 계산된 위험을 감수하는 것이다. 충분히 쌓인 생각과 경험, 성숙함, 직관, 지금까지 겪은 시험으로 이길 확률은 점점 더 높아진다. 1987년은 그 시험 중 하나였다.

여러 가지 의미에서 전화위복이었다. 지금 생각하면 그 위기는 찰스슈왑 코퍼레이션의 형성 단계에서 마지막 사건이었다. 그 후 우리는 그 어느 때보다도 크고, 강하고, 빨리 회복되고, 혁신적이고, 수익성 높고, 영

향력 있는 모습으로 부상했다. 물론 또다시 시험대에 오르긴 했다. 여러
번 그랬고 분명 앞으로도 그럴 것이다. 그러나 1987년을 빠져나온 우리
는 독립적이었고 현명했으며 더 나아져 있었다.

고점이 그렇듯 거품이 꺼지는 때가
정확히 언제인지는
지나고 나서야 알 수 있다.

제3부

호황과 붕괴

CHUCK's NOTE

모든 것이 순조롭더라도 만족해선 안 된다. 영원히 지속되진 않기 때문이다. 미지의 세계로 발걸음을 내디뎌야 하고 그 과정을 거듭 반복해야 한다. 사람들이 무엇을 필요로 할지 상상하고 현실화해야 한다.

나는 투자를 잘 알았다. 그래서 아직 세상에 없지만 우리가 내놓기만 한다면 나 같은 성향의 사람들이 원할 만한 것이 무엇인지도 알았다. 고객은 아직 무엇을 원하는지 알지 못하고 그래서 우리는 늘 작은 한 걸음만큼 앞서 가야 한다.

하지만 실제로 만들어 내놓기 전까지는 필요한 것을 제대로 짚었다는 평가를 받을지 알 수 없다. 문제를 해결하는가? 삶이 더 쉬워지고, 개선되고, 더욱 생산적으로 변하는가? 가격은 적절히 책정됐는가? 성공은 결국 고객의 수요가 좌우한다. 자유기업의 장점은 우리 안에 있는 창의성을 북돋운다는 것이다. 누구나 새롭고 성공적인 아이디어를 내놓을 수 있다. 예를 들어 더 나은 자동차 안테나가 나온다면 사람들은 구매할 것이다.

심지어 자신의 기존 사업과 경쟁하게 되더라도 고객에게 초점을 맞춘 혁신을 기꺼이 포용해야 한다. 이것이 무엇보다 중요하다. 자기 자신이 가장 중요한 경쟁 상대일 수도 있다. 그래야 남들보다 한발 앞설 수 있다. 단지 덩치가 크고 성공했다는 이유로 자신이 세운 기존 질서를 뒤흔들 수 없다고 생각해서는 안 된다. 얼마든지 가능하다. 사실 오늘날의 세계에서는 반드시 해야 하는 일이다.

물론 발을 헛디딜 때도 있다. 계산을 잘못했거나 세상이 변했기 때문이다. 또 너무 일렀거나 충분히 서두르지 않았기 때문이다. 끈기 있게 처음으로 되돌아가서 다시 시도하는 것만이 유일한 방법이다.

제20장

지속적인 혁신만이 해결책이다

패닉에 굴복하지 마라

1990년 초, 시장이 폭락하고 2년이 지난 뒤 래리 스툽스키와 나는 보스턴 컨설팅 그룹Boston Consulting Group, BCG에 우리의 경영 상황을 면밀히 검토하고 다음 성장 단계로 나아갈 수 있도록 이미지를 재창출할 방법을 의뢰했다.

폭락 이후 2년 동안은 꽤 힘들었다. 그 시간을 헤쳐나오는 동안 우리는 더 강해졌고 미래의 위기를 예방하는 의미 있는 변화를 정착시켰다. 쉬운 일은 아니었다. 1988년 투자자들의 우려가 지속되면서 거래 건수는 35~45퍼센트까지 줄었다. 그러나 11월 선거 이후 상황이 호전되기 시작했고 새로운 전자 주식거래 수단인 이퀄라이저도 고객 약 3만 명이 이용하는 등 가능성을 보이고 있었다. 우리는 1980년대 대부분 기간 동안 빠르게 성장했고 1990년대에도 정상 궤도에 올라 빠른 성장을 재개하고 싶었다. 이것이 우리가 BCG에 의뢰한 내용이었다.

컨설턴트를 고용한 것은 다소 전술적인 출발이었다. 그전까지는 오히려 컨설턴트를 기피했다. 컨설턴트는 실행을 하는 사람들이 아니며 나는 현실성 없는 구상을 신뢰하지 않았기 때문이다. 행동으로 옮겨야 할 부담이 없다면 거창한 결론도 얼마든지 쉽게 내릴 수 있지 않겠는가. 그러나 최선의 답은 대개 눈앞에 있다. 단 자기 사업에 대한 이해가 있을 때 한해서다. 우리가 더 이상 젊은 회사가 아니라는 사실을 인정하면서 내심경에도 변화가 생겼다. 더 이상 직감에만 의지할 수 없었고 다른 사람들에게서 배울 수 있는 것도 많음을 알았다. 그러나 대단한 기대는 하지 않았다. 훗날 우리 회사에 합류한 BCG 파트너 댄 리먼에게 래리 랩킨은 이렇게 말했다.

"정말 간단할 겁니다. 우리 전략은 알고 있어요. 다만 누가 글로 써줬으면 하는 거죠."

명확한 비전이 있다고 말하지 말았어야 했다. 업계의 모든 사람이 그날의 폭락으로 큰 타격을 입었고 우리도 예외는 아니었다. 우리는 폭락 당시 직원의 15퍼센트를 해고했는데 상장한 직후라 더욱 괴로운 결정이었다. 게다가 연간 급여를 총 910만 달러 삭감했다. 물론 내 월급도 6개월 동안 50퍼센트 줄였다. 매출과 관련해서는 수수료를 10퍼센트 인상했다. 완곡하게 표현하면 다소 동요가 있었지만 시장이 받아들일 수 있는 수준을 정확히 반영한 것이었고 우리에게 필요한 인상이었다.

좋은 소식도 있었다. 주식시장이 반등하면서 시장에 남아 있던 사람들은 폭락으로 인한 손실을 원상 복구했고 바닥에서 용감하게 뛰어든 사람들은 커다란 보상을 받았다. 사실 블랙먼데이 이틀 뒤인 10월 21일 다우지수가 10퍼센트 이상 급등했다. 당시 기준에서 사상 네 번째로 큰 일일 상승폭이었다.

지나고 나서 안 사실이지만 역사상 가장 장기간 지속된 강세장은 그때 이미 시작되고 있었다. 폭락 직후 1980년대 후반은 어쩌면 우리 세대에게 주어진, 시장에 뛰어들 최고의 기회였을 것이다. 장기 투자로 막대한 수익을 낼 수 있는 일생일대의 기회였다. 그러나 당시에는 이를 알아본 사람이 거의 없었다. 뜨거운 불에 덴 직후였던 만큼 많은 이들이 시장을 경계의 눈길로 지켜보고 있었다. 나는 시장의 폭락을 총 아홉 차례 목격했는데 투자자들의 이런 대응은 언제나 어렵다. 결과가 늘 같기 때문이다. 시장은 반등하고, 거리를 두고 물러나 앉은 많은 투자자들이 그 기회를 놓친다. 일시적인 폭풍이 지나갈 때까지 사람들을 의자에 묶어둘 수 있다면 좋겠다고 생각할 정도다. 우리의 조언은 늘 똑같다.

"패닉, 즉 공황은 전략이 아니다. 투자 계획을 고수하라. 감정에 굴복하면 안 된다."

공황 상태에서 이런 조언에 귀를 기울이기는 쉽지 않다. 인간의 본성은 투자에 적합하지 않다.

투자자의 경계심은 슈왑에게는 텅 빈 지점, 조용한 전화기, 대폭 감소한 거래 건수를 의미한다. 수수료가 매출의 거의 대부분인 우리로서는 힘든 시기였다. 일평균 거래 건수, 순이익, 신규 계좌 개설 등 주요 지표가 다시 긍정적인 움직임을 시작했지만 1987년 여름의 고점과 비교하면 훨씬 낮은 수준에 머물러 있었다.

그렇다면 다음 할 일은 무엇일까? 우리의 오래된 성장 모델은 완전히 망가지진 않았지만 개편이 필요했다. 그걸 어떻게 알았을까? 안다는 것이 근거로 활용할 만한 자료들이 있다는 뜻이라면 몰랐다고 해야 옳다. 경쟁자들이 무엇을 하는지 크게 신경 쓴 적은 한 번도 없었다. 나는 그들의 약점을 어떻게 이용할지 생각하느라 시간을 낭비하지 않았으며 대신 언제나 고객들을 파악했다. 투자자의 요구를 만족시키는 상품과 서비스를 누구보다 먼저 제시하는 것이 내 비결이었다. 앞서나가면 모두가 따라잡으려고 나선다. 선제적 대응에 성공하면 안전하게 경쟁자들을 따돌릴 수 있었다.

선제적 대응은 직접 경험으로 얻은 탄탄한 지식이 있을 때만 효과를 발휘한다. 나는 지점에서 많은 시간을 보내면서 직접 경험을 쌓았다. 고객들과 대화했고 그들이 무엇을 하고 무슨 생각을 하는지 지켜보며 이해하려고 노력했다. 슈왑을 설립할 때 나 자신이 고객으로 거래하고 싶은 회사를 만들고 싶었던 만큼 투자자로서 내 요구와 습관의 변화에도 늘 면밀히 주의를 기울였다. 과거에 내 판단이 옳았던 적이 많다면 아마도 나 자신이 내 최고의 고객이었던 덕분일 것이다.

스티브 잡스는 고객들은 자신이 무엇을 원하는지 모른다는 유명한 말을 남겼다. 고객이 원할 만한 것을 먼저 제시해야 한다. 새로운 발상을 하는 기업가라면 누구나 공감하리라. 혁신은 위대한 발상과 다음 시대를 주도할 '넥스트 빅 씽'next big thing을 간파하는 내면의 목소리에서 비롯되며 사람들은 그것을 좋아한다. 시장 조사와 검증은 자신이 갖고 싶은 것을 만드는 데 도움이 돼도 결코 좋은 직감을 대신하지는 못한다.

우리에게 필요한 혁신은 무엇인가

BCG는 가장 먼저 '전략적 공감대'strategic consensus에 관해 고위임원 10여 명과 면담을 했다. 놀랍게도 답은 제각각이었다. 평범한 사람들을 위해 일한다, 앞으로는 거물들을 상대하고 싶다, 주식거래가 회사의 본업이다, 주식 관련 서비스 제공이 본업이다, 지점이 핵심이다, 지점에서 벗어날 방법을 찾아야 한다 등 공감대라고 부를 만한 것이 아예 없었다는 사실이 중요했다. BCG는 한 걸음 물러나 기본적인 분석 작업을 제안했다. 개인 투자자 가구 수는 얼마나 되는가? 그들의 자산은 얼마나 되는가? 소득은 얼마인가? 한 계좌의 생애가치 lifetime value *는? 어떤 종류의 투자상품에 자산이 유입되고 어떤 투자상품에서 자산이 유출되는가? 회사의 비

● '고객생애가치'라고도 하며 고객과의 관계가 유지되는 동안 기대할 수 있는 이익을 말한다.

용 구조는? 수익성을 높이는 방법은? 이것이 우리가 생각한 질문이었다.

분석을 통해 드러난 것은 무엇일까? 첫째, 찰스슈왑은 1975년 이후 크게 성장했지만 근본적인 사업 모델은 변하지 않았다. 여전히 주요 고객은 증권회사의 조언을 필요로 하지 않는 개인투자자들이다. 최고의 고객은 활발한 거래로 수수료와 마진론 잔고에서 꾸준히 매출을 발생시키는 투자자들이었다. 사실상 이들이 거래가 덜 활발한 고객들에게 보조금을 지급한 셈이다. BCG는 일회성 거래 후 사라지는 고객을 사진기에서 플래시가 터지는 것에 비유했다. 이 고객들은 특정 거래를 처리하기를 꺼리는 종합서비스 증권회사에서 소개를 받고 온 경우가 많았다.

우리는 영업에 대한 압박 없이 깔끔하고 비용 효율적인 거래를 실행해 돈을 벌었다. 입증된 사업 모델이었고 15년 동안 잘 운용됐다. BCG는 우리가 확보할 수 있는 시장은 이미 거의 다 확보했을 것이라고 말했다. 기본적으로 선택지는 두 가지였다. 하나는 새로운 고객, 예를 들면 조언을 필요로 하는 고객을 찾는 것으로서 이를 선택하면 월스트리트의 종합서비스 증권회사들과 경쟁해야 한다. 다른 하나는 기존의 자급자족형 고객들에게 새로운 상품과 서비스를 판매할 방법을 찾는 것이었다.

둘째, BCG의 조사는 우리의 특성인 낮은 가격, 적은 운영비, 많은 거래 건수, 규모의 경제 등이 할인증권회사의 성격에 확실히 들어맞는다는 점을 보여줬다. 그 그림에서 가장 중요한 것은 경쟁자보다 더 빠르고 저렴한 비용으로 거래를 처리하는 기술 역량이었다. 무엇보다 기술은 우리가 사명을 완수하는 데 핵심 요소였다. 우리는 새로운 기술의 발전에 힘입어 다른 할인증권회사들보다 한 수 위의 서비스를 제공했고 브로커 없이 개인이 직접 시장에 참여한다는 이상에 한 걸음 더 가까이 다가갔다.

1989년 10월에는 텔레브로커TeleBroker라는 또 하나의 퍼즐 조각을 내놓았다. 고객이 버튼식 전화기를 이용해 호가 조회, 잔고 확인, 주식거래를 실행하는 플랫폼이었다. 남들보다 앞서 도입한 이 자동화 서비스는 우리에게 두 가지를 안겨줬다. 바로 신규 계좌와 악평이었다.

셋째, 1980년대 대부분의 기간 동안 전체 투자 세계에서 개별 주식이 차지하는 비중은 점점 줄어들고 있었다. 상장기업을 분해해 그들의 주식을 시장 밖으로 밀어낸 차입매수도 일부 원인이었다. *나아가 개인의 투자 포트폴리오에서 주식이 차지하는 비중도 줄었다.

BCG는 주식투자 여건이 악화된 상황에서 성장하고 있는 것이 대단하다며 계속 잘되기를 바란다고 행운을 빌어줬다. 정말 좋은 소식도 있다고 전했다. 개인의 주식 보유가 감소하는 가운데서도 뮤추얼펀드는 성장하는 추세라고 했다. 게다가 펀드에 대한 인기는 계속 높아질 것으로 예상되니 감히 추측하면 1990년대는 뮤추얼펀드를 위한 10년이 될 수도 있다는 것이었다. 따라서 계속 성장하고 싶다면 새로운 조랑말이 필요하다고 그들은 조언했다.

실제 결과를 알고 비교하면 부분적으로 오류가 있었지만 중요한 정보

● 차입매수로 기업을 인수한 후 부채를 갚기 위해 회사의 핵심 사업부를 매각하거나 회사 전체를 여러 부문으로 분리 매각해서 결국 기업이 분해 수순을 밟는 경우를 가리킨다.

였다. 머지않아 알게 됐지만 개인의 주식 보유량은 1990년대 내내 꾸준히 증가했다. 개인의 주식 보유가 이미 정점에 이르러 점점 감소할 거라는 BCG의 예상은 완전히 빗나갔다. 그러나 뮤추얼펀드의 인기가 급상승한다는 전망은 전적으로 옳았고 그 추세를 기회로 활용하도록 우리를 밀어붙인 것은 올바른 판단이었다.

노력을 집중하는 데 목표만큼 좋은 것은 없다

적어도 뮤추얼펀드 마켓플레이스를 도입한 1984년부터는 뮤추얼펀드에 관심이 있었다고 할 수 있다. 아직 BOA에 속해 있던 시기였다. 고객들은 판매 수수료가 극히 낮거나 전혀 없는 노로드 뮤추얼펀드를 우리 마켓플레이스에서 구입하고 수수료를 지급했다. 기본적으로 뮤추얼펀드 전용 할인 위탁매매 서비스였던 셈이다.

저비용에 효율적으로 관리되는 펀드들을 우리가 직접 발굴해서 제공하는 방식도 생각했다. 특히 인덱스펀드*가 좋았다. 인덱스펀드는 조사 및 분석에 많은 시간을 할애하기를 꺼리는 투자자들에게 현명한 선택이었다. 혼자 힘으로 매수할 수 있어야 한다는 요건에도 맞았다. 인덱스펀드는 시장을 이기려고 하지 않으며 시장이 등락할 때 같이 움직인다. 지

● 선정된 목표지수와 같은 수익을 올릴 수 있도록 하는 펀드.

수 추종은 대부분의 액티브active 뮤추얼펀드 전략*보다 뛰어난 전략으로 판명됐고 지금도 마찬가지다. 최근 조사에 따르면 2007~2016년 동안 수익률 상위 25퍼센트에 7년 연속 포함된 뮤추얼펀드는 전체 뮤추얼펀드 가운데 네 개에 불과했다. 8년 연속 기록을 세운 펀드는 없었다. 그런 펀드를 꾸준히 발굴한다? 불가능한 일이었다.

슈왑이 애널리스트와 포트폴리오 매니저들을 대거 고용해서 직접 액티브 펀드를 만들고 고객들에게 판매한다는 것은 생각하기 어려웠다. 우리의 사명을 배신하는 기분이었다. 인수한 주식과 우리가 운용하는 뮤추얼펀드를 엄청난 수익이라는 공허한 약속으로 홍보한다면 전통적인 브로커와 다를 게 없었다. 일단 발을 들이면 우리도 남들처럼 될까 봐 두려웠다. 대신 1991년에 우리의 첫 뮤추얼펀드인 슈왑1000을 출시했다. 슈왑1000은 인덱스펀드다. 펀드 1주는 미국 1,000개 대형 기업들 각각에 대한 지분 보유를 의미했다. 한 번의 매수로 미국 경제성장의 수혜를 누릴 수 있었다. 가장 크고 가장 성공한 여러 회사들을 부분적으로 소유하는 것이었다.

지수 투자에 일찌감치 진입한 우리는 더 큰 계획을 준비하고 있었다. 지수를 따르는 것은 비용 측면에서 효율적이고 관리도 비교적 수월하며, 평가하기 쉽고 투자 방식도 논리적이고 일관돼서 투자자들의 포트폴리오에 훌륭한 핵심 자산 역할을 할 수 있었다. 하지만 강하게 밀어붙이지 않

---

* 시장보다 높은 수익률을 추구한다.

았다. 그 결과 인덱스 투자 영역이 뱅가드Vanguard에, 그것도 너무 오랫동안 넘어가고 말았다는 걸 지금은 분명히 알 수 있다.

BCG가 종합적으로 내린 결론은 다음과 같다.

"슈왑은 개인투자자들에게 서비스를 제공한다는 목적에 맞춰 치밀하게 조율된, 군더더기 없고 확장성 있는 위탁매매 전문 기계를 제작했다."

댄 리먼은 우리가 '멋지고 근사하고 효율적인 공장'처럼 운영된다고 표현했으며 '황금알을 낳는 거위'라고도 했다. 그리고 다음과 같은 사항을 권고했다.

"그것을 죽이지 말 것. 종합서비스 증권회사 흉내를 내느라 비용 구조를 복잡하게 만들지 말 것. 브로커의 조언을 필요로 하는 고객을 얻으려고 하지 말 것. 공정하고 독립적이며, 신뢰할 수 있고, 일관되고, 혁신적이고, 뛰어난 가성비라는 슈왑의 명성을 손상시킬 수 있는 어떤 것도 하지 말 것. 기술과 지점망 등 기존의 강점을 활용할 것. 기존 고객 기반에 적합한 새로운 제품 및 서비스를 제공할 것. 신규 고객을 유치하고 광고를 늘려 규모를 키울 것."

컨설팅의 결과로 '1990년대로 진입하는 10단계'라는 제목의 한 장짜리 문서가 직원들에게 배포됐다. 1단계는 '수익성 있는 성장'이었다. COO 래리 스툽스키는 연간 20퍼센트 매출 증가와 10퍼센트 이익률을 목표로 설정했다. 재미있는 사실은 목표가 결과를 이끈다는 것이다. 몇 년 뒤 슈왑 역사상 가장 번창한 10년이 한창일 때 스툽스키가 모두에게 물었다.

"이렇게 매년 고성장을 하는 이유가 뭐라고 생각합니까?"

그즈음 BCG를 나와 우리 회사에 수석 전략가로 합류한 댄 리먼이 이렇게 대답했다.

"그 기준에 부합하지 못하는 계획은 아예 통과되지 않으니까요."

6단계인 '정보 플랫폼'은 우리 사업에 관한 데이터를 수집하고 분석하는 시스템 개발에 관한 것으로 더 이상 직감에 근거해 의사결정을 하지 않는다는 뜻이다. 8단계는 '더 많은 지점'을 설립하는 것이었다.

정신을 다잡고 노력을 집중하는 데 목표만큼 좋은 것은 없다.
사업을 일구든, 학업을 완수하든 마찬가지다.

지금 와서 이 목록을 보면 가장 인상적인 것은 총 10단계 중 네 단계가 브랜드 강화 그리고 기존 고객을 겨냥한 새로운 제품과 서비스로 우리가 가진 장점을 확장하는 것과 관련이 있었다는 점이다. 7단계 '상품 기반 확대'는 그런 점에서 아마도 가장 중요한 단계일 것이다. 그리고 개별 주식이 다른 투자 대상, 특히 뮤추얼펀드에 자리를 내주고 있었다는 사실이 눈에 띈다. 우리 고객들 중에는 이미 노로드 뮤추얼펀드에 크게 투자하는 사람들이 많았다. 우리를 통한 뮤추얼펀드 투자를 늘리도록 그 고객들을 설득하는 것이 과제였다. 고객 개인 펀드 업무의 25퍼센

트를 우리가 확보하는 것이 공식적인 목표였다. 당시 우리에게는 약간의 MMF가 전부였다는 것을 생각하면 꽤 야심 찬 목표였다. 결과부터 말하자면 우리는 이미 그 목표와는 비교할 수 없을 만큼 뛰어난 성과를 낼 수 있는 수단이 있었다. 단지 봉인을 해제하기만 하면 되는 것이었다.

기회가 나타나면 본능적으로 투자하라

뮤추얼펀드에 투자하려는 고객의 수요는 대단했고 확실히 점점 더 커지고 있었다. 그래서 우리는 펀드 업계가 어떻게 돌아가는지 면밀히 관찰하며 빈 곳을 찾았다. 당시 노로드 펀드의 세계는 기본적으로 피델리티, 뱅가드, 트웬티스센추리Twentieth Century, 이들 거대 기업 세 곳이 지배했다. 그 밖에 수백 개 소규모 회사들이《머니》,《배런즈》Barron's, 〈월스트리트 저널〉과 같은 매체에 소개되어 관심을 받을 기회를 다퉜다.

작은 회사들에게 가장 어려운 점은 유통이었다. 뮤추얼펀드는 광고, 고객서비스, 유통이 관건이었는데 모두 비용이 많이 드는 일이었다. 그러나 고정비이기 때문에 규모의 경제 효과가 빠르게 나타난다. 예를 들어 매출이 두 배로 늘면 단위당 광고비는 절반으로 줄어든다. 몸집이 커질수록 유통 비용 부담은 줄어든다는 뜻이다. 우리는 숫자를 검토했다. 우리의 위탁매매 수입은 이미 뮤추얼펀드 업계 거물들과 동등한 수준이었다. 소형 펀드는 대형 펀드와의 경쟁에서 밀려날 수밖에 없었다. 그러나 규모를 키우면 다른 회사보다 더 낮은 비용으로 펀드를 유통할 수 있다. 그렇게 되면 소형 펀드는 유통 비용을 기꺼이 우리에게 지불할 것이었다. 1990년대에 도입해 우리의 가장 성공적인 신사업이 된 원소스는 이런 통찰을 바탕으로 기획됐다.

무엇보다도 좋았던 것은 아무것도 없는 상태에서 시작할 필요가 없었다는 점이다. 준비는 이미 돼 있었다. 우리는 편의성 요소, 즉 펀드 간 용이한 자금 이동, 슈왑 계좌에 익일 표시, 월별 명세표 하나로 모든 펀드 처리, 세금 보고 시 서류 작업 감소 등의 이점에 더해 '장터' 개념을 홍보했다. 광고 문구는 '500개 노로드 펀드를 800번 하나로'였다. 주 1회 실시한 이 광고는 〈월스트리트저널〉 C2면 왼쪽 하단에 묻혀 있었다.

이것이 가치가 있는 서비스라고 생각해 기꺼이 수수료를 지불하는 사람들도 있었다. 하지만 솔직히 일부였다. 슈왑의 고객들은 다른 것은 몰라도 수수료는 정말 싫어했다. 우리를 찾은 것도 무엇보다 수수료를 아끼기 위해서였다. 그랬던 우리가 70달러를 내고 슈왑을 통해 야누스Janus의 뮤추얼펀드를 사라고 말하고 있었던 것이다. 대부분은 야누스에 직접 전화를 걸어 같은 펀드를 수수료 없이 사는 방법을 선택했고 그걸 탓할 순 없었다.

우리는 노로드 뮤추얼펀드의 가장 비싼 판매처가 됐고, 이는 우리가 시장에서 취하기 적합한 포지션이 아니었다. 〈월스트리트저널〉에 조그맣게 광고를 실은 것 말고는 뮤추얼펀드 마켓플레이스를 홍보하지 않은 것도 그런 이유였다. 우리의 메시지를 흐렸기 때문이다.

당연한 얘기지만 뮤추얼펀드 마켓플레이스는 큰 관심을 끌지 못했다. 1990년에 BCG가 우리 고객들을 대상으로 한 설문에 따르면 슈왑을 통해 노로드 뮤추얼펀드를 살 수 있다는 사실을 아는 고객은 25퍼센트에 불과했다. 우리가 파악한 바에 따르면 고객들의 뮤추얼펀드 자산의 약 90퍼센트는 다른 곳에 보유한 계좌에 있었다. 만일 그들의 펀드 자금을 슈왑 계좌로 통합해야 하는 설득력 있는 이유를 제시할 수만 있다면 엄청난 성장 잠재력이 있겠다고 생각했다. 1990년대 펀드 투자의 방향에 대한 우리의 예측을 감안하면 더욱 그랬다.

얼마 전 BOA를 나와 슈왑에 합류했고 나중에 뮤추얼펀드 사업을 이끈 젊은 부사장 존 맥고니글의 생각도 같았다. 맥고니글을 포함해 네 명의 직원이 BCG 컨설팅 팀 소통을 담당했는데, 맥고니글은 10단계를 이끌어낸 연구와 분석에 깊이 관여했고 래리 스툽스키는 그에게 6단계에 해당하는 '새로운 정보 플랫폼' 구축을 맡기려고 했다. 하지만 맥고니글에게는 다른 구상이 있었다. 뮤추얼펀드 사업이 변곡점에 있는 것은 아닐까? 고객에게 부과하는 펀드 거래보수transaction fee를 없애고 펀드회사들로부터 돈을 받으면 마켓플레이스를 성공시킬 수 있지 않을까?

맥고니글은 머지않아 그렇게 될 수 있으며 이는 고객에게 게임 체인저game changer가 될 것이라고 생각했다. 우리와 투자자들에게 엄청난 잠재력을 지닌 일이었다. 맥고니글은 그 일에 주력하게 해달라고 간청했다. 데이비드 포트럭이 "래리가 화내지 않도록 내가 알아서 하겠네."라며 중재에 나섰고 맥고니글은 포트럭의 도움으로 그 일에 착수했다.

맥고니글의 팀은 매번 회의론에 부딪혔고 그런 상황에서 펀드회사들을 설득하기란 어려웠다. 고객이 100달러를 투자할 경우 우리 이익은 25~35센트에 불과해 이익률은 미미했다.

"확실히 짚고 넘어갑시다."

스툽스키가 맥고니글에게 이의를 제기했다.

"우리에게는 이미 고객에게 노로드 펀드를 판매하는 괜찮은 작은 사업(뮤추얼펀드 마켓플레이스)이 있습니다. 고객은 우리에게 펀드 거래보수를 지불합니다. 이 보수를 분자에, 자산을 분모에 넣고 자산 대비 얼마를 버는지 계산했어요. 약 0.6퍼센트입니다. 그러니까 현재 이익률이 0.6퍼센트인 사업을 0.25퍼센트 사업으로 전환하고 대신 규모를 키워서 상쇄하겠다는 생각인 겁니까?"

맥고니글의 생각은 바로 그것이었다. 스툽스키로서는 충분히 걱정할 만했다. 이 일은 본질적으로 맹목적 믿음에 의지하고 있었다. 이 새로운 사업이 성공하려면 뮤추얼펀드 마켓플레이스보다 몇 배나 더 크게 성장해야 했다. 스툽스키의 관심은 다른 곳에 있었다.

"거래에 건당 부과되는 요금을 없애면 매매가 늘어나지 않을까?"

누구도 생각하지 못한 좋은 지적이었다. 거래에 드는 비용은 이익을 잠식한다. 이 계획이 경제성을 지니려면 고객들이 거래 시점에 연연해 미친 듯이 펀드를 사고파는 일이 없어야 했다. 그래서 스툽스키는 보유 기간이 180일 미만인 펀드에 단기 환매수수료를 부과하는 방법을 추가했다. 펀드회사 역시 우리와 같은 우려를 하고 있었다. 환매수수료는 우리와 그들의 이해관계를 일치시키는 데도 도움이 됐다. 최소 가입 기간*은 나중에 90일로 단축됐다.

스툽스키는 맥고니글을 여러 차례 스프레드시트 작업으로 돌려보냈다. 1991년 봄 맥고니글과 포트럭이 '슈왑의 매매 수수료 제로 프로그램'이라는 이름의 본격적인 제안을 들고 스툽스키와 나를 찾아왔다. 형편없는 이름이었지만 나중에 수정하기로 했다. 생각만큼 경제성이 나쁘지 않으며 얼마나 규모를 키울 수 있는지도 설명했다. 물론 규모가 어떻게 될지는 아무도 확신하지 못했다. 오히려 정확히는 모르지만 생각은 그랬다고 하는 편이 옳을 것이다.

스툽스키는 경이적인 분석력으로 계속해서 한계를 시험하고자 했고 이는 지금도 마찬가지다. 어려운 질문을 하는 것이 그의 역할이었다. 이 새로운 역량을 구축하는 일에 1991~1993년 동안 우리의 기술 예산 절반이 투입됐고 결국 1996년 중반까지 총 투자액은 1억 5,000만 달러를 넘어섰다. 스툽스키는 우리가 마냥 꿈에 부풀어 있지만은 않다는 사실을 알아야 했다.

대부분의 회의에서 나는 대체로 듣는 입장이었다. 내 역할은 큰 보상이 주어질 기회를 봤을 때 위험을 끌어안는 것이었다. 나는 언제나 우리 운영진이 회사의 이익에 중대한 영향을 미칠 수 있는 비약적인 전진을 이루도록 독려한다.

---

* 환매수수료 부과 기간.

292

기회가 나타나면 누구보다 빠르게,

즉시 뛰어들어라.

사람들은 틀림없이 이 서비스를 이용하려고 할 것이다. 이런 서비스가 있다면 나 역시 이용할 것이라고, 해보자고 생각했다. 바로 지금이었다. 어떤 식으로 돈을 벌 수 있을지는 확실히 알지 못하더라도 상관없었다. 스툽스키의 질문이 끝난 뒤 회의실 안은 조용해졌고 모두가 내 말을 기다리고 있었다. 내 질문은 한 가지였다.

"도입까지 그렇게 오래 걸릴 이유는 뭐죠?"

"글쎄요."

약간 당황한 맥고니글이 더듬거리며 대답했다.

"고객들에게 혼란스러울 수도 있는 메시지인 만큼 의미가 확실히 전달되도록 시범 운영 기간이 필요합니다. '노로드 펀드, 거래 수수료가 없습니다.' 누구도 요구한 적 없는 혜택을 제공한다는 것을 어떤 식으로 자랑해야 할까요? 그러는 동안 해야 할 중요한 일이 두 가지 더 있습니다. 마켓 타이머market timer 들에게 수수료를 부과하려면 고객 계좌에서 펀드가 유지되는 기간을 추적할 수 있는 시스템을 구축해야 하고 펀드회사들에 비용을 청구할 시스템도 필요합니다."

마켓 타이머란 단기적인 시장의 움직임에서 수익을 기대하며 시장 상황에 따라 펀드를 사고파는 투자자들이다. 펀드로서는 반갑지 않은 이들이었다. 빠른 매수와 환매는 펀드의 다른 주주들에게 세금 부담을 일으켰고 장기 투자를 위해 설계된 상품 관리에 많은 골칫거리를 안겼다.

"그리고 브로커인 우리에게 대가를 지급하는 노로드 펀드 개념이 기존 규정에 위배되지 않는다는 것을 펀드회사에 납득시킬 시간이 필요합니다. 승인해준다면 곧장 착수하겠습니다. 하지만 할 일이 아주 많아요. 시간이 좀 걸릴 겁니다."

외부 사람들을 설득하는 것은 훨씬 어려웠다. '정신 나간 소리라고 말하기 전에 우선 들어보라. 우리는 펀드회사의 경제학을 이해한다. 펀드 유통 문제로 엄청난 어려움을 겪고 있을 것이다. 우리가 해결할 수 있다. 물론 대가를 받는다.' 처음에는 대부분 짜증스러운 반응이었다. 노로드 펀드 운용회사들은 공포와 탐욕 사이에 끼어 있었다. 그들은 직접 설계한 작고 정돈된 세계에 살면서 투자 상품의 생산부터 유통에 이르기까지 모든 것을 했다. 그들은 고객과 직접적인 관계를 맺는 것을 좋아했다. 그 오붓한 관계 한가운데에 슈왑을 끼워달라고 제안한 것이다. 통제력을 잃는 것은 그들에게 공포였다. 그러나 펀드매니저들은 바보가 아니다. 단 0.25퍼센트 비용으로 유통, 주주 서비스, 기록 관리 업무까지 모든 골칫거리를 떠넘기고 동시에 막대한 자산이 유입될 가능성에 수문을 활짝 여는 기회임을 이해했다.

맥고니글의 걱정은 수익률이 좋지 않은 탓에 유통 경로 확보가 절실한 작은 펀드들만 계약에 적극적이라는 것이었다. 그 걱정이 사실이라면 아무도 찾지 않는 펀드만 판매하고 유명 펀드는 절대로 유치하지 못할 것이었다. 그래서는 프로그램의 순조로운 출발 자체가 불가능했다. 맥고니글은 포트럭, 리먼과 함께 해결책을 생각해냈다. 슈왑 고객 자산 기준으로 상위 20개 펀드 운용회사들만 우리의 뮤추얼펀드 마켓플레이스에 유치하는 것이다. 우리는 전용 계약 조건을 제의했다. 그들을 우리 프로그램의 창립 회원으로 등록하고 그들 외에 신규 회원들에게는 창립 회원보다 더 높은 요율을 적용하겠다고 약속했다.

1992년 7월 20일 우리는 창립 회원인 야누스, 드레퓌스Dreyfus, 누버거 앤드 버먼Neuberger & Berman, 인베스코Invesco, 파운더스Founders, 버거Berger, 스타인로Stein Roe, 페더레이티드Federated의 80개 펀드 상품을 구비하고 마켓플레이스를 출범시켰다. 그해 말 우리가 처리한 뮤추얼펀드 거래 건수는 일평균 약 2,700건에 이르렀다. 맥고니글의 걱정대로 투자자들에게 장점을 설명하는 일이 쉽지는 않았지만 좋은 출발이었다. 그리고 1년이 채 지나기도 전 마켓플레이스에서는 트웬티스센추리, 오크마크Oakmark, 스트롱Strong, 벤험Benham, 배런Baron을 포함한 20개 펀드 운용회사의 200개가 넘는 펀드를 제공했고 우리는 마켓플레이스의 명칭을 '원소스'로 바꿨다. 펀드 판매는 그야말로 크게 늘었다.

놀라운 일이 일어났다. 피델리티가 우리를 본떠 만든 경쟁 프로그램을 출시한 것이다. 피델리티는 최대이자 최고의 펀드회사였다. 이미 모든 투자 방향을 아우르는 자체 노로드 펀드 상품을 다양하게 제공하고 있었고 그 펀드들에서 1.20퍼센트에 가까운 수수료를 벌어들였다. 그런데도

군이 수수료가 6분의 1에 불과한 경쟁 회사 펀드 판매에 나선 이유는 무엇일까? 어리둥절했다.

피델리티의 역공은 우리가 뭔가 큰일을 하고 있다는 신호였다. 그리고 일단 대안이 있다는 사실을 알게 된 투자자들이 포트폴리오에 새로운 펀드를 추가할 때마다 매번 다른 성문을 두드리는 불편함을 더 이상은 감수하지 않을 것이라는 신호였다.

"투자자들이 원하는 것을 제공해야 합니다."

피델리티의 임원 폴 온드로스Paul Hondros는 《포춘》 인터뷰에서 그들의 결정을 이렇게 설명했다.

"그렇게 하지 않으면 (우리 펀드는) 말라 죽을 겁니다."

피델리티가 뛰어들자 언론이 관심을 갖기 시작했다. 우리는 광고를 늘렸는데 광고의 초점은 언제나 펀드 자체에 맞췄고 원소스는 그처럼 훌륭한 모든 펀드를 실제로 살 수 있는 곳으로 광고 끝에 추가로 언급하는 정도였다. 투자자들의 반응은 폭발적이었다. 원소스는 지금까지 우리가 생각해낸 것 중 가장 강력한 계좌 확보 수단이었다. 1993년에서 1995년까지 원소스를 통해 유입된 자산은 83억 달러에서 239억 달러로 급증했다.

수익률은 낮았지만 원소스는 수많은 신규 고객을 끌어들이며 자산 증대 측면에서 놀라운 성공을 거뒀다. 그리고 펀드를 매수한 사람들이 우리 고객이 된 덕분에(펀드회사들은 고객들의 이름조차 몰랐으니 우리 고객이라고 할 수 있었다) 우리는 그들의 주식거래와 현금 예탁금을 포함해 다른 업무까지 맡게 됐다. 사실 광고만 봐도 다양한 내부 목표를 달성해가는 과정을 추적하는 것이 가능하다. 매출 성장에서 뒤처지면 원소스 광고를 늘렸고 그러면 새로운 계좌가 쏟아졌다. 이익이 뒤처지면 위탁매매 서비스를 광고해 주식거래를 하려는 사람들이 우리를 찾도록 독려했다.

성공은 뜻밖의 방향에서 시작되기도 한다

원소스의 성장에 뜻밖의 방식으로 영양분을 공급한 것은 성장세에 있던 슈왑의 독립적 재정자문가independent financial adviser 네트워크였다. 우리는 이를 '우발적 성공'accidental success 이라고 애정을 담아 표현한다. 재정자문 가들의 네트워크는 우리가 의도적으로 만든 것이 아니었다. 사실은 준법 감시 담당자의 주도로 시작된 유일한 사업이었다고 할 수 있다.

1985년 어느 날 톰 시프의 사무실을 찾은 최고준법감시책임자 가이 브라이언트가 5센티미터 두께의 출력물을 책상 위에 내려놓으며 말했다.

"복수의 위탁매매 계좌에 권한을 위임받은 사람들을 모두 정리한 자료 입니다."

"그런데요?"

시프가 물었다. 브라이언트는 준법감시 업무 차원에서 수시로 위임장을 검토했다. 위임장을 검토해서 찾으려고 한 것은 위임받은 가족 명의 계좌 수가 지나치게 많은 사람들이었다. 부모, 형제, 자녀를 대신해 돈을 관리하는 것은 흔한 일이었다. 하지만 친족 관계로 보이지 않는데도 권한을 위임받은 사람들이 전국에 퍼져 있었다. 브라이언트는 위임받은 계좌만 300개가 넘는 사람의 자료를 보여줬다.

무슨 일이 벌어지고 있는지 알아내야 했다. 브라이언트는 그들에게 일일이 전화를 걸었다. 어이없게도 이제 막 태동하는 새로운 산업이 그곳에 있었다. 그들은 브로커처럼 자문 역할을 하고 고객을 대신해 주문을 내고 고객의 기록을 관리하고 있었다. 건당 수수료를 받는 대신 고객 자산의 일정 비율만큼 연 단위로 보수를 청구했다. 그들은 고객에게 더 많은 돈을 벌어줄수록 더 많은 돈을 지급받았다. 알고 보니 그들 중 상당수는 딘위터나 메릴린치가 아닌 우리를 통해 고객들의 거래를 처리하고 있었다. 우리의 서비스를 더 선호했고 게다가 우리에게 계좌를 뺏길 걱정도 없었기 때문이다. 시프는 호기심이 발동했다. 모든 것이 분명해지자 시프는 데이비드 포트럭에게 말했다.

"사업화가 가능한지 알아봐야겠습니다. 약간의 자금과 인원 몇 명만 지원해주십시오."

재정자문가들에 대한 구애는 그렇게 시작됐다. 처음에 나는 회의적이었다. 사업을 시작한 첫날부터 나의 유일한 초점은 누구의 조언도 원하지 않는 나와 같은 개인투자자들에게 있었다. 반면 도움을 필요로 하고, 자산 배분에 대해 알지 못하고, 주식과 뮤추얼펀드를 공부할 시간이나 의향이 없는 사람들도 늘 있다는 사실 역시 알고 있었다. 그리고 건당 수수료를 없애고 연간 기준으로 보수를 받는 재정자문가들의 사업 모델도 마음에 들었다. 그들은 전통적인 브로커의 사업 모델에 내재된 비도덕적인 모순과 이해 충돌 가능성을 모두 피하면서 동시에 조언이 필요한 고객을 도울 방법을 찾아냈다. 이는 내가 뒤처진 부분일 수 있었다.

나는 재정자문가들이 그들에게 계좌를 맡긴 월스트리트 브로커들에게 소속돼 있다고 생각했었다. 그러나 틀린 생각이었다. 재정자문가들은 월스트리트 기업들에게서, 그들과의 이해 충돌에서 독립하고 싶어 했다. 그리고 단순한 계좌 수수료로 독립적인 조언을 구하는 고객들을 유치할 수 있다고 생각했다. 우리는 이런 재정자문가들을 위한 맞춤형 서비스를 제공할 수 있을 만큼 충분히 작고 민첩하며 결과는 모두에게 좋을 것이었다. 실제로 그랬다. 재정자문가들은 사실상 슈왑의 전국적인 영업사원이 되어 우리가 닿지 못했던 수천 명의 고객들에게 다가가 수백만 달러의 새로운 자산을 끌어오는 역할을 했다.

원소스를 출시하자 재정자문가들이 모여들었다. 뮤추얼펀드 마켓플레이스를 희생시킨 것도 아니어서 완전히 놀라운 일이었다. 재정자문가들은 뮤추얼펀드 마켓플레이스의 가치를 인정했다. 그들을 대신해 모든 지원 업무를 처리하고 명세서를 발행해주는 대가로 우리에게 거래수수료를 지급하는 것을 손해라고 여기지 않았으며, 마켓플레이스를 통해 원소스가 제공하는 펀드뿐만 아니라 모든 뮤추얼펀드에 접근하기를 원했다.

우리가 뮤추얼펀드 쇼핑에서 최고의 원스톱 창구로 이름을 날릴수록 우리와 재정자문가들의 사업 모두 번창했다. 거래수수료가 있든 없든, 우리가 더 많은 펀드를 제공할수록 재정자문가들의 일은 더욱 편해졌고 우수한 수익률의 펀드로 고객들을 감동시킬 기회도 더욱 많아졌다. 기존에 잘 알려지지 않은 펀드일수록 효과는 더욱 좋았다. 실제로 우리는 중소형 운용회사의 노로드 펀드들이 좋은 수익률에도 불구하고 대형 증권회사의 판매대에서 밀려나고 있다는 것을 알아차렸다. 우리는 이런 펀드회사들 중 몇몇을 설득해 판매수수료를 면제한 펀드 수백 개를 '기관 전용 원소스'를 통해 보수 기반 재정자문가들에게 제공하도록 했고 이는 고객들이 재정자문가로부터 얻을 수 있는 가치를 더욱 향상시켰다.

원소스는 재정 계획을 가내수공업 수준의 사업에서 금융서비스 환경의 중심 분야로 자리매김하도록 이끈 핵심 기술, 이른바 '킬러 앱' killer app이었다. 1년도 채 지나지 않아 재정자문가들이 기관 전용 원소스를 통해 투자한 금액은 10억 달러가 넘었다. 활기차고 성장하는 유통 채널에 연결되기를 원하는 펀드회사들의 열망과 재정자문가들의 열정이 결합돼 강력한 조합이 탄생했다. 재정자문가들은 원소스를 움직이는 지렛대였다.

펀드 슈퍼마켓의 시대, 투자의 주체가 바뀌다

원소스 출시 15개월 뒤 톰 시프와 자문가 사업 부문 사장 존 코글런은 모건스탠리의 전설적인 최고자산운용책임자 바턴 빅스Barton Biggs를 뉴욕에서 만났다. 그는 이제 막 레이더에 들어온 원소스에 대해 알고 싶은 것이 많았다. 나중에 《포춘》에 묘사된 당시 상황은 이랬다. "빅스는 시프와 코글런의 설명을 주의 깊게 들었다. 그런 다음 커피 잔을 내려놓고

'여러분, 저는 은퇴할 때가 된 것 같군요. 이 프로그램이 제가 아는 뮤추얼펀드의 세계를 바꿔놓을 테니까요'라고 말했다."

빅스는 정확했다. 뮤추얼펀드 슈퍼마켓의 시대가 온 것이었다. 권력은 더 이상 생산자, 즉 펀드매니저들에게 있지 않았다. 권력은 원소스와 피델리티의 펀드네트워크FundsNetwork, 그 뒤에 출시된 다른 슈퍼마켓들로 넘어왔다. 빅스는 새로운 현실을 이렇게 설명했다.

"투자운용은 범용화commodity˙될 것입니다. 이제는 유통 능력이 고유자산proprietary asset 입니다."

투자자들에게 선택권을 주는 것 그리고
스스로 결정을 내릴 자유와 힘을 주는 것이 옳다.

모두가 이 새로운 현실을 환영한 것은 아니었다. 자체 펀드를 파는 증권회사, 피델리티나 뱅가드 같은 거대 펀드 운용회사 등 기득권 세력은 압박에 직면했다.

원소스는 투자자의 선택에 진전을 가져왔고 시장을 개방했다. 새로운 펀드들이 원소스에 승선하기 위해 아우성쳤으며 이는 펀드회사들 간의

●　　상품 간 격차가 좁혀지며 차별화 요인이 사라지는 현상을 말한다.

경쟁을 촉발시켰고 비용을 줄였다. 또한 모닝스타 같은 뮤추얼펀드 리서치 및 평가 기관을 성장시켰다. 론 배런Ron Baron, 개럿 반 왜고너Garret Van Waggoner, 빌 버거Bill Berger, 폴 스티븐스Paul Stephens를 비롯해 실력 있는 펀드매니저들이 급부상했고 대중 사이에서 인지도를 높였다. 그중 론 배런은 즉시 어떤 결론에 이르렀고 슈왑 주식에 공격적으로 투자하기 시작했다. 2017년까지도 슈왑은 배런의 가장 큰 투자 대상 중 하나였다. 그의 펀드 주주들은 주가 상승으로 총 10억 달러 이상을 벌었다.

원소스는 한때 투자자들을 부실 펀드에 묶어뒀던 오랜 장벽들, 예를 들면 산더미 같은 서류, 거래수수료, 잘못된 대상을 향한 충성도 등을 허물고 오직 단 하나의 요소, 즉 성과에 근거한 합리적인 판단을 위한 길을 냈다. 이것은 할인증권업과 마찬가지로 권력 분산empowerment에 관한 문제였으며 결국에는 혁명을 앞당겼다.

제21장

변화와 도약의 길

인력 재배치로 전환의 계기를 마련하라

1992년 1월 11일 오전 7시쯤 애서턴에 있는 우리 집으로 전화가 걸려왔다. 래리 스툽스키의 아내 조이스였는데 몹시 화가 난 목소리였다. 스툽스키가 입원했다는 것이다. 금요일 밤 체육관에서 농구를 하다가 심장마비가 왔다고 했다. 위급한 상황은 피했지만 우회술을 받아야 하고 잘 되더라도 회복에 오랜 시간이 걸릴 것 같다고 했다. 나는 스툽스키가 언제쯤 복귀할 수 있을지 여부는 묻지 않았다. 하지만 전화를 끊으면서 그의 미래와 더불어 나의 미래도 돌연 불확실해졌음을 알았다. 우리는 얼마든지 계획을 세울 수 있지만 때때로 삶이 한계를 호소한다.

제21장 변화와 도약의 길   303

스툽스키를 잘 아는 사람들 사이에서는 심장마비가 올 만도 했다는 말이 나올 정도였다. 최대한 순화해서 표현하면 그는 언제나 치열하게 전력을 다했다. 그를 채용한 1980년은 회사가 급성장할 때였다. 직원들을 훈련시킬 교관, 즉 지원 업무를 정상 궤도에 올려놓고 모두에게 책임감을 갖게 하며, 회사를 곤경에 빠뜨릴 수 있는 부주의한 실수를 방지하는 일을 맡아줄 사람이 필요했다. 그를 채용한 것은 슈왑 형성기 최고의 인사 결정이었다.

스툽스키는 내게 없는 모든 것을 갖추고 있었다. 강박적이라고 할 만큼 분석적이고 냉철했으며 굉장히 체계적이었고 대립을 피하지 않았다. 꽤 무서운 면모도 있었다. 상대가 자신의 시간을 낭비하고 있다고 판단하면 지체 없이 일어나 회의장을 나가는 것으로 유명했다. 그는 아주 천천히, 아주 정확하게, 결코 표정을 읽히지 않고 말했다. 오랫동안 의미심장하게 말을 멈췄다가 다시 이어갔다. 부하직원들이 몇 번 실수로 말을 끊고 끼어들었지만 나중에는 스툽스키가 말을 끝냈는지 확실히 구분하는 법을 배웠다.

내가 사무실을 거닐며 생각과 구상을 툭 던져놓는 사람이라면 스툽스키는 나중에 들러 그 일을 제대로 끝냈는지 확인하는 사람이었다. 타고난 마케팅 감각은 없었지만 문제가 되지 않았다. 그는 나와 슈왑의 완벽한 균형추 역할을 했다. BOA와 함께하며 내가 슈왑의 운영과는 무관한 싸움에 점점 더 깊이 빠져들었던 동안 스툽스키는 슈왑의 성장을 지속시켰다. 마침내 그는 논란의 여지가 없는 2인자로 부상했고 궁극적으로 내 뒤를 이어 CEO에 오를 것으로 여겨졌다.

한편 데이비드 포트럭은 빠른 시간 안에 경영진의 핵심 일원이 됐다. 그는 스툽스키와 성향이 전혀 달랐다. 스툽스키처럼 냉철하진 않았지만 머릿속에 더 많은 것을 저장했고 독자적으로 더 빠르게 생각하는 능력이 있었다. 마케터이자 아이디어가 많은 그는 여러모로 나와 비슷해서 마치 배의 균형을 유지하기 위해 내 쪽에 보충한 평형수 같은 역할을 했다. 내가 할 수 있지만 혼자서 모든 것을 처리할 수는 없으므로 그 자리에 포트럭을 두었다. 하지만 절대로 나의 복사판은 아니었다. 나는 대개 부드러운 성격으로 묘사되는 편이지만 누구도 포트럭을 그런 식으로 설명하지는 않는다. 그는 나보다 훨씬 표현에 능했고 의사소통도 잘했다.

둘 다 아직 젊은 나이였다. 심장마비를 일으킬 당시 스툽스키는 46세, 포트럭은 44세였다. 우리 셋은 이상적인 팀이었다. 회사의 설립자로서 나는 비전을 제시하고 이행을 권고해야 했다. 포트럭은 직원들에게 회사의 비전을 열정적으로 전했으며 스툽스키는 그것을 이행했다. 나는 유일하게 스툽스키에게서만 직접 보고를 받았는데 그것이 내가 선호하는 방식이었다. 보고선이 너무 많으면 지시 받는 쪽에선 내 의도에 대해 서로 해석이 충돌할 우려가 있다. 보고선을 단일화하면 내가 하는 권고가 굉장히 폭넓게 해석될 수 있다. 그러나 이는 내가 스툽스키를 신뢰하는 것처럼 유일한 보고선을 신뢰할 수 있을 때만 가능하다.

우리 모두 꽤 오랜 세월을 함께 잘 해왔기 때문에 나는 1990년대 초에야 비로소 무엇이 스툽스키와 포트럭의 치열한 경쟁을 불렀는지 깨달았다.

누구를 선택할지 결정을 못 해서가 아니었다. 결코 그런 선택을 하지 않기를 바랐던 것이다. 리더로서 나의 장점 중 하나는 나보다 똑똑하거나 내게 없는 능력을 가진 사람들을 기꺼이 곁에 두려고 하는 것이다. 반면 충돌을 피하려는 경향은 나의 약점이다. '척이 가장 아끼는 아들'이라는 비공식 칭호를 두고 스툽스키와 포트럭이 치열하게 다투면서 나의 장점과 약점이 동시에 드러났다.

어떻게 해야 누구도 잃지 않고 일을 풀어나갈 수 있을까? 내게는 두 사람 모두 필요했으며 두 사람 모두 훌륭했다. 이 문제에 신경이 쓰여 일에 집중하기가 힘들 정도였다. 그러나 전적으로 나 혼자 내려야 할 결정이었고 누구와도 상의할 수 없었다. 분명 두 사람 다 행복하지 않았을 것이다. 특히 포트럭은 어쩌면 회사 밖에서 다른 기회를 찾았을 수도 있을 만큼 불확실성에 지쳐 있었다. 벌써 그를 잃은 것은 아닐지 두려웠다.

그러다 스툽스키가 심장마비를 일으켰다. 이틀 후 우회술을 받았고 그로부터 2주 후 복귀할 준비가 됐다고 말했다. 하지만 우리 둘 다 상황이 변했음을 알고 있었다. 나는 컨설턴트인 조 컷클리프를 고용해 스툽스키와 셋이서 며칠 동안 만다린 오리엔탈 호텔 스위트룸에 틀어박혀 조직도를 검토하고 앞으로의 방향에 관해 이야기를 나눴다. 먼저 스툽스키에게 원하는 것을 물었다. 그는 그만둘 생각은 없었지만 현재 역할을 계속할 수는 없음을 너무나 잘 알고 있었다. 담당의는 분명 스트레스가 적은 일을 찾으라고 권고했을 것이다. 함께 조직도를 그리고, 다시 고쳐 그리고, 이름을 썼다 지우고, 가능한 조합을 거듭 탐색했다. 마침내 우리는 결론에 도달했다. 포트럭을 회의에 참여시켰고 나중에는 다른 경영진도 불러들였다.

포트럭의 기존 직함은 브로커리지 부문 사장이었다. 기본적으로 영업과 마케팅, 매출과 관련된 모든 것을 총괄했다. 스툽스키는 회사의 사장이자 COO로 시스템, 운영, 재무, 인적자원을 총괄했다. 스툽스키는 내게 보고하고 포트럭을 포함한 다른 모든 사람들은 스툽스키에게 보고했다. 그러나 스툽스키와 내가 함께 작업한 조직 개편안에 따라 포트럭은 사장과 COO 직위를 물려받고 스툽스키는 새로 만든 직위인 부회장으로 근무하다 1997년에 은퇴했다.

기본적으로 스툽스키는 회사 일에 매일같이 관여하지 않았고 포트럭은 그로 인한 공백을 메우기 위해 움직였다. 새로운 인사에 불만을 품은 사람도 있었다. 인사 및 법무를 총괄한 바버라 울프는 회사에서 신뢰받는 인물이었고 본질적으로 회사의 가치관을 관리했다. 그녀는 자신이 최고 직위에 오를 가능성이 있다고 생각했지만 뜻대로 되지 않자 회사의 결정이 편향됐다며 우리를 미국증권업협회 중재위원회에 고소했다. 다행히 중재를 통해 원만히 해결됐고 울프는 회사를 떠났다.

스툽스키의 질병과 그에 따른 인력 재배치는 슈왑 역사의 전환점이었다. 스툽스키의 갑작스런 공백이 없었다면 그 후 수년간 포트럭이 추가로 수행한 일들은 회사의 역사에 없었을지도 모른다. 결과가 말해주듯 혁신, 위험 감수, 성장이 필요했던 시점에 포트럭이 회사를 돕게 된 것은 매우 적절했다.

모든 것이 동일할 땐 '가격'을 보라

우리는 원소스에 힘입어 고객들의 뮤추얼펀드 자산의 25퍼센트를 확보하겠다는 기존 목표를 재빨리 달성하고 앞으로 나아갔다. 원소스는 두 가지 면에서 유용했다. 첫째, 보수 수입을 창출했다. 일반적으로 보수는 수수료 수입보다 예측하기가 더 쉬웠다. 둘째, 뮤추얼펀드 업무를 맡긴 기존 고객들과 뮤추얼펀드 슈퍼마켓 때문에 슈왑을 찾은 새로운 고객 모두의 자산을 끌어모았다.

원소스는 손쉬운 뮤추얼펀드 투자라는 혁명을 일으켰고 자산은 놀라운 속도로 유입돼 1994년 2월 고객 총자산은 1,000억 달러를 넘어섰다. 실제로 자산 증대는 1990년대에 가장 주목할 만한 성과라고 할 수 있었다. 하지만 원소스는 우리의 성장을 이끈 수많은 요소 중 하나에 불과했다.

슈왑과 업계 모두 성장과 혁신으로 가득한 시기였다. 우리는 1991년에 슈왑이 운용하는 최초의 주식형 뮤추얼펀드로 미국 1,000대 기업에 투자하는 인덱스펀드인 슈왑1000을 출시했다. 1993년에는 런던에 지점을 열었고 1998년에는 캐나다에 진출하며 해외로 입지를 확장했다. 1994년에는 전화를 기반으로 한 자동음성인식거래 시스템 텔레브로커를 스페인어로 출시했다. 1997년에는 S&P500 종목에 포함됐으며 1999년에는 나스닥 시장 시간외 거래 서비스를 제공했고 '자선 기부를 위한 슈왑 펀드' Schwab Fund for Charitable Giving 를 출시했다.

IRA 사업도 밀어붙였다. 우리의 IRA 사업은 낡은 가설을 뒤집고 경쟁

구도를 변화시킨 사례 중 하나였다. IRA 상품은 1974년부터 있었다. 은퇴 후를 대비해 세전 퇴직급여를 저축한다는 기본 개념은 투자자들의 즉각적인 호응을 얻었지만, 본격적으로 인기를 얻기 시작한 것은 1982년 70세 미만 모든 근로자의 적립액에 대해 연간 2,000달러까지 세금을 면제하는 법안이 의회를 통과한 이후였다.

1982년 약 50억 달러였던 IRA 자산 규모는 1992년 약 725억 달러로 급증했다. IRA 가입은 세금 신고 기간인 초봄부터 늘기 시작해 신고 마감 기한인 4월 15일 소득공제 혜택을 노린 납세자들[*]이 몰리며 최고조에 이르렀다. 세금 신고 마감을 한 달여 앞둔 1992년 3월, 고객 인수를 담당하던 마케팅 부사장 제프 라이언스는 회의 중 다른 생각에 빠져 있다가 문득 한 가지 아이디어를 떠올렸다. 원소스를 6월에 출시하기로 하면서 IRA 재투자가 중요한 요인이 되기 시작했다. 상당한 자산이 IRA로 운용되고 있었기 때문이다. 'IRA 계좌에서 연간 보수[**]를 면제하면 어떨까?' IRA의 보수 무료화! 마음에 꼭 드는 발상이었다!

우리는 IRA 계좌에서 22달러 보수를 받았는데 이는 업계 표준 수준이었다. 보수를 면제하면 원소스를 통한 뮤추얼펀드 거래에 수수료를 없애는 것과 마찬가지로 당장은 고통이 따를 것이었다. 하지만 라이언스는 무리에서 이탈해 대담한 시도를 했을 때 어느 정도 악명을 얻겠지만 운이

---

[*] 과세 대상 소득을 줄이려는 사람들을 뜻한다.

[**] 예치한 자산의 일정 비율만큼 연간으로 부과되는 보수.

좋으면 신규 계좌 유입에 속도가 붙을 수 있다고 봤다. 그의 생각대로 된다면 포기한 연간 보수를 상쇄하고도 남을 자산 성장을 기대할 수 있었다.

포트럭은 곧바로 열의를 보였지만 동시에 경계했다. 그가 우려한 점은 하필 1년 중 보수를 수취하기 시작하는 시점과 겹치면서 상당한 수입을 포기해야 한다는 것이었다. 그가 산출한 비용은 900만 달러였다. 연간 매출액이 9억 달러를 초과한 걸 감안하면 그리 큰 비용은 아니었지만 가만히 있으면 900만 달러가 고스란히 이익으로 떨어질 참이었다. 포트럭은 IRA 자산 2만 5,000달러를 최소 요건으로 제시했다. IRA 자산이 그 이상인 경우 보수를 면제하고 기준에 미달하면 보수를 받자는 얘기였다.

포트럭과 라이언스가 제안서를 들고 왔을 때 처음 떠오른 생각은 굳이 최소 요건을 설정할 필요가 있느냐는 것이었다. 전면 무료화는 안 될 이유가 있을까? 투자자 입장에서 생각했을 때 전면 무료화가 말이 된다고 생각한 이유는 또 있었다. 보수를 받지 않는 곳은 슈왑이 유일하다고 했을 때 나라면 당연히 슈왑에 IRA 계좌를 개설할 것이다. 단기적으로 수익을 잃는 것은 개의치 않는다. 신규 계좌를 확보해서 자산 기반을 구축할 수 있는 기회를 갖는다면 900만 달러가 무슨 문제란 말인가? 결국 우리는 예상 단기 손실 규모가 약 500만 달러 수준으로 제한되는 1만 달러를 최저 자산 요건으로 설정했다. 합리적인 타협이었다. 그 수준이라면 IRA 계좌를 보유한 많은 사람들이 우리에게 계좌를 맡길 만했고, 그 후 우리가 제공하는 서비스를 알면 다른 업무도 옮겨올 수 있었다.

재빨리 움직여야 했다. 벌써 1992년 3월 중순이었다. 세제 혜택을 받을 수 있는 IRA 가입 마감일까지 한 달도 채 남지 않았다. 실질적으로 남은 기간은 2주에 불과했다. 말도 안 되는 아이디어가 승인을 얻은 뒤 본격적인 광고와 우편을 이용한 홍보, 실제 도입까지 단 2주가 남았다. 마감일을 맞추지 못하면 무려 1년을 더 기다려야 이 아이디어를 실행할 수 있었다. 당연히 우리는 마감일을 놓치지 않았다.

슈왑의 무보수 IRA는 기대 이상의 성공을 거뒀다. 전혀 상상하지 못했지만 결과적으로 업계를 주도했고 강력한 자석처럼 자산을 끌어모았다. 도입 첫 시즌에만 수십만 개의 신규 계좌를 개설했고 모든 면에서 추정치를 완전히 넘어섰다. 엄격하게 신규 IRA 계좌로 창출한 매출만 엄격히 따져도 보수 손실은 1년도 지나기 전에 모두 상쇄됐다. 이 시도는 비용 절감이 고객들에게 얼마나 큰 동기가 될 수 있는지를 입증한 수많은 사례 중 하나였다.

다른 모든 조건이 동일하다면 중요한 것은 가격이다.

단순하지만 중요한 진실이다.

원소스가 뮤추얼펀드 시장에서 그랬듯 무보수 IRA는 오랫동안 피델리티가 지배해온 시장의 한가운데로 우리를 밀어 넣었다. 우리는 피델리티가 보수를 인하할 리는 없다고 생각했다. 피델리티에게 IRA는 연간 약

3,500만 달러에 이르는 보수 수입이 발생하는 거대한 사업이었다. 하지만 결국 피델리티조차도 선택의 여지는 없었기에 1년 후 우리와 같은 가격 정책을 도입했다. 그러나 이미 너무 늦은 뒤였다. 원소스 도입 때도 그랬듯이 우리는 이번에도 선발 주자로서 이점을 누렸다.

새로운 기회, 새로운 사람은 언제나 있다

원소스 개발, 독립적인 재정자문가들의 네트워크 구축, 무보수 IRA 계좌 도입이 서로 보완 작용을 하며 1990년대 초 우리 사업 모델을 변화시켰고 번영을 지속하는 데 중요한 역할을 했다. 위탁매매에 70달러 수수료를 부과할 수 있었고 그마저도 경쟁자들과 비교하면 저렴했던 시절이 있었다. 그렇게 수수료 수익만으로도 그럭저럭 버틸 수 있었던 시절은 이미 과거가 됐다. 새로운 형태의 할인증권회사가 등장하고 있었다. 수수료는 빠르게 하락했고, 그때는 몰랐지만 그 추세는 인터넷의 출현과 함께 급격한 가속화를 앞두고 있었다. 오로지 가격으로만 경쟁하는 것이 점점 더 위험해진다는 사실을 그때 알았다.

우리는 초창기에도 가장 저렴한 선택지는 아니었다. 나는 투자자로서 언제나 더 나은 서비스를 위해 약간의 추가 비용을 기꺼이 지불했다. 이는 내가 회사를 세울 때 바탕이 된 원칙 중 하나였고, 갈수록 더욱 중요해지고 있었다. 1990년대 초 우리가 도입한 새로운 상품과 서비스들은 단순히 수입원의 다양화에 그치지 않고 고객 기반까지 다양화하는 결과를 낳았다.

슈왑은 능동적으로 주식을 매매하는 사람들을 위한 간소화된 증권회사에서 출발해 이제는 주류 투자자들을 위한 금융서비스의 중심 역할을 빠르게 수행하고 있었다. 그리고 우리도 변화하고 있었다. 스툽스키가 물러나면서 새로운 지도자들이 등장했다. 이는 빛을 발할 기회를 기다리는 뛰어난 인물과 새로운 발상이 언제나 존재한다는, 중요한 교훈을 알려줬다. 현재 특정한 인물이나 팀에 의존하고 있다고 생각한다면 틀림없이 예상 밖의 인물로 놀라운 일을 경험할 것이다.

제22장

온라인 트레이딩의 시대를 열다

인터넷이라는 발명품

슈왑은 몽고메리 스트리트와 서터 스트리트 교차로에 있는 건물 24층의 370제곱미터 넓이의 공간에서 출발했다. 그리고 내 사무실 대각선 방향에 딘위터 본사가 있었다. 딘위터 건물 1층에는 개방된 원형극장이 있었는데 중앙에 종목 코드와 주가가 빼곡히 적힌 대형 칠판이 있었다.

장이 열리면 러너들이 온종일 전화기와 칠판을 서둘러 오가며 최신 가격 정보를 게시했다. 그중에는 종일 칠판 앞을 서성이는 사람들이 있었는데 이유를 알기는 어렵지 않았다. 그곳에 있으면 뉴욕 한복판에 있는 트레이딩 플로어에 선 것 같은 현장감이 들었다. 당연히 착각이었다. 딘위터의 칠판에 주가가 적힐 무렵이면 이미 오래된 뉴스, 즉 시장 내부자들 사이에 알려지고 처리되고 이익을 실현시킨 다음 폐기된 것이다. 칠판에 적힌 현실과 진짜 시장 현실의 차이는 개인투자자와 대형 트레이더, 시장조성자의 간극만큼이나 컸다. 원형극장은 그야말로 극장일 뿐이었다. 현실은 다른 곳에 숨겨져 있었고 접근할 수 없었다.

수년이 지난 어느 날, 딘위터의 원형극장이 아직 기억 속에 있다는 사실을 깨달았다. 1995년 12월 4일 월요일 인터넷의 잠재력을 완전히 이해한 바로 그날이었다. 아마존이 설립된 지 5개월, 넷스케이프가 인터넷 기업으로는 최초로 주식시장에 상장한 지 4개월이 지났고 무명에 가까웠던 지역 증권회사 트레이드플러스Trade Plus가 이트레이드파이낸셜ETrade Financial로 새롭게 탄생하기 직전이었다.

내게 기술은 목적을 이루기 위한 수단이다.
새로운 기기나 소프트웨어가 회사와 고객 혹은 고객과 시장을
어떻게 더 깊고 빠르게 연결하는지 알면 가슴이 뛴다.

어느 날 데이비드 포트럭과 나는 기술 팀의 예기치 못한 발견으로 베스 사위가 이끄는 전자위탁매매 시스템 개발 팀 소속 윌리엄 피어슨을 만나게 됐다. 최고정보책임자 돈 레포어가 내게 만남을 청했다.

"꼭 보셔야 할 게 있습니다."

불과 몇 달 전인 7월 우리는 슈왑닷컴 Schwab.com 이라는 웹사이트를 개설했다. 미래를 향한 커다란 도약이었지만 본질적으로는 온라인 책자에 불과했다. 당시만 해도 최첨단 시도였지만 오늘날 생각하는 수준의 조회와 처리 능력을 지닌 인터넷과는 거리가 멀었다.

피어슨이 키보드 앞에 앉아 있었고 한자리에 모인 우리는 모니터를 응시했다. 베스 사위는 원래 마케팅을 담당했는데 얼마 전부터 위탁매매 사업을 인터넷으로 가져오는 업무를 전담하는 팀을 이끌고 있었다. 그날은 인터넷을 이용해 어떻게 매매가 이뤄지는지 기술 전문가들의 대략적인 시연을 보는 자리였다.

우리는 최근 고객서비스 팀을 위해 절차를 간소화하는 기능을 구축했다. 그리고 기술 팀은 고객들의 매매 절차도 간소화할 수 있다는 것을 깨달았다. 과거 이퀄라이저라는 시스템으로 2년 남짓 온라인 거래를 실험한 적이 있었다. 이퀄라이저는 고객의 컴퓨터에서 일어나는 매매를 컴퓨터 통신업체인 AOL과 컴퓨서브 CompuServe (미국에서 가장 널리 이용되는 PC 정보 서비스)를 거쳐 슈왑의 매매 시스템까지 곧장 전송하는 역할을 했다. 과정이 번거롭기도 했고 데이터를 전송하려면 오랫동안 전화가 연결돼 있어야 했다. 슈왑이 앞서 내놓은 많은 브랜드와 마찬가지로 시스템의 명칭을 이퀄라이저로 정한 데는 전달하고자 하는 분명한 메시지가 있었다. 고객에게 전문가와 '동등한' equal 시스템 접근을 보장한다는 뜻이었다.

인터넷이 등장한 초창기였고 인터넷을 상업적으로 이용하는 것은 더 더욱 초창기였지만 모두들 윤곽을 짚어가며 인터넷을 이해해보려고 노력했다. 내가 먼저 물었다.

"네트워크를 통해 간소화가 가능하다는 뜻인가? 인터넷 네트워크를 통해서?"

도무지 믿기지 않았다. 세상은 아직 인터넷이라는 용어를 잘 알지도 못하는데 인터넷이 고객의 손가락 끝에 투자를 가져다준다는 것이었다. 보안, 개인정보보호, 신뢰성은 어떻게 하는가? 수백만 개 계좌의 잔고와 사회보장번호, 매수와 매도 주문이 사이버 공간을 떠다닌다는 말인가? 그처럼 많은 민감한 정보를 어떻게 보호한다는 것인지 상상하기 어려웠다. 그러나 기술 팀은 자신만만해하며 가능한 일이라고 말했다. 물론 당장은 아니었고 아직 해결해야 할 오류들이 있었다. 하지만 우리는 해낼 수 있었다.

완벽해질 때까지 기다리지 마라

몇 해 전 우리는 기술이 우리 사업에 혁명적인 역할을 할 것을 인지하고 직원들뿐만 아니라 고객들에게도 우리가 기술에 전념하고 있음을 알리기 위해 슈왑 테크놀로지Schwab Technology라는 독립적인 조직을 출범시켰다. 그리고 경제학자 밀턴 프리드먼Milton Friedman을 초청해 미래 트렌드에 대한 강연을 듣는 특별한 행사로 그 시작을 알렸다.

우리는 새로운 온라인 재무 관리 도구를 공개했는데 당시에는 대부분의 사용자들이 너무 복잡하다고 느껴서 불발탄으로 끝났다. 또한 지금은 사라졌지만 가정의 온라인 연결 부문에서 새롭게 떠오르는 강자인 컴퓨서브를 통해 자신의 계좌에 접근할 수 있도록 하는 특약을 마련해 고객에게 제공했다. 시장의 소식을 고객의 책상 앞까지 배달하는 슈왑라인SchwabLine도 도입했는데 너무 비싸고 소식이 느려 결국 중단했다. 게다가 빌 길리스라는 뛰어난 인재를 영입해 슈왑 테크놀로지를 이끌게 했지만 그는 '내 뜻을 따르지 않을 거면 나가라'는 식의 태도로 충돌을 일으켰다. 결국 그는 회사를 떠났고 그 자리는 돈 레포어가 대신했다.

우리는 기술적으로 앞서기 위해 최대한 많은 것을 시도했다. 모두 성공하지 못했지만 그래도 계속해서 밀어붙였다. 미래가 빠른 속도로 다가오고 있으며 그 미래는 결국 기술이 좌우할 것임을 알았기 때문이다.

기술 팀은 서비스 담당자들의 책상 위 컴퓨터를 고도로 복잡한 중앙처리장치 시스템에 쉽고 직관적인 방법으로 직접 연결할 방법을 개발하는 데 몰두했다. 그리고 월드와이드웹World Wide Web, WWW이라는 새로운 기술을 이용해 결국 해냈다. 주식의 호가를 구하고, 마진 거래 계좌 잔고를 확인하고, 고객의 매매 주문을 입력하는 과정을 모두 없앴다. 그러다 불현듯 한 가지 생각이 떠올랐다. 월드와이드웹이 서비스 담당자의 일을 대신할 수 있다면 고객의 일을 대신하는 것도 그리 어렵지는 않으리란 생각이었다.

머릿속이 빠르게 돌아갔다. 엄청난 비용을 절감할 가능성이 보였다.

당시에는 이퀄라이저를 대체한 2세대 컴퓨터 트레이딩 프로그램인 스트리트스마트StreetSmart에 전용 전화선과 번호 800번을 할당하고 막대한 비용을 지출하고 있었다. 고객들은 스트리트스마트를 통해 우리 네트워크에 직접 접속했고 온라인 접속 비용은 슈왑이 부담했다. 우리는 매매가 인터넷으로 옮겨 가면 우리가 부담하던 접속 비용이 고객에게 옮겨 간다는 사실을 깨달았다. 고객들이 이미 개인 인터넷 서비스 사용료를 지불하고 있었기 때문이다.

우리와 고객 모두 추가로 부담할 비용은 없었다. 게다가 우리의 소프트웨어와 통신 관련 비용은 크게 줄어들 것이다. 사실 스트리트스마트를 업데이트할 때마다 디스크 수천 개를 우편으로 발송해야 했고 여기에만 100만 달러 가까운 비용이 들었다. 우편 발송 후에는 설치 과정에 문제가 있는 고객들로부터 빗발칠 전화에 대비하고 있어야 했다.

결국 인터넷 접속만 가능하다면 고객은 24시간, 일주일 내내 세계 어디에서도 계좌 정보와 시장 데이터에 접근할 수 있고 그러면 시장 내부자와 일반 투자자 사이의 격차를 좁힐 수 있었다. 오래전 몽고메리 스트리트의 사무실 창문을 통해 본 길 건너편의 원형극장 같은 착각이 아니었다. 그것은 진짜였다.

시장에서 우위를 차지할 기회도 보였다. 결과적으로 우리는 인터넷 거래 서비스를 제공하는 최초의 할인증권회사가 되지는 못했다. 그 영광은 1984년 아우프하우저K. Aufhauser & Co.에게 돌아갔다. 아우프하우저는 훗날 아메리트레이드에 인수됐다. 우리는 주식거래 수수료를 할인한 최초의 브로커도 아니었다. 그것이 누구인지는 아무도 모를 것이다. 우리는 단지 그 사업으로 경쟁자들보다 빠르게 성장했고 신속하게 투자함으로써 가장 커다란 위험을 감수했을 뿐이다.

인터넷 거래도 그렇게 할 수 있다고 생각했다. 피델리티는 우리보다 인터넷 프로그램을 1년 늦게 도입했다. 반면에 전통적인 브로커들은 신경을 쓰지 않아도 될 만큼 크게 뒤처져 있었다. 메릴린치를 비롯한 회사들은 인터넷 자체를 두려워했고 그것이 그들의 사업 모델을 어떤 식으로 잠식할지 두려워했다. 인터넷이 약속한 모든 것, 즉 24시간 접속, 완전한 투명성, 풍부한 뉴스와 리서치 자료는 전통적인 주류 증권회사의 사업 모델과 시장의 수문장이 되고자 했던 그들에게 저주나 다름없었다. 나중에 업계에서는 인터넷을 이용한 투자를 두고 총알이 장전된 총을 건네는 행위에 비유하기도 했다. 나는 그것이 진부한 해석이며 스스로를 보호하려는 태도로서 오래가지 못할 것임을 알았다.

그날 회의실을 나설 무렵 나는 인터넷 프로젝트의 실험 단계를 끝내고 즉시 실행에 옮길 준비가 돼 있었다. 완벽하게 개발을 마치지 않은 것은 물론 아직 운영이 가능한 상태가 아니라는 것도 이미 알고 있었다.

완벽해질 때까지 기다리는 것이 옳다고 생각한 적은
한 번도 없다.

또한 인터넷이 시장에도, 투자자에게도, 슈왑에도 엄청난 가능성을 열어줄 것을 알았다. 모든 힘을 동원해서 가장 최고의 것을 준비해 너무 늦게 내놓는 것보다는 아직 이르더라도 우리가 제시할 수 있는 최선의 형태로 경쟁자들보다 앞서 시장에 내놓는 편이 나았다. 약 85퍼센트 수준으로 준비가 됐다면 충분했다. 나머지는 일을 해나가면서 조율하면 됐다. 가능한 한 빨리 슈왑을 게임에 뛰어들게 해야 한다는 생각뿐이었다. 사무실로 돌아와 버클리에 있는 클레어몬트 호텔Claremont Hotel에서 인터넷 팀과 실무회의를 하고 있던 베스 사위를 찾았다. 전화가 연결되자마자 이렇게 말했다.

"베스, 속도를 내야겠어요."

처음에 그녀는 내 말을 이해하지 못했다. 그녀는 일이 순조롭게 진행되고 있다고 나를 안심시켰다. 모두 예정대로 진행되고 있으며 할 일도 많고 흥미로운 기회도 많다고 했다.

"아니, 그게 아니에요. 완성하라는 말입니다. 웹으로 고객이 주문을 내도록 만들어요. 얼마나 빨리 끝낼 수 있겠어요?"

전화선 반대편 끝에서 침묵이 흘렀다. 그녀의 머릿속을 관통하는 게 무엇인지 알고 있었다. 나는 그녀가 신뢰할 수 있는 리더라는 것도 알았고 완성도보다 속도가 더 중요하다는 점을 충분히 이해하는 마케터라는 사실도 알고 있었다. 곧 "1996년 1분기."라는 대답이 들려왔다. 1분기라고 했을 때 그녀는 하와이 시간으로 3월 31일 밤 11시 59분을 생각하고 있었겠지만 그렇다 해도 대담한 목표였다. 웹을 이용한 주식거래가 가

능하도록 시스템을 개발하고 시험을 마친 다음 도입하기까지 4개월도 채
남지 않았다는 뜻이었다.

"밸런타인데이도 좋겠네요."

내가 말하자 그녀는 직원들을 회의실로 다시 소집했다.

"여러분, 방금 척과 이야기를 나눴습니다. 전부 달라졌어요."

실패를 두려워 말고 실험을 독려하라

사위의 팀은 이를 '큐피드 프로젝트'라고 불렀다. 물론 이 프로젝트로 도
약하기에 앞서 도움닫기 구간이 있었다. 자기주도형 투자자와 얼리어답
터를 만족시키는 것은 아웃사이더 기질을 지닌 우리의 전통적 유산이다.
우리 외에도 월스트리트에서 멀리 떨어진 곳에 위치한 회사들, 즉 오마
하의 아메리트레이드, 팰로앨토의 이트레이드가 온라인 트레이딩 혁명을
주도한 것은 우연이 아니다.

우리는 예전에도 텔레브로커라는 버튼식 전화를 이용한 주식거래 서
비스를 최초로 도입했고 안정적인 음성인식 소프트웨어를 최초로 도입
해 텔레브로커의 성능을 향상시켰다. 1980년대 중반에는 슈왑라인이라
는 손바닥만 한 크기의 단순한 기기를 시험했다. 투입구에서 시장의 소
식과 최신 정보를 반영한 포트폴리오가 계산기 용지에 인쇄되어 나오는
기기였다. 꽤 괜찮은 기기였지만 가격이 너무 비쌌고 전달되는 소식이 늘

새로운 것도 아니었다. 인쇄 기능은 제대로 작동한 적이 없었다.

사실 성공하지 못한 시도가 많았다. 한동안은 실패만 연달아 한 적도 있었다. 하지만 전혀 걱정하지 않았다. 혁신가는 실패를 예상해야 한다. 실패는 과정의 일부이며 조직의 수장으로서 나는 실패를 처벌하는 것이 아니라 실험을 독려하는 것이 임무다.

우리는 실패할 때마다 뭔가를 배웠고 다음에는 더 높은 곳에서 출발했다. 고객이 슈왑 지점 아무 곳에나 들어가서, 슈왑의 아무 브로커에게 나 전화를 걸어 주문을 내면 회사 전체의 통신망에 주문이 직통으로 입력되도록 하는 시스템을 업계 최초로 구축했다. 우리 소프트웨어가 실행되는 컴퓨터로 우리의 전용회선 가운데 하나에 접속하기만 하면 집에서도 이퀄라이저를 이용할 수 있었다. 컴퓨서브가 제공하는 사설 통신망으로 가능해진 서비스였다. 윈도우 체제에서 운영된 스트리트스마트는 이퀄라이저의 확장판으로 한창 때는 사용자가 20만 명에 이를 만큼 인기가 대단했다.

이처럼 우리에겐 인터넷 시대를 준비할 수 있게 해준 '혁신의 문화'라는 역사가 있었다. 또한 견고한 첨단 IT 플랫폼을 이미 보유하고 있었다. 1987년 폭락이 낳은 또 다른 유산이었다. 우리 컴퓨터는 블랙먼데이를 그다지 잘 견뎌내지 못했고 다음을 대비해야 한다는 것을 알았다. 이 실패는 1990년대 초 코드명 '샘스' SAMS 라는 중요한 기술 개발 계획을 이끌었다. 표면적으로는 'Schwab Architecture and Migration Strategy'(슈왑 아키텍처와 전환 전략)의 첫 글자들을 딴 명칭이었지만 실제로는 일과 후 많은 시간을 보내며 사업을 계획하고 구상했던 샌프란시스코의 식당 샘스그릴에서 따온 이름이었다.

우리는 결국 퀴트론 단말기를 폐기하고 모든 직원의 책상 위에 더욱 강력한 성능과 다양한 용도를 갖춘 단말기를 설치하고 인터넷 프로토콜 네트워크IP Network를 구축했다. 당시로선 대단한 사건이었다. 우리는 IP가 차세대 표준이 된다는 데 베팅했고 결과적으로 옳은 베팅이었다. 여기에 총 1억 2,500만 달러가 소요됐다. 예상보다 훨씬 많은 비용이 들었지만 우리에겐 선택의 여지가 없었다. 매출 추정, 비용과 편익 비교, 미래 기대 수요 분석 등 숫자를 돌려본 후 래리 스툽스키와 나는 한 걸음 물러나 질문했다.

"우리가 정말 이루려고 하는 건 무엇일까?"

기술이 주도해온 회사의 역사를 생각하면 선도적인 기술을 보호하고 이를 미래에 전하는 일에 아무리 많은 비용이 든다고 해도 투자하지 않을 순 없었다. 다행히 우리는 투자를 했다. 샘스 프로젝트가 아니었다면 인터넷으로 이동하는 데 훨씬 더 많은 시간과 비용이 들었을 것이고 과정도 훨씬 더 복잡했을 것이다.

1995년 초 포트럭이 어디선가 들은 사실을 전해왔는데, 개인용 컴퓨터PC 매출이 처음으로 텔레비전 매출을 앞질렀다는 것이었다. 이 소식을 듣고 우리의 전자 위탁매매 전략에 관해 깊이 생각했다. 경쟁 구도에서도 몇 가지 걱정스러운 점들이 있었다. 지금 생각하면 어리석은 걱정이었지만, 온라인 서비스에서 이미 지배적인 위치에 있었고 금융서비스업 진출에 확실히 관심을 두고 있던 AOL에 신경이 쓰였다. 하지만 무엇보다 큰 걱정은 마이크로소프트였다. 빌 게이츠가 재무관리 소프트웨어 업체 인튜이트Intuit 인수를 노리며 처음에는 15억 달러를 제시했다가 결국 23억 달러에 합의가 이뤄졌을 때 특히 그랬다. 마이크로소프트의 의도는 퀵큰Quicken*을 손에 넣음으로써 충성도 높고 재무에 밝은 거대한 고객 기반을 확보하려는 것이 분명했다.

우리로서는 분명 걱정스러운 일이었다. 빌 게이츠는 윈도우의 장점을 적극 활용해 은행과 증권업에서 입지를 다지려고 했다. 마이크로소프트와 인튜이트가 우리 고객의 PC를 통제하고 우리보다 저가로 서비스를 제공하는 것을 상상하기는 어렵지 않았다. 우리는 고객들에게 여전히 거래 한 건당 70달러 수수료를 부과했고 스트리트스마트를 사용하면 10퍼센트 할인해주었다. 여기서 수수료를 더 낮출 여지가 있었다. 마이크로소프트라면 온라인 주식거래 요금을 더 인하해도 어렵지 않게 돈을 벌수 있을 것이었다. 자세히 살펴볼수록 우리는 크게 살이 오른 매력적인 인수 대상이었다.

"척, 빌 게이츠를 위해 일하는 건 어떻게 생각해요?"

사람들이 물어왔다. 다행히 마이크로소프트의 인튜이트 합병은 무산됐다. 법무부의 독점금지 조치가 위협으로 작용하며 중단된 것이었다. 결국 마이크로소프트는 금융서비스 업계에서 주요 사업자로 부상하지 못

● 인튜이트가 개발한 개인용 재무관리 소프트웨어.

했고 AT&T와 AOL도 마찬가지였다. 하지만 당시 그들의 위협은 현실적이었고 우리는 그 위협에 자극을 받아 행동에 나섰다. 고객을 열광시키고 다른 회사의 시장 진출을 단념시킬 정도로 충분히 저렴한 가격에 괜찮은 온라인 상품을 재빨리 출시하는 것이 가장 확실한 희망이었다.

인터넷의 역할이 확대되면서 나는 금융서비스가 이 새로운 매체에 꼭 들어맞는다는 것을 이해하기 시작했다. 인터넷이 거래 실행과 데이터 전달에서 갖는 장점은 다른 모든 도구를 능가한다. 금융서비스를 제공하는 데 이보다 더 나은 건 없다. 지금은 이동통신 단말기로 인터넷을 이용할 수 있게 되면서 어디서든 주머니 속 금융 생활을 누릴 수 있다. 인터넷은 우리 업계와 꼭 맞았다. 우리에게는 기술적 소양이 있었고 고객들도 기술에 거부감이 없었다. 우리는 개인투자자와 시장 사이에 놓인 장벽을 허무는 일에 헌신했고 마케팅 능력도 있었다. 이런 슈왑의 역사를 생각할 때 인터넷 주식거래 시장의 지배자는 우리밖에 없었다.

눈앞의 혁명에 어떻게 참여하지 않을 수 있겠는가? 돈 레포어와 베스 사위는 그렇게 생각했을 것이다. 물론 이는 아직 알려지지 않은 것에 대한 맹목적인 믿음이었다. 하지만 포트럭과 나는 선택의 여지가 없다고 생각했고 레포어와 사위의 생각도 같았다. 인터넷은 고객의 투자 경험을 크게 향상시키고 게임의 양상을 바꿔놓을 것이다. 곧 이목이 집중될 온라인 금융서비스라는 짜릿한 신세계를 선도할 기회였다. 우리 역사에서 이보다 더 극적인 전환점은 없었다.

모든 기술 개발에는 뚜렷한 목적이 있어야 한다

1996년 1분기 말까지 실무에 활용할 수 있는 인터넷 거래 응용프로그램을 내놓겠다는 약속을 이행해야 하는 베스 사위는 기디언 새슨을 영입하고자 했다. 새슨은 이스라엘 출신으로 IBM에서 일한 적이 있었다. 그전에는 인터넷의 초창기부터 10년간 MCI*에서 일했다. 나는 새슨의 능력을 평가할 처지가 아니었기에 사위와 레포어에게 맡겼다. 다만 처음 만난 날 한 가지만 물었다. 내가 채용하는 모든 사람에게 던지는 질문이었다.

"투자를 하십니까?"

"그렇습니다."

제대로 된 답이었다. 회사에 출근하고 새슨이 첫 번째로 들여다본 것은 오래된 이메일 시스템이었다. 문제가 많았고 자주 먹통이 됐다. 우리는 메일의 양이 너무 많은 게 원인이라고 생각했다.

"너무 많다니, 메일이 얼마나 되죠?"

새슨이 물었다. 회사 전체적으로 40통이라고 대답했다.

"한 시간에 40통이요?"

아니, 하루 40통이었다. 당시 우리의 이메일 시스템은 그렇게 원시적이었다.

"저 혼자서만 하루에 받는 이메일이 40통인데요!"

---

* 미국 통신 기업으로 현재는 버라이즌Verizon의 자회사.

새슨이 말했다. 따라잡아야 할 것이 많았다. 당시 우리의 웹페이지는 거래 처리 기능은 없는 일종의 전자 안내 책자였다. 새슨은 IBM과 넷스케이프 그리고 새로운 사이트 개발을 돕겠다는 다른 회사 서너 곳의 제안을 검토했다. 그러나 어느 회사도 우리의 일정을 맞추겠다고 흔쾌히 나서지 않았다. 게다가 비용도 엄청났다. 새슨은 아직 슈왑에 대해서는 많이 알지 못했지만 우리가 보유한 컴퓨터 시스템과 소프트웨어에 대해서는 잘 알고 있었고 추가로 무엇을 이용할 수 있는지도 알았다. 마감 시한을 맞추기는 힘들지만 불가능한 일은 아니라고 생각했다.

결국 그는 스스로 하기로 결심했다. 돌이켜보면 옳은 결정이었고 커다란 함의를 지닌 결정이었다. 그 결정으로 사위의 팀과 새슨의 팀은 적은 비용으로 마감 시한을 맞출 수 있었고 무엇보다 자급자족이 가능한 강력한 기술력을 갖춘 기업으로서의 새 시대를 슈왑에 열어줬다. 더 이상 필요한 기술을 얻어 쓸 필요가 없었다. 우리는 기술을 직접 보유했다.

컨설턴트를 몇 사람 고용해 부족한 부분을 보강했지만 기본적으로 새슨은 기술적인 경험과 지식을 보유하고 뛰어난 창의력을 지닌 슈왑의 기존 직원들에게 의지했다. 2월 말 즈음 실제로 작동하는 응용프로그램이 우리 손에 쥐어졌고 3월 말 마감 시한에 맞춰 프로그램이 공개됐다. 내가 바랐던 대로 고객들을 위한 밸런타인 선물이 되지는 못했지만 큰 차이는 없었다. 완벽한 것을 바랐다면 더 오래 기다려야 했을지도 모른다. 새슨과 팀원들은 버그를 해결할 시간이 좀 더 주어지기를 바랐다. 그러나 다시 강조하지만 나는 마케팅 관점에서 생각한다. 물론 나 역시 좋은 제품을 원하지만 그 시점에서 무엇보다 원했던 것은 제품 자체였다.

출시한 첫 달에는 광고도 하지 않았다. 시스템은 여전히 불안정했고 과부하가 발생할 수 있었다. 그럼에도 10만 명의 고객이 웹사이트에 접속해서 거래를 시작했다. 로그인 문제가 빈번하게 발생했고 로그인에 성공한다고 해도 느린 처리 속도와 씨름해야 했다. 시스템은 계속해서 지연됐다. 앞으로 몇 달 동안 발생할 일이었기에 만일을 대비해 늘 전화를 대기시켜 고객을 지원했다. 시스템 용량을 계속 늘렸지만 처리 능력이 늘면서 거래도 늘고 다시 더 많은 용량이 필요했다. 자랑스럽게 내놓을 만한 시스템을 갖기까지는 한참이 걸렸다. 하지만 우리는 연구를 멈추지 않았고 개선 작업을 계속해나갔다. 처리 능력을 늘리고 기능을 더하고 이용 편의성을 높였다. 지금은 당연하게 여겨지는 기능이지만 당시에는 그 과정이 곧 발명이었다.

고객들도 단순한 컴퓨터 사용법부터 시작해서 배워야 할 것이 많았다. 주식거래와는 전혀 상관없고 수익이 한 푼도 나지 않는 장시간의 통화는 많은 비용을 야기했다. 한번은 직접 담당 직원 옆에 앉아 지켜봤다. 직원이 고객과 통화를 하면서 "화면에 이러이러한 것이 보이십니까?"라고 묻자 고객이 그렇다고 답했다.

"자, 상자 모양이 보이십니까?"

"아니요."

"보이지 않으십니까? 다시 한번 봐주십시오. 오른쪽 위, 구석입니다."

15분이 지나서야 직원이 말한 것을 발견한 고객이 클릭하자 화면이 확장되면서 원하는 정보가 나타났다. 임무는 마쳤지만 20분간의 통화가 있은 후였다. 수익은 없고 투자와는 무관한 대화였다.

가격 책정이 문제였다. 이트레이드 같은 신규 업체들이 촉발한 가격 전쟁이 치열해지고 있었다. 우리의 가격은 경쟁 업체의 최저 가격보다 훨씬 높은 수준이었다. 나중에는 비용이 훨씬 줄어들 것을 알았기에 인터넷을 이용한 주식거래에 70달러보다 낮은 수수료를 부과했고, 비용이 실제로 줄어들면서 수익을 낼 수 있었다. 결과적으로 훨씬 낮은 수수료로도 가능한 일이었다. 한때 높은 고정수수료를 지불해야 했던 주식거래는 본질적으로 범용화됐고 이 변화는 인터넷 거래가 등장한 이후 30년 동안 급속도로 빨라졌다. 오늘날 주식거래 수수료는 대부분 '무료'다.

그러나 예전 모델을 기반으로 한 사업도 여전히 잘되고 있었다. 그 사업을 그냥 내던질 수는 없었기에 2단계 요금제 도입으로 타협점을 찾았다. 전체 요금을 지불할 용의가 있는 고객은 여전히 옛 방식대로 지점에서 대면 거래나 전화를 이용한 거래가 가능했다. 그리고 전화 상담원과의 무제한 통화 등 우리가 제공하는 모든 서비스에 접근할 수 있었다. 부가 서비스를 포기하는 대신 온라인 거래 전용인 29.95달러 요금제를 선택할 수도 있었다. 우리는 새로운 요금제 상품의 이름을 'e.슈왑'으로 정했다.

수준 높은 e.슈왑 고객들은 전화 통화를 거의 하지 않을 것이라는 가정 때문에 이 요금제가 등장했다. 그들이 원하는 것 대부분, 즉 호가 조회, 거래 확인, 잔액 조회 등은 온라인으로 충분히 가능한 업무였고 궁금한 점은 이메일로 문의할 수 있었다. 그러나 이는 큰 실수였다. 개념은 훌륭했지만 실제는 끔찍했다. 머지않아 이메일을 통한 고객 지원이 전화 한 통보다 서너 배 더 많은 비용이 든다는 것을 알게 됐다. 고객들은 이메일로 '배당 기일이 언제인가요?' 같은 간단한 질문을 보내왔다. 대체 어떤 배당이란 말인가? 그러면 또 다른 이메일이 오가야 한다. 법률적인 이유로 모든 답변은 미리 정해둬야 했고 미리 정해둔 답변은 질문에 정확히 들어맞지 않았다. 게다가 시스템 용량은 상업적 규모의 이메일을 처리하기에 여전히 부족했다.

한마디로 e.슈왑 고객들은 온라인 투자를 좋아했지만 e.슈왑으로 인한 제약은 싫어했다. 고객들은 서비스의 취약 지대로 내밀렸다고 느꼈다. 우리는 매달 두세 통의 전화만 허용했고 전화 횟수를 추적했다. 지점의 전 직원들은 자세한 고객 정보에 접근할 수 있었는데 월별 한도를 초과한 e.슈왑 고객의 질문에는 답하지 않았다. 이는 지점과 고객 모두를 짜증나게 했다. 옳지 않은 방법이었다. 게다가 이트레이드나 아메리트레이드와 같이 서비스는 좀 더 제한적일지 몰라도 제약이 덜하고 비용도 저렴한 소형 증권회사들에 시장 점유율을 빼앗기고 있었다.

마음이 급해졌고 포트럭도 마찬가지였다. 1997년 12월 우리는 사장 겸 COO인 포트럭을 공동 최고경영자로 임명했다. 포트럭은 자기 팀을 이끌고 변화를 옳은 방향으로 되돌리기 위해 전력을 다했다. 포트럭 역시 나처럼 마케팅 전문이었다.

"시장 점유율 확대를 위해서라면 매출을 희생시키는 것을 두려워해서는 안 됩니다."

1997년 우리는 29.95달러 온라인 요금제 고객의 서비스 이용에 적용되는 제약을 없애는 것을 논의했다. 회사의 앞날이 걸린 중요한 결정이었다. 그렇게 되면 인터넷 주식거래로 고객이 대거 이동하면서 매출이 감소하고 주가가 하락할 수도 있었다. 비용이 많이 들 것은 모두 알고 있었고 여기엔 이견이 없었다. 전략 팀의 추산에 따르면 1년 동안 수억 달러의 매출을 잃을 수 있었다. 단기적으로는 수익성이 없더라도 장기적으로는 수익성이 있다는 확신이 필요했다.

1998년 1월 1일 우리는 e.슈왑의 구분을 없애고 모든 고객에게 저비용 온라인 주식거래 서비스를 제공했다. 슈왑의 고객이라면 누구나 지점 방문과 전화 문의를 비롯한 모든 서비스를 이용할 수 있게 됐다. 온라인 투자는 더 이상 특별한 것이 아니라 표준이었다. 안 될 이유가 없었다. 우리가 아는 한 미래는 여기에 있었다.

본격적인 투자의 대중화가 시작되다

시기적으로도 완벽했다. 1997년 6만~7만 건 정도였던 고객들의 일평균 거래 규모는 1998년 약 10만 건으로 급증했다. 고객 계좌의 자산은 1997년 3,540억 달러에서 4,900억 달러로 39퍼센트 급증했다. 온라인 계좌 수는 1월 말 130만 개를 돌파해 전년 대비 63만 8,000개 증가했다.

게다가 업계 환경도 우호적이었다. 401(k)와 IRA의 성장이 일부 기여하고 역동적인 경제 상황이 주요 원인이 되어 사람들은 매해 더욱 깊이 투자에 관여했다. 때마침 주가가 전반적으로 상승하는 시기여서 성장세를 보이는 퇴직계좌들을 보며 사람들은 시장에 관심을 갖게 됐다.

매일 신문을 볼 때마다 긍정적인 강화 요인이 늘어나곤 했다. 예를 들면 베이비붐 세대가 성인이 되어 엄청난 인구 집단의 사람들이 실제로 투자할 돈을 가진 나이가 됐다. 정보는 풍부했고 아이디어는 어디에나 있었다. 여러 사건과 긍정적인 요인들이 성공적으로 결합되면서 1990년대 후반은 증권업의 호시절로 온라인 투자와 같은 매력적인 일을 벌이기에 완벽한 시기가 됐다.

슈왑은 전환점을 맞았다. 1998년 12월 28일 고객 총자산 규모가 급증해 1조 달러 가까이 이르렀다. 처음에는 꿈도 꾸지 못했던 획기적인 기록이었다. 투자를 하는 대중이 우리 회사에 부여하는 가치의 척도인 시가총액은 255억 달러로 메릴린치를 뛰어넘었다. 메릴린치는 한때 일반 대중을 월스트리트로 끌어오기를 열망했지만 이제 우리가 정확히 그 역할을 맡았다. 우리는 일반 투자 대중을 위한 증권회사였다.

처음부터 그렇게 출발한 것은 아니었다. 나는 늘 대중이 투자에서 힘을 갖는 게 옳다고 믿었다. 그래서 슈왑은 주식시장을 두려워하지 않고 자신에게 최선의 것을 잘 알고 있어 직접 거래를 선호하는 수준 높은 개인투자자들을 위한 위탁매매 증권회사로 출발했다. 온라인 거래가 등장하면서 이런 개인투자자들이 대거 우리를 찾았다. 이들은 온라인을 통해 개인적이고 효율적으로 제공되고 리서치 자료에 쉽게 접근할 수 있는 우리의 새로운 서비스에 매력을 느꼈다. 그리고 이 서비스는 우연하게도 역사적인 주식시장의 호황기 한가운데서 세상에 나왔다. 다우지수는 1994년 11월에 5,000포인트, 1996년 10월에 6,000포인트, 1997년 2월에 7,000포인트를 돌파했고 2001년 초에는 거의 12,000포인트로 새로운 고점에 도달했다. 새로운 투자자들이 시장에 몰려들었고 슈왑은 최고의 수혜자였다.

인터넷 서비스를 추가하면서 지점망도 공격적으로 확장했다. 이것이 분명한 방향이라는 확신은 없었다. 사실 내부에서 엄청난 논쟁이 있었던 주제였다. 업계 전체가 온라인으로 전환하게 될까? 지점망은 이제 한물 간 걸까? 많은 사람들이 그렇게 생각했다. 내 생각은 달랐다. 빌 삼촌과 새크라멘토에서 경험한 일 덕분에 나는 신규 계좌를 유치하는 데 지점이 얼마나 강력한 도구인지 알고 있었다. 결국에는 온라인 거래를 선호하더라도 사람들은 계좌를 열 때만큼은 직원과 대면하는 것을 좋아했다. 고객들은 기술적으로 발달된 온라인 거래와 우리 회사의 간판이 달린 가까운 지점, 두 가지를 모두 원했고 우리는 그 길을 선택했다.

이 전략은 업계에서 우리를 차별화하고 매출을 한 단계 끌어올리는 데 큰 역할을 했다. 오늘날 슈왑이 전국적인 지점망을 확보하지 못한 온라인 증권회사들보다 몇 배나 더 큰 규모로 성장한 것은 절대로 우연이 아니다. 평범한 개인투자자가 집 근처 지점에서 단 몇천 달러로 계좌를 열고, 온라인에 접속해 주식거래를 시작하고, 투자자의 혁명에 동참할 수 있는 곳은 슈왑이 유일했다.

슈왑이 투자를 처음 시작하는 사람들에게 시장을 열어주고, 오로지 저축만 선호했던 수많은 사람들이 투자에 나서도록 도왔다는 사실을 생각하면 대단히 뿌듯하다. 그러나 시간이 흐르면서 몇 가지 걱정스러운 점을 발견했다. 투자를 처음 시작한 사람들은 차츰 성장하고 배우면서 수준 높은 개인투자자들로 발전하고 있었지만, 반면에 고전하는 사람들도 많았다.

투자를 잘한다는 건 어려운 일이다.
혼자서 해나갈 시간과 의지가 모두에게 있지는 않다.

시장이 상승세를 지속하는 동안은 모두가 행복했다. 하지만 늘 그렇듯 시장은 폭락했고 그때는 우리가 누구인지, 고객에게 어떤 서비스를 제공할 수 있는지 같은 기본 가정을 재평가해야 했다.

제23장

숫자 너머 미래를 보라

지속 가능한 계획은 숫자로 이뤄지지 않는다

새로운 천년을 준비하는 기간은 슈왑에 전례 없는 성장과 번영의 시기였다. 매년 기획회의를 했고 다음 해에도 올해와 같은 강세장이 이어질지 물었다. 시장은 해마다 강세를 보였다. 매일은 아니더라도 한 달에 여러 차례 활발하게 주식거래를 하는 사람들 덕분에 우리는 어렵지 않게 큰돈을 벌었다. 그렇게 번 돈으로 신속하게 새로운 서비스를 추가하고 시스템의 처리 능력과 사양을 업그레이드했다. MMF에 추가로 들어오는 자금에서도 수익이 발생했다. 원소스 뮤추얼펀드로 들어온 자금도 마찬가지였다. 활발하게 거래를 일으키는 사람들은 슈왑에 엄청난 수익을 올려준 주요 원동력이었다. 주식시장에 거품이 형성되는 시기에는 잦은 거래를 하는 사람들이 특히 많았다.

1990년 초 2,700명이던 직원 수를 2000년 2만 6,000명으로 10배 가까이 늘렸지만 수요를 따라잡기에는 여전히 부족했다. 경영진은 인력 부족을 체감했고 직원들은 업무 과중을 호소했다. 돌이켜 보면 직원을 더 늘릴 정도는 아니었지만 다른 방법이 없었다. 마케팅을 자제하고 새로운 고객의 유입을 막으면 어떨까? 내 성격상 그런 결정을 내리기는 극도로 어려웠다. 나는 늘 성장에 집중했고 이로써 혼란이 초래돼도 어쩔 수 없었다. 일시적으로라도 눈높이를 낮춘다는 생각은 할 수 없었다. 몇 년 동안 가벼운 진동을 느끼며 잘 지내다 마침내 강력한 지진이 닥치면 그제야 처음으로 리히터 규모 8.0이 6.0이나 7.0에 비해 얼마나 강력한 수준인지 알게 된다. 우리에게는 더 많은 처리 능력이 필요했고 긴 말은 필요 없었다. 인원을 늘리고, 늘리고 또 늘렸다.

놀라운 창의력이 펼쳐진 시대였다. 컴퓨터의 연산 능력이 빠르게 발전하면서 인터넷은 전 세계 기업인들이 품은 모든 꿈을 현실로 이루고 있었다. 과거 산업혁명과 대중교통의 등장, 방송 매체의 탄생에 비유할 수 있는 새로운 시대의 초입에 있었다. 미래는 활짝 열려 있었다. 직접 개발한 인터넷 주식거래 서비스를 시작한 지 꼭 2년이 지난 그때 우리는 인터넷으로 무엇을 할 수 있을지 생각했다.

1999년 초 전략본부장 댄 리먼과 사업 계획을 검토하고 3월에는 내 자리에 앉아서 인터넷과 관련해 개발해야 한다고 생각하는 것들을 종이에 써 내려갔다. 나는 고객이 필요로 하는 모든 것을 제공하는 웹사이트를 구상하고 슈왑포털Schwab Portal이라는 이름을 붙였다. 투자, 보험, 은행은 물론 여행 서비스, 기술 지원, 의류, 스포츠 장비 등 모든 것이 제공 대상이었다. 전적으로 안전하고 개인정보가 보호되는 환경에서 이 모든 서비스를 제공하는 것이다.

당시 시애틀을 기반으로 한 아마존닷컴Amazon.com이라는 신생 업체가 도서에서 다른 상품으로 온라인 판매를 확대하려는 비슷한 계획을 추진하고 있었다. 오늘날 아마존에서 살 수 없는 것이 있는가? 하지만 핵심 사업인 투자 부문에서 크게 성장하고 있었던 우리는 이 슈왑포털 구상을 실행에 옮기지 않았다. 그 계획을 밀고 나갔더라면 어땠을지 지금도 종종 생각한다. 그러나 다가오는 약세장은 우리 앞에 다른 계획을 준비해두고 있었다.

1999년 봄부터 2000년 후반까지는 여태껏 시장을 공부하며 지나온 그 어떤 시기와도 달랐다. 나는 시장에서 광기와 거품을 목격했다. 밸류에이션에 일어난 일, 투자 심리에 일어난 일, 닷컴 기업에 일어난 일, 월스트리트에 일어난 일, 기업 윤리에 일어난 일, 그 모두가 비현실적이고 기이했으며 우리는 그 모든 것의 한가운데 있었다. 슈왑은 "누구라도 꿈에 그리던 '나만의 섬'을 가질 수 있는 기회"라는 식의 정신 나간 광고는 하지 않았다. 그런 것은 우리 방식이 아니었다. 그러나 인터넷 주식에 관한 이야기가 사무실 휴게 공간의 화젯거리로 떠올랐을 때, 금융과 비즈니스 정보 전문 채널인 CNBC가 가장 인기 있는 케이블 방송이 됐을 때,

치과의사, 택시 운전사, 주부, 대학생 등 곳곳에서 단기 매매에 치중하는 데이트레이더가 나타났을 때 모두가 그랬듯 우리 역시 영향을 받았다. 소방 호스에서 뿜어져 나오는 물줄기처럼 신규 계좌가 쏟아졌다. 2000년 8월 한때 고객 자산은 1조 달러를 넘어섰다. 고객의 일평균 거래 건수는 35만 건까지 급증했다.

한편 전례 없는 수요를 직면한 우리는 고객서비스 품질을 유지하기 위해 가능한 한 빨리 직원을 채용했다. 또한 이익을 재투자해서 시간 외 전자 거래, 호출기용 무선 주식 알림 서비스 제공, 지금은 그냥 휴대폰이라고 부르는 '무선통신이 가능한 휴대용 전화기'를 위한 초기 무선 주식거래 플랫폼(포켓브로커Pocketbroker 라는 이름을 붙였다) 개발, 사모발행 시장 접근, 종이 문서를 완전히 대체하는 전자거래확인서 발행 등으로 역량을 확장했다. 지역적으로는 일본, 호주, 캐나다, 영국 등 전 세계로 입지를 확장했다. 그리고 두 가지 중요한 결단을 내렸다. 150여 년 역사를 지닌 자산관리 회사 US트러스트US Trust 인수를 발표했고, 활발한 거래를 하는 사람들을 위해 텍사스 소재 첨단 기술 회사 사이버코프Cybercorp를 사들였다.

걱정되는 것이 있었을까? 물론 있었다. 우리는 거품 한가운데 있었고 지금의 상황은 결코 지속될 수 없었다. 1996년 초 앨런 그린스펀 연방준비제도 의장은 '비이성적 과열'irrational exuberance을 경고했다. 그러나 주식시장은 맹렬하게 상승했고 누구나 시장에 참여하기를 원했다. 우리가 고객들에게 어떤 말을 할 수 있었을까? 투자를 하지 말라고 해야 했을까?

현명한 투자를 위해 많은 합리적인 정보를 제공했지만 이미 광기에 사로 잡힌 사람들을 진정시킬 수는 없었다.

다우지수가 1만 포인트에 도달했을 때 나는 보도 자료를 내서 이는 단지 숫자에 불과함을 대중에게 알려야 한다고 주장했다. 나는 다우지수가 새로운 1,000포인트에 도달할 때마다 늘 투자자였다. 주가가 새로운 이정표를 찍고 언론이 떠들썩할 때도 정작 중요한 것은 평생 동안의 투자수익률이지만 사람들은 여기에 주목하지 못한다. 감정이 관여하기 때문이다. 나는 이렇게 말했다.

"오늘의 숫자 너머 미래를 볼 것을 투자자들에게 강력히 권합니다. 시장이 빠르게 변화하는 이 세계에서는 지속 가능한 투자 계획이 반드시 있어야 합니다. 넓은 시야로 전체적인 상황을 파악하고 미리 계획을 세우십시오."

1999년 스탠퍼드대학교의 한 단체가 주최한 행사에 연사로 초대받아 시장과 경제에 대한 나의 관점을 이야기한 적이 있다. 당시 화두는 '신경제' new economy였다. 야후의 공동 창업자 제리 양Jerry Yang도 그 자리에 있었으며 이베이의 대표였던 멕 휘트먼Meg Whitman도 있었다. 나는 볼링 관련 상품이 크게 유행했던 1960년대 초반의 거품, 그때의 광기와 현재 상황이 얼마나 비슷한지를 이야기했다. 몇 주 후 스탠퍼드에서 내 사무실로 '마법은 지속될 수 있을까?'라는 문장이 새겨진 볼링공 하나가 도착했다. 강연에서 내가 했던 말이었다. 지금도 나는 사무실에 있는 그 공을 보며 주가 상승에 도취된 시장이 어떤 모습인지 떠올리곤 한다.

슈왑의 주가도 미친 듯이 올랐고 이는 보상 구조를 고안한 목적과는 정반대의 결과를 가져왔다. 슈왑에는 회사 주식을 많이 보유한 장기근속 직원들이 꽤 있었다. 회사가 직원들에게 주식을 주는 이유는 충성심을 높이고 회사의 대의와 미래에 헌신하게 하기 위해서다. 그러나 슈왑 주가가 50달러를 향해 치솟으면서 정반대 효과가 나타났다. 사람들이 스톡옵션과 401(k) 퇴직연금을 현금화하며 그만두기 시작했고 대부분 백만장자가 되어 은퇴했다. 그들을 비난하지는 않는다. 무시하기 어려운 기회였다. 하지만 그로 인해 남아 있는 사람들이 힘들어졌고 우리는 노련한 직원들을 잃었다. 우리가 곧 직면할 근본적인 문제의 일부는 자만심에 있었다.

모든 일이 잘 풀릴 때, 모두가 최고라고 말할 때
뭔가 개운하지 않다면 뒤를 돌아보라.

자만심은 성공한 사람들이 흔히 빠지는 함정이다. 전국적인 지점망과 업계 최대 재정자문가들의 네트워크를 결합한 최첨단 인터넷 주식거래를 은퇴 상품에 결합한 사업 모델이 우리가 성공한 진짜 이유라고 생각했다. 물론 사실이었다. 훌륭한 사업 모델이었다. 그러나 당시 슈왑과 시장의 관계는 돛단배와 바람의 관계와 같았다. 바람이 뒤에서 세게 밀어주

면 우리도 빠르게 전진했다. 1990년대 후반에 바람은 시속 160킬로미터 속도로 불었다. 고객들의 일평균 주식거래 건수가 최초로 35만 건에 이르렀을 때도 우리는 축하를 위해 멈추지 않았다. 대신 포트럭과 기획 팀은 하루에 100만 건의 거래를 처리할 수 있도록 직원을 5만 명으로 두 배 늘리는 계획을 논의했다. 이는 방대한 프로젝트였다. 추가 인력을 전부 수용할 기반시설을 열심히 구축해나갔다. 사무 공간을 임대하고 의자와 책상, 컴퓨터를 구입했으며 할 수 있는 모든 방법으로 설비를 늘렸다.

돌이켜 생각하면 우리의 부동산 계약은 분명히 도를 넘은 것이었다. 위탁매매업은 경기에 민감했다. 매년 1월부터 4월 세금 신고 마감일까지 굉장히 바빠지면서 기존 업무 처리 능력을 압박했다. 1990년대 후반에는 사업이 번창하면서 문제가 더욱 심각해졌다. 1999년 포트럭은 "이런 문제가 다시는 발생하지 않도록 하고 싶습니다."라고 말했다. 그는 즉시 전례 없는 설비 확충에 나섰다.

2000년 5월 8일 나는 신규 지점 한 곳의 개소식을 주관하기 위해 오스틴으로 날아갔다. 그날 사회자의 안내를 받아 사무 단지를 둘러본 일은 결코 잊지 못할 것이다. 사회자는 우리가 사용할 건물 '여러' 동을 전부 보여주고 싶어 했다. 일부는 아직 건설 현장에 지나지 않았는데도 이미 장기 임대 계약을 한 상태였다. 나중에 누군가가 부동산 잡지 표지에 실린 슈왑 직원의 사진을 보여줬다. 임대 계약 여러 건을 체결한 그 직원을 부동산 중개업자들이 치켜세우고 있었다. 어처구니가 없었다. 대체 어떤 재앙을 자초한 것일까? 자기 회사의 부동산 담당자가 잡지 표지를 장식하기를 바라는 사람은 없을 것이다. 상황은 걷잡을 수 없이 치달았고 우리는 그 대가를 오랫동안 크게 치러야 했다. 임대 계약을 전부 해지하기까지 든 비용은 4억 달러가 훨씬 넘었다. 어쩔 수 없이 해고해야 했던 직원들에게 지급한 총 퇴직금에 맞먹는 금액이었다.

거품은 언젠가 꺼지기 마련이다

2000년 늦은 봄 결국 일이 벌어졌다. 바람이 잦아들고 돛이 펄럭였다. 거의 하룻밤 사이에 모든 것이 조용해졌다. 고객의 일일 거래 건수가 순식간에 20만 건으로 줄었고 다음 날에 15만 건, 그다음 날엔 10만 건 이하로 줄어들었다. 1990년대의 놀라운 강세장은 시작할 때와 마찬가지로 빠르게 설명이 불가능한 속도로 끝나가고 있었다.

시장의 고점이 늘 그렇듯 기술주 거품이 꺼지는 정확한 시기가 언제였는지 역시 지나고 나서야 알 수 있었다. 2000년 3월 10일 나스닥지수가 5,048포인트로 고점을 찍었다는 것을 이제는 알지만 당시 이를 아는 사람은 없었다.[*] 그때 알고 있었던 사실은 밸류에이션이 심각하게 비정상적이라는 것뿐이었다. 정상으로 돌아가는 것은 당연한 순서였다. 그러나 강세장의 시작을 인식하는 데 시간이 걸렸듯이 우리는 폭락장이 끝나고

---

[*] 닷컴버블의 정점이자 종료를 알린 날로 여겨진다.

나서도 한참이 지나 온전히 체감하고 나서야 비로소 폭락의 종료를 기념했다.

한편 불확실성은 우리의 계획에 큰 타격을 입혔다. 거래 건수가 감소하고 이익이 줄고 주가가 하락하면서 결과적으로는 충분하지 않았지만 어쨌든 출혈을 막기 위한 조치를 취했다. 거래가 15~20퍼센트 정도 감소하는 것은 감당할 수 있었다. 그 정도는 예산에 이미 반영하고 있었고 우발적인 상황에 대비해 인력 감축 없이 성과급 축소 등으로 해결할 계획도 세워둔 상태였다. 하지만 거래 건수가 70퍼센트 감소할 때를 대비한 계획은 전혀 없었고 어쩔 수 없이 생존을 위한 조치에 들어갔다. 포트럭과 내 임금을 각각 50퍼센트 삭감했고 임원들의 임금도 25퍼센트 줄였다. 임금 삭감은 피라미드의 아랫단까지 내려갔지만 그래도 턱없이 모자랐다. 우리의 훌륭한 훈련과 교육 프로그램도 모두 없애야 했다. 엄청나게 고통스러웠지만 반드시 필요한 조치였다. 기존의 비용 구조로는 살아남을 수 없었다.

채용을 동결하고 임금을 삭감하고 예산을 줄이고 직무 분담을 독려하고 강제 휴가를 실시했다. 그래도 여전히 부족했다. 2001년 3월 말 우리는 2,000개 이상의 일자리를 감축했고 퇴직한 인원을 충원하지 않고 회사의 규모를 줄여나가는 1차 감원 계획을 발표했다. 예상 밖이라서 더 충격적이었다. 그러나 해야만 하는 일이었다. 경영진 회의에서 각자 어떤 악역을 맡아야 하는지 깨달은 임원들의 얼굴에 드리운 표정을 보고 나는 이렇게 말했다.

"이런 일을 하라고 월급을 받는 겁니다. 어렵다는 것은 압니다. 끔찍한 일이 될 것도 압니다. 하지만 바로 이런 일을 하라고 월급을 받는 겁니다."

처음 있는 일이었고 끔찍한 기분이었다. 떠나보낼 수밖에 없었던 직원들을 위해 무엇이든 할 수 있는 일을 찾았다. 학교로 돌아가 공부하려는 직원들의 학자금 마련을 돕기 위해 헬렌과 나는 1,000만 달러 기금을 조성했다. 기금은 샌프란시스코 재단에 운영을 맡겨 공정성을 확보했고 이 프로그램을 통해 많은 사람들이 교육계, 법률계, 의료계에서 새로운 일을 찾았다. 나중에 그들로부터 덕분에 학교로 돌아갈 수 있었다, 간호사가 됐다, 교사가 됐다는 감사 편지도 받았다.

왜 그렇게까지 했느냐고 묻는다면 그냥 그러고 싶었다. 그리고 운 좋게도 그렇게 할 수 있었다. BOA에 매각된 후 많은 사람들이 보유한 주식의 가치가 하락하는 것을 보고 손실을 전부 보상해주려고 노력하면서 그 시도가 옳다고 느꼈던 것, 사람은 개인의 책임을 다해야 한다고 믿었던 아버지가 교회에서 헌금 바구니가 돌면 누구보다 먼저 1달러 지폐를 넣었던 것과 마찬가지다. 그저 그것이 옳다고 느꼈다.

우리는 해고와 경비 축소 문제로 씨름했다. 지금까지 우리가 몸집을 키운 데는 나름대로 이유가 있었다. 거래가 뜸했던 시장이 되살아났을 때 이를 처리할 능력이 없다면 서비스의 질이 저하된다. 과거 고객이 떠났던 경험에 비춰 볼 때 합리적인 이유였다. 하지만 이번에는 문제가 달랐고 누구에게 책임이 있는지도 알았다. 나와 포트럭에게 책임이 있었고 효과적인 계획을 세우지 못한 경영진 모두에게 책임이 있었다. 우리의 실수로 다른 사람들이 대가를 치러야 한다는 사실이 끔찍했다. 1차로 해고된 2,000명 중 대부분은 콜센터의 하급 직원이었다. 물론 우리는 아직 남은 사람들이 슈왑에서 일한다는 사실을 자랑스럽게 여겼으면 했다. 직원들이 '이 회사 싫어', '이 회사에서 일한다는 게 부끄러워'라고 생각하는 생존자증후군survivor syndrome 을 격게 하고 싶진 않았다.

또한 우리가 해고했던 사람들이 언젠가 기꺼이 다시 돌아와주기를 바랐다. 그래서 가능한 한 고통을 주지 않으려고 노력했다. 퇴직금은 지나칠 만큼 넉넉히 지급했다. 우리는 이런 걱정을 했다. 어떤 식으로 통보를 할 것인가? 자기 자리로 돌아가도록 내버려둬도 될까? 이메일을 차단해야 할까? 동료들에게 작별 인사를 할 시간을 주어야 할까? 해고 경험이 많았던 다른 회사들에 비해 훨씬 더 진땀을 흘렸다. 하지만 우리는 다른 것도 아니고 '서비스'를 판매하는 사업이었다. 공감하고, 염려할 줄 알고, 고객을 위해 헌신할 사람이 필요했고 회사를 들어오든 나가든 그들은 관대한 대우와 존중을 받아 마땅했다.

이런 접근 방식은 성과가 있었다. 1차 해고는 무사히 끝났다. 그러나 그 후 예전보다 더 빨리 정상 궤도에 오르리라고 생각한 것은 착각이었다. 너무 더딘 회복에 나조차도 놀랄 정도였다. 2000년 당시 상황이 나빠지고 있었지만 약세장이 오래 지속되지는 않을 것이라고 생각했다. 일반적으로 약세장은 11개월 정도 지속되기 때문이다. '그래, 이제 2001년 초반이니까 곧 상황이 나아지겠지.'

고통스럽지만 불가피한 결단을 내려야 할 때가 있다

하지만 새로운 천년이 시작되고 한 해의 반이 지난 2001년 중반에도 감축은 계속됐다. 회사의 위태로운 미래가 그려졌다. 7월 24일 나는 자리에 앉아 모든 것을 충분히 생각한 뒤 종이에 생각을 적어 내려갔다. '현재 시장 환경을 반영해 다시 한번 재편이 필요할 것 같습니다. 진전을 이뤘지만 불행히도 또 다른 결단을 내릴 시점에 온 듯합니다.'

평소 나는 포트럭에게 회사 운영에 관해 상당한 재량을 부여했다. 공동 CEO가 됐을 때 언젠가 내가 회장 직함을 갖고 포트럭이 단독으로 이일을 맡을 거라고 예상했다. 그런 만큼 이런 과도기에 그에게 옳다고 생각하는 것을 이행할 수 있는 권한을 주어야 한다고 느꼈다. 하지만 때때로 슬쩍 결정을 유도할 필요도 있었고 지금이 바로 그때였다.

'밥 로소에게 호주와 일본 지점을 폐쇄하라는 지시를 내릴 겁니다. 나머지 해외 조직을 스티브 셰이드의 그룹 아래로 옮기고 경영진을 해고… 오스틴(콜센터)을 닫고… 올랜도도 고려 대상… 모든 간접비 영역에서 10~14퍼센트 추가 비용 절감 필요. 이런 결정으로 완전히 회복할 수 있는 계기를 마련하고 남은 팀들에게 충분한 보상과 상여금을 받을 기회가 다시 돌아가기를 바랍니다. 논의해봅시다.'

나는 '척'이라고 서명한 뒤 복도를 따라 포트럭의 사무실로 걸어갔다.

2001년 8월 30일 2차 구조조정 계획을 발표했다. 2,000명 이상의 정규직과 비정규직 직원을 해고해 인원을 약 10퍼센트 추가 감축하는 안이 포함됐는데 앞서 단행한 인원 감축을 포함하면 2000년 초 대비 인원이 약 25퍼센트 줄어든다는 의미였다. 또한 설비를 축소하고 일부 기술을 접었다. 이 모든 것에 한 해 동안 2억 2,500만 달러의 거액을 지출했다. 고객을 위해 많은 기여를 하고 열심히 일했던 훌륭한 사람들을 잃는 것은 엄청나게 힘들고 고통스러웠다. 그 직원들에 대한 배려와 존중을 절대적인 우선순위에 두고 1차 구조조정 때와 동일하게 퇴직금, 보조금, 교육비, 특별 스톡옵션, 재고용 보너스를 포함한 전환 지원 프로그램을 제공했다. 한편 물밑에서는 호주와 일본 사업을 매각하려는 움직임을 시작했다. 신규 인수에 대한 생각은 단호히 접었다.

구조조정만으로는 회사를 위대하게 만들 수 없다. 이미 많은 비용을 지출했고 고통도 컸다. 이제는 미래를 생각해야 했다. 회사를 성장시키고 고객의 삶에 더 중요한 역할을 할 수 있는 새로운 방법을 찾아야만 했다.

슈왑뱅크라는 돌파구를 찾다

슈왑의 사업 모델의 본질을 요약하라면 사람들이 금융서비스에서 충분한 서비스를 받지 못하는 영역, 즉 필요한 것을 얻는 대가로 과도한 비용을 지불해야 할 때 타협하게 만드는 영역이 어디인지를 발견하는 것이라 할 수 있다. 타협은 상황을 필요 이상으로 어렵게 만들기도 했다. 고비용 투자 상담, 수수료 꼼수, 짧은 근무 시간은 타협이 낳은 결과였다. 우리 사업의 기반은 타협을 깨는 방법을 찾는 것이었다. 이것이 바로 낮은 주식거래 비용, 24시간 전화 서비스, 가까운 지점, 수수료 없는 IRA, 인터넷 주식거래를 가능하게 한 핵심이었다.

특히 슈왑은 1987년 대형 은행의 제약에서 해방된 이후 정신없이 빠른 속도로 변화를 이뤄왔다. 그리고 닷컴 폭락의 여파로 반드시 해야만 하는 감축을 한창 진행하던 그때, 내 머릿속에서는 정확히 은행이 떠올랐다. BOA에서의 경험을 통해 나는 소비자의 일상생활에서 소매금융의 중요성 그리고 개인의 일상적 재정 관리 수요를 충족하는 가장 기본적이면서도 필요한 것이 당좌예금계좌checking account 라는 사실을 알았다. 은행은 모든 사람의 삶 중심에 있었다. 은행이야말로 소비자들이 수많은 타협에 직면해 있는 영역이었다. 바로 그것이 기회였다!

1990년대 후반에 이 구상을 맹렬히 추진한 적이 있었다. 은행이라고? 경영진 모두 좋지 않은 생각으로 치부했고 이야기를 꺼낼 때마다 격렬히 반대했다. 많은 이들이 은행 출신이었으며 은행에 대해 반감이 있었다. 이해할 수 있었다. 전통적인 은행은 각종 위험을 관리하고 규제 장벽을 피하기 위해 몸집을 키워야 했고 값비싼 시스템을 도입해야 했다. 당좌예금계좌로 얻을 수 있는 사업상 이익이 거의 없다는 것도 반대 이유였다. 내가 생각한 것이 전통적인 은행이라면 이해할 수 있는 반응이었다. 하지만 내가 염두에 두고 있는 것은 우리 고객들도 매력을 느낄 수 있는 온라인 투자자를 위한 은행, 고객의 일상이 더 수월해지도록 돕고 슈왑과 더 많은 업무를 하도록 독려할 은행이었다. 고객에게는 전혀 새로운 경험이 될 것이며 우리는 고객이 맡긴 돈을 매우 보수적으로 운용해 현금 잔고에서 이익을 창출할 수 있다. 나는 그런 은행을 만든다면 고객이 찾아올 것이라고 주장했다.

하지만 안 된다는 말을 너무 많이 들은 나머지 2001년 나는 CFO였던 스티브 셰이드에게 "그냥 은행을 만들어요."라고 단도직입적으로 지시했다. 은행을 만드는 데 필요한 요건을 자세히 조사하고 팀을 꾸려서 우리에게 적합한 사업 모델을 개발하라고 했다. 셰이드는 소매금융 부문에 투입된 그 순간까지도 이런 구상을 반기지 않았지만 고맙게도 "이왕 할 거라면 멋지게 해보겠습니다."라고 대답했다.

우리는 리테일 고객사업부 본부장 조 마르티네토(훗날 CFO가 됐고 최근에는 COO가 됐다), 자금 담당 데이브 마틴, 재무 팀의 스콧 로즈로 작은 팀을 꾸렸다. 프로젝트의 완수를 주도할 사람들이었다. 매달 회의를 열어 세부 사항을 논의하고 결론을 내렸다. 기존 은행을 사서 은행을 세워야 할까? 합작투자를 할까? 아예 처음부터 새로 은행을 세울까? 세 가지 접근법 모두 찬성 의견이 있었지만 나는 완전히 새로운 은행이 마음에 들었다. 이는 기존 고객 기반도, 기반 시설도, 기존 대출도 없는 백지상태를 의미했고 위험을 초래할 수도 있었다. 그렇지만 설계 단계부터 투자자인 우리 고객들을 염두에 둔 은행으로 새로운 출발을 하고 싶었다.

수개월 동안 회의를 통해 계획을 구체화한 뒤 2001년 12월 마르티네토와 로즈가 이사회에 계획을 제출했고 이사회의 승인을 얻은 우리는 신청서를 들고 규제 당국으로 향했다. 내가 원했던 모든 요소를 갖춘 은행이 될 것이다. 온라인 접속은 간단하며 전국적인 지점망은 만들지 않는다. 주택담보대출 역시 빠르고 간단하다. 고객의 투자 계좌와 통합돼 최대한 편의를 보장하고 당좌계좌 유지비용 면제, 거의 모든 은행의 현금인출기 무료 이용, 무료 계좌 이체 서비스를 제공한다. 지급 거부로 반송된 수표와 관련된 불이익은 없으며 수수료로 꼼수를 부리지 않는다. 자질구레한 서비스로 고객의 돈을 야금야금 뜯어가는 일도 없다. 다른 은행들은 자기 고객이 아닌 사람이 현금인출기를 이용하면 수수료 3달러를 부과했지만 우리는 그 수수료를 환급해주는 방식으로 수수료 없는 현금인출기 망을 즉시 전 세계에 구축할 것이다.

또 대부분의 은행은 잔고 부족으로 반송된 수표에 장당 35달러를 청구했는데 쌓이면 꽤 큰 금액이 된다. 고객들은 이를 굉장히 싫어했다. 우리가 추가하려는 요소는 수표가 반송되지 않도록 최소 잔고 유지 기능을 도입하는 것이었다. 은행 계좌 잔고가 너무 적으면 위탁매매 계좌에서 현금을 끌어와 고객이 설정한 수준으로 잔고를 유지할 수 있다. 일종의 안전밸브였다. 계좌가 통합됐기 때문에 고객은 항상 최소 잔고를 유지할 수 있고 따라서 잔고 부족으로 수표가 되돌아오는 일은 발생하지 않는다. 그리고 월별 혹은 연간 수수료를 부과하지 않고 고객의 계좌 잔고에 이자를 지급한다.

물론 가장 중요한 요소는 은행이기에 고객들이 맡기는 당좌예금 및 저축예금에 연방예금보험공사의 보험이 적용된다는 사실이다. 오직 은행만이 이런 수준의 안전을 보장할 수 있다. 예금의 안전을 보장하는 것은 모든 고객이 금융회사에 요구하는 조건으로 너무나 중요한 것이어서 고객을 위해 반드시 해결하지 않으면 안 됐다.

2003년 4월 규제 당국의 승인을 받고 찰스슈왑뱅크Charles Schwab Bank를 출범시켰다. 오로지 투자자들의 필요를 염두에 두고 설계된 최초의 은행이었다. 그런데 6개월 만에 사업 계획을 수정해야 했다. 찰스슈왑뱅크에 고객이 몰리면서 3년 예상 목표를 금세 달성했기 때문이다. 출범 첫해 당좌예금계좌당 평균 잔고는 3만 달러가 넘었는데 신규 은행으로서는 말할 것도 없고 기존 은행과 비교해도 놀라운 규모였다.

새로운 10년이 펼쳐지고 2008년 금융위기 이후 투자자들이 안전자산으로 몰리면서 거래가 급감할 때 찰스슈왑뱅크는 우리에게 구원의 빛이었다. 은행의 이자수입이 주식거래 매출 감소를 상쇄했기 때문이다. 은행은 지금까지도 우리의 사업 모델에 특별히 중요한 요소로 남아 있으며 앞으로도 그럴 것이다. 본능적으로 옳다는 판단이 강하게 든다면 때로는 반대론자들을 무시하고 강력하게 밀어붙일 필요가 있다.

시장이 어려울수록 투자자를 먼저 생각하라

어려웠던 그 시기에 내린 모든 결정이 훌륭했던 것은 아니다. 충동이 앞설 때는 충분히 생각하지 못하고 어리석은 결정을 내리기 쉽다. 결코 변명이 아니라 피할 수 없는 현실이다.

우리는 모든 수단을 동원해 경비를 줄였다. 그로부터 얼마 지나지 않아 2002년에 슈왑 전 직원의 401(k) 퇴직연금에 대한 매칭 기여 방식*의 추가 적립을 중단하기로 결정했다. 나의 결정이었고 큰 실수였다. 사실 우리는 여러 해 동안 극히 후한 정책을 유지했다. 지난 10년 동안 매칭 기여 방식으로 5억 달러 이상을 직원들의 퇴직계좌에 지급했던 것이다. 이를 없애자 2003년에만 5,000만 달러를 절약했다. 하지만 이는 직원들과 고객들 모두에게 잘못된 메시지를 전달했다.

401(k) 고객들은 우리가 그런 일을 했다는 사실을 믿을 수 없어 했다. 1995년 우리는 월트 베팅어Walt Bettinger로부터 그가 설립한 퇴직연금 회사를 인수했는데 401(k) 사업을 이끌던 베팅어는 우리의 성실성에 의문을 제기하는 고객들로부터 빗발치는 전화를 받아야 했다. 나는 25년 넘게 은퇴를 대비한 저축의 미덕을 전 세계에 열렬히 알렸다. 그런데 이제 와서 우리 직원들의 대표적인 퇴직금 혜택을 없앤 것이다. 더 이상의 해고를 피하기 위한 결정이었지만 다른 방법을 찾았어야 옳았다.

수많은 어려운 결정이 내려졌고 이행되고 있었다. 우리는 안도했다. '좋아, 회사의 경영 상태는 이제 양호한 수준이고 시장의 상황도 곧 개선되겠지.' 그리고 9월 11일이 됐다. 그날 아침은 미국 프로골프 자문위원회의 컨퍼런스콜에 참여하며 집에서 일하고 있었다. 그때 첫 번째 비행기가 충돌했다. 소형 경비행기 파이퍼컵Piper Cub일 거라고 생각했다. 끔찍한 사

---

* 퇴직연금 기여금에 대해 본인이 납부한 수준만큼 고용주가 추가로 기여금을 적립해주는 방식.

고였다. 그러나 두 번째 비행기가 충돌했을 때 단순한 사고가 아니라 훨씬 심각한 일이 벌어졌다는 사실을 나와 전 세계가 깨달았다.

뉴욕에 있던 딸 케이티의 안부를 전화로 확인한 다음 사무실로 출발했다. 뉴욕 직원들에 대한 생각뿐이었다. 세계무역센터 주요 층에 우리 사무실이 있었다. 다행히 직원들 모두 건물이 무너지기 전에 안전하게 빠져나왔다. 그러나 뉴욕에서 4,800킬로미터나 떨어진 골든게이트브리지나 베이 에어리어도 공격 대상이 될 수 있다는 소문이 떠돌았다. 시장은 문을 닫았고 우리도 안전을 위해 서둘러 샌프란시스코 사무실을 닫은 뒤 직원들을 모두 집으로 돌려보냈다.

다음 날 업무에 복귀했지만 세상은 달라져 있었다. 그런 상황에서는 고객들과 연결된 상태를 유지하면서 그들이 장기적인 관점에서 집중력을 유지할 수 있도록 돕는 것이 중요하다고 생각한다. 투자자로서 반드시 필요하지만 감정적으로 숙련되기는 매우 어려운 기술이다. 나는 모든 고객에게 내 생각을 담은 편지를 보냈다. 미국의 금융 시스템이 충격을 흡수하고 계속해서 돌아갈 것이며, 이 사실을 모든 국민이 자랑스러워할 것이라고 적었다. 그리고 9월 11일의 끔찍한 비극과 월스트리트 근방의 일부 파손에도 불구하고 증권거래소는 다음 월요일, 4 거래일 만에 다시 문을 열었다. 거래가 재개된 그날 장이 종료될 즈음 뉴욕증권거래소의 일일 거래량은 사상 최대치를 기록했고 나스닥 역시 사상 최대 규모에 가까운 거래량을 처리했다. 시스템을 기필코 제대로 작동시키기 위해 너나없이 애쓴 증거였다.

나는 시장이 다시 열린 뒤 나타난 변동성과 하락을 견디기 힘들겠지만 그마저도 역사적으로 반복된 틀에서 벗어나지 않는다는 걸 고객들에게 강조하며 알렸다. 국가적, 국제적 위기는 늘 투매를 유발하지만 시장은 결국 대개 짧은 기간에 낙폭을 만회한다. 주중에 거래는 극도로 활발했고 변동성도 컸지만 슈왑 고객들 사이에서는 매수 주문이 매도 주문보다 많았다. 이는 우리 경제에 대한 장기적인 신뢰를 보여주는 긍정적인 신호였다.

차분한 심리는 물론 중요했다. 2001년 9월 11일 이전만 해도 경기 회복이 임박했다고 믿었다. 그러나 9월 11일 이후에는 누구도 그런 환상을 갖지 않았고 장기투자의 '장기'란 표현은 더욱 중요한 의미를 갖게 됐다. 경기를 부양하고 성장시키려면 부양책이 필요하다는 것이 분명해졌다. 나는 경기부양책을 신속하게 도입하도록 정부에 강력히 건의했고 10월 초에는 대통령과 의회에 공개서한을 보냈다. 우리는 투자자들이 재무부장관을 직접 만나 의견을 전달할 수 있도록 타운홀 미팅(비공식 공개회의)을 진행했다.

연말까지 다우지수는 7퍼센트 이상 하락했다. 2002년 상황은 갈수록 더 악화됐다. 다우지수는 18퍼센트 넘게 하락했는데 월스트리트 주요 기업의 투자은행 부문과 브로커리지 부문 사이에 이해 충돌 문제가 여전히 존재한다는 것을 부각시킨 추문이 일부 원인이었다. 앞서 2년 동안 미국의 자본 시장은 기업의 불법행위, 회계 부정, 이해가 충돌하는 자문 행위 등이 드러나며 발칵 뒤집혔다. 나는 월스트리트에서 나온 리서치 자료가 완전히 편중된 것은 아니지만 절대로 편중되지 않은 것도 아님을 늘 염두에 두고 있었다.

월스트리트가 위험성이 더 큰 주식으로 대중을 몰아간 데는 그럴 만한 이유가 있었다는 것이 2000년부터 2003년까지 이어진 닷컴버블 붕괴 이후 명백히 드러났다. 세계적으로 좋은 평판을 받는 회사들이 주식을 추천할 때는 일반 투자자에게 건전한 정보를 제공하기보다는 투자은행가와 기업 CEO 사이의 관계를 돈독히 하려는 목적이 있었던 것이다. 이에 격분한 나는 내 의견을 책으로 써서 출판했다. 책에서 지금은 보편화된 간단한 해결책인 정보 공개 확대, 투명성 개선, 일반 대중을 상대로 하는 금융서비스 회사에서 최고경영진의 책임을 강조했다.

불황에서 찾은 파괴적 혁신의 기회

때로는 불평을 하는 것보다 주어진 상황을 기회로 받아들이는 것이 최선이다. 우리의 접근법은 언제나 금융서비스에서 나쁜 영역을 찾아내 이를 투자자의 삶을 개선하는 파괴적 혁신의 기회로 삼기 위해 노력하는 것이었다. 어느 날 시카고 인베스트먼트 애널리틱스Chicago Investment Analytics 라는 회사에 관해 듣게 됐다. 이 회사의 시스템은 시장 전체를 분석해 주식을 A, B, C, D, F로 분류했다. A와 B는 사고 싶은 주식, D와 F는 팔고 싶은 주식 그리고 C는 보유하고 있을 만한 주식이었다. 이들의 시스템은 모든 데이터와 실적 보고서, 이용 가능한 공개된 정보 전체를 근거로 기업을 분류하고 매수 종목과 매도 종목의 수를 동일하게 강제하는 상당히 객관적인 방법론에 기반을 두고 있었다.

이해가 충돌하지 않고 객관적인 방법으로 고객에게 도움을 준다는 면에서 굉장히 흥미롭다고 생각했다. 월스트리트의 추문이 한창인 가운데 우리는 시카고 인베스트먼트 애널리틱스를 인수하고 주식 추천을 둘러싼 월스트리트 특유의 이해 충돌 문제에 도전하는 객관적인 주식 평가 시스템인 슈왑 에쿼티 레이팅 Schwab Equity Ratings을 출시했다.

이와 더불어 슈왑 최초의 자산관리 서비스인 슈왑 프라이빗 클라이언트 Schwab Private Client도 출시했다. 투자 컨설턴트들에게 수수료가 아닌 급여를 지급함으로써 보수가 아니라 고객 개인의 필요와 상황, 객관성을 근거로 자문 내용이 결정되도록 해서 투자 자문에 상당한 객관성을 부여한 접근법이었다.

개인투자자들은 환멸을 느끼고 있었다. 닷컴버블과 엔론 사태를 비롯해 여러 사건들을 겪은 그들은 전통적인 브로커들이 조사·분석 자료를 내고 자문을 제공하는 방식에 내재된 이해 충돌 문제에 깊은 의구심을 품었다. 반면에 우리는 투자은행 사업을 하지 않았다. 따라서 개인투자자들에게 주식을 팔아 자본을 조달하는 창구 역할을 해줄 투자은행이 필요한 기업 고객, 개인적인 필요로 자문을 받을 권리가 있는 개인투자자들을 동시에 상대할 때 흔히 발생하는 이해 충돌 문제에서 자유로웠다. 이 이해 충돌 문제를 피하는 굉장히 단순하고 확실한 방법이 있었다.

바로 개인투자자를 사업의 중심에 두고 그들에게 공정한 서비스를 제공하는 것이다.

2002년 6월 3일 우리는 《비즈니스 위크》 표지를 장식했다. 5월 16일 뉴욕에서 한 사업 팀이 새로운 서비스를 공개하는 기자 발표회를 한 이후였다. '슈왑 vs. 월스트리트: 주요 기업들이 휘청거리는 가운데 불만에 찬 고객들을 끌어오기 위해 찰스슈왑이 나섰다'라는 제목의 기사가 월스트리트의 황소와 씨름하는 내 모습을 그린 만화와 함께 실렸다. 마음에 썩 들었다! 우리가 지금껏 해온 일들을 상당히 잘 요약한 기사였다.

나는 조지 워커 부시 대통령과 함께 텍사스주 웨이코의 베일러대학교Baylor University에서 열린 경제정상회의에 참가해 우리 고객들, 즉 경제가 침체에서 벗어나는 모습을 보고 싶어 하는 일반 개인투자자들의 시각을 전달했다. 부시 대통령의 경제자문회의 의장이자 스탠퍼드대학교 후버 연구소Hoover Institute의 수석 경제학 교수였던 절친한 친구 마이크 보스킨과 함께 비행기를 타고 가 회의에 참석했다. 우리는 경제가 움직이도록 활력을 불어넣을 것들에 관해 이야기를 나눴다.

학교 강당에 모인 수백 명의 사람들이 각자 생각한 조치들을 제시했다. 나는 개인적으로도 친분이 있는 부시 대통령 옆에 앉아 있었다. 대통령은 헬렌의 가족인 텍사스 미드랜드 출신 오닐O'Neill 가문과 알고 지냈다. 헬렌의 오빠 조와 그의 아내 잰이 오래전 자기 집 뒤뜰에서 조지를 로라 부시에게 소개했고 그래서 우리는 친구가 됐다. 그렇더라도 이 발표를 위해 대통령의 바로 옆에 앉는다는 것은 영광스러운 일이었다.

내 차례가 왔다. 내 주장의 요지는 주식을 매매할 때 부과되는 양도소득세를 낮추고 배당금 세율을 지금보다 낮춰야 한다는 것이었다. 투자자들에게는 많이 오른 주식을 팔아 이익을 실현하는 수단이, 기업들에게는 더 많은 배당금을 지급하도록 독려하는 수단이 된다. 그렇게 벌어들인 소득의 상당 부분이 소비로 이어지면 경제성장에 도움이 될 것이라는 주장이었다. 발표를 마친 후 부시 대통령은 "아주 좋은 생각이에요, 척."이라고 말했다. 그 후 정부의 몇몇 그룹들과 그 구상을 공유해달라는 요청을 받았다. 버지니아주 알렉산드리아에 있는 슈왑 지점에서 대통령이 참석해 10여 명의 고객들과 토론회도 가졌다. 한 고객이 이렇게 말했다.

"은퇴자입니다. 이 제도가 도입되면 소득이 늘어나는 데 정말 도움이 될 겁니다."

또 다른 고객은 저축을 더 많이 하고 싶은데 이 제도가 동기 부여가 될 것 같다고 말했다. 결국 이 구상은 실제 법안으로 연결됐고 주식에 대한 양도소득세와 배당소득세를 낮추는 감세안이 의회를 통과했다.

2003년 3월 이라크 침공 이후 시장은 여전히 하락세를 보였다. 일평균 거래량이 급감해 사상 최저치를 갱신했고 슈왑이 기존에 계획했던 정리해고는 빠른 속도로 이어졌다. 마침내 3차 구조조정에서 어쩔 수 없이 고위경영진을 해고하기 시작했다. 이제껏 해온 정리해고 결과 장교는 너무 많아졌고 병력은 충분하지 않았다. 사업을 하며 특히 어려웠던 순간이다. 대의명분에 대한 헌신은 지켰지만 그 자체로 가슴 아픈 일이었다. 모두가 고통스러웠다. 고용과 해고를 일상적으로 반복하는 월스트리트의 잔인한 회사들보다 나을 게 없다는 생각에 특히 힘들었다.

슈왑은 콧대가 높고 비용 절감에 혈안이 된 사람들로 가득한 회사가 아니다. 우리는 성장에 중독된 사람들이다. 변화와 적응에 능하고 새로운 것을 즐기며 잘 해낸다. 그리고 우리가 옹호하는 가치를 자랑스럽게 여긴다. 하지만 나는 부끄러움을 느꼈다. 직원들은 슈왑에서 일한다고 말하기를 꺼려했다. 어쩌면 눈앞의 상대가 해고된 수많은 슈왑 직원 중한 사람이어서 운 좋게 해고되지 않고 살아남은 자신을 보고 분개할 수도 있었기 때문이다.

크리스 도즈는 CFO로서 정리해고의 중심에 있었다. 샌프란시스코 베이 건너편 피드몬트에 있는 그의 고향에서만도 대여섯 명이나 되는 사람들이 그의 어깨를 두드리며 "크리스 도즈 아닙니까?"라고 아는 체를 했다. 도즈는 그렇게 묻는 이유를 알고 있었다. "저는 2차 구조조정 때 해고당했습니다. 정말 힘듭니다. 취업시장 상황이 너무 좋지 않아요." 아마이렇게 말하려고 했을 것이다. 모두에게 그야말로 힘든 일이었다. 훌륭한 회사를 만드는 데 기여한 수많은 사람들에게 작별 인사를 해야 했다.

"더 이상 필요하지 않아서가 아닙니다. 단지 더 이상 함께할 형편이 못되기 때문입니다."

이런 말이 위안이 될 리 없었다. 구조조정 전체를 통틀어 모든 임직원의 급여를 30퍼센트 가까이 삭감했고 인원은 50퍼센트 가까이 줄였다. 다시는 겪고 싶지 않은 일이었다.

매출이 오른다고 혁신의 고삐를 늦추지 마라

포트럭은 1998년 1월부터 공동 CEO로 일했다. 2003년 1월 나는 포트럭이 혼자서 회사를 이끌어가도록 이사회를 설득했다. 솔직히 말하면 그를 잃을까 봐 겁이 났다. 그가 이직을 생각하고 있고 여러 헤드헌터가 접근하고 있다는 소식을 들어 알고 있었다. 공동 CEO가 된 이후로 우리는 함께 격동의 시기를 지나왔다. 포트럭이 다른 회사에서 경력을 쌓기를 바라지 않았다. 나는 이사회의 승인을 얻어 2003년 5월 연례주주총회에서 그를 실질적인 CEO로 승진시켰다.

시기적으로 이상해 보일 수도 있었다. 당시 우리는 긴축 기조가 한창이었고 정리해고도 마무리하지 못했다. 오랫동안 기다린 경제 회복의 시작이 언제일지도 여전히 확신하지 못한 상황이었다. 그러나 솔직히 말하면 나는 포트럭에게 이미 많은 재량권을 보장했고 스스로 옳다고 판단하는 방식대로 회사를 운영할 수 있도록 했다. 게다가 앞서 두 달 동안 나는 많은 시간을 딸 케이티를 돌보며 보냈다. 뉴욕에서 케이티가 친구들과 지내던 아파트에 끔찍한 화재 사고가 있었기 때문이다. 케이티는 결국 잘 이겨냈지만 한동안은 상태가 불안해서 곁에 있어야겠다고 생각했다. 화재가 난 것은 2002년 3월이었고 케이티는 5주 동안 병원에 있었다. 나는 줄곧 뉴욕에 있었고 가끔 사무실에 연락을 한 것 말고는 전적으로 케이티를 돌보는 데 집중했다.

샌프란시스코로 돌아왔을 때 지금이 포트럭에게 고삐를 맡길 적기임을 알았다. 사실 CEO 교체 계획은 한동안 신중하게 진행돼온 것이었다. 포트럭이 회사를 미래로 이끌 수 있는 사람이라고 믿었다. 그는 성공에 필요한 모든 자질을 갖췄고 나와 마찬가지로 우리가 만든 것, 우리가 업계에서 이룬 차별화를 강력히 지지했다.

슈왑에서 포트럭의 20년은 커다란 재능과 수많은 성취로 설명할 수 있다. 포트럭은 극히 효율적인 임원이었다. 그는 다른 경영진 누구와도 견줄 수 없는 기백과 열정으로 회사를 위해 수많은 일들을 훌륭히 해냈다. 브랜드 이미지 확립을 위한 전략을 구상하고 주요 방송국을 통해 우리 광고를 내보내는 데 중요한 역할을 했다. 또한 온라인 주식거래와 방대한 지점망을 결합하는 전략을 열렬히 지지했고 다른 어떤 전략보다 강력히 추진했다. 그처럼 많은 지점을(최고일 때는 약 400개에 이르렀다) 열고 운영하는 데는 경이적인 비용이 들었지만 바로 그 덕분에 우리는 경쟁자로 나선 가장 큰 인터넷 전문 은행보다도 훨씬 많은 고객 자산을 보유할 수 있었다.

포트럭은 의사소통에 능했고 이는 리더에게 매우 중요한 능력이다. 하지만 기업이 진화하는 과정 전체를 생각할 때 어느 한 시점에서 최고의 지도자가 다른 시점에서는 최고가 아닐 수 있다는 것도 지난 시간을 통해 배워 알았다. 우리가 빠른 속도로 성장하던 환경에서는 그 시기만의 도전 과제가 있었다. 우리가 앞을 향해 돌진하던 1980년대 후반부터 1990년대까지 포트럭은 슈왑의 방향을 인도하는 강력한 조력자였다. 그러나 갑자기 새로운 현실이 닥쳤다. 투자 환경 전체가 둔화됐고 가격 압박이 거세졌으며 성장에 제동이 걸렸다. 모든 분야를 살피며 어느 부문이 성장을 이끌고 어디에서 비용을 절감할 수 있을지 알아내야 했다. 경영진에게 전혀 다른 도전 과제가 주어졌고 기존 방식과는 다른 접근이 필요했다. 그런 전환은 간단한 일이 아니다.

2003년에는 새로운 가격 시스템을 도입했다. 이는 고객과의 단절을 뚜렷이 보여준 사례였다. 피델리티가 더 낮은 수수료를 발표한 직후였기에 우리도 대응해야 했다. 불행히도 우리가 생각해낸 것은 직원들도 이해하기 힘들 만큼 복잡한 다층적인 요금 시스템이었다. 게다가 길고 복잡한 요금표는 계좌 규모가 25만 달러 미만인 고객들에게 가장 큰 타격을 입혔다. 그들의 거래를 더 이상 맡고 싶지 않다고 말하는 것이나 마찬가지였다.

다시 말하지만 슈왑이 가장 저렴한 할인증권회사였던 적은 없었다. 하지만 고객에게 가장 큰 가치를 제공하기 위해 늘 노력해왔다. 투자자들이 우리가 제공하는 가치를 대수롭지 않게 여기게 됐을 때 나는 우리가 정체성을 잃었다고 느꼈다. 결국 2004년 하반기부터 2005년까지 그 정체성을 다시 세우는 데 집중했고 총 여덟 차례 가격을 인하했다.

가격 책정 문제를 명확히 인식한 것은 최고 수익을 올린 직원들이 참여한 체어맨스 클럽Chairman's Club 연례총회에서였다. 2003년 회의는 자메이카에서 열렸다. 그다지 축하할 기분은 아니었다. 당시 회사는 짙은 먹구름이 깔린 듯 침체된 분위기였다. 고위경영진의 기획회의가 있던 어느날 아침, 젊은 임원인 존 클렌드닝이 우리 가격이 시장에서 터무니없이 멀어졌다는 내용을 전했다. 믿을 수가 없었지만 덕분에 돌아보게 됐고 극적으로 가격을 낮춰야 한다는 걸 깨달았다. 우리의 상황을 솔직히 분석해준 그에게 늘 감사할 것이다.

우리는 중심을 잃었다. 높은 가격으로 매출이 늘었지만 이로써 경영의 비효율성을 눈치채지 못했다. 높은 가격 탓에 더 강력한 미래를 건설하는 방향으로 성장을 이끌지 못했고 너무 늦어질 때까지 진정한 구조 개혁의 필요성을 인지하지 못했다.

성장을 지지하라 그러나 지나친 확장은 경계하라

그 후 몇 년 동안 나는 그렇게 많은 해고와 강도 높은 전사적 긴축경영을 하지 않아도 되는, 좀 더 일찍 조치할 수 있는 일은 없었는지 스스로에게 물었다. 사무 공간을 늘리는 식의 중요한 시점마다 강한 의구심이 들었던 것은 분명했다.

나는 성장을 전적으로 지지한다.
그러나 비용 지출을 꺼리고 과도한 고정비용을 경계하는
기업가적 본능도 지녔다.

지나치게 앞서가는 것은 분명 두려운 일이었다. 세계 시장으로 입지를 넓히면서는 각 나라의 규제를 관리하는 복잡한 문제가 늘 부담이었다. 매번 새로운 사업에 뛰어드는 것과 마찬가지였다. 기존 사업 모델을 그대로 복제해 외국에서 적용하기는 불가능했다. 각국의 금융서비스 관련 법률과 자국의 은행을 보호하는 규제 때문이었다. 각 나라에 은행을 세우는 것은 우리의 목표가 아니었다.

투자은행과 리서치 분야로의 확장은 표면상 좋은 다각화 시도로 보였지만 개인투자자들을 위해 일한다는 핵심 전략에서 멀어지는 것이었다. 이따금 포트럭을 만나 염려하는 말을 했지만 조심해야 했다. 절대로 그의 권위를 손상시키고 싶지 않았다. 그에게 부정적인 말을 할 때는 늘 내 사무실에서 문을 닫고 말했다. 그러고 나면 포트럭은 스스로 최선이라고 생각하는 일을 했다. 나는 그가 더 큰 역할을 하기를 바랐다. 공동 CEO는 결국 CEO로 등극할 그에게 과도기적 단계일 뿐이었다.

포트럭은 여러 방면에서 맡은 일을 훌륭히 해냈다. 고도로 성장하던 시기에 회사는 그의 통솔 아래 성장하고 번창했으며 호황과 거품의 시대에 진입했다. 불행히도 슈왑은 또 다른 새로운 현실에 직면했는데 지금까지와는 또 다른 야수의 얼굴이었다.

투자 불변의 법칙 4 ▸▸▸
투자에도 턴어라운드가 필요하다.
성장세가 둔화되면 새로운 발상으로
하락세와 싸워야 한다.

제4부

반등

CHUCK's NOTE

기업은 일생 동안 순환한다. 새로운 발상으로 회사가 성장하고 사업이 성숙 단계에 접어들면, 새로운 경쟁자가 뛰어들고 성장세가 둔화되기 시작한다. 그러면 다시 새로운 발상으로 하락세와 싸우고 순환 과정에 들어선다. 때로는 조직을 축소하는 것만으로도 성장을 재개할 수 있다. 이때는 비용 절감이 절대적으로 중요하다. 특히 경쟁력을 유지하기 위해 가격을 내려야 한다면 사업을 운영하는 데 드는 비용을 줄이되 지속 가능한 수준으로 줄여야 한다.

많은 사람들이 더 이상 못 하겠다며 두 손을 든다. 너무 힘들고 인기 없는 사업이라는 것이다. 그런 이들에게는 해야 할 일을 실행할 비전과 결단력이 없다. 결국은 회사를 팔아치우거나 빼앗기거나 둘 중 하나다. 그런 상황에 처했을 때 사람들은 다시 정상 궤도에 올라설 만큼 빠르고 공격적으로 행동에 나서지 않는다. 바로 이것이 많은 경영진이 중대한 환경 변화에 직면해 저지르는 실수다. 변화의 필요성을 인식하지 못하며 신속하게 대응하지 않는다. 기존에 구축한 것들과 기존 전략에 지나치게 집착하고 변화의 결과를 지나치게 걱정한다.

턴어라운드turnaround(구조조정, 조직 개혁, 경영 혁신 등을 통한 실적 개선)는 여력이 있을 때 신속히 시도해야 한다. 너무 오래 기다리면 그만큼 더 힘들어지고 나중에는 충격을 완화할 어떤 수단도 남아 있지 않다. 최악의 경우 과감한 다른 이가 새로운 주인으로 나서면서 별안간 문밖으로 밀려나 있을 것이다. 사실 인생의 많은 부분도 순환을 거친다. 경력에서든 관계에서든 도전 과제나 장애물을 맞닥뜨렸을 때 현실을 외면하는 것은 아예 선택지에서 지워야 한다.

제24장

재기하려면 대담하게 도전하라

위대한 기업은 성장하는 만큼 재투자한다

2004년의 슈왑은 여러 가지 의미로 전혀 다른 두 모습의 기업이었다. 인원을 줄이고 고객에게 새로운 서비스를 제공하는 등 출발은 희망적이었지만 투자 환경은 악화됐고 가격 경쟁은 치열해졌다. 지난 몇 년 동안 비용을 절감하고 새로운 혁신을 위해 했던 모든 노고로도 충분하지 않았다. 재정적으로는 탄탄했고 문제가 된 적은 없었다. 그러나 앞을 내다봤을 때 성장이 순조롭지 않은 것은 분명했다.

슈왑은 언제나 성장하는 기업이었다. 새로운 상품과 서비스의 형태로 고객에게 재투자를 가능하게 한 것도, 고객이 가족이나 친구에게 우리를 추천하게 만든 것도 성장이었고 그것이 성장을 더욱 부채질했다. 이제 우리는 고객들에게 어려움을 안긴 '우리의' 문제를 해결하기 위해 움직이고 있었다. 그동안 우리의 가격은 경쟁력이 없었고 약간은 꺼림칙한 수수료가 들어오는 것을 보고만 있었다. 당시 지점망을 이끌었던 월트 베팅어는 이를 '꼼수 수수료' gotcha fees 라고 지적했다. 앞서 말했듯이 우리는 그런 것을 피하고자 지금까지 모든 노력을 다해왔다. 이런 상태로 회사를 끌고 가선 안 됐다. 우리는 우리의 어려움을 고객의 문제로 만들었고 이것이 견딜 수 없었다.

기업은 성장하려는 욕구가 있다. 이것이 내가 투자에서 좋아하는 요소다. 위대한 기업은 성장을 소화하고 현명하게 재투자해 더욱 성장한다. 우리는 엄청난 성장기를 지나왔다. 1970년대에는 자기주도적인 투자자들에게 제공한 독특한 저가 서비스에 힘입어 빠르게 성장했고 그 역량에 재투자해 규모를 키웠다. 1980년대에는 투자를 혼자서도 할 수 있다는 사실을 평범한 사람들이 깨닫게 되면서 우리가 제공하는 서비스 수요가 늘었고 우리는 그 수혜를 누렸다. 투자를 하기 위해 오래된 월스트리트 회사들에 의지하지 않아도 된다는 것을 대중이 깨달았던 시기였다.

주식을 보유한다는 것은
기업의 이익 일부가 내 몫이 된다는 뜻이다.

우리는 증권업계의 대다수 회사들과는 크게 달랐고 빠르게 늘어나는 수수료 이익에서 발생하는 강력한 수익에 기댈 수 있었다. 1990년대에는 성장에서 얻은 이익을 재투자해 놀랄 만큼 빠른 성장을 달성했다. 닷컴 버블을 탄 덕분이기도 했고 인터넷과 같은 신기술을 이용해 투자자들에게 더욱 많은 통제권을 주고 투자를 편리하게 만든 덕분이기도 했다. 그러나 우리는 그렇게 얻은 이익을 재투자할 기회를 허비했다. 과감한 가격 정책으로 경쟁자들을 제거할 수 있었던 시점에 그렇게 하지 못했고 그것이 나중에 우리를 괴롭혔다. 2004년 우리는 길에서 너무 멀리 벗어나 헤매고 있었다. 나는 회사를 다시 정상 궤도에 돌려놓겠다고 결심했다. 더 많은 일을 더 대담하게 할 필요가 있었다.

상황을 반전시키려면 현실부터 직시하라

CEO로 부임한 지 1년이 지난 2004년 봄 포트럭은 부대사업의 일부를 분리하는 계획을 제안했다. 그는 더딘 진전에 크게 실망했고 사실 우리 모두 그랬다. 2004년은 밝은 전망으로 출발했다. 고객들의 1월 일평균 거래 건수는 21만 5,000건으로 지난 몇 년 동안 보지 못한 큰 규모였다. 어쩌면 최악의 상황은 끝났기를 바랐던 것 같다. 그러나 거래가 급감했다. 현금흐름은 여전히 탄탄했지만 2004년 2분기 세전 이익률은 16.3퍼센트로 하락했다. 1990년대 후반 일반적으로 기록했던 이익률과 비교하면 약 30퍼센트 낮은 수준이었다. 험악했던 대통령 선거의 여파, 경기 회복의 지속 가능성에 베팅하려는 사람들의 의지를 떨어뜨린 이라크 전쟁을 포함해 많은 요인이 있었다. 업계 전체가 어려움을 겪고 있었지만 우리만큼 심각하지는 않았다.

포트럭은 위기의 무게를 느끼고 있었다. 리서치 자회사 사운드뷰 캐피털 마켓SoundView Capital Markets을 추가할 때 바탕이 된 구상이 제대로 실현되지 않았다. 계획했던 것과는 전혀 달랐다. 포트럭이 강력히 추진해서 3억 달러가 넘는 엄청난 금액을 지불하고 사운드뷰를 인수한 지 불과 몇 달이 지났을 뿐이다. 처음에는 기관투자자에게 편향되지 않은 리서치 자료를 제공하는 자회사를 둔다는 사실에 모두 열광했다. 하지만 별안간 자회사가 전혀 좋아 보이지 않았다. 고임금 직원들의 인건비 때문에 엄청난 운영비가 발생했고, 우리 회사의 특성상 전략적 수혜는 비용을 상쇄하기에 턱없이 모자랐다. 생각과는 전혀 다른 상황에 우왕좌왕했다.

2004년 중반 포트럭은 깊은 좌절감에 빠져 나를 찾아왔다. 그는 회사가 나아가야 할 방향에 대해 혼란스러워했다. 슈왑을 매각하는 방안을 생각해봐야 할 것 같다고 말했다. 충격이었다. 이 일을 계기로 그에게 회사를 더 나은 미래로 이끌 능력이 있는지에 대한 생각이 완전히 바뀌었다. 나는 회사를 팔 생각이 없었고 이는 절대적인 것이었다. 이미 BOA를 상대로 한 번 경험한 일이었기에 다시 반복한다는 것은 상상조차 할 수 없었다. 우리의 가치관과 문화를 파괴하는 일이었으며 슈왑의 독립은 반드시 지켜야 했다.

또 다른 문제도 있었다. 최근 직원들을 상대로 한 설문 조사에 따르면 직원들, 그중에서도 고위임원들의 사기가 크게 저하되어 있었다. 지휘부가 불만을 품고 미래를 걱정한다는 것은 좋지 않은 징후다. 임원들은 점점 냉소적으로 변하고 이탈하기 시작했다. 나와 이사회 구성원들은 우려하지 않을 수 없었다. 그러나 최악의 증상은 형편없는 고객만족 조치였다. 고객은 늘 우리 사업의 중심이었기에 고객의 불만족은 우리가 생각하는 최악의 문제였다.

그날의 위기는 사실 오랜 시간에 걸쳐 누적된 것이었다. 그 과정에서 문제를 해결하려는 의미 있는 시도조차 없었다. 2000년 닷컴버블 붕괴와 함께 증권업계의 호황기는 갑작스럽게 끝났고 우리도 크게 추락했다. 급격한 성장 이후 더 크게 성장하기 위해 적극적으로 계획을 세우고 인력과 부동산에 막대한 투자를 했던 만큼 새로운 현실을 직시하는 데는 2년 가까이 걸렸다. 2003년까지 세 차례의 뼈아픈 인원 감축을 거친 끝에 우리는 상황이 단기간에 나아지지 않을 것이며 건전성을 회복하려면 운영 규모를 크게 축소할 수밖에 없다는 사실을 인정했다.

슈왑은 고객이 최우선이라는 생각으로 설립됐다.
이런 슈왑을 바로잡는다는 건 우리의 정체성,
기업으로서의 목적의식 그리고 사명을 재발견한다는 의미였다.

이는 수많은 상처를 입은 끝에 어쩔 수 없이 상황을 인정한다는 뜻이 었다. 크리스 도즈가 그 후로도 오랫동안 몇 번이나 언급했듯이 더 이상 회사가 복잡해지는 것을 관대하게 용인하지 않겠다는 것이었다. 상황을 반전시키려면 문제의 핵심을 파악해야 했고 고객과 단절됐다는 가혹한 현실을 직시해야만 했다. 앞으로 나아가려면 한 발짝 물러나 우리를 강하게 만들었던 것, 즉 고객에 대한 집중력을 강화해야 했다.

무엇이 리더를 만들고 무엇이 리더를 끌어내리는가

2004년 7월 19일 월요일 아침 찰스슈왑의 이사회는 곧 결정할 사안의 세부 사항을 최종적으로 파악하기 위해 이그제큐티브 세션executive session•을 가졌다.

CEO이자 내가 직접 선택한 후계자인 데이비드 포트럭은 그의 사무실에 앉아 세션이 끝나기를 기다렸다. 경영진의 전략 청사진을 이사회에 제출할 예정이었으므로 회의에 참석하라는 요청이 오기를 기다리고 있었다. 나중에 다른 사람들로부터 들었지만 포트럭이 앞으로 일어날 일을 감지한 것은 그때부터였다고 한다. 그는 회사가 매우 고전하고 있다는 사

• CEO를 포함한 경영진을 배제하고 독립된 사외이사들로만 개최하는 회의로 경영진이 참석하는 정식 회의에 앞서 열린다.

실을 알았고 이는 자신의 지휘 아래 벌어진 일이었다. 당초 예상보다 길어지는 이그제큐티브 세션에서 좋은 일을 첫 번째 안건으로 논의하고 있을 리는 없었다.

이미 논의 주제를 알고 있었던 나는 이그제큐티브 세션이 시작되고 얼마 지나지 않아 그들과 합류했다. 이사진은 우리의 상황에 불만을 갖고 있었다. 지난 7월 16일 금요일 이사회의 오랜 구성원인 낸시 벡틀은 몬태나에서 골프 경기 중이던 내게 전화를 걸어 다급한 목소리로 이사회에서 할 말이 있다고 전했다. 이들은 월요일 회의에 참석하기 위해 좀 더 일찍 샌프란시스코에 도착할 예정이어서 나는 하루 전인 일요일에 샌프란시스코에 있는 내 아파트에서 다 함께 만날 것을 제안했다. 나는 몬태나에서 비행기로 돌아와 오후 4시 30분에 모두를 만났고 다행히 이사들 대부분이 모였다.

포트럭의 지도력에 대한 이사회의 불만에 관해 논의를 시작한 데는 벡틀의 역할이 컸다. 그런 일에는 명확한 사고와 단호함이 필요하다. 사운드뷰 인수와 청산은 포트럭이 우리를 이끌기에 적합한 인물이 아님을 입증했다. 우리는 사운드뷰를 인수했고 단 몇 달 만에 되팔려고 하고 있었다. 매각이 잘못된 선택은 아니지만 번복할 수밖에 없는 결정을 내린 것과 앞날에 대한 통찰력이 부족했던 것은 잘못이었다. 이는 인수 대상과 인수 효과, 즉 인수 결과 슈왑이 확보할 역량에 대한 우리의 평가가 얼마나 형편없었는지를 분명히 보여줬다. 어설픈 몸부림이었으며 덕분에 상황은 곪아 터지기 직전이었다.

그날 일요일 오후 방 안을 한 바퀴 돌며 모두에게 발언 기회가 주어졌다. 회의가 끝날 때는 포트럭 체제를 끝내야 한다는 데 합의가 이뤄졌다. 이사진은 내게 CEO로 복귀할지 물었다. 물론 회사는 내 전부라고 답했다. 당연히 외부 출신에게 회사를 넘겨주고 싶지 않았고 내부에 준비된 후보도 없었다. 내가 2년 더 맡겠다고 말했다. 사실 내 나이에 그럴 생각은 전혀 없었지만 상황이 달라져 있었다.

월요일 아침 이사회는 경영진을 배제한 이그제큐티브 세션을 마친 뒤내게 회의에 참석할 것을 요청했다. 포트럭을 자리에서 물러나게 하고 내가 CEO에 취임하기로 한 전날 밤의 합의를 재확인하는 과정이었다. 나는 사외이사 대표인 프랭크 헤링어와 함께 내 사무실로 걸어갔다. 헤링어는 거기서 기다렸고 나는 복도를 따라 포트럭의 사무실로 가서 내 사무실로 가자고 말했다.

사무실 회의용 탁자 앞에 앉아 포트럭이 회사를 나가줬으면 한다는 이사회의 결정을 알렸다. 포트럭은 감정에 북받쳐 말했다.

"아뇨. 사표를 쓸 수는 없습니다. 이사회에서 해고됐다고 사실대로 말하겠습니다."

나는 그의 평판을 위해서라도 스스로 그만두는 편이 나을지 모른다고 말했다. 하지만 그는 거절했다. 현실을 정면으로 돌파하겠으며 우리가 솔직하고 개방된 자세로 나서주기를 바란다는 그의 입장은 분명했다. 사탕발림은 필요 없었다. 이사회에서 자신을 내보내려고 한다는 것을 공개적으로 확실하게 표명해주기를 바랐다. 일반적인 방식은 아니었고 상황을 더 극적으로 만들 수 있었지만 우리는 그의 뜻을 받아들였다. 그는 거짓으로 핑계를 대며 떠나고 싶지 않았던 것이다.

다음 날 발표에는 포트럭의 소감이 포함됐다.

"30년 가까이 슈왑의 최우선 순위는 고객과 주주였습니다. 그 30년 가운데 20년 동안 저는 슈왑의 일원으로서 척을 비롯해 특별한 재능으로 투자 세계에 깊이 헌신해온 사람들과 함께 일하는 특권을 누렸습니다. 그러나 지난 몇 년은 주식시장에 힘든 시기였고 이제 제가 물러날 때라는 이사회의 결정을 수용합니다. 정말 멋진 여정이었습니다."

포트럭은 나중에 인터뷰에서 비용 절감과 문제 해결이라는 엄청난 임무를 다소 내키지 않은 상태에서 맡았다고 인정했다. 오히려 더 단호하게 나서야 했던 상황이라는 것이었다. 그는 이렇게 말했다.

"다시 해야 한다면 그때는 훨씬 단호하게 대응할 겁니다."

구축하는 사람에서 해체하는 사람으로 입장을 전환하는 것은 물론 힘든 일이지만 그것만이 앞으로 나아가는 유일한 길일 때가 있다.

고객과의 관계 회복을 위해선
회사도 희생을 감수해야 한다

2004년 7월 19일 아침 67세를 앞두고 30여 년 전 내 손으로 설립한 회사를 다시 맡게 됐다. 내 삶의 그 단계에서 생각했던 위치는 아니었지만 받아들일 준비가 돼 있었다. 회장으로서도 나는 상당히 바빴고 그것이 좋았다. 하지만 아무것도 없는 상태에서 힘들게 쌓아올린 회사를 그대로 보고만 있을 수는 없었다. 적어도 나는 그랬다. 회사는 내게 자식과 같았고 바로잡을 수만 있다면 무엇이든 하고 싶었다. 내가 할 수 있는 일 가운데 이보다 더 중요한 일은 없었다.

슈왑의 일생에는 처음부터 중요한 목적이 있었고 그 목적은 지금도 여전하다. 바로 평범한 미국인들이 저축하고, 투자하고, 자녀를 교육하고, 스스로 공부하고, 장기적인 행복을 추구하는 데 필요한 자원을 형성하도록 돕는 것이다. 결국 우리 사회에서 어느 정도의 생활수준을 유지하기 위해서는 누구나 저축하고 투자한 자원에 의지해야만 한다.

사회보장제도는 기껏해야 최소한의 생활수준을 보장한다.
그 이상을 원한다면 투자를 해야 한다.

외부에서 영입된 사람은 나와 같은 시각을 공유하지 않을 것이다. 슈왑을 인수하며 비전과 가치관, 목적을 바꾸려고 할 것이다. 가격을 올리거나 서비스를 줄이고 수수료 항목을 추가함으로써 고객의 살점에서 더 많은 것을 떼어내려고 할 것이다. 그런 생각을 하면 참을 수가 없었다.

포트럭이 떠나고 CEO 임무를 맡은 지 처음 몇 주 동안은 어떻게 지나갔는지도 모를 만큼 정신없이 보냈다. 7월 19일 프랭크 헤링어와 함께 포트릭을 만나 이야기를 나누고 이사회실로 되돌아간 그 순간 알았다. 이제 소방 호스의 물줄기는 나를 향해 의사결정을 기다리는 과제를 쏟아낼 것이었다. CEO가 되는 것은 전혀 다른 경험이고 나는 즉시 그것을 느낄 수 있었다.

오랜 친구이자 슈왑 이사회의 일원인 트랜스아메리카 주식회사의 전 이사회 의장 프랭크 헤링어는 나의 복귀에 대해 매우 직설적이고 솔직하게 반응했다. 《포춘》 인터뷰에서 그는 내게 CEO로서 다시 회사에 관여하면서 필요한 변화를 기꺼이 감수할 의사가 있는지 궁금했다고 시인했다. 다가올 일의 규모를 이해하고 있었던 것이다.

"척이 정말로 준비가 돼 있는지 상당히 궁금했습니다."

7월 19일 포트릭은 이사회 의제로 구조조정이 어디까지 왔는지 설명하며 최근 동향을 발표할 예정이었다. 이그제큐티브 세션을 마치고 포트릭이 없을 때 발언을 하려는 마지막 순간에 CFO 크리스 도즈가 나섰다. 도즈가 이끄는 팀은 회사가 돌아가는 상황에 비판적이었고 확실한 변화를 이끌어내기 위해 열심히 노력했다. 그는 꾸준히 상승하는 주식시장, 고스란히 매출 증가로 이어지는 자산 확대 등 특정한 환경을 예상하고 구축한 사업 모델은 거래가 뜸하고 인터넷 경쟁이 수수료를 끌어내리는 현재 환경과는 맞지 않는다고 강조했다. 변화를 위해서는 대단히 극적인 조치가 필요하다고 설명했다.

우리 앞에 엄청난 과제가 놓인 것은 분명했다. 도즈의 발언이 끝난 뒤

레이건 대통령 시절 노동부, 재무부, 국무부 장관을 지내고 행정관리예산국 국장, 베첼 그룹 사장이자 이사를 지낸 조지 슐츠George Shultz가 "내가 들은 것 중 가장 훌륭한 발표였습니다."라고 말했다.

분명히 냉혹한 로드맵이었다. 하지만 명확했다. 우리는 두 가지 중요한 영역에서 할 일이 많았다.

하나는 도즈가 이사회에서 설명한 대로 포트럭 체제에서 시작된 하향식 능률화와 구조조정을 마무리 짓는 것이다. 내가 좀 더 중요하게 생각한 건 두 번째 영역이다. 우리의 정신, 즉 슈왑의 설립과 이후의 성장에 영향을 미친 강력한 사명감을 회복하는 것이었다.

이는 단절된 고객과의 관계를 다시 회복해야 한다는 의미였다. 성장을 위해서는 단기적으로 매출을 희생하더라도 가격을 낮춰야 했다. 어느 기업에게든 어려운 결정이다. 대단히 맹목적인 믿음 혹은 진정한 확신이 있다는 상징이기도 하다. 후자라면 더욱 좋다. 우리는 주식거래가 범용화되고 있으며 따라서 가격도 그에 맞게 결정된 것이라고 예상했다. 인터넷은 모든 것을 변화시켰다. 인터넷 주식 거품이 최고조에 달했을 때 주식거래 매출은 우리 전체 매출의 40퍼센트를 넘었다. 그 시절은 빠르게 저물고 있었지만 나는 상관없었다. 고객과의 관계가 창출하는 가치, 다시 말해 매출은 앞으로 투자자문, 뮤추얼펀드, 소득 솔루션, 은행업과 같은 다른 상품과 서비스에서 발생할 것이었다. 번영을 위해서는 반드시 진화해야 했다.

턴어라운드를 시작하다

턴어라운드에 필요한 대담하고 고통스러운 걸음을 강요할 수 있는 사람은 창업자가 유일할 때가 있다. 적어도 회사의 문화와 목적의식을 지키고 싶다면 그렇다. 사람들은 다른 누구와도 다른 방식으로 창업자를 신뢰한다. 그들은 창업자가 회사의 설립 가치를 맨 앞과 중심에 두고 행동한다는 것을 알고 있다. 그래서 어려운 결정을 지지해주며 심지어 공동의 비전을 추구하는 과정에서 스스로 고통을 감수한다. 그리고 창업자에게 곤경에서 벗어날 방법이 있다고 믿는다.

우리는 애플, 나이키, 델 그리고 스타벅스에서 이런 일이 일어나는 것을 목격했다. 하나같이 결정적인 순간에 혹독한 변화를 추진하기 위해 다시 회사에 발을 들여놓은 창업자를 통해 일어섰다. 슈왑 역시 결정적인 순간에 서 있었다. 우리의 설립 원칙, 즉 고객과의 완전한 공감이 회사에 추진력을 제공하고 우리를 앞으로 이끄는 원동력이라는 사실을 모두에게 이해시켜야 했다. 그래야 사람들의 지지를 얻을 수 있었다.

그렇게 한다고 해서 사람들이 충격에 빠지지 않는다는 뜻은 아니다. 특히 포트럭에게 직접 보고했던 슈왑의 고위경영진은 더욱 그랬다. 사기가 꺾인 그들이 앞에 놓인 길에 집중하도록 내가 할 수 있는 것은 무엇이든 해야 했다. 그날 밤 헬렌과 나는 임원진 및 이사회 구성원들과 코카리Kokkari 식당에서 저녁 식사를 했다. 미래를 내다보기 시작해야 했다.

제25장

우리는 해낸다

실적보다 회사의 가치부터 되살려라

어렵지만 할 만한 턴어라운드 과정이 될 것이라고 낙관적으로 생각하고 CEO 자리로 돌아온 지 이틀째 되는 날, 나는 CFO 크리스 도즈와 함께 커니 스트리트 120번지에 있는 30층 내 사무실에서 상황을 검토했다.

며칠 동안 중요한 역할을 담당할 지도부 임원들과는 별도로 작은 팀을 꾸렸다. 내가 매일같이 크게 의지할 이들이었다. 먼저 수석 법률고문 캐리 드와이어가 있었다. 우리는 대담해질 계획이었으므로 회사를 잘 알고 증권법과 규제에 관해 막강한 지식을 보유한 사람이 곁에 있다는 확신이 필요했다.

인사본부장 얀 하이어-킹도 있었다. 인사는 내 분야가 아니었다. 굳이 떠올리자면 경영대학원에서 처참하게 낙제한 유일한 과목이 인사였다. 하향식으로 조직을 검토하는 데 그녀의 역할은 결정적이었다. 그녀는 우리와 오랜 시간을 함께하며 인사 문제에 직접 나서야 할 때가 많았다. 쉬운 일은 아니었다. 급기야 어느 시점에 이르러서는 직원들이 그녀를 '얀 파이어 킹', 즉 '해고왕 얀'이라고 부르기 시작했다. 수많은 사람들의 해고에 관여할 수밖에 없었기 때문이다. 스트레스가 엄청났을 것이다.

크리스 도즈도 있었다. 그는 BOA로부터 회사를 다시 사들이고 주식을 상장한 이후 합류했다. 영리하고 논리 정연했고 겉치레 표현이 없었으며 사업을 속속들이 이해했다. 맡은 일을 완수했고 슈왑이 상징하는 가치를 나만큼이나 소중히 여겼다. 도즈와 나는 자리에 앉아 반드시 완수해야 하는 막대한 과제를 검토했다. 나는 분명히 어렵겠지만 할 수 있고, 전에도 힘든 결정을 내린 적이 있는 만큼 다시 하는 것도 문제없다고 말했다. 상황을 호전시켜 회사를 구해낼 단 한 번의 기회가 주어졌고 성공하지 못하면 살아남지 못할 것이었다. 도즈가 말했다.

"척, 전적으로 동의합니다. 우리가 할 일은 오로지 해내는 것뿐입니다. 우리는 해낼 수 있습니다."

그 주에는 진행 중인 기획 과정의 일환으로 컨설팅회사 베인Bain과 이틀간 회의가 예정돼 있었다. 나는 계획대로 진행하고 결과를 보기로 했다. 베인은 우리 회사를 검토해서 통합하거나 줄일 부분이 있다면 그 방법을 추천하기 위해 고용됐다. 이틀간의 회의는 의미 있는 출발이었다.

컨설팅회사를 고용한 목적은 회사의 전체 비용 구조를 위에서부터 아래까지 살펴보기 위해서였고 베인은 검토 결과를 훌륭하게 체계화했다.

나는 조직의 현재 상태를 살펴보고 싶었고 특히 몇 가지를 즉시 강조하고 싶었다. 고객에게 초점을 맞출 것, 조직을 단순화할 것, 분권화할 것이었다. 또한 손익 측면에서 개개인의 성과를 관리하고 능력에 따라 평가하고 싶었다. 이 모든 것이 제대로 되려면 매출을 일으키는 데 강력히 집중해야 했다. 그래야만 우리가 처한 난국에서 벗어날 수 있었다. 나는 중대한 변화를 위한 무대를 마련했고 사람들이 그것을 알아주기를 바랐다. 이 시점에서 직원들은 큰 충격을 받은 것 같았다. 2000년 이후 이미 세 차례 대대적인 구조조정을 거친 만큼 '아직도 안 끝났나?'라고 생각했을 것이다. 자세히 살펴본 결과 답은 꽤 분명했다.

"아니요, 한참 멀었습니다."

아픈 손가락 같은 사례 중 하나로, 일이 잘못될 때까지 방치한 퍼스널초이스Personal Choice가 있었다. 퍼스널초이스는 각기 다른 고객의 요구를 충족시키기 위해 고안된 상품으로 다양한 유형의 수많은 계좌를 제공했다. 마치 케이블 방송 회사에서 각기 다른 가격에 다양한 결합 상품을 내놓은 것과 비슷했다. 미친 짓이었다. 너무 복잡했고 설명하는 것도, 이해하는 것도 어려웠으며 고객 입장에서 너무 비쌌다.

크리스 도즈가 이끌고 스티브 엘리스와 매니 마세다가 베인의 막중한 임무를 감독했다. 이들은 초기 회의 결과를 근거로 앞으로 회사의 구조가 어떻게 될 것인지 파악했다. 분석 작업을 위해 대여섯 개 집단을 꾸렸다. 베인의 직원과 슈왑의 고위임원이 함께 각 집단을 이끌며 우리가 그동안 어떻게 했고, 비용은 얼마나 들었고, 효율성은 얼마나 있었는지 모든 항목 하나하나를 꼼꼼히 검토했다.

베인의 접근법과 관련해 특히 감탄했던 것은 단순히 우리에게 컨설턴트의 관점을 제공하는 데 머물지 않고 각 실무 집단을 이끌 회사 측 고위임원을 필요로 했다는 사실이다. 베인은 우리 사업을 진정으로 잘 아는 사람을 원했다. 우리가 부분적으로 참여하고 직접적으로 협력해 얻은 결과인 만큼 베인은 담담하게 과감한 계획을 제시하면서 일을 마무리했다. 앞으로 18개월에 걸쳐 무려 6억 5,000만 달러 이상 비용을 절감하는 계획이었다. 내가 CEO로 복귀하며 넘겨받은 비용의 15퍼센트에 해당하는 규모였다.

계획은 분명했다. 단지 어떻게 실행하느냐가 문제였다. 의견은 세 가지로 모였다. 첫째, 가격을 바로잡아야 했다. 우리의 가격 정책은 시장과 맞지 않았고 수수료의 종류도 너무 많았다. 그건 슈왑이 아니었다. 그래서 가격을 낮추고 가격 체계를 단순화하기로 했다. 우리는 더 이상 단순한 할인증권회사가 아니었지만 더욱 확실히 가치에 집중해야 했다. 중요한 것은 가격이다. 더 이상 간단명료할 수는 없었다.

둘째, 기업으로서 책임의식accountability과 경영의 효율성을 높이기 위해 구조조정을 실시하고 조직을 간소화해야 했다. 비용 절감을 비롯해 고객에게 가치와 정당한 이익을 창출하지 못하는 요인을 제거하는 방법이 있다. 결과적으로 이익률과 자본수익률return on capital이 개선될 것이다.

셋째, 고객과의 관계를 회복해야 했다. 이 점과 관련해서는 가격 정책이 주요 원인이었지만 다른 문제가 있다면 찾아내 바로잡아야 했다.

변화의 조치는 꼭대기에서부터 시작하라

회사 내부의 관료주의는 충격적인 수준이었다. 우리는 우리에게 필요한 형태의 이익을 내지 않는, 아니 낼 수 없는 사업을 추가했다. 그리고 한마디로 지나치게 복잡했다. 그처럼 많은 해고와 감축에도 불구하고 전용기를 두 대나 보유했고 경영진은 비대했으며 거만한 관료주의가 만연했다. 냉정하게 들여다본 우리의 모습은 옛 BOA와 꼭 닮아 있었다. 1980년대 초반에 우리는 이익을 창출하는 조직이었고 BOA는 공룡 기업이었다. 이제는 우리가 공룡의 모습을 하고 있었다. 여전히 암울한 영업 환경과 내가 즉시 실행한 수수료와 보수 인하로 치러야 할 비용을 감안할 때 운영비를 절감하는 것이 관건이었다.

가장 먼저 이익을 창출하는 핵심 사업부(브로커리지, 뮤추얼펀드, 은행, 금융자문 등)의 개별적인 성과를 측정할 수 있도록 최고경영진을 재정비했다. 각 사업부의 장에게는 각자의 분야에서 가격 책정과 고객서비스, 마케팅에 훨씬 더 큰 책임이 주어졌다. 그들을 강력히 통제하고 책임의식을 갖도록 내린 조치였다. 도즈는 '우리는 해낸다' 아래 한 줄을 추가했다. '누가 해낼 것인가?' 각 사업부의 장에게 수익 증대와 비용 절감이라는 두 가지 근본적인 과제가 주어졌다. 나는 우리 사업의 핵심 요소에 집중하려고 노력했고 그래서 매일 고객을 상대하는 사람들에게 더 많은 책임을 부여했다.

문화적으로 거대한 변화였다. 의사결정권 확립은 새로운 시도였다. 책임이 생겼다면 의사결정권도 주어졌다. 자문업 부문을 이끄는 사람, US트러스트를 이끄는 사람, 리테일 부문을 이끄는 사람 모두 각자의 사업부에서 매출 성장과 수익성을 책임져야 했고 이를 위해 의사결정권이 부여됐다. 말하자면 지원 사업부라고 할 수 있을까? 그렇다. 그들은 지원 사업부가 됐다. 중대한 변화였다. 과거에 지원 조직은 그들만의 의제를 가진 실세 집단으로 성장했고 이제는 달라져야 했다. 고객 사업부에서 원하지 않거나 비용을 댈 수 없다면 더 이상 지원도 있을 수 없었다. 고객 사업부를 지원하고 최대한 효율적인 생산 기지 역할을 하는 것이 지원 사업부의 새로운 임무가 됐다.

그래서 조직을 수평적으로 개편했다. 조직 상단에 임원이 너무 많았고 수많은 복잡한 직함들이 있었다. 나는 지휘 체계상 각자 최소 500명 이상의 직원들을 책임지고 있던 부사장급 임원들을 여러 명 내보냈다. 전사적 통합 절차의 일환이었다. 모두 회사의 지도부에서 중요한 기여를 한 사람들이었지만 이런 일은 꼭대기에서부터 시작해야 했다. 아랫단부터 도려낸다면 어떤 움직임도 일으킬 수 없다. 맨 위부터 시작해야 진정한 변화가 가능하다.

그런 다음 중요한 위원회 두 개를 구성했다. 현금과 마케팅 위원회였다.

현금과 마케팅은 당시 내가 가진 가장 중요한 지렛대였다. 현금은 우리에게 중요한 수익원이었다. 우리는 고객이 맡긴 현금을 안전성이 높은 단기 상품에 투자해 약간의 차익을 거둘 수 있었다. 나는 회사에서 현금을 만지는 사람들 모두와 매달 회의를 했다. 우리 재무 구조에서 현금은 매우 중요했기 때문에 슈왑뱅크가 있다는 사실이 다행이었다.

마케팅도 마찬가지였다. 나는 모든 사업부의 장들을 한 회의실에 불러 모았다. 기존 고객과 잠재 고객에게 전하는 메시지에 관해 우리가 같은 생각을 공유하는지 확인하기 위해서였다. 마케팅은 지독히도 힘들었다. 논쟁이 있었고 결정은 너무 오래 걸렸으며 영역 다툼도 있었지만 이미지를 쇄신하고 고객을 이끄는 열쇠는 마케팅이었다. 마케팅 결과는 만족스럽지 않았고 나는 의사결정 과정을 간소화해야 한다고 생각했다. 마케팅 위원회는 그 생각을 실행에 옮기는 장이 됐다. 즉 관여할 필요가 있는 모든 사람을 한 회의실로 불러 결정을 내리도록 하는 것이었다.

"우리 회사가 상징하는 가치가 무엇입니까? 그것을 다시 한번 명확히 규정해야 합니다!"

'우리는 해낸다'는 믿음을 지켜라

중대한 체제 이행transition 과정에서 가장 신경 써야 하는 것은 그 과정이 잘 통제되고 있다고 직원, 고객, 주주 모두를 안심시키는 것이다. 침착하게 통제력을 잃지 않는 가운데 의도를 명확히 해야 한다. 슈왑을 출범시키킬 때 의사소통이 핵심적인 역할을 했듯이 이제는 슈왑을 바로잡는 데 의사소통이 중심 역할을 해야 했다.

외부에서도 우리의 힘겨운 투쟁을 알아봤다. 우리는 2000년 닷컴버블이 한창일 때《포브스》가 선정한 '올해의 기업'에 이름을 올렸고 2000년, 2001년, 2002년에는 《포춘》이 선정한 '세계에서 가장 존경받는 기업'으로 증권회사로서는 1위에 올랐다. 2001년에는 《포춘》이 발표한 '일하기 좋은 직장' 5위를 기록했다. 그러나 2004년 중반에 브랜드 인지도와 평판이 하락하면서 우리의 이름은 명단에서 사라졌다. 고객들, 금융자문가들, 직원들, 기자들과 이야기를 나눌 필요가 있었다. 체제 이행 과정의 일시적 격변에도 불구하고 우리는 괜찮을 것이라고 슈왑과 이해관계가 있는 모든 사람을 최선을 다해 안심시켜야 했다. 허세가 아니었다. 나는 우리가 회복될 수 있다는 것을 알았다. 이 일은 포트럭의 사임을 발표하고 내가 CEO직을 넘겨받은 날부터 착수했다. 나는 전체 직원에게 보내는 이메일에서 우리의 비전을 제시했다.

'우리의 임무는 성장을 재개하는 것, 진지한 투자자들에게 서비스를 제공하고 금융서비스 산업의 혁신을 주도한다는 설립 원칙을 재확인하는 것입니다. (중략) 우리는 비용 절감이라는 책무를 반드시 완수해야 합니다. 효율성을 높이고 모든 수단을 동원해 비용을 줄일 책임이 우리 개개인에게 있습니다. 쉽지 않다는 것을 알지만 회사, 주주, 고객, 궁극적으로 우리 모두에게 엄청난 수혜로 돌아올 것입니다. 저는 고객과 시장에

차별화되고 더 나은 가치를 제시하기 위해 이 회사를 설립했습니다.'

턴어라운드 작업에 나선 지 석 달이 채 안 됐을 때 나는 이 일에 성공해서 세상에 알린다는 계획을 얼마든지 머릿속에 그릴 수 있었다. 우리가 갈수록 강해진다는 데 어느 누구도 의심을 품지 않기를 바랐고 성공을 위해 필요한 것이 무엇인지도 정확히 알았다. 턴어라운드는 자신이 지지하는 가치를 알리는 훌륭한 기회이기도 하다. 주목하고 있는 사람들을 향해 자신에게 정말로 중요한 게 무엇인지 말하는 것이다. 10월 5일 나는 뉴욕의 언론사와 오찬을 겸한 간담회를 가졌다. 언론을 어느 정도는 신뢰했지만 우리의 상황 탓에 회의적일 거라 생각했다.

맨해튼 시내 한 호텔 안의 작은 회의실에서 나는 기자들에게 우리 계획의 세부 내용을 자세히 설명하고 지금까지 성공한 내역을 강조했다. 새로운 마케팅 사례를 공유하고 우리의 성공을 평가하는 데 사용할 수 있는 꽤 구체적인 지표들을 제시했다. 지표에는 고객만족도 향상, 신규 계좌 및 자산 증가, 하락장에서 달성한 두 자릿수 매출 성장, 25퍼센트를 초과하는 세전 이익률, 15퍼센트가 넘는 자본이익률ROE, 직원 1인당 연간 매출 30만 달러, 고객 자산 1달러당 0.5퍼센트 매출 창출 등이 포함됐다. 확신이 부족한 시기에는 메시지를 분명하게, 확실히 할 필요가 있다. 목표는 높았지만 메시지 역시 분명했다. '우리는 해낸다.' 하지만 기자들은 여전히 의심 어린 눈빛을 거두지 않았다. 하지만 정확히 설명한 그대로 우리가 해냈다는 걸 그날 그곳에 있었던 기자들이 알고 있는지 지금도 궁금하다.

고객들에게도 현재 진행 상황과 함께 우리가 바위처럼 단단하고 안전하며 고객의 필요에 전적으로 집중하고 있다는 것을 알려야 했다. 나는 시청 간담회와 소모임, 일대일 회의에 참석했다. 8월에는 모든 고객에게 우리의 재정 건전성, 고객에 대한 헌신, 고객의 투자 수요 충족을 도울 우리의 여건을 보증하는 편지를 보냈다. 고객들의 확신과 신뢰에 마음이 놓였다. 고객 대부분은 경영진의 변화를 알지 못했다. 우리 회사에 대한 고객 경험은 사실상 고객서비스 직원을 통한 것이 전부였다.

한번은 시카고에서 점심을 먹는데 내 양쪽으로 두 사람이 앉아 있었다. 한 사람이 내 쪽으로 몸을 기울여 봉투를 건네주었다. 주변 소음 때문에 무슨 말을 하는지 몰랐다. 내가 봐야 하는 신문 기사라고 생각했던 것 같다. 나는 겉옷 상의 주머니에 봉투를 넣었다. 몇 시간 뒤 다음 회의에 참석하기 위해 비행기를 타고 가다가 봉투를 꺼내 열었더니 40만 달러짜리 수표가 떨어졌다. 고객이 맡긴 예탁금이었다! 이것이 신뢰다. 비행기에서 내리자마자 고객 계좌에 수표를 확실하게 입금한 것은 말할 필요도 없다.

과감하고 신속하게 근본으로 돌아가라

11월에 연례지도부회의를 열어 그때까지의 성과를 점검했다. 우리는 회사의 지도부에 더 큰 책임을 부여하고 책임의식을 북돋우기 위해 회사를 재정비했다. 통제 범위, 즉 각 리더에게 보고하는 사람들의 수를 확대해 직원들과 리더 사이의 거리를 줄였다. 힘든 결정을 내렸고 많은 동료들에게 작별 인사를 했다. 3월 집행위원회에는 총 10명 중 두 명만 남았다. 부회장 직위는 완전히 없앴고 관리자급 인원을 약 30퍼센트 줄였다. 추가로 인원을 11퍼센트 감축했다. 8월에는 UBS에 자본시장 사업을 매각하는 계약을 체결했다. 매각 대금의 대부분은 관련 지점 폐쇄에 따른 처리 비용에 의해 상쇄됐다. 그러나 우리는 그 사업에서 해방됐고 고객들은 UBS를 통해 거래를 실행할 수 있다는 보장을 받았다. 우리는 전국을 돌며 고객들의 말을 주의 깊게 들었다. 고객이 원하는 것은 두 가지, 더 낮은 가격과 더 강력한 개인적 관계였다.

연말에는 상황이 훨씬 나아졌다. 사업 전략은 명확하고 단순했다. 가격을 내리고 경쟁력을 회복했으며 영업비용이 줄고 자본이익은 향상됐다. 170억 달러 규모의 순 신규 자산을 확보해 총 고객 자산은 다시 1조 달러를 돌파했다. 매출은 전년 대비 8퍼센트 증가했고 비용 절감 노력으로 연간 기준 3억 5,000만 달러를 절감했다. 이사회와 나는 그동안 모든 일을 겪어낸 주주들도 혜택을 받을 자격이 있다고 생각해 배당금을 43퍼센트 인상하고 4억 달러 규모의 자사주 매입을 실시했다.

2004년이 회사를 전환시키고 새로운 궤도에 올려놓음으로써 슈왑의 본질을 규정한 해라고 한다면 2005년은 그것을 완성하는 해였다. 우리의 뿌리에 충실하면서 새롭고 두근거리게 하는 것들을 창조하고 있다고 느꼈다. 엄청난 노력과 희생, 헌신을 요구하는 일이었다. 모든 사업은 어느 시점에서 이와 같은 도전 과제에 직면한다. 전략에서 실수를 저지르거나, 불황이라는 변화구가 날아오거나, 낡은 사업 방식을 뒤흔드는 신기술이 등장한다. 결단력 있게 행동하지 않으면 무너지기 쉽다.

과감하고 신속한 행동이 요구될 때

많은 회사들이 바로 이 지점에서 휘청거린다.

기존의 틀에 갇혀 사라지거나 변신을 시도하다 실패한다.

그런 일이 일어나도록 내버려둘 순 없었다. 2004년에 출발한 길을 계속해서 나아가면서, 우리가 무엇을 하고 있고 왜 하는지를 다시 한번 알리는 것이 중요하다고 느꼈다. 고객에게 보내는 공개서한으로 2005년을 시작했다. 우리의 재정 건전성, 우리가 고객 경험 향상에 집중하고 있다는 사실에 의심의 여지를 남기고 싶지 않았다. 번지르르한 광고가 통하는 시대도 있고, 명확하고 진심 어린 헌신과 약속이 통하는 시대도 있다. 그때는 후자에 해당하는 시대였고 우리는 모든 주요 신문에 고객들에게 전하는 나의 감사 인사를 전면 광고와 함께 실었다.

그때쯤에는 슈왑 전체에도 전환이라는 주제가 매우 명확히 전달됐다. 나는 슈왑이 상징하는 것을 간단히 '가치, 성과, 서비스'로 정의했다. 기회가 있을 때마다 되뇌었다. 아무리 강조해도 부족하고 아무리 포괄적으로 표현해도 모자람을 알았다. 그것은 하나의 만트라mantra, 즉 주문이 됐다. 이 세 가지 주제를 알리고 직원들이 매일같이 이행을 요구받는 변화들과 이 주제가 어떻게 연결되는지를 자세히 설명한 백서를 전 직원에게 보냈다.

'가치'는 고객이 맡긴 돈 이상을 돌려주는 것이다. '성과'는 조언을 제시하든, 개인투자자에게 훌륭한 도구를 제공하든, 투자를 더욱 쉽고 편리한 것으로 만들든 고객들이 더 나은 투자자가 되어 목표를 달성하도록 돕는 것이다. '서비스'는 고객에게 초점을 맞춘 전문가와 프로들을 의미한다. 이곳저곳을 순회하며 이 주제를 전했다. 지점을 방문해 고객들과 대화했고 언론을 만났고 고객서비스 센터를 찾았다.

언론을 통해 우리의 계획과 진전 상황을 공개적으로 보여줄 기회가 필요했다. 일간지의 광고와 기사, 텔레비전 인터뷰와는 별개로 주요 비즈니스 잡지의 특집 기사라면 우리 주장을 뒷받침하는 데 도움이 될 것 같았다. 그래서 《포춘》의 벳시 모리스Betsy Morris가 만나서 변화에 관한 이야기를 나눌 수 있느냐고 물었을 때 좋다고 했다. 하지 않는 것이 좋겠다는 사람들도 있었다.

"너무 일러요."

"턴어라운드 작업이 끝날 때까지 기다려야 합니다."

"부정적인 부분에만 집중할 겁니다."

거절할 이유는 많았다. 하지만 좋은 이야기가 되려면 긴장감을 주는 요소도 필요함을 알고 있었고 이미 충분한 진전을 이룬 만큼 기회를 잡아야 한다고 생각했다. 돌이켜 보면 그 기사는 포트럭의 퇴사에 더 크게 초점을 맞췄고 극적인 이야기로 치우친 면이 있었다. 하지만 슈왑을 바로 잡아가고 있다는 핵심 주제는 선명히 드러났다.

아직 가격 조정이 더 필요했다. 계좌 서비스 수수료를 인하했고 뒤이어 기존 거래 수수료를 35퍼센트 인하한 12.95달러 수수료를 도입했다. 우리 회사 고객 평균 수준인 5만 달러 자산 규모의 일반 투자자들을 정면으로 겨냥한 것이었다. 시장에는 아직 특별히 자산 규모가 크거나 거래가 활발한 고객을 위한 더 저렴한 수수료도 있었지만 우리는 이로써 시장의 중심에서 일을 따내기 위한 더 나은 전투태세를 갖췄다. 나는 언론에 "개인투자자들에게 최고의 가치를 창출하기 위해 끈질기게 노력할 것입니다."라고 발표해서 경쟁자들에게 이것이 끝이 아닐 수 있다는 신호를 보냈다.

그 후 꾸준히 가격을 낮춰 이것이 앞날을 예견한 중요한 의미를 지닌 발표였음을 지금도 입증하고 있다. 9월 15일 우리는 계좌 서비스 수수료와 절실히 없애고 싶었던 성가신 주문 처리 수수료까지 폐지한 뒤 비로소 깊은 안도의 숨을 내쉬었다.

이로써 작아 보였던 지난 몇 년 동안의 수많은 걸음들이 한데 모였다. 하지만 아직 풀어야 할 것이 많았다. 온도를 조금씩 올리면 물이 끓을 때까지 알아차리지 못하는 속담 속 개구리가 떠올랐다. 지난 5년간 회사는 너무 복잡해졌고 집중력을 잃었다. 따라서 과거의 결정들을 되돌리는 과정에서 변화가 계속됐다. 슈왑에서 고객들의 경험을 개선하려면 아직도

할 일이 많았다. 그리고 이제까지와는 다른 중요한 움직임이 있었다. 그 움직임이 우리를 미래로 인도했다. 우리는 거래에 맞춰진 초점을 개인적 관계로 돌리도록 서비스 모델을 바꾸는 데 모든 것을 걸었다.

제26장

할 수 있는 일은 모두 다 하라

더 많은 사람들을 위한 투자의 조력자

지난 천년이 저무는 2000년 무렵에는 사상 그 어느 때보다도 많은 미국인들이 주식과 뮤추얼펀드를 소유했다. 실제로 전체 가구 수의 절반 이상이었고 고소득 가구일수록 그 비율은 빠르게 증가했다. 고소득 가구의 투자 규모는 작지 않았다. 재미 삼아 하는 투자가 아니라 미래 주택 구입, 자녀 교육, 무엇보다 노후를 대비한 투자였다.

2006년에는 베이비붐 세대의 첫 주자들이 60세가 됐다. 2007년부터는 매년 약 400만 명이 60세에 접어들고 이런 추세는 오랫동안 계속될 것이었다. 새로운 은퇴 인구는 이전 세대보다 재정적으로 훨씬 더 취약했다.

대부분 연금을 보유하지 않았고 국가가 제공하는 사회보장제도에 기댈 수 있다는 신뢰가 없었다. 의료비는 점점 더 치솟았다. 이런 상황 속에서 사람들은 노후에 자신을 직접 책임지기 위해 탄탄한 재정적 여건을 확보해야 한다는 전례 없는 압박을 받았다.

이는 무거운 부담이다. 솔직히 대부분의 사람들이 혼자서 감당하기에는 너무나 버겁다. 투자는 복잡하고 금융 교육은 형편없이 부족하다. 슈왑을 설립하면서 나는 투자에 정통한 사람들이 스스로 투자 대상을 조사하고 결정을 내리도록 필요한 수단을 제공하고 그런 다음에는 길을 비켜주는, 멋지고 깔끔한 사업을 구축했다. 하지만 회사가 계속해서 성장하기를 바란다면 그것만으로는 충분하지 않았다. 여전히 너무 많은 사람들에게 맞지 않는 상품이 판매됐고 사람들은 너무 많은 돈을 지불하고 있었다. 투자 자산은 주식과 채권, 해외투자에 걸쳐 적절히 다각화되지 못했다. 어떻게 보면 사람들은 자산 다각화 자체를 이해하지 못했을 수도 있다. 자신이 받는 서비스에 얼마를 지불하고 있는지 간단히 알 수 있는 방법이 없었다.

성공적인 투자는 쉽지 않다. 그것이 결론이다.
투자에는 감정, 자존감
그리고 자아가 상당히 많이 개입된다.

투자는 쉽지 않다. 성공은 대개 도움을 필요로 한다. 우리가 그 도움을 제공하는 주체가 되고 싶었다.

고객만족을 최우선으로 두고 실수를 바로잡아라

변신을 위한 씨앗은 이미 뿌려졌다. 포트럭은 회사를 떠나기 한 달 전인 2004년 6월 말에 월트 베팅어에게 지점망과 고객서비스 센터를 이끌어 달라고 부탁했다. 당시 베팅어는 노련한 '슈왑 맨'이었지만 20대에 퇴직연금 회사인 햄튼 컴퍼니Hampton Company를 창업했던 나와 같은 기업가이기도 했다. 1995년 우리는 퇴직연금 분야로 사업을 확장하기 위해 햄튼을 인수했고 베팅어는 우리와 함께 햄튼을 운영했다. 2004년 위기가 한창일 때 그에게 슈왑의 리테일 지점 전략을 재고하라는 임무가 주어졌다. 고객이 이탈하고 유능한 직원들 일부가 더 나은 환경을 찾아 떠나면서 지점이 고전하고 있었기 때문이다.

베팅어가 첫 번째로 취한 조치는 꽤 단순했는데 이런 건 언제나 좋은 신호다. 그리고 재빨리 움직였다. 역시 좋은 신호다. 그는 최근 슈왑을 떠난 주요 고객 50명과 지점 직원 50명의 명단을 입수해 전화를 걸기 시작했다. 직접 100개가 넘는 지점을 방문해 고위관리자들을 만났고 얼마 지나지 않아 같은 이야기를 반복적으로 듣게 됐다. 도시를 오가는 비행기 안에서 그는 자신이 파악한 것과 우리가 반드시 해야 한다고 생각하는 것들을 자세히 적은 보고서 초안을 작성했다.

포트럭이 떠난 지 꼭 일주일 뒤 베팅어의 계획을 보면서 앞으로 나아갈 길을 분명히 알았다. 관계, 즉 가능하다면 지역사회 관계에 초점을 맞춰 리테일 조직을 통해 고객들과 상호작용하는 방법을 재구성하는 것이다. 고객만족을 중심에 두고 직원들에게 기업가 정신을 장려하는 것이 관건인 새로운 사고방식이었다. 베팅어가 제시한 증거는 자동화와 인터넷을 이용한 셀프서비스가 업계 추세임에도 불구하고 관계야말로 고객만족도의 가장 강력한 지표이며 고객 관계에서 우리 역량을 끌어올릴 필요가 있다는 사실을 보여줬다. 우리는 성장을 위해 늘 마케팅을 활용했지만 그 효과를 높이기 위해서는 고객과 맺는 개인적인 관계를 강화할 필요가 있다는 것이 베팅어의 주장이었다.

깨달음의 순간이었다. 슈왑에 또 다른 중대한 변화가 반드시 필요하다는 내 생각은 이로써 확고해졌다. 그것이 우리가 해야 하는 일이라는 데 의견이 일치했다. 나는 베팅어에게 전부 실행에 옮기라고 말했다.

우리가 슈왑을 설립한 것은 자기주도형 투자자들이 수수료 기반 브로커들의 관리를 받지 않으며 비싼 비용을 지불하지 않고 주식거래를 하도록 돕기 위해서였다. 독립적이고 투자에 대한 지식이 있는 5퍼센트 투자자를 위한 것이었다. 나머지 95퍼센트 투자자들에게는 각기 다른 수준의 도움이 필요했고 바로 그 영역에 금융상담사를 도입했다. 나는 월스트리트와는 전혀 다른 방식으로 하고 싶었다. 우리는 수수료가 아닌 급여를 지급하는 형태로 금융상담사를 고용했다. 금융상담사는 고객 수와 담당한 자산 규모에 따라 상여금을 받았으며 수수료를 벌지 않았다.

베팅어는 리테일 지점 전략을 근본적으로 개선하는 임무를 맡았다. 그의 팀은 남은 한 해 동안 계획을 구체화하고 차례로 도입해 실행에 옮겼고 그사이 우리는 잘못된 판단으로 탄생한 퍼스널초이스 서비스를 철회하는 작업을 했다. 수수료를 꺼리고 자기주도적인 성향을 지녔기 때문에 슈왑을 찾아온 고객들을 수수료 기반 서비스에 등록시킨 셈이었다. 가격 인하와는 별개로 반드시 바로잡아야 할 실수였다. 비싼 가격 그리고 고객과 직원 모두 슈왑에서 멀어지게 한 퍼스널초이스. 이것이 바로 베팅어가 고객과 직원들을 만나 파악한 중요한 주제 중 두 가지였다.

또한 베팅어의 팀은 현재의 보상 구조와 장려책으로는 지점에서 성공적인 고객 관계를 촉진하지 못한다는 의견을 들었다. 콜센터 근무자들은 훌륭한 서비스 직원이 되는 것의 가치를 회사에서 인정받지 못한다고 대답했다. 베팅어의 팀은 다시 서비스가 전부가 되도록 바로잡으려 했다. 그들은 이를 '서비스의 숭고함'이라는 표현으로 설명했다.

베팅어의 앞에는 엄청난 과제가 놓여 있었다. '서비스 모델을 다시 생각하라. 우리의 영업 문화가 어떤 모습이어야 하는지 다시 생각하라. 역할을 다시 정의하라. 보상 구조를 변경하라. 지점망을 축소하고 각 지점도 적절한 규모로 조정하라. 더욱 심도 있는 고객 관계 구축이 가능하도록 전환 작업을 추진하고 비용 중립적인 방식으로 하라. 예산 증액은 안 된다.'

나는 각 단계마다 베팅어를 격려하고 그의 전략을 지지한다는 신호를 보냈다. 그는 많은 사람들을 이끌고 함께 움직여야 했다. 당시에는 리테일 사업부 전체를 담당하지 않았지만 정말로 중요한 프로젝트였다. 우리가 한뜻으로 이 일을 추진하고 있다는 사실을 모든 사람이 알아야 했고 베팅어는 내가 뒤에서 지원한다는 사실을 알아야 했다. 그해 후반 베팅어에게 리테일 사업부 전체를 총괄하게 한 것은 우리가 이 길을 함께 걷고 있으며 이 길을 벗어나지 않겠다는 매우 강력한 신호였다. 그것이 올바른 방향이었고 중간에 조정이 필요할 수도 있겠지만 우리가 가야 할 길이었다.

리더는 모든 역할을 할 수 있어야 한다

앞서 베팅어가 기업가 출신이라고 말했다. 그것이 중요한 의미를 지닐까? 다양한 배경을 갖춘 훌륭한 임원들이 있다. 그러나 밑바닥부터 회사를 일군 경험은 절박함과 주인의식을 낳는다. 회사를 운영하며 영업, 수표 발행, 봉투 붙이는 일에 이르기까지 회사의 주인으로서 모든 역할을 해본 경험이 없는 사람들에게서는 찾아보기 어려운 덕목이다.

베팅어는 슈왑에 합류한 후 대부분의 시간을 다른 조직과는 구분된 퇴직연금 사업을 담당했다. 퇴직연금 사업부는 샌프란시스코 본사가 아니라 오하이오에 있었고 따라서 그에게는 외부인의 시각으로 내부를 볼 수 있는 이점이 있었다. 또한 그는 회사의 과거사에 대한 큰 부담감 없이 결정을 내릴 수 있었다. 곤란한 채용이나 해고 문제를 처리해야 할 경우 인맥이 아니라 그 사람의 공과를 기준으로 결정을 내렸다.

언젠가 회의에서 베팅어는 구조조정을 해서 내보내려고 하는 고위급 장기근속자 명단을 작성했다며 내게 보겠느냐고 물었다. 내가 그들과 개인적인 관계가 있을 수도 있으니 합리적인 제안이었다. 그러나 내 개인적 인맥으로 본질을 흐리지 않는 편이 나았다. 나는 필요한 일, 그가 옳다고 믿는 일을 하면 된다고 대답했다. 우리 모두는 아무런 잘못도 없고 재능이 뛰어난 많은 사람들을 내보내야 했다. 나는 외부인으로서 그의 시각을 존중했고 그것이 공정한 선택에 도움이 됐다고 생각한다.

고객 맞춤형 서비스로 새로운 무기를 갖추다

리테일 영업 및 서비스 조직을 관계 중심 모델로 전환하면서 가장 먼저 한 일은 경험이 풍부한 금융상담사들에게 자산 규모가 25만 달러 이상인 고객을 일일이 배정한 것이었다. 예를 들면 누군가의 계좌를 주시하고 있다가 전화를 걸어 "기술주가 자산의 90퍼센트를 차지하고 있습니다. 의도하신 것인가요?"라거나 "투자되지 않은 현금성 자산이 이만큼이나 있습니다. 투자를 하시겠습니까? 단기 채권 펀드는 어떠세요? 고금리 CD는요?"라고 묻는 것이다.

금융상담사 한 사람이 담당하는 계좌는 최대 300개를 넘지 않도록 했다. 금융상담사는 고객의 주식거래에서 수수료 수입을 얻지 않았고 고객이 특정 주식이나 뮤추얼펀드에 투자한다고 해서 좋을 것도 전혀 없었다. 하지만 이해관계는 있었다. 고객이 행복하다면, 즉 더 많은 돈을 벌고 슈왑에 계좌를 유지하고 있다면 고객 자산에서 벌어들인 이익의 일부가 주어지는 식으로 금융상담사에게도 혜택이 주어졌다. 그렇게 모두의 이해관계를 일치시켰다.

우리는 신중하게 이 작업을 추진했다. 고객과 금융상담사의 관계는 단지 고객이 슈왑과 맺은 넓은 범위의 관계에서 부가적으로 발생한 것임을 확실히 해야 했다. 우리는 브로커가 고객을 소유하는 전통적인 회사를 만들려는 게 아니라 금융상담사에게 자원의 세계로 통하는 관문 역할을 맡기고자 했다. 이 새로운 접근법을 일부 지점에서 시험했고 원하는 고객들에 한해 서비스를 제공했다. 원하지 않는 고객들도 많았지만 상관없었다. 그리고 서비스를 제공한 결과는 굉장했다. 고객만족도 점수가 순식간에 올라갔다.

아직은 모두에게 그런 수준의 서비스를 제공할 수는 없었다. 장기적으로 우리는 모든 고객과 관계를 맺을 계획이었다. 이제 막 도입한 금융상담사의 성공을 바탕으로 일대일 전담 팀과 고객 맞춤형 인터넷 및 전화서비스 등을 함께 도입해 개인에게 특화된 서비스를 제공하는 방법을 활용하고자 했다. 베팅어의 팀은 슈왑의 외형 확장을 위한 계획을 수립했다. 물론 비용 효율성이 높은 방식이어야 했다. 또한 대기 시간을 줄이고 문제 해결 속도는 더욱 빠르게 해서 고객의 전화 업무가 수월해지도록 절차를 개선하는 데 주력했다. 우리는 이미 단순한 주식거래 전문가가 아니었고 더욱 강하게 앞으로 나아갈 것이었다.

일은 잘 진행되고 있었고 나는 베팅어가 더 큰 역할을 맡을 준비가 됐다고 판단했다. 솔직히 말하면 가장 큰 역할, 즉 CEO가 될 잠재력이 있다고 생각했다. 2004년에 CEO에 취임하면서 이사회에 2년을 약속했지만 기간이 조금 더 연장될 것 같았다. 그러나 후계자에 대한 생각은 늘 머리에서 떠나지 않았고 이사회도 틀림없이 마찬가지였을 것이다. 얀 하이어-킹은 기회가 될 때마다 이 주제를 거론했고 나는 대체로 퉁명스럽게 반응했다. 한번은 크게 짜증을 낸 적도 있었다.

"얀, 저 아직 관에 들어가려면 멀었습니다!"

그러자 그녀는 컨설턴트를 활용할 것을 제안했고 나는 내 후임자가 슈왑 출신이어야 한다고 확실히 못 박았다.

"그렇게 해도 좋습니다. 필요하다면 컨설턴트를 영입하세요. 하지만 저는 내부 출신 후보자를 선호합니다. 내부 사람이었으면 좋겠어요."

우리가 함께 쌓아온 문화와 가치관에는 특별한 어떤 것이 있다. 그것을 이해하는 데는 시간이 필요하며 CEO가 그것을 포용한다고 내가 확신하는 데도 시간이 필요하다. 외부 출신이라면 힘든 일이다.

제27장
척과 이야기하세요

광고가 곧 브랜딩이다

"슈왑이 상징하는 것은 무엇입니까? 무엇보다 그 점이 분명하게 드러나야 합니다."

나는 2004년 말까지 이것을 거듭 강조했고 이번에 슈왑의 최고마케팅 책임자로 임명된 베키 새거에게 다시 한번 이야기했다.

"이제 전열을 가다듬어야 합니다. 그리고 전략을 다해야 해요. 대담하게 나설 때입니다."

나는 힘주어 말했다. 그 신호에 따라 1월 즈음 새거가 이끄는 팀은 광고대행사 여러 곳을 검토했고 2005년 초 커니 스트리트 120번지 건물

회의실에서 마케팅 팀이 광고대행사인 유로RSCG를 만났다. 그들은 캠페인을 제안해 통과했고 우리의 광고 계약을 따냈다.

"척과 이야기하세요Talk to Chuck 이 한 줄이 모든 것을 함축합니다. 전화를 하든, 온라인으로 접속하든, 지점을 방문하든 고객을 응대하는 사람은 누구나 척이 되어 일을 처리하겠다는 약속입니다."

회의실은 조용했다. 모두 내 반응을 기다리고 있다는 걸 알았다. 많은 생각과 노력을 쏟은 아이디어였고 위험하다는 것도 알았다. 한마디로 체면을 내려놓고 가볍게 내 이름을 세상에 공개하라는 요구였다. '찰스'가 아니라 '척'이었다. '척과 이야기하세요'를 홍보했을 때 사람들이 나 개인이 아니라 슈왑 전체를 뜻한다는 걸 안다는 기본 가정이 들어 있었다.

브랜드를 개인화하고 관계를 구축하려 한다는 인상을 줄 수 있는 커다란 도약이었다. 단순히 주식거래를 하거나 뮤추얼펀드를 사기에 좋은 곳이 아니라 고객이 투자에 대해 충분히 생각하도록 도움을 주며 듣기 좋은 소리로 꾸미지 않고 솔직하게 접근하는 곳. 개성이 있고 일관성이 있고 업계의 다른 곳과는 차별화된 곳.

그들은 내 요구를 진지하게 반영해 여기까지 왔다. 나를 내세우자는 요청을 받은 것은 이번이 두 번째였고 무리한 요구라는 걸 그들도 알았다. 1976년 리처드 크로이처와 디 화이트가 하루치 거래 자료를 모아놓은 서류 더미 위에 한 팔을 걸친 내 사진을 보여주며 내 얼굴을 회사 홍보에 활용하겠다고 했던 때를 떠올렸다. 친구들이 '자아도취가 심한 것 아냐?'라고 생각하지는 않을지 또다시 걱정해야 했다. 격식 없는 이름인

'척'으로 진지한 사업을 대표하겠다는 제안에 놀랐고 마음이 불편했던 것도 사실이었다. 척은 회사에서가 아닌 가족, 친구들과 쓰는 이름이었다.

"'찰스와 이야기하세요'는 안 되는 건가?"

생각하던 것을 소리 내어 말했다. 하지만 그 질문이 입 밖으로 나오기 전부터 대답은 알고 있었다. 유로 팀의 누군가가 말했다.

"'척'이라야 효과가 있습니다."

그는 예시 문구 몇 개를 더 제시했다.

"좋은 주식 정보를 원하십니까? 떠도는 정보에 귀를 기울이지 마세요. 척과 이야기하세요."

"시장이 반등하기를 기다리시나요? 시장은 기다려주지 않습니다. 척과 이야기하세요."

문구를 한 줄 한 줄 읽어 내려가는 동안 모두의 시선이 내게 쏠렸다. 하나하나가 투자 세계의 상투적인 조언을 다시 생각하고 다른 관점을 찾아 슈왑으로 오라는 도발이었다. 효과가 있을 것은 분명했다. 누군가는 마치 친구가 권유하듯 사적으로 들린다고 말했다.

'척과 이야기하세요'는 내가 투자자들을 위해 만들고 싶었던 슈왑의 모습, 즉 주류 월스트리트 세계의 경직된 분위기와는 다소 거리를 둔 반항아, 독립적으로 판단하는 사람들의 마음을 끄는 곳과도 연관이 있었다. 고객이 인생에서 반드시 내려야 하는 금융 관련 결정을 돕는 것이 우리의 목적임을 처음 정식으로 명시한다는 점에서도 커다란 진전이었다. 우리에 대한 인식은 아직 그렇지 못했고, 슈왑을 설립하고 이만큼 진화하는 동안에도 여전히 우리는 할인된 가격에 주식거래를 할 수 있는 곳 정도로 여겨졌다.

나는 그 광고 캠페인으로 업계 경쟁자들 사이에서 우리가 단연 돋보일 것을 알았다. 이는 돈에 관한 한 현상 유지를 당연히 여기지 말라고 강조하는 메시지였다.

"그러니까 베키, 우리를 한 차원 높이 끌어올리겠다는 뜻이죠?"

그녀는 미소를 지으며 답했다.

"네."

"좋아요. 진행하세요."

친근한 이미지로 고객에게 단숨에 접근하라

몇 달 후 유로 팀이 개발한 텔레비전 광고를 검토하기 위해 다시 모였을 때 우리는 또 한 번 놀랐다. 새거의 사무실에서 슈왑 사람들과 꼭 붙어 지내온 유로 팀은 텔레비전 광고에서도 살짝 비틀어 기존 상식에 도발하는 방법을 이용할 것이라고 설명했다.

"소음이 가득하고 너무 어수선해서 사람들이 아예 귀를 닫아버리는 것이 텔레비전 광고 환경입니다."

유로 팀이 말했다. 이는 슈왑이 직면한 과제였다. 조사 결과 사람들은 서로 다른 투자회사를 구분하지 못했다. 이곳은 똑같은 것이 넘쳐나는 광활한 바다였다. 우리 브랜드의 평가 지표 가운데 '차별화' 항목이 최근 하락했다. 사람들이 우리가 업계 경쟁자들보다 얼마나 돋보인다고 생각하는지를 보여주는 지표다. 다른 회사들이 2000~2004년 동안 가격 책정에서 우위를 차지한 것이 주요 원인이었다. 우리는 저렴한 새로운 가격 체계를 도입해 상황을 바꾸고 있었지만 눈에 띄려면 도움이 필요했다.

"그 어수선함과 소음을 어떻게 극복하고, 시청자의 시선을 사로잡을 만한 것을 어떻게 만들어낼 것이며, 어떤 방법으로 사람들이 귀를 기울이게 할 건가요?"

누군가 물었다. 그러자 광고 팀은 최근 개봉한 영화의 몇 장면을 본보기로 상영했다. 약 60초 분량의 묘한 애니메이션을 모두가 숨죽이고 지켜봤다. 실제 인물을 만화 속 등장인물처럼 표현한 영상이었다. 컴퓨터가 실제 영상을 촬영해 애니메이션으로 전환하는 로토스코핑 rotoscoping 이라는 기법이었다. 최대한 평가를 아낀다고 해도 어쨌든 시선을 붙잡았고 보는 사람이 대사 한 마디 한 마디에 집중하게 만들었다. 리테일 사업부 고위임원 한 사람이 모두가 생각하고 있던 것을 말했다.

"이건 너무 앞서갔네요. 사람들이 아예 돌아설 위험은 없을까요? 메시지의 진지함이 훼손되지는 않을까요?"

위험은 있었다. 하지만 어떤 식으로 통할지 알 수 있었다. 이 광고는 시청자의 시선을 사로잡고 우리를 생각하게 만들 것이다. 위험을 감수할 필요가 있었고 앞으로 나아가야 했다. 기다리고 싶지 않았다.

"훌륭하군요. 해봅시다."

그 후 몇 달 동안 우리의 광고는 모든 어수선함을 극복하고 메시지, 개성 그리고 투자에 대한 우리의 시각을 효과적으로 전달했다. 물론 으스스하다, 눈길을 끌려고만 한다, 투자의 품격에 한참 못 미친다는 반응도 있었다. 그러나 시장에서는 효과가 나타났다. 신규 계좌가 빠르게 증가하기 시작했고 브랜드 평가 지표도 향상됐다.

1년쯤 지나 페블비치에서 열린 프로-아마추어 합동 토너먼트 시합에서 골프 코스를 따라 걷고 있을 때 갤러리 가운데 누군가 소리쳤다.

"저기요, 척! 척과 이야기하고 싶어요!"

우리는 주목을 받았다. 굉장한 기분이었다.

제28장

전략적 인수로 규모를 키워라

더 많은 고객은 더 많은 원동력이다

2006년 말 즈음 노력의 결실이 드러났다. 우리는 재무적 통제를 강화했고 관료주의적 요소를 최소화했으며 느슨한 의사결정을 줄였고 효율성을 향상시켰다. 새로운 마케팅 캠페인도 활발했다. 마침내 깨끗한 상태에서 새로운 출발을 할 수 있게 됐다. 이익이 늘었고, 고객 자산이 증가했고, 고객만족도가 향상됐고, 브랜드 영향력이 강화됐다. 신규 계좌가 2005년에 비해 20퍼센트 늘었으며 회사의 주가는 회복세를 보였다. 8월에는 턴어라운드 작업을 시작한 2004년 7월 20일 시작 가격 대비 주가가 두 배 올랐다. 우리는 다시 일어섰고 경쟁력을 갖추기 시작했다.

턴어라운드를 완료했다고 말할 수 있으려면 마지막 퍼즐 조각 하나를 맞춰야 했다. 2006년 11월 20일 우리는 자산운용 자회사 US트러스트를 33억에 BOA에 매각하기로 합의했다고 발표했다.

6년 전 US트러스트 인수를 발표했을 때 사람들은 특이한 조합이라고 평가했다. 원조 할인증권회사인 슈왑은 서부 해안의 기술력 있는 혁신 기업이었고 저비용 시스템으로 투자의 민주화를 이룬 미국의 일반 투자자들을 위한 기업이었다. US트러스트는 어땠는가? 미국 최초의 신탁회사인 US트러스트는 고도로 복잡한 개인 재무 업무와 세대 간 양도되는 부를 관리하기 위해 마셜 필드Marshall Field, 에라스투스 코닝Erastus Corning을 비롯한 뉴욕의 사업가이자 초고액 자산가들이 공동으로 설립한 150년 역사를 지닌 민간은행이었다. 즉 부자들 중에서도 상위 부자들이 부자들을 위해 설립한 민간은행이었다.

우리가 인수할 당시 US트러스트는 초고액계좌 500개의 자산 규모는 각각 5,000만 달러가 넘는다고 자랑했다. 많은 가정이 여러 세대에 걸쳐 US트러스트에 계좌를 보유했다. US트러스트와 슈왑은 흰 장갑과 작업용 장갑처럼 대조적이었다. 〈월스트리트저널〉의 랜디 스미스Randy Smith는 'AOL-타임워너 거래의 축소판'이라고 보도했다.*

그런 반응이 마음에 들었다. 합병은 이목을 끌었고 슈왑과 우리가 지향하는 바를 과감하게 드러냈다. 그 결합을 가능하게 했고 두 회사 모두

---

* 2001년 인터넷 서비스 전문 업체 AOL이 대형 미디어 기업 타임워너를 인수한 것을 말한다.

매우 중요하게 생각했던 것은 서로의 극명한 차이점이었다. US트러스트의 경영진은 성장을 위해 동맹을 맺어야 한다는 것을 알았지만 다른 민간은행에 흡수되고 싶지는 않았다. 그들의 목표는 자산관리 분야에서 지배적 지위를 차지한 전국적인 브랜드가 되는 것이었다. 그들로서는 운영상의 자유를 잃지 않는 게 매우 중요했다. 그래서 슈왑과 연합하는 길이 이상적인 해결책이라고 생각했다. 전문 분야인 고액자산관리 부문에서 상당한 수준의 독립성을 보장받고 기술과 마케팅 측면에서 우리가 가진 전문성의 수혜를 누릴 수 있다고 생각했다. 게다가 당시는 닷컴 호황의 절정이었다. US트러스트에는 일종의 '현대화'가 필요했다.

슈왑의 계획은 자산관리 부문으로 사업을 확대하고 할인증권업에서 진화해나가는 것이었다. 절박한 필요가 있었다. 상당한 부를 축적했지만 필요한 서비스를 우리 상품 중에 찾지 못해 이탈하는 고객들이 꾸준히 발생했고 그 흐름을 차단해야 했다. US트러스트는 우리를 그 길에서 도약해 앞으로 나아갈 수 있도록 새로운 전문성과 능력을 가져다주었다.

그렇다면 이제 와서 180도 달라진 이유는 무엇일까? 절박하게 결합한 지 불과 6년, 내가 CEO로 복귀한 지 단 2년 만에 US트러스트를 매각하려는 이유는 무엇일까? 내 생각에 우리는 결국 특이한 결합이었고 부조화의 문제를 자체적으로 해결할 수 없었던 것 같다.

우리는 US트러스트의 부유층 고객과 그들의 역량이 우리와 양립할 수 있다고 생각했다. 정말로 그 가능성을 믿었다. 그러나 2005년 US트러스트의 회장으로 취임해 좀 더 깊이 회사를 파고들면서 너무나 다른 두 문화를 통합하는 게 쉽지 않음을 알았다. US트러스트의 문화는 영업 담당 직원들과 그들을 위한 우대책을 중심에 두고 있었다. 슈왑과는 크게 달랐다. 이것이 첫 번째 스트라이크였다.

나는 내가 만든 요리를 맛보는 걸 즐긴다. 그래서 인수 직후 US트러스트에 개인 계좌를 열겠다고 요청했다.

"좋습니다. 제일 좋은 직원을 찾아드리죠. 전부 똑같지는 않거든요."

US트러스트 사장이 말했다. 다시 말해 회사에서 최고의 직원을 연결해주겠다는 월스트리트의 케케묵은 농담이었다. US트러스트는 인수를 통해 전국적인 입지를 확보했고 지점마다, 직원마다 방식이 달랐다. 일관성이 없었고 확장해 적용할 수 있는 사업 모델도 당연히 없었다.

나는 US트러스트의 고유한 시각이 있고 따라서 기존에 확립된 자산 배분 전략을 기초로 모두가 상당히 균일한 성과를 내리라고, 이런 식의 큰 편차는 없을 것이라고 생각했다. 그러나 회사가 아니라 고객을 담당하는 직원 개인의 시각에서 투자 조언이 이뤄진다는 사실을 알았다. 이는 전통적인 증권회사들과 크게 다르지 않은 방식이다.

US트러스트에서 내 자산 배분 방식은 은행의 전략투자위원회가 아닌 담당 상담사가 결정했다. 그리고 수익률은 일관성이 없었다. US트러스트의 접근법은 모든 지점과 고객에게 반복적으로 적용할 수 있는 체계적인 것이 아니었으며 뉴욕의 투자 방식과 샌프란시스코와 미니애폴리스의 투자 방식이 서로 달랐다. 이는 하나의 회사가 아니라 기껏해야 연맹이라고 할 수 있었다. 어떤 고객은 10퍼센트 수익을 내고 어떤 고객은 그만큼 손실을 볼 수도 있었다. 고객의 투자 성공 여부는 담당 직원과 운이 좌우했다. 두 번째 스트라이크였다.

하지만 2000년 합병 계약을 맺을 당시에는 두 회사의 성공적인 결혼 생활을 위해 열심히 노력했다. 2001~2004년 동안 슈왑은 어려운 시기를 보냈고 정말로 비용과 수익, 성장에 초점을 맞춰야 했다. US트러스트에 대한 압박은 거세졌다. 새로운 경영진이 들어선 US트러스트는 입지를 넓히고 역량을 키우기 위해 스테이트스트리트State Street의 개인자산관리 사업부를 인수했지만 어떤 조치도 우리가 요구하는 수준의 효과를 내지는 못했다. US트러스트는 우리의 이익을 잠식했고 언론에서는 우리가 US트러스트 매각을 고려하고 있을지도 모른다는 소문이 흘러나왔다.

2005년 슈왑에서 CEO로 복귀한 지 1년이 채 안 됐을 때였다. 나는 어떤 변화가 필요한지 구분할 수 있게 됐고 주어진 선택지를 검토하고 있었다. 얀 하이어-킹에게 뉴욕에 있는 US트러스트 각 지점에 회의를 준비해달라고 부탁했다.

"점심을 먹으며 이야기를 나누시죠."

US트러스트 CEO가 제안했고 좋은 생각인 것 같았다. 나는 그때 샌프란시스코에 있는 우리 건물의 카페테리아를 생각하고 웅성거리는 직원들 틈에 어울려 그 분위기를 느낄 수 있는 기회를 반겼던 것 같다. US트러스트 직원들은 얼마나 활기찬가? 어떤 식으로 교감하는가? 행복해 보이고 열정이 있어 보이는가? 나는 그런 것들을 살펴보고 싶었다.

하지만 눈앞에 펼쳐진 장면은 그게 아니었다. 흰 리넨이 깔린 테이블에서 종업원들의 근사한 서비스를 받는 격식 있는 점심 식사였다. 그 기억은 우리의 부조화를 상징하는 하나의 은유로 내 마음속에 남았다. 세 번째 스트라이크, 삼진아웃이었다.

시티뱅크 임원 출신인 피터 스카투로Peter Scaturro가 내게 편지를 보내 온 것은 바로 그 시점이었다. 편지에서 그는 US트러스트를 '제대로 된 지도부만 있다면 큰 성공을 거둘 수 있는 보석'이라고 표현했다. 스카투로는 일본에서 시티뱅크를 경영했지만 규제 문제로 잠시 눈 밖에 난 이후 회사를 나왔다. 나는 스카투로가 임원직에서 물러난 배경을 샌디 웨일에게 확인했다. 웨일과는 내가 BOA에 있던 시절 그가 시티뱅크의 수장으로 취임하면서 인연이 있었다. 웨일이 일본에서의 일은 절대로 피터가 한 것이 아니라면서 피터의 신원을 보증했다.

5월 8일 뉴욕에 있는 내 아파트로 US트러스트 이사회 사람들을 초대해 스카투로를 새로운 CEO로 맞아 변화에 시동을 걸어야 한다는 내 생각을 알렸다. 스카투로가 그의 계획을 제시했고 이사회도 동의했다. 다음 날 우리 팀은 예고 없이 US트러스트로 가서 스카투로가 새로운 CEO로 임명될 것이라고 발표했다. US트러스트로서는 뜻밖의 일이었지만 일단 이런 결정이 내려지면 시간을 두고 지켜본다는 것은 의미가 없다. 몇 시간 후면 소문이 퍼지기 시작할 것이고 우리는 신속하게 움직였다.

스카투로는 그 후 몇 달 동안 유능한 경영진을 새로 영입했고 사업을 확장하기 위해 적극적으로 노력했다. 그들은 매출의 판도를 바꾸는 데 크게 성공했다. 그러나 불행히도 지출 역시 그만큼 빠르게 늘고 있었다.

우리는 슈왑이 보유한 모든 자산의 재무적 성과를 면밀히 조사했다. US 트러스트는 우리 사업 모델을 충족시키기 위해 필요한 만큼의 진전을 보이지 못하고 있었다.

나와 크리스 도즈, 스카투로가 이끄는 경영진과의 회의가 중대한 전환점이 됐다. 우리는 US트러스트가 경제성이 있는 사업 모델로 전환해야 한다고 설명했다. 반면 그들은 브랜드 후광과 무형자산 가치 측면에서 그들이 상당히 많은 것을 제공했고, 부유층 고객들을 위한 서비스 모델이 크게 다른 만큼 그들에게 요구되는 경제성도 달라야 한다고 주장했다. 그 주장의 어느 것도 나와 도즈가 생각하기엔 말이 되지 않았다.

나는 도즈에게 매각 검토를 시작할 것을 승인했다. 그는 유능한 은행가인 올리비에 사르코지Olivier Sarkozy가 이끄는 UBS 팀을 데려왔고 이들은 현실적인 가격을 도출했다. 10월에 도즈와 내가 워싱턴DC에서 열린 고객 행사에 참석하는 동안 BOA와 전화 통화 일정이 잡혔다. BOA 회장 겸 CEO인 켄 루이스Ken Lewis는 당시 미국 최대 은행을 건설하기 위한 인수 작업에 분주했다.

우리는 텅 빈 회의실에 앉았다. 약 400명 정도를 수용할 수 있는 커다란 회의실이었다. 작은 탁자를 사이에 두고 의자 두 개가 놓여 있었고 전화기가 한 대 있었다. 말소리가 방 안에 울렸다. 도즈가 건네준 번호로 켄 루이스에게 전화를 걸었다. 그는 상당한 관심을 표시했다. 나는 이렇게 말했다.

"경쟁 입찰은 하지 않으려고 합니다. 켄, 우리는 일을 오래 끌어서 고객과 직원들이 알게 되고 그 과정에서 회사의 가치가 하락하지 않도록 신속한 거래를 원합니다. 우리가 타당하다고 생각하는 가격을 맞춰줄 수 있다면 최우선으로 고려할 용의가 있습니다."

그리고 전화상으로 가격을 말했다. 33억 5,000만 달러. 켄 루이스는 진심으로 US트러스트를 원했다. 제대로 임자를 만나면 US트러스트는 보석과도 같은 기업일 테다. 단지 슈왑과 맞지 않을 뿐이었다. 그는 이 협상에 매우 진지했고 48시간 뒤 실사 팀이 도착할 것이라고 말했다. 이렇게 BOA와 또 다른 대형 거래를 앞두게 되었다. 잠시 덜컹거린 적도 있었지만 대형 매각에서는 흔히 있는 일이었다. 2006년 11월 20일 마침내 우리는 최종 합의서에 서명했다.

공생의 요건, 기업 문화를 조화시킬 수 있는가?

결국에는 모두 잘 풀렸다고 할 수 있다. 우리는 엄청난 매각에 성공했고 BOA는 고객 자산관리 역량에 유의미한 자산을 추가했다. US트러스트 고객들은 BOA가 제공할 수 있는 새로운 자원에 접근하게 됐다. 세 기업 모두에게 유리한 계약이었다. 하지만 인수 대상인 기업의 문화를 이해하고 제대로 파악해야 한다는 교훈을 얻은 계기였다. 기존의 문화와 양립 가능한가? 기존 문화와 조화를 이루도록 그들의 문화를 완전히 변화시킬 수 있는가? 그런 질문들을 먼저 던져보고 검토했다면 더 좋았을 것이다.

하지만 우리에게는 그럴 기회가 전혀 없었다. 예를 들어 우리의 보상 구조를 US트러스트에 강요했다면 회사 전체를 잃었을 것이다. 슈왑의 보상 시스템에 맞추려고 했다면 US트러스트의 경영진은 한 사람도 빠짐없이 회사를 나갔을 것이기 때문이다. 게다가 가치관의 차이도 있었다. 그들에게는 회사의 역사와 부유층 고객에 기반한 뉴욕 중심적 세계관과 할인증권회사를 무시하는 분위기가 있었다. 그들은 우리에게 이렇게 강조했다.

"US트러스트에서는 필요하다면 고객의 개를 산책시키는 일도 기꺼이 합니다."

그들의 문화를 우리와 조화시키지 못한다면 고객에 대한 일관된 접근, 효율성, 저비용, 고객의 완전한 참여가 중요한 슈왑의 방식에 충실할 수 없었다. 하얀 리넨이 깔린 식탁, 격조 넘치는 식당은 아무리 생각해도 슈왑답지 않았다.

인수는 쉽지 않다. 많은 사람들이 실패하거나 원래의 약속을 지키지 못한다. 우리는 지금까지 몇 건의 인수를 했고 결과는 성공적이었다. 메이어 앤드 슈바이처Mayer & Schweitzer, 햄튼 컴퍼니, 윈드 헤이븐 인베스트먼트Wind Haven Investments, 토머스 파트너스 인베스트먼트Thomas Partners Investments, 컴플라이언스 솔루션Compliance Solutions, 옵션익스프레스optionsXpress가 그렇다. 반면 인수하지 않아서 큰 실수를 피할 수 있었던 기업은 수백 개나 된다.

커다란 함정을 경계하고 주의하는 것은 회사를 경영하는 데 분명 중요한 부분이다. 특정 기업을 인수할 때 이를 위해서라면 무엇이든 할 수 있을 정도로 강한 확신이 들더라도 반드시 직접 분석해서 '이 회사가 정말 우리와 맞는지' 여부를 파악해야 한다. 경험상 문제를 야기하는 가장 큰 잠재적 요인은 언제나 문화다.

현명한 투자란 한 해 한 해 균열을 이겨내는 것이다.
그래서 투자자에게 중요한 것은
타이밍이 아니라 시간, 그 자체다.

INVE

제 5 부

결국 시간이 증명한다

CHUCK's NOTE

성공하기 위해서는 나의 부족한 부분을 보완해줄 사람들을 찾아야 한다는 걸 일찌감치 배웠다. 새로운 상품과 마케팅 아이디어 개발은 내가 이해하고 또 즐기는 일이었지만 사람들을 관리하고 복잡한 계획을 실행에 옮기는 것은 그 분야에 강한 다른 사람들에게 의존했다. 자신의 강점과 약점을 빨리 인식할수록 팀을 더 빨리 꾸릴 수 있다.

훌륭한 리더라면 자신의 잠재력과 기량에 겸손해야 하고 주변 사람들의 기량과 역량, 지적 능력을 진정으로 존중해야 한다. 위임하라. 영리하게 지시하되 지나치게 과제를 명확하게 정의하지 마라. 위임은 혼자서 해낼 수 있는 것보다 훨씬 더 많은 걸 가능케 하는 지렛대를 선물한다. 또한 자신이 팀의 중요한 일부라는 사실을 사람들에게 각인시킨다.

완벽한 리더는 없다. 외향적인 사람도 있고 내성적인 사람도 있다. 두 가지 성향을 모두 지닌 사람도 있다. 그것은 중요하지 않다. 중요한 건 스스로 터득한 진정한 내용-지식content knowledge(주제 영역의 핵심 개념과 구조, 탐구 수단을 이해하는 지식)이다. 꾸며낼 수 없고 실제 경험을 필요로 하는 지식이다. 해당 분야에 대해 남들에게 가르칠 수 있고 왜 중요하며 어떻게 실행하는지 전달할 수 있어야 한다. 그런가 하면 어느 정도는 융통성을 발휘해도 좋다는 열린 태도도 갖춰야 한다.

열정을 지닌 사람들을 발견하고 많은 책임을 맡겼을 때 그들이 발휘하는 창의력은 경이로울 정도다. 나는 인간의 에너지와 창의력 그리고 정신력을 믿는다. 집중하고 헌신하고 적절한 후원을 받을 때 사람들은 눈부시게 뻗어나간다.

제29장

장기투자에는 낙관적 태도가 필요하다

투자자들이 시장에 원하는 것은 무엇인가

2007년 초 마침내 많은 것들이 자리를 잡았고 잘되어가고 있었다. 고객의 신규 자산 증가율은 1년 전에 비해 거의 두 배 수준이었다. 우리는 대부분의 경쟁 회사 계좌보다 훨씬 더 높은 이자를 지급하는 새로운 당좌예금계좌를 출시했고 인베스터 퍼스트Investor First 라는 신용카드를 선보일 계획이었다. 두 상품 모두 투자자들에게 원스톱 금융서비스를 제공하기 위해 고안된 상품이었다. 그리고 우리는 2004년 이후 가격을 계속 인하했는데 슈왑 뮤추얼펀드 계좌의 최소 유지 잔액 조건을 100달러로 낮춰 새롭게 투자를 시작하는 젊은 투자자들의 고객 기반을 구축했다. 경영진은 강했다. 월트 베팅어는 일을 훌륭히 해냈고 얼마 전 사장 겸 COO로 승진했다.

나는 공공 정책과 투자자를 위한 열정에 쏟을 시간이 많아졌다. 부시 대통령의 요청을 받아들여 금융 문맹 퇴치를 위한 대통령 직속 자문위원회의 의장을 맡았다. 개인 재무관리법을 아는 것은 국민 모두에게 중요한 역량이었다. 재무적 안전을 확보하기 위해서는 현금흐름을 관리하고 부채의 역할과 복리의 힘을 이해하며 투자를 최대한 활용하는 것이 중요하다. 학교의 어떤 교과과정에서도 이런 기초교육을 하지 않는 것은 부끄러운 일이다. 현대 사회에서 이보다 더 일상생활에 필수적이고 기본적인 역량이 어디 있단 말인가?

미국 자본시장 경쟁력에 관한 재무부 회의에서 발언할 기회가 있었다. 업계의 문제점에 관해 언급하는 목소리가 클 것은 알고 있었다. 하지만 전체 시스템의 중추가 되는 개인투자자는 어떨까? 그들의 역할과 중요성은 너무나 쉽게 간과돼왔다. 개인투자자들은 막대한 규모의 투자 자본을 제공하고 이로써 자본비용이 낮아지고, 생산성이 오르고, 고용이 커지고, 인플레이션이 억제된다.

미국은 지난 30년 동안 재정적 미래에 대한 개인의 통제를 강화하고 그 성공 여부에 대한 책임도 개인에게 지우는 정책적 결정을 해왔다. 미국에서 주식을 소유한 가구 수는 약 5,700만에 이른다. 개인퇴직계좌인 IRA의 총 자산 규모만 해도 14조 달러가 넘었다. 401(k) 연금 자동가입 제도 등에 힘입어 그 숫자는 점점 증가하고 있다. 그들의 자본시장 참여는 미국 기업가들에게 혁신을 독려하는 역할을 한다. 미국은 위험을 감수하고, 선택권을 행사하고, 스스로 결정을 내릴 수 있는 사람들이 만든 역사 위에 세워졌다. 직접 기회를 포착하고 혁신적인 기업에 보상하며 열정과 열의를 시장에 불어넣은 개인투자자들 덕분에 자본시장은 더욱 활기를 띠게 됐다.

나는 개인투자자들과 그들이 필요로 하는 것에 관해 발표했다. 내가 슈왑에서 목격한 바에 따르면 개인투자자들이 시스템에 원하는 것은 공정성, 공평한 경쟁의 장, 저렴한 비용과 효율적인 시장 접근, 투자 결정에 도움이 되는 정보, 이해관계가 충돌하지 않는 조언 등 몇 가지 기본적인 것들이다. 다시 말해 투자자의 확신은 시장에서 이런 것들을 기대할 수 있는지 여부와 직접적인 관련이 있었다. 머지않아 그 확신이 혹독한 시험대에 오를 줄을 그때는 알지 못했다.

시장의 '달콤한 거짓말'에 속지 마라

슈왑의 상황은 나아졌지만 그럼에도 모든 것이 제대로 돌아가고 있지는 않다는 불길한 조짐이 있었다. 무엇보다 삐걱거리는 경제 상황이 걱정스러웠다. 2006년 US트러스트 매각을 빨리 매듭짓고 싶은 생각이 간절했던 데는 그런 이유도 있었다. 시장에서 무엇이 날아올지 우리는 결코 알지 못한다.

팔기로 결정했다면 신속하게 움직여라.

기다려서 얻는 것은 위험밖에 없다.

그해 봄 상황이 악화되는 것을 보면서 몇 해 전 골프 라운딩 중에 캐디와 나눈 이야기가 떠올랐다. 그는 최근 투기 목적으로 집을 샀는데 이후 상승한 자산가치를 담보로 자금을 좀 더 빌리려고 했다. 대출 절차에 관해 이야기하면서 나는 그에게 수입에 대해 은행에 뭐라고 말했는지 물었다. 집을 산 이후로 그의 수입은 크게 달라지지 않았을 것이기 때문에 추가 대출을 어떻게 승인받을 수 있을지 궁금했다.

"뭐라고 말할 것도 없었어요. 새로 나온 '거짓말쟁이 대출' 상품들 중 하나를 이용하면 돼요. 소득 서류 같은 것은 보지도 않아요."

이른바 '닌자'NINJA 대출이었다. 즉 소득이 없고 직업이나 자산이 없어도No Income, No Job or Assets 대출이 나오는 것이다. 재미있는 표현이라고 웃어넘겼지만 막대한 규모의 신용이 주택시장을 휘젓고 있다는 것은 꽤 확실했다.

사람들은 집을 현금등록기처럼 취급하고 있었다. 서류상으로 가치가 상승하면 집을 담보로 빚을 냈고 빠른 자금회전을 위한 투자 수단으로 집을 샀다. 여기에 부동산 가격이 오르면서 같은 과정을 몇 번이고 반복했다. 은행은 이를 부추겼는데 그 과정에서 많은 돈을 벌었기 때문이다.

거래 수수료, 포인트point, 감정 평가, 이자로 수입을 올렸다. 정부는 사람들에게 내 집 마련의 꿈을 이루도록 부채질했고 전국 곳곳에 주택담보대출이 넓고 깊게 파고들었다.

그 과정에서 위험이 점점 커졌다. 이 위험은 매우 전염성이 강했으며 돈을 빌린 사람과 빌려준 은행에 국한되지 않고 금융 시스템 구석구석까지 번졌다. 은행과 투자 관련 세력들은 이를 지렛대로 활용할 방법을 찾기에 혈안이 되었다. 일반 사람들이 이해하기 힘든 신용스왑credit swap, 모기지담보부 다계층증권Collateralized Mortgage Obligations, CMO 그리고 각종 합성과 레버리지를 이용한 다양한 상품에 신용기관들은 AAA 등급을 부여했다. 기관투자자들은 이 신용등급을 근거로 훌륭한 상품이라고 판단하고 매수했지만 결과적으로 이 등급은 무의미한 것이었다. 오히려 FFF 등급이 적절한 상품이었다.

부동산 거품이 빠지기 시작하면서 2007년 초 커다란 균열이 드러나기 시작했다. 특히 캐디의 닌자 대출처럼 지난 몇 년간 번창했던 서브프라임 모기지subprime mortgages (비우량 주택담보대출)와 연계된 모든 투자 상품이 심각했다. 2월 초 세계적인 대형 은행인 HSBC는 우려했던 서브프라임 대출에 대해 약 110억 달러의 충당금을 설정했다고 발표했다. 부동산의 가치는 떨어지고 있었고 부동산 관련 대출 시장은 하락세에 있었다. 은

● 　주택담보대출 이자율을 낮추기 위해 융자 금액의 일정 비율만큼 지불하는 수수료.

●● 　신용 부도 위험을 서로 교환하는 상품.

행과 투자자들은 궁지에 몰렸다. 4월 미국 최대 저축대부조합인 워싱턴 뮤추얼뱅크Washington Mutual Bank는 은행이 보유한 대출 잔액의 약 10퍼센트가 서브프라임 대출에 해당한다고 발표했다. 은행은 그 후 법정관리에 들어갔고 결국 연방예금보험공사에 의해 JP모건체이스J.P. Morgan Chase에 매각됐다. 베어스턴스는 헤지펀드 하나를 폐쇄했다. 8월 9일에는 유럽 금융시장이 일시적으로 얼어붙었다. 불길한 징조였다.

거품은 꺼지기 마련으로 이때의 거품도 꺼지고 있었다. 금융시장은 갑자기 요동쳤고 초대형 기관들이 경련을 일으켰다. 나는 US트러스트 매각이 마무리되지 않은 상황이라 크게 걱정이 됐다. 2007년 7월 첫 번째 월요일 재무부서에서 BOA로부터 매각 대금 33억 달러가 현금으로 입금돼 거래가 완료됐다는 전화가 걸려왔다. 나는 직접 수취확인서를 챙기러 아래층으로 급히 내려갔다. 워낙 큰 금액이라 두 번에 나눠 송금이 이뤄졌다. 33억 달러. 지금까지 본 것 중 최고였고 그것이 내 손 안에 있었다. 마침내 거래가 마무리됐다. 지옥이 펼쳐지기 직전에 말이다.

붕괴를 버티는 힘은 어디에서 오는가

2007년 여름 중반 서브프라임 대출에 특화된 컨트리와이드 파이낸셜Countrywide Financial은 지원이 필요했고 BOA의 도움을 받았다. 9월에는 영국의 노던록Northern Rock 은행이 설립된 지 100여 년 만에 영국 중

잉은행 뱅크오브잉글랜드Bank of England에 지원을 요구했고 결국 법정관리에 들어갔다. 미국에서는 11월 BOA와 자산운용회사 레그메이슨Legg Mason이 MMF에 현금을 긴급 수혈했다. 연방정부는 2008년 1월 1,500억 달러 규모의 막대한 경기부양책을 시행하며 지원에 나섰다. 그래도 상황은 더 나빠졌고 미국은 본격적인 불황에 빠졌다. 그해 3월 JP모건체이스가 파산 위기에 처한 베어스턴스를 인수했고 7월에는 서브프라임 모기지 업체 인디맥Indy Mac이 파산했다.

9월은 미국의 금융 역사상 최악의 달이 됐다. 정부는 주거용 부동산 대출의 가용성을 확대하기 위해 설립된 미국 양대 국책 모기지 업체인 패니메이Fannie Mae와 프레디맥Freddie Mac을 공적관리 대상으로 편입했다. 미국에서 네 번째로 큰 투자은행인 리먼브라더스가 파산을 신청했고 대형 보험지주회사 AIG에는 구제금융이 제공됐다. BOA는 한때 전설로 통했던 메릴린치를 인수함으로써 자유낙하하는 금융시장에서 메릴린치를 보호했다. 미국인들은 큰 기업은 무너지지 않는다는 뜻의 '대마불사' too big to fail라는 표현을 이때 배웠다.

2008년 9월 16일 대형 MMF인 리저브 프라이머리 펀드Reserve Primary Fund가 이른바 '브레이킹 더 벅'breaking the buck 상황에 처했다는 보도가 나왔을 때 나는 런던에 있었다. 브레이킹 더 벅은 MMF의 주당 순자산 가치가 기준가인 1달러 미만으로 하락한 상태를 가리킨다. MMF는 은행에 예금한 현금이 아니라 투자 상품이며 따라서 원금이 보장되지 않지만 수십 년 동안 금융 지형에서 안정적인 상품으로 여겨졌기에 투자자들은

MMF의 가치가 보존될 것이라고 기대했다. MMF는 기업들로 하여금 상업어음CP을 발행해 각종 청구서를 결제하고 급여를 지급할 수 있게 하는 자금의 원천으로서 경제에서 핵심적인 역할을 했었다.

리저브 펀드는 리먼브라더스가 발행한 어음을 보유하고 있었고 리먼브라더스가 하루 전 파산 신청을 하면서 리저브 펀드의 자산가치는 주당 0.97달러로 하락했다. 리저브 펀드가 타격을 입자 사람들은 공황 상태에 빠졌다. 수십억 달러에 이르는 자금이 머니마켓, 즉 단기금융시장을 빠져나갔다. 연방정부는 공황으로 경제가 마비되기 전에 조치를 취해야 했다. 재무부장관 헨리 폴슨Henry Paulson은 최선의 방법을 찾기 위해 업계 지인들과 통화했다. 그는 꼭 필요한 시기에, 꼭 필요한 자리에 있던 적임자였다. 그는 골드만삭스를 경영하던 시절부터 모든 대형 은행을 알고 있었고 직관력을 바탕으로 필요한 조치가 무엇인지 파악했다.

나는 런던에 있으면서 저녁 늦게 폴슨과 통화했고, 업계에 대한 정부의 신용 공급을 단기금융시장으로 확대하는 것과 관련해 의견을 나눴다. 그리고 폴슨의 팀은 MMF 순자산가치 1달러를 보장해주겠다는 과감한 계획을 내놓았다. 더 많은 펀드의 순자산가치가 1달러 미만으로 떨어질 수 있다는 우려를 제거하기 위한 합리적인 접근법이었다. 그것이 더 많은 MMF 자금 유출 사태를 막았다.

위기 하나를 피했다. 그러나 금융시장에서는 더욱 광범위한 붕괴가 진행 중이었다. 마치 두더지 잡기 게임처럼 한 가지 문제가 해결되면 다른 문제가 불쑥 나타났다. 상업어음 시장이 얼어붙으며 단기 신용이 필요한 회사들에 압박이 가해졌다. 10월 3일 부시 대통령은 부실자산 구제 프로그램TARP을 포함한 긴급경제안정화법Emergency Economic Stabilization Act에 서명했다. 은행과 다른 금융기관들이 보유한 처분이 불가능한 자산을 매입함으로써 신용시장과 은행 시스템이 안정을 회복하도록 돕겠다는 약속이었다. 우리도 크게 지지하는 조치였다.

그러나 막강하고 유연한 대차대조표, 풍부한 가용 현금, 우량한 신용등급이 보여주듯 슈왑의 여건은 다른 많은 은행들보다 건전하고 튼튼했다. 베팅어와 나는 TARP 자금 지원을 받는 것이 시장에 정반대 신호를 보내지는 않을지 우려했다. 논의 끝에 우리는 이사회의 동의를 얻어 해당 프로그램에 참여하지 않겠다고 발표했다. 우리는 지원을 받지 않는 소수 대형 은행에 포함됐고 이는 기존 고객과 잠재 고객들에게 우리의 신뢰도와 안정에 대한 강력한 신호를 보냈다. 돌이켜 보면 그것이 위기 당시와 그 후 몇 년 동안 수많은 고객들이 슈왑을 찾은 이유였다고 생각한다.

물론 우리도 무사하지만은 않았다. 2006년과 2007년 인기를 끌었지만 주택시장이 약세를 보이면서 가치가 하락한 일드플러스Yield Plus 펀드는 다른 뮤추얼펀드에 비해 규모가 작았다. 일드플러스 펀드는 신용등급이 높고 수익률이 양호한 모기지 담보부증권Mortgage-Backed Securities, MBS* 에 투자했다. 인컴 추구형income oriented** 투자자들 사이에서 인기가 높았

---

* 주택자금을 대출하고 취득한 저당권 및 대출채권을 한데 묶어 이를 근거로 발행한 증권.
** 높은 수익률보다는 안정적이고 꾸준한 현금 흐름이 발생하는 자산에 집중 투자하는 유형.

던 일드플러스 펀드였는데, 신용위기가 발생해 그 자산이 독이 될 줄은 아무도 몰랐다.

일드플러스 펀드를 크게 신뢰했던 만큼 우리 가족도 펀드의 주요 투자자였지만 결국 소송에서 나와 직원들을 제외하고 상당한 고객 변제를 약속했다. 은행 부문도 위기 당시 투자 자산 일부에서 손실을 입었지만 애초에 기초자산이 되는 유가증권을 팔았던 은행들로부터 손실을 만회할 수 있었다. 위험성을 명확히 알리지 못한 부정확한 투자설명서를 근거로 우리에게 매각된 유가증권이었기 때문이다.

돈 너머에 '사람'이 있다

2008년 9월 29일 다우지수는 777포인트 하락했다. 역대 최대 하락폭이었다. 그 후 몇 차례 반등하는 듯했지만 6개월 동안 하락세를 멈추지 않았다. 지금은 알지만 주식시장이 바닥을 친 것은 2009년 3월 초였다. 2007년 10월 9일 14,000포인트를 돌파하고 고점을 기록한 다우지수는 17개월 만에 54퍼센트 하락한 6,507포인트를 기록했다. 거기서 멈췄다. 피해는 엄청났다. 2007년 중반부터 2009년 3분기까지 약 12조 6,000억 달러에 이르는 가계 자산이 사라졌다.

신용위기와 금융위기 그리고 그 뒤를 이은 불황의 원인은 무엇이었을까? 그 원인을 파헤치는 수십 권의 책과 수백 개의 기사가 나왔고 유혈이 난무했던 당시 상황에 대한 자세한 묘사는 다른 사람들의 몫으로 넘기겠다. 헨리 폴슨은 당시 하루하루 위기를 관리했던 사람들의 관점에서《벼랑 끝에서》On the Brink 라는 훌륭한 회고록을 펴냈다.

많은 경우 '유동성 경색', '파생상품', '거래 상대방 문제'와 같은 난해한 개념을 들어 위기를 초래한 원인을 기계적으로 설명한다. 내가 생각하는 간단한 답은 금융서비스업에 종사하는 너무 많은 사람들이 우리가 다루는 게 단순한 돈이 아니라는 사실을 잊은 것이다. 우리가 다루는 돈 너머에는 '사람'이 있다. 돈은 그렇게 접근해야 한다. 레버리지(차입자본)의 활용은 부적절한 수준의 위험을 야기했다. 비록 취지는 좋았으나 너무 많은 금융서비스업 종사자가 분별없이 융자 조건을 완화하며 대출을 받도록 부추겼다. 너무 많은 금융소비자들이 그 기회를 부여잡았고 능력 이상으로 빚을 늘렸다.

나는 슈왑의 은행가들에게 '갚을 수 있는 사람에게만 돈을 빌려줄 것'을 강조한다. 당연한 것 같아도 중요한 문제다. 과거의 위기는 돈을 빌려주는 사람들이 그 과정에서 돈을 버는 데만 지나치게 집중했다는 사실을 말해준다. 신청서 작성과 신용조회로 수수료를 벌었고, 주택담보대출을 재판매했고(주택담보대출을 대출 장부에 남겨두는 은행은 거의 없었다), 주택담보대출을 결합해 점점 더 복잡하게 상품화한 후 재판매했다. 각각의 대출에서 돈을 빌린 사람의 상환 능력은 충분히 고려되지 않았다. 신용시장과 금융서비스 산업의 1차 기능은 어떤 대가를 치르더라도 이익과 수익을 끌어올린다거나 국가의 번영으로 가는 길을 설계하는 게 아니라 합리적인 성장을 지원하고 위험을 신중하게 관리해 대중의 신임과 신뢰를 유지하는 것이다. 신임과 신뢰가 없으면 시스템은 무너진다.

중요한 것은 타이밍이 아니라 시간이다

위기를 지나는 내내 슈왑의 상황은 양호했다. 양호했을 뿐만 아니라 오히려 잘해내고 있었다. 위기가 한창이던 2008년 10월 신규 계좌 수는 전년 대비 88퍼센트 증가한 3만 개를 기록했다. 2008년 지점이 달성한 고객과의 상호작용은 500만 건에 이르렀는데 슈왑을 설립했던 당시에는 가늠할 수 없었던 숫자였다. 2004~2006년 동안 조직을 개편하며 실행한 모든 일 덕분에 우리는 꿋꿋이 폭풍우를 버텨냈다. 더 이상 1987년 시장 침체 당시의 어리고 경험이 부족했던 우리가 아니었다.

우리가 달성한 성공적인 기록에도 불구하고 나는 상황이 크게 나아졌다는 생각이 들지 않았다. 금융위기를 끝내기 위해 정부가 내놓은 모든 대책과 고객들을 위한 업계의 노력에도 불구하고 투자자들은 공황에서 벗어나지 못했다. 우리 고객들도 예외는 아니었다. 지점과 전화 서비스 센터에는 무엇을 해야 하는지 묻는 질문이 쏟아졌고 심지어 전부 팔아달라는 주문도 있었다.

"시장을 빠져나가야 할까요?"

흔한 불평이었다. 전에도 끝까지 본 적 있는 연극이었다. 나는 긴장을 가라앉히기 위해 입 밖으로 소리 내서 말하고 싶었고 내가 할 수 있는 일을 하고 싶었다. 투자자로서 주식시장이 폭락할 때는 당연히 도망치고 싶다. 그러나 이는 잘못된 결정이며 역사가 입증한다.

나는 가능한 한 빨리 스튜디오로 가겠다고 마케팅 팀에 부탁했다. 우리는 뉴욕으로 날아갔고 2008년 10월 어느 추운 날 하루를 14번가의 한 건물 다락에서 보냈다. 영화 촬영 스튜디오로 쓰이는 곳이었다. 그곳에서 나는 영상 메시지 몇 편을 녹화했다. 밝은 조명과 음향 기술자들, 제작 관련자들이 주위를 둘러쌌다. 감독은 내게 대본에 적힌 글을 장면 단위로 끊어 읽게 했다.

하지만 제대로 되지 않았다. 진심이 느껴지지 않았다. 나는 어색하게 굳어 있었다. 격식을 차리고 신중을 기한 완벽한 대사가 아니라 가장 알아듣기 쉽고 진심 어린 방법으로 고객들에게 말을 건네고 싶었다. 수십 번의 어색한 촬영 끝에 결국 촬영을 중단했다. 대본을 던져버리고 마음에서 우러나는 대답을 했다.

"탈출구를 향해 달려가는 것은 가장 자연스러운 본능입니다. '팔자, 전부 팔아치우자.' 회복할 때까지 버티려면 그 감정과 싸워야 합니다. 이 일을 해오면서 과거에도 지금과 같은 일을 겪었고 그때마다 늘 같았습니다. 그러니까 약 40년을 거슬러 올라가면 시장에는 이런 균열이 아홉 차례나 있었습니다. 현명한 투자란 한 해, 한 해 균열을 견뎌내는 것입니다. 힘들겠지만 더 나은 날을 기대하면서 시장의 불확실성에 대처해나가야 합니다."

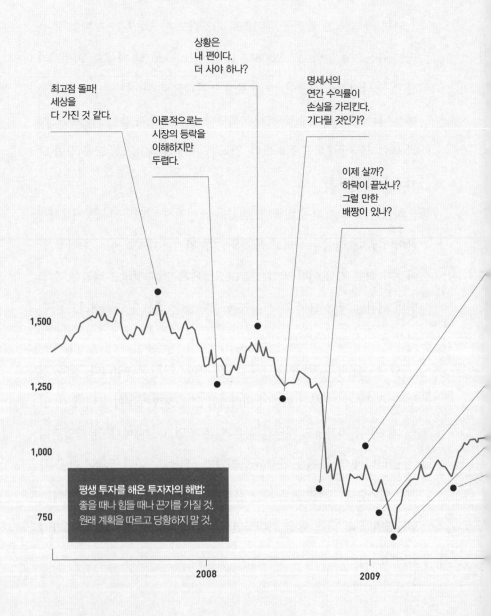

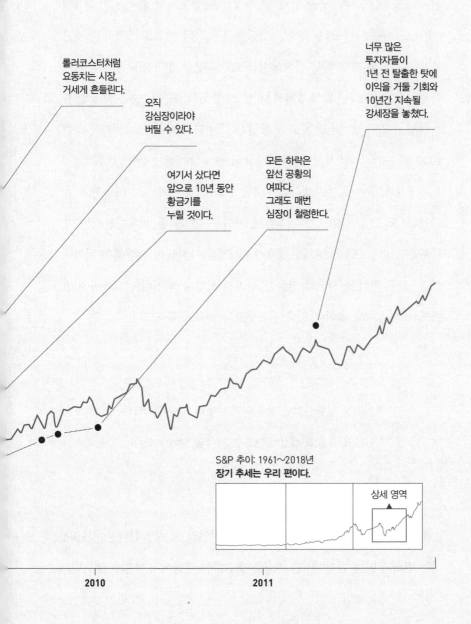

롤러코스터처럼
요동치는 시장,
거세게 흔들린다.

오직
강심장이라야
버틸 수 있다.

여기서 샀다면
앞으로 10년 동안
황금기를
누릴 것이다.

모든 하락은
앞선 공황의
여파다.
그래도 매번
심장이 철렁한다.

너무 많은
투자자들이
1년 전 탈출한 탓에
이익을 거둘 기회와
10년간 지속될
강세장을 놓쳤다.

S&P 추이: 1961~2018년
장기 추세는 우리 편이다.

상세 영역

2010

2011

내 조언은 시기적절한 것이었을까? 꼭 그렇지는 않았다. 어차피 사람들은 조언대로 하지 않는다. 바로 그것이 중요하다. 2009년 1월 텔레비전 광고를 내보낸 뒤 두세 달 동안 시장은 반등했지만 결국 급락해 3월 9일에 저점에 다다랐다. 하지만 시장에서 최적의 시점을 포착하는 것은 불가능하다. 흔히 말하듯 시장에서 중요한 것은 시점이 아니라 시간이다. 다우지수는 2010년 말에 2008년 9월 29일 급락 이전 수준을 회복했다.

만일 우리가 텔레비전 광고를 촬영한 그날 다우지수나 S&P500, 슈왑 1000 지수(미국 주식시장 시가총액의 90퍼센트를 차지하는 상위 1,000개 기업으로 구성한 지수)에 투자했다면 5개월 동안 시장이 추가로 하락한 것을 감안하더라도 1년 내로 25퍼센트에 가까운 수익률을 기록했을 것이다. 불행히도 고통스러운 18개월 동안 너무 많은 사람들이 시장에서 뛰어내렸고 그 후 찾아온 시장의 전환을 누리지 못했다. 과거에도 그랬듯 이번에도 시장은 예고 없이 방향을 전환했고 재빠르게 움직였다.

투자자로 성공하려면 항상 낙관적인 태도가 필요하다.
인간의 마음과 정신이 만드는 혁신을 믿어야 한다.

투자는 결국 새로운 가치를 창출하는 기업의 일부가 된다는 것이다. 이는 변하지 않는 진실이지만 진실을 발견하는 과정에서 부침을 겪는다.

"중요한 것은 어느 정도 낙관적인 태도가 필요하고 미래는 과거보다 더 나아진다는 점입니다."

나는 늘 이렇게 말하곤 한다. 그때도 믿었고 슈왑을 시작할 때도 믿었으며 지금도 믿는 사실은 성공적인 투자가가 되려면 '낙관적인 태도'가 필요하다는 것이다.

제30장

준비는 되어 있다

다음 리더를 준비시키는 것도 기업가의 일이다

2008년 7월에 월트 베팅어를 CEO로 임명하기로 한 결정에 대해 내가 말하고 싶은 것이 무엇인지 생각했다. 나는 다음 CEO에게 제대로 바통을 넘겨주는 것이 재임 중 해야 하는 중요한 일이라는 걸 알았다. 이는 다른 세대를 위해 회사를 올바른 토대 위에 올려놓고 자신의 가치관을 지속시키는 기회다. 회사의 설립자로서 자신이 성취한 것과 목적이 옳다고 믿는다면 더욱 그렇다. 우리와 같은 사업에서 중요한 것은 결국 두 가지로 귀결된다. 사람들의 삶을 변화시키는 의미 있는 구상 그리고 이를 옳다고 믿고 어떤 방해가 있어도 하루하루 결실을 만들어내는 사람들이다. 둘 다 반드시, 제대로 갖춰야 한다.

CEO로 복귀한 지 3년이 조금 지났을 때 나는 자리를 물려줄 준비가 돼 있었고 그 일에 적합한 사람을 찾아냈다. 두 번째로 하는 이 일에 나는 또다시 본격적으로 착수해서 한동안 계획하고 생각했다. 사람들에게 슈왑이 내 자식과도 같다고 농담처럼 말하곤 했다. 그 책임을 다른 사람에게 넘긴다는 건 큰 발전이었다. 이런 선택은 결코 가볍지 않고 미래로 이어지는 선택이 되기를 바란다. 즉 자신의 가치관을 공유하고 같은 틀 안에서 미래의 리더를 찾을 사람을 선택하는 것이다.

2004년 내가 CEO로 복귀한 것은 포트럭을 내보낸 후 이사회도 나도 CEO를 맡을 준비가 된 사람을 찾지 못해서였다. 그러나 이런 상황이 영원할 순 없으며 나도 바라지 않는 일이었다. CEO가 된다는 건 엄청난 일이고 2004년에는 더욱 그랬다. 당시 반드시 해내야 했던 모든 일과 이를 신속하게 해내야 한다는 긴급함 때문이었다. 커다란 변화가 필요했고 설립자로서 나만이 주도할 수 있는 변화였다. 2004년에 CEO로 돌아오면서 2년 동안은 과도기가 될 것이라고 사람들에게 말했다. 그러나 거듭 변화에 착수하면서 시간이 흘렀고 어느덧 2008년이 됐다.

후계 계획에 관해 이사회는 처음부터 내가 맡았다. 한동안은 베팅어를 시야에 두고 지켜보았다. 2005년 말 그에게 전화를 걸어 개인투자자 사업부를 이끄는 빌 애트웰에게 사임을 요구하기로 결정했다고 말했다. 놀랍게도 베팅어는 이를 자신도 사임해야 한다는 뜻으로 받아들였다. 애트웰이 하는 일에 불만이 있다면 그에게 보고하는 자신에게도 불만이 있을 것이라고 생각했던 것이다. 상황을 바로잡기 위해 나는 베팅어에게 리테일 사업을 맡아주길 바란다고 말했다.

베팅어가 그 자리에 오른 것은 2005년이었다. 그는 사업 환경뿐만 아니라 조직 문제에서도 어려운 과제에 직면했다. 전략과 이를 실행에 옮길 방법에 대한 충분한 합의가 부족했고 수많은 직원을 거느린 수많은 고위 임원들이 있었으며 해야 할 일과 해서는 안 되는 일에 관해 각자의 주장이 있었다. 내가 다시 돌아와 CEO 역할을 맡았을 때 그랬던 것처럼 베팅어는 앞으로의 전략을 명확하고 간결하게 해야 함을 깨닫고 재빨리 정리에 나섰다.

가장 먼저 한 일은 개인투자자 사업부의 명칭을 투자자 서비스로 바꾼 것이었다. 그가 말했듯이 '사람들에게 서비스를 제공하는 일'이 우리의 일이었기 때문이다. 이는 베팅어에게 가장 우선적인 개념이었다. 새로운 명칭은 우리에게 중요한 것이 무엇인지를 제시했다. 그런 다음 자기 아래 여러 팀들을 한데 묶고 활력을 불어넣을 뭔가가 필요하다고 생각한 그는 이렇게 발표했다.

"우리의 전략입니다. '고객의 눈을 통해' Through Clients' Eyes."

이는 고객의 이익에 부합하고 최선의 투자 경험을 자부하는 상품과 서비스를 제공하겠다는 의지를 줄여 표현한 것이었다. 또한 고객과 이해관계가 충돌할 여지가 있는 사업 관행을 피하겠다는 의미였다. 리테일 사업부는 지난 1년 동안 전략이 무엇인지를 두고 논쟁을 벌여왔다. 이 사업부를 맡은 지 이틀도 안 돼서 베팅어는 논쟁을 깨끗이 매듭지었다. 이 전략에 더해 다양한 선택지를 가려내고 결정을 내리는 방법으로서 일련의 이행 원칙이 도입됐다.

'고객과의 모든 상호작용은 우리 회사의 미래를 변화시킨다. 긍정적인 변화일 수도, 부정적인 변화일 수도 있다. 고객은 자신의 이익을 위해 행동하리라고 믿을 수 있는 사람 및 조직과의 관계를 중시한다. 가격도 중요하다. 고객은 우리에게서 가성비를 기대한다.'

이 이행 원칙은 조직의 모든 사람이 베팅어와 지도부가 하는 모든 일을 점검하는 리트머스 시험지였다. 명확하고, 간결하고, 직접적이었다.

베팅어가 그의 역할을 확장하고 계획을 실행하는 동안 나는 그를 매주 만났고 그가 직면한 과제에 대해 내가 도움을 줄 수 있는 부분은 기꺼이 도왔다. 2007년 2월 나는 그를 사장 겸 COO로 승진시켰다. 동반자 관계는 효과적이었고 더욱 탄탄해졌다.

리더의 요건, 실용적인 관점을 지녀라

2008년이 새로운 CEO를 임명하기에 최적의 시기는 아니었다고 말할 수도 있다. 금융 시스템의 위기는 점점 자라났고 심각한 불경기를 정면으로 맞았다. 그러나 지난 2년 동안 나는 베팅어가 나의 뒤를 잇는 CEO로 떠오를 것이라는 데 모든 것을 걸었다. 서로 편안하게 이런 관계를 형성하는 데는 오랜 시간이 걸리지만 우리는 열심히 해왔다. 나는 이곳에서

15년 동안 그를 지켜봤다. 그를 잘 알았고 그도 나를 잘 알았다. 그는 나와 기질이 비슷했으며 자신만만하지만 튀는 사람은 아니었다. 부름을 받으면 자신이 할 일을 했다. 나는 그 성격에 끌렸다. 나와 비슷했다. 내게는 공적 자아가 있지만 자연스러운 내가 아니다. 나는 앞으로 나서서 노래하고 춤추는 것이 불편하며 그저 내가 아는 것을 말할 뿐이다. 그게 전부다.

우리는 서로를 상당히 존중했다. 처음 만났을 때 그는 젊은 기업가였고 나는 그것이 마음에 들었다. 그가 어떤 길을 걸어왔는지는 매우 중요했다. 그도 나처럼 아무것도 없이 회사를 차렸다. 지수 기반 모델이라는 독특한 비전과 저비용으로 401(k) 시장에서 그가 해온 일을 나는 알고 있었다. 그는 지점장으로서, 리테일 사업부 본부장으로서, COO로서도 비슷한 판단력과 창의력을 발휘했다. 고객과 단순한 거래 관계에서 벗어나 깊은 개인적 관계를 맺는 전환의 중요성에 대한 그의 생각은 우리 회사가 지금의 모습으로 변신하는 데 핵심적인 역할을 했다.

그에게 더 많은 임무를 맡기면서 책임도 빠르게 커졌고 그는 필요할 때마다 자신의 구상에 대한 반응을 시험하는 대상으로 나를 활용했다. 그는 나를 존중했고 나는 그런 방식으로 관여하는 것이 좋았다. 이것이 유효했다. 그는 내가 어디에도 가지 않는다는 것을 알았고 그것을 소중히 여겼던 것 같다. 우리는 정기적으로 만나거나 이메일을 통해 어떤 일이 일어나고 있는지 연락을 주고받았으며 이는 지금도 마찬가지다. 대단히 개방적인 의사소통이었다. 나는 조언을 했지만 딱 거기까지였다.

나는 그가 CEO가 되어 복잡한 문제를 처리할 능력이 있다는 걸 알았다. 그는 올바른 기질과 올바른 판단력을 지녔다. 겸손했고, 공을 나눠야 하거나 우리의 통제에서 벗어난 일이라면 자신에게 공을 돌리지 않았다. 우리의 존재 의의와 우리가 상징하는 가치를 존중하면서도 과거에만 갇혀 있지 않았다. 기꺼이 변화를 추구했고 변화시킬 능력이 있었다. 그가 제시한 변화는 변화를 위한 변화가 아니라 늘 우리의 독특한 개성을 뒷받침하는 것이었다.

그는 근면하고 사려 깊고 공정하고 자신감이 넘쳤지만 존경을 받았고 쉽게 다가갈 수 있었다. 의사소통 능력도 뛰어났다. 경영진을 존중했고 그들이 정당한 대우를 받을 수 있도록 나와 만날 때 그들을 부각시켰다. 그를 움직이는 가장 중요한 동기는 자기 자신이 아니었다. 그는 재정적으로도 성공했지만 돈을 좇아 움직이지 않았다. 돈이 그의 첫 번째 본능이 아니라는 건 그를 CEO로 임명하기까지 있었던 모든 논의 과정에서 분명히 드러났다.

그는 나의 역할을 존중했고 회사의 설립자로서, 회사와 같은 이름을 가진 사람으로서 나의 실용적 가치를 존중했다. 그 가치를 회사에 유리하게 활용하려고 했고 질투하지도 않았다. 우리는 실용적인 관점을 공유했고 지금의 시장은 연속성을 원한다는 걸 이해했다.

무엇보다 그는 나와 가치관이 일치했고 우리의 사명에 깊이 헌신했다. 사업상 결정의 순간에 직면했을 때 그는 고객을 먼저 생각했다. 자연스럽게 그렇게 됐고 내게는 그 점이 아주 중요했다. 나는 베팅어가 철저하고 완벽하게 배워야 할 가장 중요한 것이 우리가 보유한 상당한 규모의 고객 현금을 관리할 방법이라고 믿었고 그 신념을 일찌감치 베팅어와 공유했다. 그것이 바로 우리 사업의 기반이다. 결국 우리는 고객의 돈과 재정적 안전을 관리하는 사람이기 때문이다. 고객의 신뢰와 신임에 우리는 절대적인 책임을 져야 하며 결코 그것을 깨트려서는 안 된다.

재무 건전성을 지키는 데 헌신한 덕분에 우리는 무사히 위기를 벗어났고 부실자산 구제 프로그램의 지원을 받지 않아도 됐다. 베팅어는 나의 이런 관점을 모두 흡수해 자신의 관점으로 삼았다. 그는 종종 'OPM'을 언급했는데, 바로 '남이 맡긴 돈' It's other people's money 이라는 뜻이다.

준비된 리더는 최악의 위기도 버틸 수 있다

2008년 7월 22일 우리는 10월 1일부로 베팅어를 찰스슈왑의 사장 겸 CEO로 임명한다고 발표했다. 베팅어는 그 후로도 오랫동안 "CEO가 되기에 그때보다 더 나쁜 시기는 없을 것"이라고 웃으며 말하곤 했다.

문제는 금융위기가 아니었다. 금융위기는 헨리 폴슨과 수백 명의 사람들의 지칠 줄 모르는 용감한 노력 덕분에 2008년 말에서 2009년 초 사이에 대부분 진압됐다. 엄밀히 말하면 불황은 2009년 7월에 끝났다. 하지만 그 폭풍의 여파로 우리 같은 회사들에게는 최악의 상황이 다가오고 있었다. 금리는 폭락했고, 거래는 한산했고, 투자자들의 낙관은 장기적인 공포로 변해 이탈을 초래했다. 이 모든 것은 우리 매출이 곧 사상 최악의 수준의 도전에 직면하게 된다는 뜻이었다. 다행히 베팅어와 그의 팀은 준비가 돼 있었고 나도 준비가 돼 있었다. 슈왑은 준비가 돼 있었다.

제31장

재도약

제로 금리 시대가 던진 과제

2010년 6월 25일 월트 베팅어로부터 회사의 전략에 대한 생각을 정리한 메모를 받았다. 주식시장은 금융위기 이후 한동안 꽤 반등했지만 개인투자자들은 여전히 충격에서 벗어나지 못했다. 주가가 조금만 떨어져도 사람들은 겁을 먹었다. 5월 초 큰 폭의 주가하락이 있었다. 시장은 곧바로 반등했지만 평범한 개인투자자들의 자신감은 또다시 흔들렸다. 경기 회복이 시작된 지 1년이 넘도록 그들은 투자를 하지 않고 정상 수준보다 많은 현금을 깔고 앉은 채 마음을 졸이며 기다리고만 있었다.

연방정부도 도움이 되지 못했다. 신용위기와 불황의 와중에 연방준비제도는 경기부양을 위해 사상 최저 금리로 실험에 나섰는데 이를 지금은 '제로 금리 정책'Zero Interest Rate Policy, ZIRP이라고 부른다. 연방준비제도는 6주마다 정례회의를 통해 금리를 0으로 유지하면서 경제가 여전히 병상에 있다는 신호를 보냈다. 적어도 그들의 시야에는 끝이 보이지 않았다. 결과적으로 연방준비제도는 모두의 예상보다 더 오랫동안 이 같은 정책 기조를 고수했다.

2015년 말이 돼서야 금리가 다시 인상됐고 인상폭도 0.25퍼센트포인트에 그쳤다. 그 후로 매우 점진적인 금리 인상이 있었다. 2019년 현재 금리는 5퍼센트 수준으로 역사적 평균과는 여전히 거리가 멀다. 연방준비제도는 이도 저도 할 수 없었다. 금리를 올리면 경기 회복이 지연되고 다시 불황에 빠질 게 우려됐다. 반면 저금리를 고수할 경우 은행들이 회복되고 경제가 회복세를 지속하는 데는 도움이 되겠지만 대가를 치러야 했다. 저금리는 경제가 아직 건전하지 못하다는 신호를 보내서 기업의 투자 의욕을 꺾기 때문이다.

예금 금리가 거의 0퍼센트에 가까운 상태에서 은퇴하고 이자소득에 생계를 의존한다면 고통스러울 것이다. 위기 당시 연방준비제도의 금리 인하는 적절한 조치였다고 생각하지만 가능한 한 빨리 정상으로 돌아왔어야 했다. 그렇지 못했기 때문에 시장에서는 정상적인 자산 가격 결정 메커니즘이 실종됐다.

시장은 손실 위험과 자산이 제공할 수 있는 수익이 균형을 이루는 가격을 찾아 자연스럽게 가격 평형을 추구하며, 본질적으로 모든 자산은 끊임없이 비교 대상이 된다. 그런데 금리를 낮춤으로써 연방준비제도는 자연적으로 균형을 이루는 시스템에 혼란을 일으켰다. 나는 그것이 잘못된 방향이라고 생각했다. 우리 경제가 여전히 생명 유지 장치에 의존하고 있다는 인상을 주어 모두의 사기를 떨어뜨렸고 은퇴 후 이자소득을 위해 수입의 일부를 평생 저축해온 무고한 예금자들에게는 심리적인 부담을 안겼다.

비용을 낮게 유지하고 고객 경험 개선에 투자하라

슈왑 주가는 2009년 저점을 지나 견고한 상승세를 보인 뒤 2010년 중반 다시 금융위기 수준으로 떨어졌다. 당시는 우리 같은 기업에 최악의 환경이었다. 모든 종류의 매출이 영향을 받았다. 고객들은 주식거래를 하지 않았고 실제로 뮤추얼펀드나 주식시장에서 자금을 거둬들여 단기금융시장으로 옮기거나 현금화했다. 우리는 고객예탁금을 굉장히 보수적으로 운용해서(예를 들면 초단기 국채 매입) 이자를 벌어들였기 때문에 금리 스프레드는 우리에게 중요한 수익원의 일부였다. 그러나 제로 금리 정책이 우리가 이용할 수 있는 금리 스프레드를 제한했다. 우리는 고객들에게 0.01퍼센트 명목 수익률이라도 돌아가게 하려고 펀드에 일반사무관리보수normal management fees를 면제해줬는데 그 결과 주식시장은 우리의 미래 가치를 할인해서 평가했다.

주가를 기준으로 회사를 경영해선 안 되지만

주가를 무시해서도 안 된다.

월트 베팅어가 6월에 쓴 메모는 사람들이 생각할 법한 질문에 답하기 위해 작성한 것이었다.

'새로운 방향으로 나아가야 하는가?'

그와 나는 그 질문에 대해 논의하기 위해 매주 내 사무실에서 현황회의를 했다. 질문의 첫 번째 답은 다음과 같았다.

'현재 경제 상황과 우리 회사의 주가 하락에 당황하거나 과도하게 반응해서는 안 된다.'

베팅어는 이렇게 말했다.

"앞을 봤을 때 초저금리 외에는 아무것도 보지 못하면 공황에 빠져 우리 사업의 모든 부분을 바꾸겠다고 나서기 쉽습니다. 하지만 어설픈 해결책을 내놓는 위험을 감수하는 것은 안 됩니다. 이대로 계속해서 버텨야 합니다."

그의 말이 전적으로 옳았다. 우리는 2000년대 초반에 정확히 그런 실수를 저질렀다. 2004년 이후 우리를 바꾸기 위해 했던 모든 일 덕분에 금융위기와 그 뒤를 잇는 경기 침체를 딛고 헤쳐 나올 수 있었다. 실제로 우리가 가장 신경을 썼던 조치인 고객만족과 신규 자산, 신규 계좌, 신규 고객 확보로 영업 상황도 양호했다. 실제로 2008~2011년까지 금융위기의 절정과 그 직접적 여파가 한창이던 기간에 슈왑 고객은 3,000억 달러 이상을 신규 자산에 투자했다. 주식시장에 상장된 경쟁 회사들을 모두 합한 것보다 큰 규모였다.

우리는 큰 변화를 추구할 필요가 없었다. 지금껏 해온 대로 노선을 지키면서 지출을 억제하고, 고객의 경험을 개선할 수 있는 것에 투자하고, 한눈파는 것을 허락하지 않겠다는 결심이 필요했다. 이는 여러 가지 면에서 어려운 선택이다. 대단한 인내심과 자신감을 필요로 한다. 조치가 충분하지 않다는 주장을 당장이라도 펼칠 준비가 된 진취적인 기자들, 확신에 찬 월스트리트 애널리스트들, 단기 수익을 좇는 행동주의 주주들 때문이다.

베팅어와 그의 팀 역시 직원들이 집중력을 잃지 않도록 해야 하는 과제에 직면했다. 아마 그것이 가장 큰 문제였을 것이다. 특히 인터넷 거품이 꺼졌을 때 다른 곳에 있어서 우리가 어떻게 전략에 착수했는지 모르는 일부 사람들이 우려의 목소리를 내고 있었다.

"이제는 뭔가 다른 일을 할 때가 아닌가?"

베팅어도 듣고 있었다. 그의 메모는 바로 그런 사람들을 위한 것이기도 했다.

베팅어의 사무실에서는 베이 브리지를 가로질러 중간쯤에 있는 트레저 아일랜드의 경치가 한눈에 들어왔다. 샌프란시스코의 전형적인 안개 때문에 트레저 아일랜드는 종종 짙은 안개에 가려 흐릿했다. 직원들을 대상으로 프레젠테이션을 하는 동안 베팅어는 우리 상황을 안개에 비유했다.

"트레저 아일랜드는 멋진 풍경에 둘러싸인 살기 좋고 일하기 좋은 곳으로 재개발하느라 분주히 돌아갑니다. 섬이 안개에 덮였기 때문에 그 과정이 보이지 않을 뿐이죠. 슈왑도 마찬가지입니다. 아주 많은 일들이 행해지고 있지만 지금처럼 엄청난 저금리와 정체된 주식시장이라는 안개 속에서는 잘 보이지 않을 겁니다. 하지만 머지않아 안개가 걷히고 그때는 우리가 이룬 모든 게 드러날 겁니다. 자신감과 인내심을 갖고 지금까지 성취한 것과 곧 거둘 성과를 모든 동료에게 상기시켜 주십시오."

금융위기가 닥치기 전, 우리는 보유한 현금을 활용해 금융상품에 투자할 때 투자 포트폴리오에 더 위험이 큰 상품을 추가하지 않는 이유를 이따금 질문받았다. 그들은 재무수익률을 높이는 아주 좋은 방법이라고 말했지만 우리는 결코 그 길을 가지 않았고 대차대조표를 항상 보수적으로 관리했다. 그때는 그렇게 하는 것이 옳았다. 더 큰 위험 감수에 대한 질문을 지금 다시 받는다고 해도 그것이 옳지 않은 접근법이었다고 생각할 이유는 없었다.

몇 달 전 《블룸버그/비즈니스위크 매거진》에서 우리 회사에 대한 특집 기사를 싣기 위해 사무실에 왔다. '슈왑은 오늘의 기회를 잡을 수 있을까?'Can Schwab Seize the Day?라는 제목의 기사였다. 경쟁자들이 약해졌을 때 인수를 통해 더 큰 모험에 나서지 않는 이유가 무엇인지 물었던 기자라고 베팅어가 귀띔했다. 고전하고 있던 이트레이드가 매물로 나올 것이라는 소문이 돌았던 때였다. 그때 우리는 회사를 인수해서 같이 딸려올 대차대조표를 개선하는 문제를 떠맡는 데 관심이 없다고 답했다. 우리는 부실자산에 대해 몰랐고 좋아하지도 원하지도 않았다. 우리 고객들에게 안정성은 극도로 중요했고 새로운 잠재 고객들이 슈왑을 향해 밀려드는 상황에서(신규 계좌 수가 2009년 100만 개, 2010년 12월 한 달 동안에만 9만 9,000개에 이르러 월 기준으로 8년 만에 가장 많았다) 감히 그것을 망칠 수 없었다. 고객들은 안정을 원한다. 금융위기를 경험한 이후 특히 그랬다. 슈왑은 폭풍 속에서 고객들을 위한 안전한 항구가 됐다.

가격은 언제나 최고의 경쟁력이다

설립자이자 회장이자 주요 주주로서 나는 지도부에 지지를 보내고, 옳은 일을 할 수 있는 여지를 주고, 옳은 일을 하도록 승인할 수 있는 독특한 위치에 있었다. 이 자리에 다른 사람이 있었다면 베팅어와 그의 팀이 처한 상황도 상당히 달라졌을 것이다. 장기적인 시각을 갖기는 매우 어렵다. 그러나 나를 지켜보는 사람이 내 본능이 맞을 것이라고 믿어준다면 좀 더 수월해진다. 다행히 이사회와 최대 투자자들이 우리를 전적으로 지지했고 노선을 지킬 수 있도록 격려했다. 결과적으로 투자자들은 기존 노선을 지지한 대가로 큰 성공을 거뒀다.

우리는 그 전략에 대해 매우 확실하게 알고 있었다. 우리는 2005년에 베팅어가 되찾아준 전략과 명칭을 고수했다. '고객의 눈을 통해'는 우리가 어떤 회사였고 지금도 무엇을 지향하는지 보여주는 본질이었다. 아직 매출과 이익 성장이라는 결과로 나타나지 않았고 주가는 정체돼 있지만 그 전략은 옳았고 성장 동력을 확보하도록 도움을 주고 있었다. 나는 기다릴 수 있다고 자신했다. 우리는 그것을 '용수철'로 설명했다. 일단 금리가 변화하기 시작하고 투자자들의 신뢰가 회복되기 시작하면 용수철이 당겨질 것이다. 금융위기 이후 꾸준하고 빠르게 신규 고객과 신규 자산이 유입되면서 용수철에는 더 많은 힘이 저장되고 있었다.

우리는 2000~2004년 동안 저질렀던 실수를 반복하지 않으려고 했다. 당시 우리는 먼 곳의 기회에 정신을 빼앗겼고 비용 문제가 우리를 압도할 때까지 손을 놓고 있었다. 그래서 1년 전 고위경영진을 중심으로 인원을 감축함으로써 매출 성장이 둔화됐다고 해서 사업에 투자할 수 없는 것은 아님을 확실히 했다. 그 인원 감축으로 무려 5억 달러 규모로 계획한 투자에 필요한 자금을 조달했고 덕분에 총지출을 엉망으로 만들지 않고서도 투자를 할 수 있었다. 대부분 서비스를 개선하고 비용을 낮추고 새로운 상품을 개발하는 등 고객을 위한 투자였다. 만일 영업 환경이 양호했다면 인상적인 새로운 계획들의 목록이 그 자리를 대신했을 것이다. 하지만 우리는 강력한 역풍에 맞서 전략을 완수하고 있었다.

2009~2017년 동안 우리는 주식거래 수수료를 8.95달러로 인하했고 그 후 다시 4.95달러로 인하했다. 몇 주를 거래하든 상관없는 단일수수료였다. 4.95달러라니! 개인투자자의 승리다. 월스트리트 표준 대비 수수

료를 75퍼센트나 인하했는데도 거래 건수는 월스트리트 평균의 20배에 불과했던 1975년에는 꿈도 꾸지 못했을 수수료다. 우리는 수수료 없이 거래하는 저비용 상장지수펀드Exchange Traded Funds, ETF를 출시했고 다른 회사들도 우리 뒤를 따랐다. 또한 뮤추얼펀드 보수를 인하했고 이는 우리가 여전히 저비용 투자의 선두 주자라는 것을 투자자들에게 알리는 신호였다. 고금리 당좌예금계좌에 더해, 다른 대형 은행 대비 높은 금리를 제공하는 저축예금계좌도 보충했다.

그리고 고객의 투자 관리와 관련된 의사결정을 다루는 서비스를 추가했으며 거래가 활발한 투자자들을 위해 새로운 첨단 기술 플랫폼을 구축했다. 가맹 형태의 독립적인 지점들로 새로운 지점망을 구축했고 재무 계획 및 투자 전략 논의로 수백만 명의 고객과 관계를 맺었다. 또한 업계 최초로 무조건적인 고객만족보장 제도를 도입했으며 포트폴리오 관리에 인공지능을 도입한 로보robo 투자 서비스를 출시했다.

우리는 과거에 교훈을 얻었고 그 교훈대로 밀고 나갈 것이다. 바로 세월이 흘러도 통하는 원칙에 집중하라는 교훈이다.

당황하지 말고 경제 상황이나 주가에 과도하게 반응하지 마라.
되는 일에 집중하라.

비용을 낮게 유지하고 고객 경험 개선에 투자하라. 현상에 도전해서 투자자들에게 수혜가 돌아가도록 할 방법을 찾아라. 그렇게 할 때 고객은 경쟁자가 아닌 나를 선택하고, 사업이 성장하고, 주주들은 궁극적으로 혜택을 누리며 이 모든 과정이 돌고 돈다.

투자자와 함께 부의 파이를 키워라

베팅어와 만나 앞으로 나아갈 길을 의논했던 그날 예상했던 것처럼, 2010년에 조류는 방향을 틀었다. 그해 말부터 투자자들은 서서히 시장에 대한 신뢰를 회복하기 시작했고 신뢰는 점차 강화됐다. 이와 함께 투자에 새로운 차원의 참여가 이뤄졌다.

제로 금리의 오랜 정체기가 지나갔고 예금자들은 저축에서 다시 소득을 얻기 시작했으며 슈왑은 신규 서비스에 대한 재투자와 성장에 필요한 매출을 창출하기 위해 결합된 수백만 개 계좌에서 적게나마 돈을 벌게 됐다. 오늘날 우리의 고객 계좌, 자산, 매출, 이익은 모두 기록적인 수준이고 주가도 회복됐다. 그리고 우리에게는 우리를 미래로 이끌 강력하고 열정적인 임원들이 많다. 우리는 투자 가능한 미국 부wealth의 전체 파이에서 우리의 몫을 늘려가고 있다. 무엇보다 신이 나는 것은 고객을 위해 새로운 것들을 구축하는 데 성장 동력을 활용하고 있다는 사실이다. 우리 일은 이래서 짜릿하다.

지금 우리는 내가 처음 시작했을 때와는 다른 회사지만 그렇게 다른 것만도 아니다. 개인투자자들이 통합된 금융 경험, 즉 은행부터 위탁매매, 재무 설계, 금융 계획, 개인 맞춤형 투자 자문과 그 사이의 모든 것을 경험하게 한다는 꿈은 이제 현실이 됐다. 우리는 최신 기술과 놀라운 컴퓨팅 능력을 통합해서 이를 쉽고 효과적으로 구현한다. 2004년부터 지금까지는 우리의 발전을 완성하는 마지막 퍼즐 조각이었다. 오로지 주식 거래만 전문으로 했던 우리는 이제 개인적 관계를 제공할 수 있게 됐다. 그리고 규모가 커진 지금은 지출을 엄청나게 낮게 유지하면서도 이것이 가능하다. 바로 이 점이 다른 회사들이 필적할 수 없는 굉장한 경쟁 우위를 우리에게 안겨줬다.

제32장
척의 성공 비결

비난에 신념을 꺾지 마라

2016년 1월 12일 뉴욕의 추운 겨울 저녁, 나는 혁신공로상을 받기 위해 미국 금융박물관의 연례 기금 모금 행사에 참석했다. 박물관은 뉴욕의 오래된 역사적 중심지인 월스트리트 68번가에 자리 잡고 있었다. 1817년 발족한 뉴욕증권거래소의 기원이 된 버튼우드에서 겨우 두 블록 떨어진 곳이었다.

월스트리트의 한가운데서 금융가, 은행가, 자산관리인, 브로커 수백 명을 앞에 두고 박물관이 최초로 수여하는 금융서비스 혁신공로상을 수락하기 위해 무대에 오르려는 참이었다. 그중에는 내가 지난 40년 동안 함께 경쟁하고 지각변동을 일으키기 위해 그토록 열심히 노력했던 바로 그 회사들도 있었다. 나를 저지하려고 한 번씩은 시도했던 기업들이었다. 슈왑이 이룬 많은 혁신은 경쟁자들과 내가 이 일을 시작할 때부터 있었던 기존 사업 방식을 크게 위협했다. 우리가 하려는 일 때문에 업계에서 따돌림을 당한 적도 있었다.

"사람들이 직접 주식거래를 하게 한다? 그 사람들이 뭘 안다고?"

"저렴한 수수료? 상도덕이 없네!"

"그 건물 꼭대기 층에 우리 사무실이 있는데 그 1층에 지점을 연다고? 저리 꺼져!"

"우리 뮤추얼펀드 운용보수를 공유한다고? 투자자들이 우리한테 곧장 오면 되는데 왜 그래야 하지?"

"온라인 거래라니? 그거야말로 장전된 총을 애들 손에 쥐어주는 거나 마찬가지!"

"무보수 IRA? 업계 전체가 사업을 접어야 할걸!"

"주식거래 수수료가 4.95달러라고? 본격적으로 가격 전쟁을 시작하시 겠다, 이거군!"

"모든 은행의 현금인출기를 공짜로 이용하겠다고? 말도 안 돼. 그건 불 공평하지!"

모두 실제로 들은 말이다.

척의 비법 소스: 고객의 눈으로

나는 마지못해 상을 수락했다. 할 수만 있다면 사람들의 이목을 끌고 싶지 않았다. 어딘가 거창하게 느껴지고 불편했다. 이제까지 해왔던 것처럼 새로 무엇을 만들어내는 일을 계속할 수 있다면 그만이다. 하지만 유서 깊은 박물관으로부터 혁신을 인정받는다는 것은 특별한 일이어서 받아들였다. 나와 슈왑의 과거, 현재 그리고 미래의 모든 동료에게도 의미 있는 일이었다. 우리가 누구이며 우리가 노력해온 것이 무엇인지 정확히 알게 해주기 때문이다.

참석자의 규모가 대단했다. 미국 금융 산업에서 중요한 역할을 맡았던 많은 이들이 그곳에 있었다. 폴 볼커Paul Volcker 전 연방준비제도 의장, 티머시 가이트너Timothy Geithner 와 로버트 루빈Robert Rubin 전 재무부장관, 시티그룹 출신으로 당시 AIG를 이끌었던 밥 윌럼스태드Bob Willumstad 를 포함해 금융가와 은행가들, 월스트리트 기업 도널드슨 러프킨 앤 젠레트의 공동 설립자 댄 러프킨, 내 친구들인 아메리트레이드 설립자 조 리케츠와 뮤추얼펀드 거물 론 배런도 그곳에 있었다.

아내 헬렌과 아이들, 캐리, 버지니아, 케이티, 마이크가 이사회 사람들과 함께 나를 응원했다. 우리가 2004년부터 멋진 제2막을 펼치도록 도움을 주고 슈왑에서 은퇴한 뒤 이제는 이사회의 일원이 된 크리스 도즈도 있었다. 1970년대 후반에 세상을 떠난 빌 삼촌, 2007년에 떠난 휴고 퀴큰부시, 2013년에 떠난 래리 스톱스키도 그 자리에 함께했다고 믿는다.

다른 기회를 찾아가거나 은퇴한 많은 사람들을 생각했다. 그리고 오늘날 미국인들의 투자 방식에 중요한 전기를 가져온 다른 모든 사람들을 떠올렸다.

슈왑을 설립했을 때 이런 순간은 상상할 수 없었다. 우리는 아웃사이더를 자처하고 전통적인 월스트리트의 방식에 염증을 느낀 고객들을 유치한 월스트리트 반대편의 작은 신생기업이었다.* 그렇다. 우리에게는 엄청나게 큰 희망과 꿈이 있었지만 거대 금융서비스 산업의 원대한 계획에 비하면 소박한 것이었다. 기득권 기업들과 차별화를 이루도록 사업을 설계했고 언젠가 이곳, 월스트리트의 중심에서 인정을 받겠다는 생각은 없었다. 사실 사업을 시작하며 먼 미래를 내다볼 여유는 없다. 매일같이 눈앞에 과제가 닥친다.

금융 혁신의 대가이자 슈왑에 중요한 공헌을 한 조지 로버츠의 소개를 받아 무대 위에 섰다. 나는 미국을 경제와 민주주의의 본보기로 만드는 데 기여한 독창적인 발전으로 가득한 미국 금융의 역사를 이야기했다. 그리고 미국과 같이 활기차고 개방적인 경제에 투자가 절대적으로 중요하다는 것을 강조했다.

투자에 대한 개인투자자들의 관점을 변화시키고, 미래를 위해 부를 쌓는 일에 수많은 사람들이 동참하도록 관여한 데 대해 우리가 가진 자부

---

* 찰스슈왑 본사가 있는 샌프란시스코는 지리적으로도 월스트리트가 있는 뉴욕과 동서로 반대편이다.

심을 이야기했다. 그것은 늘 우리의 목표였다. 그리고 이 혁신의 게임에서 우리가 혼자가 아니라는 것, 이 성공의 이야기에는 각자의 역할을 한 많은 사람들이 있다는 것을 인정했다.

슈왑이 어떻게 해서 불과 40년 만에 초소형 신생기업에서 세계 최대 상장 투자서비스 기업으로 성장했는지 설명했다. 물론 운도 따랐다. 사실 운이 상당히 크게 작용했다. 하지만 우리를 성공으로 이끈 진정한 요인은 단 한 가지, 열정적인 사람들이 하나의 사명에 나섰다는 것이다. 투자자들을 위해 더 개선하고, 더 쉽게 만들고, 더 성공해야 했다. '고객에 대한 완전한 공감'이라는 단순한 혁신을 모두가 엄격하게 추구했다. 나는 이 사명을 '척의 비법 소스'라고 불렀다.

우리의 혁신에서 어떤 단일 기술이나 신제품보다 중요했던 마더 로드mother lode *는 바로 '고객의 눈으로' 우리의 결정을 판단한다는 기본적인 신념을 바탕으로 회사를 키워온 것이었다.

새로운 구상, 고객을 도울 수 있는 더 나은 방법, 신임, 성장, 재정적 성공, 매력적인 브랜드, 긍정적인 평판 유지, 고객 중심이라는 기본 명제에 헌신할 때 이 모든 것이 따라온다. 자신을 위한 일처럼, 어머니에게 추천할 것처럼 회사를 키워야 한다. 내가 살 곳, 어머니에게 추천할 곳이라고 생각하고 집을 짓는 것이다.

---

* 광물이 풍부한 주맥.

나의 비결은 아주 단순하다.

기본 신념을 바탕으로 자문해보는 것이다.

'고객이 어떻게 생각할까?'

'무엇이 고객의 삶을 더 좋고 편리하고 생산적으로 만드는가?'

'고객이 옳다고 생각하는 것은 무엇일까?'

그러면 다른 모든 것은 저절로 따라온다.

낡은 규칙을 바꾸겠다는 신념을 가져라

멋진 밤이었다. 박물관이 목표한 이상으로 기금이 모였고, 이는 미국 사회에서 금융의 역할과 금융이 진화해온 과정을 학생들을 비롯해 방문객들이 이해하도록 돕는 교육 프로그램에 유용하게 쓰였다.

그날 밤 박물관을 나서며 슈왑의 이야기와 혁신에 대해 좀 더 생각했다. 슈왑이 지금의 슈왑이 된 것은 규칙을 파괴하고 사람들의 관념을 바꾸기로 결심했기 때문일까? 그것이 우리를 보는 많은 사람들의 시각이다. 많은 사람들이 우리를 그렇게 생각한다. 혈기 왕성, 급부상, 혁신가, 도전가. 모두 오랫동안 수없이 들은 표현이다. 지각변동의 문제였을까? 그렇지 않다. 물론 어떤 것들은 뒤집기도 했고 오래 지속될 변화를 가져오기도 했다. 그러나 결코 혁신을 위한 혁신은 아니었다. 우리에게는 다른 목표와 목적이 있었다. 이 이야기는 독립해서 회사를 차리겠다는 단순한 꿈에서 출발했고 여느 기업가들의 꿈과 다르지 않았다. 다만 낡은 규칙은 바꿀 수 있으며 반드시 바뀌어야 한다는 신념으로 진화했을 뿐이다.

우리가 이룬 혁신과 성공은 바로 이런 목적의식에서 비롯된 것이다. 간단하기 그지없는 공식이다. 혼자서는 누구도 결코 성취할 수 없는 뭔가를 위해 여럿이 뭉친다는 것은 황홀하고 무한히 재미있는 일이었지만 실행 과정이 쉽지만은 않았다. 게다가 혁신에는 결코 끝이 없다. 또 다른 새로운 구상, 도전해야 할 또 다른 관습, 더 나은 투자를 위한 백만 가지 방법이 언제나 기다리고 있다. 그러므로 우리는 계속 나아가야 한다.

인간 찰스 슈왑으로서 깨달은 교훈들

지금의 찰스슈왑을 있게 하고 투자 세계의 모습이라는 기업을 형성한 수십 년간의 사건과 결단에 관해 글을 쓰겠다고 생각했다. 이제 와 돌아보니 슈왑에는 앞서 충분히 다루지 못한 또 다른 이야기가 있다. 지난 세월이 형성한 '인간 찰스 슈왑'이다. 그것이 이 책의 요점은 아니지만 기업가나 경영인이 되기를 열망한다면 지나온 길이 자신에게 깊은 영향을 미친다는 사실을 알아야 한다. 지난 세월이 내게 미친 영향과 여기에서 배운 교훈을 적어보고자 한다.

가족은 삶의 주춧돌이다

1972년 헬렌 오닐과 나는 회사가 출범하기 직전에 결혼했다. 결혼 후 곧 회사 이름을 퍼스트커맨더에서 찰스슈왑 앤드 컴퍼니로 변경하고 사업 목적을 할인중개업으로 전환하겠다는 계획을 알렸다. 엉뚱한 구상에 대한 헬렌의 지지는 중대한 영향력을 발휘했다. 사업을 일으키고, 가족을 꾸리고, 인생을 일구는 동안 모든 우여곡절의 순간을 함께해오며 자신의 꿈과 목표를 지지하는 동반자를 갖는다는 건 불가능한 일을 가능하게 만든다.

헬렌은 오랫동안 나를 전적으로 지지했다. 우리의 생활은 언제나 빠듯했고, 사업을 뒷받침하느라 일찌감치 집을 저당 잡혔고, 가진 전부를 사업에 쏟아부었다. 우리는 매일 밤 저녁 식사 후와 대부분의 주말에 일했으며 두 아이를 낳아 키웠고 먼저 있던 나의 세 아이를 포함해 더 큰 가족을 이뤘다.

초창기에는 출장을 다니고, 사무실을 열고, 도시를 오가며 홍보 활동을 했다. 텔레비전이나 라디오 프로그램에 출연해 할인중개업이 무엇이고 개인투자자에게 어떤 장점이 있는지 설명할 기회가 있다면 절대로 놓치지 않았다. 사업을 일으키기 위해 했던 이런 일들이 내 시간과 관심을 전부 빨아들였다. 그랬기에 가족의 든든한 지원은 성공을 위한 가장 중요한 요소였다. 이 여정에 동반자가 돼준 헬렌에 대한 고마움은 그 무엇으로도 표현할 수 없다.

사업을 일구며 기복을 겪는 동안 가족은 계속해서 동기를 부여하고 미래에 집중할 수 있도록 했다. 다섯 아이들은 자기만의 다양한 관심사와 개성, 가치관을 지녔고 각자 다른 방식으로 그것을 표현하고 있다. 캐리만이 유일하게 우리 회사에서 일한다. 게다가 아이들은 내게 최고의 선물인 13명의 손주를 안겨줬다. 손주들도 신기하리만치 서로 달라서 함께 지내며 그 모습을 보는 것이 즐겁다. 아이들 저마다의 놀라운 창의력을 보는 것은 언제나 심오한 경험이다. 손주들은 늘 충만한 기쁨을 주었고 우리는 손주들과 자주 시간을 보냈다.

사업은 결국 사람과 사람이 하는 일이다

나는 일찍부터 나의 한계를 알았다. 처음에는 위축됐지만 덕분에 내게 없는 능력을 보완해줄 사람을 찾아야 한다는 걸 알았다. 그리고 모든 것이 달라졌다. 나는 위임과 팀워크의 힘, 혼자서 했을 때 가능하리라고 꿈꿨던 범위 너머로 아이디어를 확장시키는 '개인적 지렛대'를 활용하는 법을 배웠다.

사업은 결국 사람과 사람이 하는 일이다. 자신의 비전과 가치관을 공유하고 그 과업에 열정과 강점을 쏟을 사람을 찾아야 한다. 우편물실에서 이사회까지, 모든 단계의 조직에서 그런 사람들이 필요하다. 이 부분에서 나는 지난 40년 동안 믿을 수 없을 만큼 운이 좋았다.

사회에 부를 환원하라

부를 갖는 건 그렇지 않은 것보다 훨씬 낫다. 나 자신이 아무것도 없이 시작했기 때문에 잘 알고 있다. 나쁜 것만은 아니다. 젊은이들에게는 발전하고 노력하기 위한 동기가 필요하다. 상속받은 부는 때때로 그것을 방해한다.

일단 부를 갖게 되면 부를 이용해 할 수 있는 것과 지금에 이르기까지 도움을 준 지역사회에 환원할 방법을 생각해야 한다. 큰 성공을 거뒀다면 자선 활동과 선행으로 상당 부분을 되돌려줄 의무가 있다. 나는 내 인생과 성공에 영향을 미친 분야에 자선 활동을 결합했다. 그러자 기부는 더욱 보람 있고 매력적인 것이 됐다.

미국 정부는 다른 나라들과는 달리 기부를 독려하는 다양한 재정적 유인 수단을 정책적으로 마련하고 있다. 그 결과 많은 사회적 필요가 자선 활동으로 충족된다. 오늘날 미국에서 자선 기부는 엄청난 자원이고 부유한 사람들은 사회에 환원할 의무가 있다.

헬렌과 나는 특히 난독증 어린이들을 위한 연구와 프로그램에 크게 투자했다. 1990년대에 우리가 함께한 첫 번째 자선 활동은 난독증 아이의 부모를 위한 부모교육자원센터Parents Education Resource Center 를 설립한 것이었다. 우리는 이 센터를 10년 넘게 운영했고 학습 전문가들이 수천 명의 부모와 아이들을 만났다. 내가 어렸을 때는 아직 잘 알려지지 않았던 난독증은 이제 널리 이해되고 많은 연구가 이뤄진 의학적 영역이 됐으며 난독증이라는 불리한 조건을 가진 아이들을 치료할 방법도 훨씬 많이 발견됐다. 나중에는 난독증과 관련해 우리가 개발한 모든 도구와 자원을 다른 여러 단체에 기증했다. 가정 안에서 난독증이라는 어려움을 헤쳐 나가는 방법을 변화시키기 위해 도왔다는 데 자부심을 느낀다.

교육은 내 인생에서 굉장히 중요한 역할을 했다. 나는 여러 학교에 기부했는데 특히 스탠퍼드대학교는 내가 역량을 발휘해 인정받고 삶 전반에 걸쳐 유용하게 쓰인 힘과 능력을 키우도록 큰 도움을 주었다. 그래서 교육이 삶에 미치는 중대한 영향을 생각해 빈곤층을 위한 학교에 기부했다. 그중에는 교육 여건이 열악한 지역사회에 초점을 맞춘 무료 공립 고등학교 KIPP[•] 소속 대안학교들도 있었다.

한편 좋은 의료 서비스를 받는 것은 성공적인 인생의 여정에 핵심이다. 나는 여기에 시간과 돈을 기부했다. 몇 년 전 운 좋게 샌프란시스코에 있는 세인트 프랜시스 병원 이사회에 참여했는데 그 일을 계기로 자금 마련과 관련해 병원이 직면한 어려움을 알았고 지역사회는 물론 지불 능력이 없는 사람도 모두 도와야 하는 그들의 사명을 수행하려면 개인의 자선 활동이 중요하다는 데 눈을 뜨게 됐다.

나는 어렸을 때부터 시각에 의존해 배웠다. 그리고 예술이 세상에 대해 완전히 새로운 사고방식을 열어준다는 것을 알았다. 사려 깊은 예술가들은 삶의 중요한 사안들을 고민하고 이를 예술로 다룬다. 전통에 얽

• '아는 것이 힘'이라는 뜻의 'Knowledge Is Power Program'의 약자.

매이지 않고 차별화된 생각을 하도록 나를 이끈 것은 이런 예술가적 성향이었다. 헬렌은 예술에 대해서도 열정이 있어서 우리는 빠르게 미술품을 수집하기 시작했다. 처음에는 아직 높은 가격을 받지 못하는 예술가의 소품부터 시작했고 점점 예술에 대한 투자는 열정이 됐다.

이후 샌프란시스코 현대미술관San Francisco Museum of Modern Art, SFMOMA 이사회에 참여해 10년 동안 이사회 의장으로 일했다. 미술관장 닐 베네즈라Neal Benezra를 도와 SFMOMA를 미국 최고의 현대미술관으로 만들 수 있었던 것은 짜릿한 경험이었다. 우리는 샌프란시스코 지역사회와 함께 수억 달러를 모금하고, 새 미술관을 건설하고, 도널드 피셔Donald Fisher와 도리스 피셔Doris Fisher* 부부의 놀라운 현대미술 소장품을 위한 전시 공간을 마련했다.

자신과 조직을 위해 건강을 최우선으로 하라

기업을 위한 웰니스 프로그램을 개발한 심장병 전문의를 만나기 전까지는 건강에 대해 별로 생각해본 적이 없었다. 1980년대 중반 심장마비와 뇌졸중의 주범으로서 콜레스테롤은 새로운 연구 대상이 됐다. 그 심장병 전문의는 일로 인한 스트레스와 바쁜 생활 방식이 직원들을 더 큰 위

---

* 의류회사 갭GAP 설립자.

험에 처하게 하므로 직원들을 위한 웰니스 프로그램을 추천했다. 타당한 이야기라고 생각했고 나 역시 그런 위험한 상황인지 궁금했다.

나는 다른 임원들과 함께 검사를 받았다. 결과는 놀라웠다. 심장병 전문의는 많은 스트레스와 높은 콜레스테롤에도 불구하고 내 건강 상태가 양호하다는 것을 믿을 수 없어 했다. 더 많은 검사를 실시한 끝에 결국 혈관이 막혀서 조영술이 필요하다는 것을 알아냈다. 그는 제때 발견했다고 말했다. 래리 스톱스키는 갑자기 심장마비를 일으켰으며 지난 몇 년 동안 많은 유능한 사업가들이 건강 문제로 현장에서 물러났다.

우리는 직원들이 검사를 받고 건강한 생활을 하도록 돈을 지불한다. 건강에 도움이 되는 활동을 독려하고 회사 카페테리아에서 건강에 좋은 음식을 제공한다. 직원은 회사에서 가장 중요한 자원이다. 직원들이 건강을 돌볼 수 있도록 돕는 것은 당연히 회사에도 도움이 된다. 리더로서 자기 자신을 돌보는 것도 마찬가지다.

삶을 풍요롭게 하는 취미를 가져라

아버지는 내가 어릴 때 투자 차원에서 새크라멘토 계곡에 100만 제곱미터가 넘는 논을 사들였다. 내가 총을 다룰 수 있는 나이가 되자 아버지는 총을 쏘는 법을 가르쳤고 내 전용으로 .410 게이지 산탄총을 마련해 줬다. 가을 휴작기에 철새들이 날아오면 그곳에서 사냥을 했고 사냥한 것은 늘 먹었다. 단지 재미를 위한 것이 아니었다. 나는 지금도 매년 가을이면 사냥을 나가며 그때마다 나의 뿌리가 되는 새크라멘토 계곡과 친구들이 떠오른다.

플라잉 낚시도 좋아해서 세계 곳곳에서 즐겼다. 들판이나 강에서 하루를 보내면서 누리는 고요함과 느긋함만큼 좋은 것은 없다. 사냥과 낚시에 대한 관심은 자연에 대한 애정으로 이어졌고 이는 조지 허버트 부시 대통령의 임명을 받아 국립공원재단 이사회National Parks Foundation Board에 참여한 발판이 됐다. 인생에서는 하나가 또 다른 하나로 이어진다.

그리고 골프가 있다. 내 성장 과정에서 골프가 얼마나 중요한 역할을 했는지는 이 책 곳곳에서 언급했다. 골프는 내게 자신감을 주었고, 새로운 관계를 형성하게 했고, 사회성을 키워줬고, 경쟁력을 높였다. 수많은 좋은 경험을 안겨준 스탠퍼드대학교 입학을 가능하게 한 것도 골프였다. 게다가 평생 즐길 수 있는 끝없는 도전과 동지애가 있는 운동이다. 테니스는 시들해졌고 스키는 몇 년 전에 비해 덜 타게 됐지만 골프는 늘 내 인생의 중심에 있다. 이처럼 중요한 골프가 더 많이 보급되도록 퍼스트 티First Tee를 통해 내가 할 수 있는 것은 무엇이든 했다. 퍼스트 티는 골프를 통해 젊은이들이 강인한 가치관을 갖도록 돕는 조직이다. 그리고 골프장 두 곳을 짓는 일에도 참여했다.

이 모든 활동이 삶을 풍요롭게 했고 필요할 때마다 늘 원기를 북돋아 줬다. 이런 활동들이 없었다면 이제껏 해온 것처럼 열정적인 기업가는 될 수 없었을 것이다.

공동의 대의를 위한 일에 적극적으로 참여하라

나는 헌법이 상징하는 것을 사랑한다. 헌법은 미국을 위대하게 만드는 데 중추적인 역할을 했다. 내가 생각하는 헌법의 가장 중요한 특징은 개인의 자유에 초점을 맞춘다는 점이다. 이는 개인의 열정을 이끌어내고 자신과 공동체를 위해 뭔가를 성취하고자 하는 욕구를 불러일으킨다.

나는 운 좋게 전 세계를 여행할 수 있었다. 1980년대 후반에 《타임》은 논란이 되고 있는 다른 국가의 지도자들을 만나 이야기를 나누고 국경을 초월해 견해를 공유하도록 CEO들의 전 세계 순회 방문을 후원했다. 우리는 아바나, 모스크바, 방갈로르, 홍콩을 방문했다. 그 경험과 개인적인 여행을 계기로 개인의 자유를 발산하기에 미국보다 좋은 곳은 없다는 것을 확신했다. 그것을 가능하게 하는 근간이 헌법이다. 정치에 관여하며 내가 목표로 하는 것은 개인적, 경제적 자유의 원천인 헌법을 지지하고 헌법에 기인한 모든 결과를 지지하는 것이다. 그 반대편에 있는 전체주의와 사회주의는 영혼을 파괴한다.

우리의 미래를 결정하는 매우 중요한 일에 관여한다는 것은 대단히 보람 있는 일이다. 지금은 정치적으로 다른 의견이 충돌하는 어려운 시기지만 결국 우리는 많은 차이를 원만히 조율해서 공동의 대의를 찾을 것이다. 국가와 개인의 삶을 향상시켜 더 풍요로운 미래를 만들고자 하는 염원은 모두 같다.

사업은 창조적이며
유기적인 반복이다

사업은 창조적인 과정이다. 미지의 미래로 나아가 새로운 것을 시도하고 발견한다. 그리고 이 과정을 반복한다. 사업에는 학습과 성장이 전부다. 이것이 내가 사업을 사랑하며 많은 위대하고 새로운 것들을 만들어내는 자유시장을 사랑하는 이유다. 사업은 인생 그 자체와 마찬가지로 유기적이다. 호기심과 창의성이라는 인간 정신에 숨을 불어 넣어 탄생한 것이 사업이고 이것이 내가 미래를 낙관하는 이유다.

감사의 말

45년이 넘는 역사를 통틀어 12만 5,000명이 넘는 직원들과 함께해왔습니다. 새로운 구상과 꿈을 현실로 만들고 투자 과정을 개선하는 데 여러분 한 사람 한 사람이 기여했습니다. 고객에 대한 열정과 헌신에 모두에게 감사를 전합니다.

헬렌, 이 멋진 이야기의 모든 순간은 당신이 있어 비로소 완성되었습니다. 이것은 나의 이야기이자 당신의 이야기입니다.

그렉 게이블에게 특별한 감사를 표합니다. 20년이 넘는 세월 동안 수많은 글과 연설문, 언론 출연 그리고 최근 몇 년간은 비서실장으로서 내 공적인 목소리에 도움을 주었습니다. 기업으로서 우리의 여정을 이야기로 쓰고 사실에 기반을 둔 읽기 쉬운 글이 되도록 정리하는 데 도움을 주

478

였습니다. 고마워요, 그렉.

슈왑에서 오랫동안 내 비서로 일하며 늘 세부 사항을 챙기고 집중할 수 있도록 도와주는 미키 그랜딘의 에너지와 긍정적인 태도, 헌신에 감사합니다.

마지막으로, 미래에 대한 꿈과 희망으로 슈왑을 믿어준 수백만 명의 고객에게 감사를 전합니다. 설립 때부터 함께해온 분들도 있습니다. 여러분의 신뢰와 신임을 얻은 것은 제게 영광스러운 일입니다.

Charles
Schwab